中南民族大学法学文库

税收法治意识生成论

叶金育◎著

中国社会科学出版社

图书在版编目(CIP)数据

税收法治意识生成论 / 叶金育著. —北京：中国社会科学出版社，2020.5
(中南民族大学法学文库)
ISBN 978-7-5203-5564-3

Ⅰ.①税…　Ⅱ.①叶…　Ⅲ.①税法—研究—中国　Ⅳ.①D922.220.4

中国版本图书馆 CIP 数据核字(2019)第 238358 号

出 版 人	赵剑英
责任编辑	任　明
责任校对	季　静
责任印制	郝美娜

出　　版	中国社会科学出版社
社　　址	北京鼓楼西大街甲 158 号
邮　　编	100720
网　　址	http://www.csspw.cn
发 行 部	010-84083685
门 市 部	010-84029450
经　　销	新华书店及其他书店

印刷装订	北京君升印刷有限公司
版　　次	2020 年 5 月第 1 版
印　　次	2020 年 5 月第 1 次印刷

开　　本	710×1000　1/16
印　　张	24.25
插　　页	2
字　　数	423 千字
定　　价	120.00 元

凡购买中国社会科学出版社图书，如有质量问题请与本社营销中心联系调换
电话：010-84083683
版权所有　侵权必究

目　　录

导　论 ……………………………………………………………… (1)
　一　研究背景与研究价值 ………………………………………… (2)
　二　研究文献述评 ………………………………………………… (4)
　三　创新与不足之处 ……………………………………………… (9)

第一章　税收法治意识的生成实践——基于税收宣传的整体考察 …… (11)
　第一节　税收宣传的文本检思——以税收宣传主题与口号的考察
　　　　　为中心 ……………………………………………………… (12)
　　一　税收宣传主题的实证观测 …………………………………… (13)
　　二　税收宣传口号的微观解析 …………………………………… (23)
　　三　小结 …………………………………………………………… (36)
　第二节　税收宣传的地方实践——以"常地税宣传方案"为样本
　　　　　 ………………………………………………………………… (38)
　　一　常地税宣传方案的二元秉性 ………………………………… (39)
　　二　常地税宣传目的的规范检测：从形式径路到实质转向 …… (42)
　　三　进阶目的主导下的宣传进位 ………………………………… (49)
　　四　小结 …………………………………………………………… (55)
　第三节　税收法治意识的实践样态——以税收宣传的效用评估为
　　　　　参照 ……………………………………………………… (57)
　　一　税收法治意识的初步观测：基于税收宣传效用的早期
　　　　调查 ……………………………………………………………… (58)
　　二　税收法治意识的近期评估：以纳税人满意度调查为中心 … (63)
　　三　问卷之后：税收法治意识实践进路之反思 ………………… (78)

第二章　税收法治意识的生成结构 ……………………………… (83)
第一节　税收法治意识的本体表达 ………………………………… (84)
一　税收的法学语义：税收法治意识的限定基因 ……………… (85)
二　法治意识的指向：税收法治意识的关键元素 ……………… (88)
三　税收法治意识：税收与法治意识的整合注解 ……………… (94)
第二节　税收法治意识的结构公理——以伊林"法律意识三公理"为分析工具 …………………………………………… (104)
一　第一公理：精神尊严法则 …………………………………… (105)
二　第二公理：自律法则 ………………………………………… (108)
三　第三公理：相互承认法则 …………………………………… (113)
第三节　法律意识公理间的逻辑结构 ……………………………… (119)
一　法律意识的公理逻辑：从"精神"到"行动" …………… (119)
二　法律意识的生成径路：从"自我"到"社会" …………… (123)
三　法律意识的生成媒介：从"知识"到"信息" …………… (127)

第三章　税收法治意识的生成机理 ……………………………… (133)
第一节　税收法治意识中的多元主体 ……………………………… (135)
一　税收生成的法治逻辑：从纳税人权利到国家税权 ………… (136)
二　国家税权的运行机制：基于税收法治主体的思考 ………… (139)
三　法治意识的主体结构：从纳税人、征税人到用税人 ……… (144)
第二节　多元主体的精神尊严和自律 ……………………………… (148)
一　自然人的主体"尊严"与"自律" ………………………… (149)
二　组织的主体"尊严"与"自律"：以法人为中心 ………… (162)
三　非营利法人的"尊严"与"自律" ………………………… (173)
第三节　税收法治主体间的相互承认——以征纳双方主体为观照 …………………………………………………………… (184)
一　"相互承认"与主体地位 …………………………………… (186)
二　"征纳平衡"的理论依托 …………………………………… (191)
三　"相互承认"的契约度衡 …………………………………… (200)

第四章　税收法治意识的生成环境 ……………………………… (216)
第一节　税收法治意识生成的法源环境 …………………………… (218)

一　税法法源的宏观形貌 …………………………………… (220)
　　　二　部颁税法的微观检视 …………………………………… (226)
　　　三　法源镜像的意识影响 …………………………………… (244)
　　第二节　税收法治意识生成的权义环境 ………………………… (251)
　　　一　征纳主体的权义体系 …………………………………… (253)
　　　二　权义体系的结构失衡——以纳税主体权义为视角 …… (259)
　　　三　结构失衡的意识制约 …………………………………… (281)

第五章　税收法治意识的生成方略 ……………………………… (289)
　　第一节　法治财税与简约税法 …………………………………… (291)
　　　一　从法治财税到简约税法 ………………………………… (293)
　　　二　简约税法中的规范汇整：以税收优惠统一立法为样本 …… (300)
　　　三　统一立法中的简约技术 ………………………………… (307)
　　第二节　税收法治与宣传税法 …………………………………… (318)
　　　一　依法治税嵌入法治轨道 ………………………………… (319)
　　　二　法定用税以保用之于民 ………………………………… (327)
　　　三　税法宣传聚焦目标需求 ………………………………… (336)
　　第三节　权利进位与亲近税法 …………………………………… (348)
　　　一　纳税人主义的法治贯彻——以税法解释立场为说明 …… (349)
　　　二　权利进位中的制度激励 ………………………………… (356)
　　　三　守护权利的第三条道路：从自治组织到权利保护官 …… (364)

后　记 ……………………………………………………………… (378)

导　　论

　　处在社会转型时期的中国社会，面临许许多多的困难和问题，其中之一就是社会控制机制的转换。具体地说，就是法治权威将要取代传统权威和感召权威成为社会控制权威的主体。① 而法治权威又仰赖于法治社会的建构。依此逻辑，转型中国的一个关键使命便是实现社会的法治化。但"新中国法治发展的历史起点的特殊性，在很大程度上决定着当代中国法治现代化进程的复杂性、艰巨性和长期性"②。更为重要的是，法治社会有其自身的运行规律和建造基础，如"国家动员能力、既有法律体系、社会治理基础、社会矛盾态势等具体背景，对法治社会建设构成引导或制约"③。在这其中，法治意识、法律规范、法律制度等的一体推进与彼此互动之于法治社会建设甚为关键。相较于法律规范与法律制度构造而言，法治意识的生成虽极为困难，但作为对法律有充分认知、信任、依赖且以法律信仰为最高境界的精神状态，法治意识作为法治主体内在的素质和精神动力，在社会的转型进程中将发挥着关键性作用。④ 概因如此，学者都将法治意识视为法治的精神底蕴，称其为实现法治社会的精神条件和现代法律有效运行的心理基础。⑤ 一定程度上说，法治意识便是法治社会建设的关键性钥匙，抓住了这把钥匙便握有通向法治社会的准入证。

　　麻烦在于，法治意识原本就是一种比较复杂的社会意识系统，是一个不

---

① 参见郭星华《走向法治化的中国社会——我国城市居民法治意识与法律行为的实证研究》，《江苏社会科学》2003 年第 1 期。
② 公丕祥：《新时代中国法治现代化的战略安排》，《中国法学》2018 年第 3 期。
③ 陈柏峰：《中国法治社会的结构及其运行机制》，《中国社会科学》2019 年第 1 期。
④ 参见肖海军《论法治意识》，《湖南大学学报》（社会科学版）2001 年第 3 期。
⑤ 参见姜素红《法治意识的培养与强化》，《湖湘论坛》2006 年第 3 期；杨小云：《实现从人治意识走向法治意识的历史性转变》，《湖南师范大学社会科学学报》2000 年第 6 期。

断深入的渐进过程，且不同过程、不同阶段都有其相应条件和生成诉求。因此，任何一个社会想要整体上形塑出法治社会所需的法治意识，则既要遵循法治意识生成的客观机制，又要营造良好的内外部环境，还要根据主体的自身特质调整普及方式。① 相较于一般的、盖然性法治意识，税收法治意识堪称更为专业的一种法治意识形态。它不仅受控于法治意识的普适机制，而且受制于税法"更重视协同合作理念，征纳双方共同追求团结社会之税捐公平负担"② 之本质特色。这种复杂而又独特的品格，使得税收法治意识虽为法治意识之亚种，但更可自成体系，也使得其对税收法治建设的影响更为关键。因此，在税收立法、依法治税、健全税收司法、预算公开等税收法治基础工程快速建设的当下中国，确有必要深度和系统关注税收法治意识的生成。

一 研究背景与研究价值

近几年来，税收法定主义逐渐从法学界内部的呼吁发展为社会普遍关心的热点，并得到了国家机关的积极回应。不仅《关于全面深化改革若干重大问题的决定》明确"落实税收法定原则"，而且新《立法法》首次将第八条原先规定实行法律保留的"税收基本制度"细化为"税种的设立、税率的确定和税收征收管理等税收基本制度"，且单列为一项，位次居于公民财产权保护相关事项的首位。③ 紧随其后，《贯彻落实税收法定原则的实施意见》发布，税收法定主义实施路线图就此生成。据此安排，《环境保护税法》《烟叶税法》《耕地占用税法》等相继出台，税收立法加速推进。但是，这绝不意味着税收法定模式就此成为税收立法的主导模式，相反，税法规范的生成依然游走在法律、法规、规章，尤其是规范性文件之间，部颁税法规则依然是最为重要的"行动中的税法"，很大程度上决定着税法的实施。

与此同时，以《关于全面推进依法治税的指导意见》（税总发〔2015〕32号）和《"十三五"时期税务系统全面推进依法治税工作规划》（税总发〔2016〕169号）为核心的系列性文件出台，昭示着税收执法领域严格法定主义思维远未得到真正贯彻。因为依法治税工程不仅未被税收法治理念所取代，反而以更为旺盛的生命力和更具威严的适用力渗透至各级税务机关及其

---

① 参见孟书广、张迪《公民法治意识形成的机制及启示》，《人民论坛》2012年第36期。
② 葛克昌：《纳税者权利保护法析论》，元照出版有限公司2018年版，第204页。
③ 参见刘剑文《落实税收法定原则的现实路径》，《政法论坛》2015年第3期。

工作人员的核心事务。相伴相生，年复一年的"税收宣传月"和"财政预算""财政决算""预算执行情况"等税收法治情事方面的常规动作依旧轮次上演，只是纵然如"税收宣传月"这一二十年的固定宣传节目，不管是宣传内容，还是宣传形式，乃至于宣传受众定位，都与税收法治意识的生成机制相距不小。奇妙的是，在这些常规动作而致的社会效应评价上，官方报道与民间认知时常存有分歧。分歧背后或许才是真实的税收法治意识样态，实证调查一定程度上验证了这一点。"重纳税，轻征税，基本不谈用税"是长久以来的宣传基调，也直接影响着税收法治建设的诸多制度设计。问题是，这种定位既歪曲了税收法治意识的整体表达，又背离了税收法治意识的生成机制。要想在中国推进税收法治，则需要测度既有定位的真实效应，厘清税收法治意识的真实表达和原生机制，进而寻求进阶之道。本书正是在此背景下展开，具有以下价值和意义。

其一，实证调查税收法治意识的现况，科学定位税收法治意识进步的实践基础。本书首先以税收宣传主题与口号的考察为中心，以"常地税宣传方案"为分析样本，以税收宣传的效用评估为评估参照，发现"税务行政主导思维依然盛行，纳税服务意识和质量较差""纳税人权益保护效果较差，纳税意识培育环境并不理想"和"税收法治意识总体偏低，综合环境亟待净化"等结论，并深度分析导出"税收宣传的理念'误导'""税收宣传的方向'迷失'"和"税收宣传的对象'忽视'"等核心原因，从而整体展示税收法治意识的当下样态和生成进阶的可能方向。

其二，厘定税收法治意识的本体内涵，探究税收法治意识的结构公理与逻辑结构。本书第二部分以"税收"与"法治意识"为限定基因和关键元素，反思纳税意识等语词表达和误区，逐层剖析税收法治意识的本有内涵，即纳税法治意识、征税法治意识与用税法治意识的三位一体。据此，以伊林"法律意识三公理"为分析工具，尝试建造税收法治意识的结构公理，即"精神尊严法则"的第一公理，"自律法则"的第二公理和"相互承认法则"的第三公理，并分析三大公理之间蕴含的"从'精神'到'行动'""从'自我'到'社会'"和"从'知识'到'信息'"之逻辑结构。

其三，拓展税收法治意识中的主体形态，建造主体之间的税收法治意识生成机制。本书第三部分以"纳税法治意识、征税法治意识与用税法治意识"三位一体的税收法治意识为参照基准，依循纳税人权利与国家税权的博弈规律，探寻和提炼"从纳税人、征税人到用税人"的税收法治意识主体结构。并以此为前提，从自然人、法人组织和非营利法人三类典型的税收法治意识主体维度，分析多元主体的"精神尊严"和"自律法则"，进而以征纳双方主体为观照视角，研习税收法治主体间的"相互承认"，验证法治意识的结构公理和逻辑结构，总结普适性的税收法治意识生成机制。

其四，检视税收法治意识的法源与权义环境，提出税收法治意识的整体生成策略。本书第四部分以税收法治意识生成机制为分析工具，以税法法源和权义体系为分析对象，一方面，概括税法法源的形貌，阐述其对税收法治意识生成与进位的影响。另一方面，以征纳主体的权义体系为视角，重点考察纳税人权义体系的失衡，挖掘失衡的权义结构对税收法治意识变迁的影响。在此基础上，本书第五部分从"法治财税与简约税法""税收法治与宣传税法"和"权利进位与亲近税法"三大面向勾画税收法治意识生成与进位的总体方略，意图寻求税收法治意识的进阶之道。

二 研究文献述评

与法治意识、法律意识的研究热度相比，税收法治意识堪称税法研究中的荒芜之地，聚焦税收法治意识的文献也是凤毛麟角。既有文献中，直接以税收法治意识为研究对象的文献主要有3篇论文，分别为：

《论税收法治意识的培育》（丁茂清，2003），该文重点分析中国税收法治意识淡薄的原因，进而寻求相应的对策。作者认为："中国税收法治意识淡薄的历史原因包含历史传统，体制，法制，社会意识等多个层面。在税收法制建设中，应从治国方略，立法程序，队伍建设，教育宣传，监督机制等方面加强税收法治意识的培育。"[①]

《新制度经济学视角下的税收法治意识》（段小芳，2007），该文以新制度经济学为视角，重点分析税收法治意识的制度性作用和经济功能，立足于税收法治意识的建立。作者认为：税收法治意识对于我国的税收法治建设的重要意义是不言而喻的，而税收法治意识的建立由于其特定原因而难以借鉴国际经验，又不适宜于实行强制性建立，因此应选择税收法治意识的诱致性制度变迁，将国民所认为的被迫税收行为转变为他们的自主行为，即将依法治税的观念根植于国民意识中，从而降低税收法治的成本，促进税收法治的实现。必须提及的是，虽然该文并未深入分析税收法治意识的本体内涵以及各自之间的关联，但作者对税收法治意识的认知已超越纳税人层面，而拓展

[①] 丁茂清：《论税收法治意识的培育》，《湖南公安高等专科学校学报》2003年第3期。

到了征税法治意识和用税法治意识。①

《理解中国的税收法治意识——基于税收宣传的实证考察》（叶金育，2013），该文基于税收宣传实证调查为基础，分析税收法治意识建构的对策。作者认为："中国的税收法治意识生成有着与西方不一样的路径，应坚持中国特色，以纳税人权利意识生成为核心，重点对纳税人权利进行体系化立法。明示纳税人的权利及其实现方式和保护机制，在此基础上进行立体化宣传。税收法治意识的生成还有赖于纳税人激励机制的整体化建构和税权的控制与规范化运行。当上述要件满足并付诸实施时，税收法治意识与税收法治中国将不再遥远。"②

相较于《新制度经济学视角下的税收法治意识》，《理解中国的税收法治意识——基于税收宣传的实证考察》不管是研究方法，还是立论依据都有了显著进步。与学界对税收法治意识的整体性忽视不同，纳税意识一直是学者关注的重点议题。学界虽对纳税意识研究较多，起步较早，但一直未取得突破性进展，且高质量的成果增进十分稀缺。总体而言，既有文献主要呈现以下特点：

其一，设定纳税意识不高，进而分析原因，寻求对策。比如，有学者认为：传统赋税文化和公民税法知识的缺乏，加之个别政府官员的腐败行为和部分税务人员执法的不公正，直接影响了纳税人对我国税收"取之于民、用之于民"的本质认识和纳税热情，导致一些公民的纳税意识还未形成，纳税意识比较淡漠。只有多渠道、全方位地进行税法知识宣传，加强对国家干部的廉政教育，提高税务人员的综合素质和服务意识，才能切实改变我国公民纳税意识淡漠的现状。③

其二，实证、比较公民纳税意识现状与变迁，分析背后的原因与规律，寻求纳税意识进阶之道。比如，有学者以1990—2005年4次公众价值观调查数据库中关于中国的数据为基础，采用非参数检验和对应分析方法研究了

---

① 参见段小芳《新制度经济学视角下的税收法治意识》，《合作经济与科技》2007年第1期。

② 叶金育：《理解中国的税收法治意识——基于税收宣传的实证考察》，《人大法律评论》2013年第2期。

③ 参见彭浩东《当前我国公民缺乏纳税意识的成因分析及其对策研究》，《经济师》2002年第5期。类似的研究可参考但不限于下列文献：张学斌：《我国公民纳税意识：现状、原因及对策》，《财经论丛》1998年第3期；王丽环：《谈公民的纳税意识》，《法学杂志》2005年第5期；刘锋：《我国公民的纳税意识》，《税务研究》2005年第11期；南斌红：《大学生的纳税意识培育途径研究》，《纳税》2017年第29期。

中国公民纳税意识的变迁及其与公民对公共服务信任度的关系。结果显示：这一阶段中国公民纳税意识虽处于一个较高水平，但呈现出明显的下降趋势，主要原因可能在于：一是中国公民税收权利意识的觉醒，这使中国公民开始用挑剔的眼光审视政府的收税及用税过程。二是地方官员的"晋升锦标赛"扭曲了地方财政支出结构，导致公民对公共服务满意度的下降。因此，采取有效措施提高公民对公共服务的信任度和财政决策的民主化程度，逐步改进对地方官员政绩的考核方式，将公民对地方政府的满意度纳入政府官员考核体系是提高公民纳税意识的有效途径。①

其三，运用跨学科思维和方法，探讨公民纳税意识。比如，有学者通过对纳税人的行为及纳税人和征税机关之间的博弈分析，指出由于制度上的激励不足和监管低效率所导致的纳税人纳税意识低下的经济原因，认为：要提高公民的纳税意识，第一，要完善当前的税收制度、公共财政制度，提高财政支出的透明度。第二，要大力加强我国税收的信息化建设。第三，在当前环境下采取有力的措施加大惩罚力度，打击偷逃税的非法行为，降低纳税人偷逃税的概率。第四，要逐步建立起我国的社会诚信机制。第五，要进行相关制度的配套改革与建立。第六，要对纳税人进行教育和宣传。②

其四，注重纳税意识与纳税人权利等之间的互动，寻求纳税意识向纳税人意识的进发。比如，有学者认为：纳税人意识作为公民意识的基础，是一个纳税人与政府双向的全方位概念，是纳税人通过向政府让渡部分财富，要求国家提供公共产品的权利实现和权力服务的思想体系。它包括建立纳税人权利体系和实施国家财税管理和监控两个方面，展现为纳税人的权利与义务

---

① 参见杨得前《中国公民纳税意识变迁及其成因分析：1990—2005》，《财经理论与实践》2012年第4期。类似的研究可参考但不限于下列文献：薛平、王逸：《影响中西纳税意识的历史文化因素》，《扬州大学税务学院学报》2000年第2期；王锐：《政府信用与公民纳税意识——浙江高校学生纳税意识实证研究》，《税务研究》2005年第12期；刘明：《中西文化差异与增强我国公民纳税意识问题研究》，《社会科学评论》2008年第1期；刘明、岳伟：《中西方纳税意识的文化差异及其启示》，《理论导刊》2008年第8期；姚原：《香港居民和中国大陆居民纳税意识差距及深层原因剖析》，《特区经济》2010年第1期；崔志坤：《纳税意识：西方演进与中国式嬗变》，《探索与争鸣》2010年第12期。

② 参见于涵《公民纳税意识的经济学分析》，《山东经济》2005年第3期。类似的研究可参考但不限于下列文献：湛中乐、朱秀梅：《公民纳税意识新论》，《现代法学》2000年第5期；许宗凤：《我国公民纳税意识之分析》，《税务研究》2008年第8期；熊力：《论行政伦理与纳税意识》，《湖南科技学院学报》2010年第12期。

以及政府的权力与义务互动的复杂关系。①

除此之外，也有学者专注于域外纳税意识培养体系的研究。比如，有学者通过研究，认为：美国税务机关为了培养公民诚信纳税意识使用了各种各样的手段和方式，美国的税务管理没有规定专门的税收宣传月，而是通过实行一系列行之有效的税收教育计划，对纳税人进行系统而具体的税收宣传教育以加强其依法纳税的诚信意识。②

基于研究习惯、法治理念和税收法治推进策略等的不同，域外极少出现专门聚焦税收法治意识或纳税意识之类的研究文献，但这绝不意味着域外学者对这一问题的完全抛却。整体来看，域外与税收法治意识主题关联的研究文献呈现以下几个特点：

其一，注重税收法治意识与纳税人权利的联动，更加强调纳税人权利保护与租税国家限制等话题。比如，有学者基于"纳税者权利保护法"，深入探究作为"纳税者权利保护法"渊源之税法判决、税法本质特色与"纳税者权利保护法"以及正当程序、违宪审查与"纳税者权利保护法"等关系，纳税人权利保护官之法律建制等议题，回应世界性纳税人权利保护立法风潮，意图挖掘"纳税者权利保护法"之时代意义，从而敦促"以纳税人为尊之服务理念落实"。③

其二，聚焦税收遵从研究，探讨税法规则、税收征纳管理、税收权义配置等多种因素对税收遵从的影响。比如，有学者认为：税收机关的权力配置

---

① 参见杨力《纳税人意识：公民意识的法律分析》，《法律科学》2007年第2期。类似的研究可参考但不限于下列文献：刘剑文、许多奇：《纳税人权利与公民的纳税意识》，《会计之友》1999年第9期；包子川、李初仕、陈光宇：《纳税人意识与依法治税》，《税务研究》2003年第5期；刘怡、易滢婷：《范拉伊模式下的纳税人意识研究》，《财贸经济》2005年第7期；刘怡、杨长湧：《中国传统文化与纳税人意识》，《北京大学学报（哲学社会科学版）》2006年第3期；畅小翠：《社会契约伦理与纳税人意识》，《山西农业大学学报》（社会科学版）2008年第1期；项亚萍：《从纳税人意识看税收法定原则在我国的落实》，《巢湖学院学报》2016年第1期。

② 参见沈腊梅《美国诚信纳税意识培养体系探析》，《扬州大学税务学院学报》2003年第3期。类似的研究可参考严恒元《税收宣传在国外——美国：人们的纳税意识为什么强》，《中国税务》2001年第4期。

③ 参见葛克昌《纳税者权利保护法析论》，元照出版有限公司2018年版。类似的研究可参考但不限于下列文献：葛克昌：《所得税与宪法》（三版），翰芦图书出版有限公司2009年版；潘英芳：《纳税人权利保障之建构与评析——从司法保障到立法保障》，翰芦图书出版有限公司2009年版；葛克昌：《租税国的危机》，厦门大学出版社2016年版。

和税务机关的信任是纳税人理解税法和自愿遵从税法的关键性因素。① 也有学者基于相当数量的中等收入纳税人利用税收筹划策略以减税的事实,探讨程序正义、合法性与税收规避之间的关系,以其实现更有效的税法规制。②

其三,从政治学、社会学等多学科角度观测税收现象,而非简单停留在法律表层的研究思路,对税收法治意识的理解产生不小影响。比如,有学者认为:在税法的制定过程中,虽然可以采纳经济学、伦理学、行政管理学等标准,但只要政府愿意接受并通过政治过程把税收纳入法律的轨道,其他标准都不是很重要,只有政治的考量才是决定性的。③ 也只有通过政治过程才能完成赋税的征收和缴纳。④ 再如,有学者基于税收税法规则丛林现象,强调要引入国际视角,注重税收的社会、经济、法律、政治等的协同治理。⑤

其四,超越税收法律意识局限,谋求法律意识的规范化构建。典型如,伊·亚·伊林虽不聚焦于税收法治意识研究,但他从哲学、社会学、法哲学、国家学的高度以及宗教的角度对公民法律意识做了极其深刻、全面、详尽的分析和论述,开创性地提出了"规范法律意识"学说,其许多思想和观点不仅震古烁今,而且对当下中国的税收法治意识塑造与税收法治社会建设具有极为重要的现实意义和参考价值。⑥

通览学界的既有研究,多数聚焦于表层的"原因—对策"分析,罕见有专属于税收法治意识法理层面的思考,更少有对税收法治意识生成的系统性论述。至于从"生成"视角立体化审视税收法治意识的实践基础、公理基础、生成机制、生成环境与生成策略之间内在管理的文献尚未出现,多数研究停留在"就事论事"阶段,缺乏对法理与税理的深度挖掘和提升,难以实现对税收法治意识培育的真正指导。

---

① Erich Kirchler, Erik Hoelzl, Ingrid Wahl, Enforced versus voluntary tax compliance: The "slippery slope" framework, Journal of Economic Psychology, Volume 29, Issue 2, 2008, pp. 210-225.

② Kristina Murphy, Regulating More Effectively: The Relationship between Procedural Justice, Legitimacy, and Tax Non-compliance, View issue TOC, Volume 32, Issue 4, 2005, pp. 562-589.

③ 参见[美]B·盖伊·彼得斯《税收政治学》,郭为桂、黄宁莺译,江苏人民出版社2008年版,第3页。

④ 参见[美]詹姆斯·M. 布坎南《制度契约与自由——政治经济学家的视角》,王金良译,中国社会科学出版社2013年版,第189页。

⑤ Allison Christians, Steven Dean, DianeRing and Adam H. Rosenzweig, Taxation as a Global Socio—Legal Phenomenon, 14 ILSA J. Int'l & Comp. L. 303, 2007-2008, pp. 303-315.

⑥ 参见[俄]伊·亚·伊林《法律意识的实质》,徐晓晴译,清华大学出版社2005年版。

三 创新与不足之处

本书基于税收宣传的整体考察，揭示税收法治意识生成的真实实践，厘清税收法治意识的本体语义，构建税收法治意识的生成机制，评估税收法治意识的法源和权义环境，进而寻求税收法治意识生成和进阶的未来路径，展示了"税收法治意识生成"的立体镜像。可能的创新点包括：

1. 提炼并聚焦税收法治意识生成这一核心命题展开论述

"税收法治意识的生成"既是本书的主题，更是本书开展的线索。本书紧紧围绕此而设计，不管是对税收宣传的整体考察，还是对税收法治意识的本体含义的再造；无论是对税收法治意识结构公理、逻辑结构的构建，还是对税收法治意识生成机制的诠释与解剖；无论是对税收法治意识生成环境的检思，还是对税收法治意识生成策略的勾画，都绝不是杂乱无章地铺陈，而是紧扣"税收法治意识生成"这一灵魂，依循"从实然到应然""融理论与实务"而精心布局，整体形塑税收法治意识的生成图像。

2. 提出并证成"纳税法治意识、征税法治意识和用税法治意识"三位一体的税收法治意识整体观

尽管有极个别学者有所论及纳税法治意识、征税法治意识和用税法治意识，但也只是简单地提出观点。而本书重点分析"税收"与"法治意识"语词，反思和总结纳税意识、纳税人意识等观念误区及危害，进而提出并阐释纳税法治意识、征税法治意识和用税法治意识三者之间的内在联系，以及三者与税收法治意识之间的应然关系，塑造三位一体的税收法治意识整体观。更值提及的是，本书还将这一观点贯彻到税收法治意识生成机制、生成环境和生成策略的论证过程中。

3. 运用跨学科、多元化思维探究税收法治意识，整体展示论题的"领域色彩"和"理实一体"的品格

本书虽有文献法、比较法、利益衡平法等的综合利用，但贯穿全文的是逻辑论证的思维方法，作为论证对象的实证素材和资料是众多规范性文件，这就使得逻辑论证和实证研究成为贯穿全文的主要研究方法。与此同时，本书整体不再拘泥于在法律值域探讨税收法治意识的生成问题，而是将其置于整体社会的宽广视角观察。其中，既有社会学思维的观测，又有法学思路的思考，还有心理学等学科思维的检视。如此安排，使得本书不仅具有较强的"领域色彩"，而且具有"融贯理论与实务"的典型特质，最终建构的理论与实务可以相互印证，协力共进。

尽管如此，囿于时间较为仓促和能力较为有限，本书尚有以下不足之处，有待日后深化、跟踪研究：第一，税收法治意识横跨法学、心理学、社会学、政治学、哲学、伦理学、管理学等多学科知识，本书虽努力吸纳关联学科的既有成果，但主要还是立足于法学视角，兼容社会学科思维，提出的些许观点、对策与建议，能否得到其他学科的认可有待实践检验。第二，尽管笔者竭力对域外税收法治意识关联文献进行比对研究，但由于语言能力受限，涉猎的国家和地区并不太多，引用的域外文献也较为有限，且多聚焦于域外税收法治意识培育策略的借镜，而对相关国家的政治、经济、社会、文化等背景综合考虑不足。第三，本书虽有实证调查，但一手实证数据相对匮乏，直接获取的有效资料也并不多，对税收法治意识生成问题的实证把握和论证相对薄弱。如何吸纳域外经验，建构切合中国国情的税收法治意识生成理论，还需要深入调查研究。除此之外，税收立法、税法实施、税法解释等对税收法治意识的效力测度，不同主体对同一税收法治行为的意识反应，社会变迁对主体税收法治意识的影响，单个主体的税收法治意识与社会整体的法治意识之间的交互关系等诸多议题，与税收法治意识的整体生成与进位均可能有所关联，但本书都未能作更为深入和系统的阐释，值得未来深切关注和研究。

第一章

税收法治意识的生成实践

——基于税收宣传的整体考察

改革开放以来，我国税收法制建设得到长足进展。特别是《国务院关于实行分税制财政管理体制的决定》的颁布与实施，极大地加速了税收领域基本法律制度的制定与完备。然而，税法虽具有普遍遵守的强制力，但仅靠强制力迫使公民接受、履行，而非自愿、主动地遵守，即使税法再多、再完备，它也只能是僵死的制度，甚至沦为一纸空文。因为"一切法律之中最重要的法律，既不是铭刻在大理石上，也不是铭刻在铜表上，而是铭刻在公民的内心里，它形成了国家的真正宪法，它每天都在获得新的力量，当其他法律衰老或消亡的时候，它可以复活那些法律或代替那些法律，它可以保持一个民族的精神"①。税收法治意识就是这样一部最高效力的"税法"，它既关乎税收立法的可接受性，又关系税法实现的效率性，还影响税法解释的科学性。

正因如此，各个国家和地区都十分重视本国、本地区税收法治意识的培育，也孕育出了各种功能不一、形态不同的培育工具体系。② 客观上说，不同的税收法治意识培育工具，不仅有不同的内涵、边界和适用范围，而且有不同的法律要求，还会有不同的环境诉求，因而所起到的作用必然不一样，在运用上就应该有所不同。决策者选用具体培育工具时，既要遵循相关的法律限制，又要顾及依存的社会变迁，还要考虑工具的效用测度，特别是各种培育工具之间的组合效果和替代效应。近乎与分税制改革同步，1992年中国也正式开启了以"税收宣传月"为核心的税收法治意识培育实践。历经

---

① [法]卢梭：《社会契约论》，何兆武译，商务印书馆1980年版，第20页。
② 比如，经过50余年的发展，美国已形成独具特色、引领世界的以纳税服务为内核的税收法治意识培育工具系统，即"以顾客为中心"的纳税服务理念、"从纳税人角度勾画纳税服务蓝图"的纳税服务趋势和"让纳税人遵从更容易"的纳税服务举措。参见叶美萍、叶金育、徐双泉《美国纳税服务的经验与启示》，《税收经济研究》2012年第1期。

二十余年的坚持与努力，作为整体的税收法治意识较之往昔不可同日而语。长期的潜移默化，不管是征税人员，还是纳税人员，其对税收法治的认知都经历了脱胎换骨的变化。这些变化中既有积极的成分，从而间接助推了中国的税收法治建设，与此同时，仍存有不少有悖于税收法治建设的误区，预示着过往税收法治意识培育实践也绝非完美无缺。

第一节 税收宣传的文本检思
——以税收宣传主题与口号的考察为中心

1992年伊始，每年4月份被定为"全国税收宣传月"，直至2017年已届26载，期间不曾中断。上至税务总局，下至基层税务机关；不管是国家税务局，还是地方税务局，为真切"宣传税收"，每年都投入大量的财力和精力，并动员社会各界参与其中，使得税收宣传月活动已然成为中国税收法治意识建设的重要载体和实践样板。税务总局发布通知，规划当年的全国税收宣传月活动方案（以下简称"全国税收宣传方案"），围绕税收宣传月主题（以下简称"税收宣传主题"）组织开展一系列宣传活动[1]，并在税收宣传月期间编发简报，展示各地活动动态，推介好的做法和经验，指导全国税收宣传月活动有序开展。各级税务机关上下联动、协作配合，按照税务总局统一部署，结合本地实际，统筹谋划、精心设计本系统、本单位的税收宣传月活动内容，在不同时间节点围绕不同专题开展特色活动，与税务总局形成集中宣传声势，形成协同共治的税收宣传合力。[2]

不同年份，不一样的活动，几无二致的手段、方法和程序定期启动，复述亘古不变的税收宣传情事，俨然成为每年税收领域的亮丽风景。如何评估这二十余年从未间断的全国税收宣传方案？作为全国税收宣传方案核心的税收宣传主题究竟蕴含哪些税收宣传的变迁规律？辅助税收宣传主题的税收宣

---

[1] 直接开展税收宣传活动虽不是税务总局税收宣传月的重点，但每年税收宣传月期间税务总局也会针对性组织开展一些宣传活动。例如，2011年全国税收宣传月期间，恰逢税收宣传月20周年，税务总局便针对性地组织开展系列宣传活动，主要有：举办纪念税收宣传月20周年座谈会，并在相关媒体进行专题报道；税务总局领导在重要媒体发表署名文章；与央视合作，播出系列专访、公益片和宣传片；向全社会推出全国十大优秀税务工作者；开展形式多样的网上宣传活动；部署开展全国税法动漫大赛等一系列活动。参见《关于开展第20个全国税收宣传月活动的通知》。

[2] 参见《国家税务总局办公厅关于开展第26个税收宣传月活动的通知》。

传标语口号（以下简称"税收宣传口号"）又涵摄哪些税收宣传信息？凡此种种，对税收执法主体及其执法行为产生何种影响？对纳税主体及其涉税活动带来哪些改变？累积了哪些值得继续的税收法治意识培育经验，又滋生了哪些应予舍弃和亟须更新的做法？究竟是加速了，还是延缓了整体中国的税收法治意识进化？进一步而言，税收宣传与税收法治意识之间究竟存在何种关联？此类问题的回答，必须建基于全国税收宣传方案的整体考察之上，但究其核心还须立足于税收宣传主题与税收宣传口号的微观解剖。

一 税收宣传主题的实证观测

税务总局制定、发布每年的全国税收宣传方案时，都会确定一个本年度的税收宣传主题。这一惯例自税收宣传月创设至今，不曾改变。税收宣传主题既是税务总局年度全国税收宣传方案的策划中心，又是国家大政方针、重大税制变革和税制基本理念的宣传名片。不仅是各地税务机关税收宣传副题和实施方案的设计准据，而且是地方税收宣传月活动开展和宣传效果评估的关键参照。历经二十余年的积淀，每一个税收宣传主题早已不只是一句口号那般简单，它们都蕴含着丰富的税制机制，浸透着厚实的税收法理，也折射出经济社会的沧桑变迁。更为重要的是，这些宣传月主题伴随着历年税收宣传月活动的逐次展开，终将"飞入寻常百姓家"，成为税收法治意识生成和进化的重要引擎。因此，考察这些燎原税收宣传月活动的各色宣传月主题，便可洞悉隐藏其后的税收法治意识概貌。

（一）税收宣传主题的总体述描

1992 年"税收与发展"宣传月主题的选定，拉开了中国税收宣传月活动的大幕，也奠定了宣传月主题这一历年税收宣传月活动策划和开展的保留项目。从税收宣传月设立和开展之初的"税收与发展"到 2017 年的"深化税收改革、助力企业发展"，税务总局共确定了 26 个税收宣传主题，剔除不同年度的、共同的宣传月主题，26 年间税务总局共设计了 16 个税收宣传主题（如"表 1-1"所示）。这些税收宣传主题是税收法治建设的重要见证，也是税收法治意识变迁的另类脚本。尽管这些基础素材远未引起学界的精深关注，但是这丝毫不影响其独有的学术价值。基于此，下文首先将观测视角聚焦于这些税收宣传主题，意图发掘税收宣传主题背后的税理、法理与情理，进而概描其对税收法治意识的功效。

初略观察"表 1-1"，不难发现前十年确立的税收宣传主题十分杂乱。除开 1993 年和 1994 年共享"税收与改革"同一宣传月主题之外，其他 8 年中的宣传月主题均有不同,且前后年度的不同宣传月主题之间的内在关联并不明显。比如,1994年至1997年间,宣传月主题朝着"税收与改革→税收与法制→税收征管与市场经济→税收与文明"径路演化,前后年度的宣传月主题的设计思路难言自洽。如若生搬硬套各自的内在逻辑,未免太牵强附会了。同样的问题两年后再度出现,1999年至2001年间,宣传月主题从"依法治税·强国富民"突变为"税收与未来",而后又从"税收与未来"裂变为"税收与公民",实在是难以观测出前后承接的思路和理念。与之形成对比的是,2002年至2017年的16年间,税收宣传主题雷同化趋向明显。"依法诚信纳税"(5次,2003年至2006年为"依法诚信纳税·共建小康社会",2007年为"依法诚信纳税·共建和谐社会")和"税收·发展·民生"(7次,2008年至2014年)构成这16年中税收宣传的核心主题。值得关注的是,2015年以来的3次宣传月主题设计,似又落入窠臼。

表1-1　　　　　　　　　　全国历年税收宣传主题

年份	税收宣传主题	年份	税收宣传主题
2017	深化税收改革·助力企业发展	2004	依法诚信纳税·共建小康社会
2016	聚焦营改增试点·助力供给侧改革	2003	依法诚信纳税·共建小康社会
2015	新常态·新税风	2002	诚信纳税·利国利民
2014	税收·发展·民生	2001	税收与公民
2013	税收·发展·民生	2000	税收与未来
2012	税收·发展·民生	1999	依法治税·强国富民
2011	税收·发展·民生	1998	税收管理与依法治国
2010	税收·发展·民生	1997	税收与文明
2009	税收·发展·民生	1996	税收征管与市场经济
2008	税收·发展·民生	1995	税收与法制
2007	依法诚信纳税·共建和谐社会	1994	税收与改革
2006	依法诚信纳税·共建小康社会	1993	税收与改革
2005	依法诚信纳税·共建小康社会	1992	税收与发展

客观上说,每一个税收宣传主题都须因应于当年的政治、经济、社会与文化等多维环境,不可能一成不变。根据年度税收情势,调整税收宣传主题是为必然。但从"意识是(主体对发生在它内外的事件的)觉知。简言之,意识的本性就是觉知"[1] 这一意识生成的普适机制来看,前后年度的宣传月

---

[1] 李恒威:《意识、觉知与反思》,《哲学研究》2011年第4期。

主题调整采用渐变方式显然优于突变或裂变方式。纵然如此，突变或裂变式样的宣传月主题依然不少。如何解释这一现象？税收宣传主题的表层变迁，会否蕴含始终不曾改变的税之规律？是否隐含更为深邃的税之法理？能否生成亟待净化的税之环境？等等。此类问题关乎税收法治建设，更关系税收法治意识的进化。答案的获取，既需要深究既已发生的税收宣传主题设计实践，又需要税法学的理论补足和税收学的知识驰援，尤其需要税法学和税收学的科际整合性思考。毕竟，"法学与其他学科的合作，都是为了要让法律可以'更为合理地解决问题'"①。

（二）税收宣传主题的设计基准

观测"表1-1"，貌似历年税收宣传主题的选定只是税务总局的率性而为，也不过是税收宣传领域税务行政主导的必然产物和集中体现而已。实则不然，每一个税收宣传主题的确定都需综合各种因素，且需集聚众人才智，可谓集体智慧的结晶。即便是相对久远年度的税收宣传主题的确定，税务总局也时常集思广益，征集社会各界意见。比如，2003年第十二个全国税收宣传月"依法诚信纳税·共建小康社会"主题的确定，便直接受益于《关于征集第十二个全国税收宣传主题、宣传标语、招贴画的启事》（以下简称"征集启事"）的发布和"第十二个全国税收宣传主题、宣传标语、招贴画征集启事"的开展。根据"征集启事"的要求，意欲参选的"税收宣传月活动主题"应该"……语言精练、准确、好懂易记，具有时代感、亲和力，能够从一个侧面反映税收与国家、公民、社会的密切联系，突出税收的地位、作用等。……"该"征集启事"大体揭示了税务总局设计税收宣传主题的主要考虑因素和基本要求。即，形式上必须与时俱进，契合税收宣传活动实施当年的国家政治、经济、社会与文化等领域的重大政策与目标。实质上理应不忘初心，尊重宣传规律，植根税制核心机制和学科基本理念。

1. 形式面向：宣传月主题的政策基础

从形式上看，26年中"每个全国税收宣传月的主题都是适应经济、政治形势，体现时代发展特征，围绕税收工作重点所提出来的"②，且每一个税收宣传月的主题都具有鲜明的时代特色，力求突出重点、抓住亮点、贴近实际，贴近群众。如果把历年税收宣传月活动的主题，用一条线连接起来的话，便会发现，每年税收宣传月的主题都是经过精心策划和安排的，都带着

---

① 郭书琴：《法律人类学、法律知识与法律技术》，元照出版有限公司2016年版，第92页。
② 梁译丹：《我国二十载税收宣传的历程回顾与改进建议》，《西部财会》2012年第4期。

明显的年代烙印，都带着税收发展的痕迹，都带着鲜明人文的色彩。内容不一的宣传月主题，突出的是每一年度税收宣传的重点，也从中传达着税收工作的内涵与精要，从不同的方面、不同的角度传播着"税"的声音。① 在这其中，执政党的历届治国方略、重要会议决议、经济和社会发展规划等（以下简称"执政党国策"），国家税收重大政策的变动、核心税收规范性文件的出台（以下简称"国家税收政策"）等，都是税收宣传主题设计最为重要的素材来源。

"执政党国策"，向来都是政党宣传的重要内容。因为政党宣传本质上是一种政党为达成政党目标、维系与宣传受众的关系、适应所处环境不断变化而进行的信息传递行为。在政党领导的国家，宣传也是一种领导方式和管理行为，在政党的合法性建设、稳定性持续与应对风险等方面发挥着重要的作用。税收宣传作为政党宣传的重要组成部分，也必然受制于政党宣传的一般规律和基准范式。改革开放以来，不管是以改革目标和社会稳定为中心的正面宣传（稳定范式），还是尊重传播规律和社会舆论的引导式宣传（引导范式）②，区别的只是宣传技术与策略，不变的是都会围绕"执政党国策"，设计和组织宣传活动。税收宣传月活动也无例外。遵循政党宣传规律与范式，聚焦"执政党国策"，设计宣传月主题，是税收宣传主题生成的重要范式。其中，又可界分为直接取材与间接受控两种不同的宣传月主题设计模式。

前者如，全面建设小康社会是党的十六大提出的宏伟奋斗目标。2003年税收宣传月活动的主题是："依法诚信纳税·共建小康社会。"执政党的纲领性文件之于税收宣传主题的决定性作用不言而喻。两者间的逻辑关系也为《关于开展2003年全国税收宣传月活动的通知》所证实。亦如该通知所言，2003年"开展以'依法诚信纳税·共建小康社会'为主题的税收宣传，体现了税收工作与时俱进的客观要求，有利于全面贯彻党的十六大精神，把十六大精神落实到税收工作中去"。后者如，2014年最为重要的国策莫过于"中国共产党第十八届中央委员会第四次全体会议"，该会议聚焦的是"全面推进依法治国"议题，而2015年税收宣传月活动的主题却是："新常态·新税风"。两者之间看似毫无关联，但若结合2014年简政放权、便民春

---

① 参见王平《十五年铸就税收宣传路——税收宣传月活动开展十五年回顾》，《中国税务》2006年第4期。

② 参见张宁《政党—环境视角下政党宣传范式的转变与创新》，《新闻与传播研究》2016年第9期。

风行动，便可知悉税收宣传主题的选定并非只是简单停驻于单一的"执政党国策"，而更多时候是党的政策决议、行政部门的纲领性文件以及税务系统会议精神的高度提炼。2015 年"新常态·新税风"宣传月主题的确立便是典型。这一主题既回应了"全面推进依法治国"决议，又驰援了国务院"简政放权"行动①，还融合了税务总局年度重点税政精神。②

除此之外，"国家税收政策"也会成为税收宣传主题设计的重要素材。如同"执政党国策"与宣传月主题的关系类似，"国家税收政策"既可能直接转化为税收宣传主题，也可能与党政方针、会议决议等交织而成税收宣传主题。前者如，《关于全面推开营业税改征增值税试点的通知》规定："自 2016 年 5 月 1 日起，在全国范围内全面推开营业税改征增值税（以下称营改增）试点，建筑业、房地产业、金融业、生活服务业等全部营业税纳税人，纳入试点范围，由缴纳营业税改为缴纳增值税。"营改增试点不仅是推进我国结构性减税以刺激市场活力、促进经济稳健发展的关键之举，而且是深化财税法体系改革的至关重要一步，更是国民收入分配正义价值的实现之措。③ 如此重大的税收政策变革，触及社会生活的每一个角落，也终将影响社会主体方方面面的行为抉择。正因如此，2016 年税收宣传月活动的主题便直接取材该项国家税政变革，厘定为"聚焦营改增试点·助力供给侧改革"。后者如，2017 年税收宣传月活动的主题是："深化税收改革·助力企业发展。"该主题虽然难以与某项"国家税收政策"直接接壤，但其高度提炼了国家近两年来的减税降费、清费立税等国家政策与行动④，提供了"深化税收改革·助力企业发展"主题的政策土壤。

---

① 2014 年，李克强总理主持召开 40 次国务院常务会议，其中 21 次部署了"简政放权"。参见张国《2014：40 次国务院常务会议 21 次强调"简政放权"》，《中国青年报》2015 年 1 月 9 日，第 7 版。

② 参见《国家税务总局关于印发〈2015 年税收宣传工作要点〉的通知》。

③ 参见张富强《论营改增试点扩围与国民收入分配正义价值的实现》，《法学家》2013 年第 4 期。

④ 典型政策如，2016 年以来，国家一方面大力推进阶段性降低社保公积金费率、清理规范政府性基金收费项目、扩大部分行政事业性收费的免征范围、降低电价与银行卡刷卡手续费等"减税降费，减轻企业负担"行动；另一方面推动"清费立税"、深化税制改革。参见但不限于下列文献：《关于阶段性降低社会保险费率的通知》《关于规范和阶段性适当降低住房公积金缴存比例的通知》《关于扩大 18 项行政事业性收费免征范围的通知》《降低燃煤发电上网电价和一般工商业用电价格的通知》《关于全面推进资源税改革的通知》《关于资源税改革重点政策问题的通知》《关于印发〈水资源税改革试点暂行办法〉的通知》以及《中华人民共和国环境保护税法》。

2. 实质向度：宣传月主题的理念诉求

仅从形式面向上剖析，税收宣传主题看似只是国家政策的传声器，充当的只是政党宣传的工具。但若从政策科学的角度切入，答案未必如此。因为政策科学既是实证的，又是规范的。它将事实分析与价值分析并列，作为自己的两大方法论基础。① 由此进发，税收宣传主题就不只有规范实证这一单向分析维度，至少还可以有价值理念这一观测角度。研究 26 年间税务总局发布的年度全国税收宣传方案，可以清晰发现两条主线交织推进、共同支撑税收宣传主题的设计与运行。一条即是上文言及的"执政党国策"与"国家税收政策"的形式明线，另一条是隐藏在明线之下的税收价值理念的实质暗线。虽然"执政党国策"与"国家税收政策"提供了税收宣传主题设计的基础素材，也回应了国家的政策诉求。但若只是一味复述"执政党国策"与"国家税收政策"，势必会引起宣传受众的反感，从而背离税收宣传的初衷，阻隔税收宣传目的的实现。因此，直接将税收的价值理念转化为宣传月主题，或者在表层的"执政党国策"与"国家税收政策"中嵌入税收的价值理念，拉近与宣传受众的关系便成为税收宣传主题设计的理想径路。

问题是价值理念从属于学科范畴，学科不同，即便是生长于同一对象的理念也有可能天差地别。诚如学者所言："学科理念是一个学科的灵魂。它规定着一个学科的研究目的、路径和方法，决定了一个学科的基本范式。"② 而不同的学科理念，又会有不同的观测机制，更有可能带来完全不同的结论。从价值理念角度解剖税收宣传主题，也会受制于作为观测工具的学科理念。比如，从经济角度观测，税收对一个国家的重要性是不言而喻的，其不但可以满足政府的各项支出，且政府亦可借由税收来达成其他的施政目标。③ 如学者所言："租税之最基本意义固在筹措政府施政所需之财源，惟租税之功能并非仅止于此，其尚具有所得重分配、景气调整与经济、社会政策之多项目的。"④ 而从法学角度导入，无论税法在历史上以何种法律形式出现，它的生成、存在、发展都相应地以国家的产生、国家职能的履行、国

---

① 参见陈振明《中国政策科学的话语指向》，《国家行政学院学报》2014 年第 5 期。

② 王春福：《论决策的科学化和民主化的统一——兼论政策科学的学科理念》，《政治学研究》2004 年第 4 期。

③ 参见林进富《租税法新论》，三民书局股份有限公司 1999 年版，第 3 页。

④ 颜庆章：《租税法》，月旦出版社股份有限公司 1995 年版，第 25 页。

家治理的现代化为前提①,税收的基本理念最终都落脚于规范理财行为、促进社会公平与保障经济发展。它们三位一体、协同发力,统一于实现国家长治久安的宏伟目标中。② 受制于价值理念,即使是观察同一个税收现象,不同学科也会有各自不同的视角。如经济学更多地关心税收资金的运动过程,研究如何提高税收经济活动的效率,减少税收的负面影响;而法学则更多地着眼于主体之间的权利义务关系,从权利来源的角度考虑纳税人基本权的实现过程,以体现对征税权的制衡和对纳税人权利的保护。③ 不同的价值理念和观测视角,深度影响了税收宣传主题的设计与选择。

在不同学科理念中,对税收宣传主题设计影响最为重大的无疑是法学理念和经济学理念。相较而言,经济学理念影响更为深远。毕竟,"税收经济学拥有独特而成熟的最优税制理论、税收经济分析理论、税负转嫁与归宿理论和税制改革与设计理论,故长期以来,税法学在与税收学的学术竞争之中尤其在税收公共政策分析和论争中处于下风"④。当然,经济学理念的优势地位也与税收宣传月的定位无不关系。根本而言,税收宣传月活动的终极目的在于宣传"税收",而非传播"税法"。凡此种种,都使得既有税收宣传主题隐含的经济学理念远甚于法学理念。例证便是,26 年间直接以法学理念为税收宣传主题的仅有 1 次,即 1998 年的"税收管理与依法治国"⑤。即便将历年税收宣传主题中包含"法制"或"法""治"的统计进去,也仅有 3 次,另两次分别为 1995 年的"税收与法制"和 1999 年的"依法治税·强国富民"。虽然 2003 年至 2007 年间的税收宣传主题中出现了"依法"字眼,但其只不过是"诚信纳税"的修饰语而已,远称不上是法学理念。值得警醒的是,税收宣传主题中意涵法学理念的 3 次实践都发生于 20 世纪

---

① 参见陈少英《财税法的法律属性——以财税法调控功能的演进为视角》,《法学》2016 年第 7 期。
② 参见刘剑文《财税法功能的定位及其当代变迁》,《中国法学》2015 年第 4 期。
③ 参见刘剑文、熊伟《税法基础理论》,北京大学出版社 2004 年版,第 3—4 页。
④ 参见滕祥志《税法的交易定性理论》,《法学家》2012 年第 1 期。
⑤ 《关于开展 1998 年全国税收宣传活动的通知》规定:1998 年全国税收宣传月活动的主题是"税收管理与依法治国"。……以"税收管理与依法治国"为主题,具有鲜明的特征,符合法治、公平、文明、效率的新时期治税思想。有利于统一税法,公平税负,为企业公平竞争创造条件;有利于强化税收法制建设,树立税法权威;有利于改善全社会依法纳税环境,增强公民自觉依法纳税意识;有利于落实"两个转移"和全面加强税收管理等项工作的开展;有利于严格执法,依法征税,应收尽收,均衡入库,实现税收与 GDP 的同步增长。

90年代中后期。纵然是2014年党的十八届四中全会审议通过了《关于全面推进依法治国若干重大问题的决定》，也未能如1997年党的十五大确立的"依法治国"理念一般，迅即成为1998年的税收宣传主题。税收宣传主题设计中的法学理念弱化镜像可见一斑。

与法学理念的弱化相衬，税收宣传主题中的经济学理念却日趋强盛。最为典型的例证便是2008年至2014年，税务总局将税收宣传的主题7次设定为"税收·发展·民生"。这一主题改变了以往税收宣传主题的设计风格，以更为中性的宣传基调示众，增强了宣传月主题的社会可接受性。事实上，经过多年的持续宣传，"税收·发展·民生"主题已经在全社会产生了良好的社会反响和一定的品牌效应。社会各界对这一主题的认识不断深化，对宣传税收、提高税法遵从度起到了积极作用，社会认可度较高。[1] "税收·发展·民生"这一主题之所以能获得社会的认可，一方面是因为该主题形象地展示了"税收取之于民、用之于民、造福于民"的朴素理念，但更为重要的是它暗合了税收的现代本质。尽管学者对税收的本质一直存有公需说、交换说（利益说）、保险说和义务说（牺牲说）等四种认知，且这些学说都有其各自所主张之时地与历史环境背景存在。[2] 但毋庸置疑的是，在市场经济下，税收不只是强制性的金钱债务，纳税人更是在为自己而纳税。如果每个人都不纳税，则政府将没有财政收入，也就无力提供市场所必需的各类公共产品。正是从这个意义上看，税收也具有了"价格"这一根本性质，是人们为了"购买"产品所支付的"价格"，也是人们为了满足自己的切身需要所承担的费用。[3]

亦如学者所言："现代税收与传统税收最大的不同在于，传统税收只是政府手里强制获取财政收入的工具而已，而现代新型税收则有双重含义：从政府的角度说，是提供公共产品和公共服务所必须支付的成本；从纳税人的角度说，它是购买公共产品和公共服务的所必须支付的费用。实际上，纳税人纳税就是在向政府购买公共产品，就像在商场买东西，一手交钱、一手交'货'。公平合理。如果国家通过征收而获得利益，却不付出相应的对价补

---

[1] 参见《关于开展第20个全国税收宣传月活动的通知》《关于认真开展第22个税收宣传月活动和全年税收宣传工作的通知》。

[2] 参见[日]泉美之松：《租税之基本知识》，蔡宗义译，"财政部"财税人员训练所1984年版，第10页。

[3] 参见张美中《税收契约理论研究》，博士学位论文，中央财经大学，2006年。

偿被征收者的损失,就属于'不当得利'了。"① 税收宣传主题聚焦于此,远比直接宣传"纳税"更易为受众所接受。亦如《关于开展 2008 年全国税收宣传月活动的通知》所列示:"经济社会的发展是税收发展的原动力,税收与发展和民生息息相关。税制的设计、税收政策的调整、税收征管公正与否、税收收入的使用、税收负担的高低无不关系人民群众的切身利益。"正视这一点,直面税收、发展与民生的关系,税收宣传主题设计功效定然事半功倍。

(三)税收宣传主题的社会镜像

不管是宣传月主题的政策基础,还是宣传月主题的理念诉求,揭示的都是宣传月主题的构造机制。但这些植根于"政策↔理念"二维构造的宣传月主题,究竟意蕴哪些宣传主体意欲实现的宣传目的?又会传递给社会各界哪些税收法治建设中的价值信息?这些信息是否吻合年度税收宣传月活动所处的社会环境?等等。此类问题可归总到一个更为基础的话题,即税收宣传主题的社会镜像究竟如何?问题的探寻,关系到税收宣传月活动的实效,更关乎税收法治意识的进化空间。因为无论是一个人的镜像、一群人的镜像还是物体的镜像,终将随着时段不同而表现出重大变化,没有一成不变的物理成像。不同的时段中,人、物处在与不同人物和事物的纠结之中,呈现出不同的影像。税收宣传主题作为概念体系,始终存在于社会意识之中,与客观实在相对。② 透析已然生成的税收宣传主题,其"勃兴纳税意识的宣传目的""诚信纳税的宣传内容"与"单维度的宣传对象"三重镜像甚为突出,也终将左右税收法治意识建设的走向。

1. 宣传目的:勃兴纳税意识

于宣传目的而言,勃兴纳税意识始终是税收宣传主题设计的核心追求,也是税收宣传月活动开展的终极目标。这种镜像主要表征为两种典型形态,一是直接将"纳税"或类似语词植入宣传月主题中,作为税收宣传月活动的目标。二是虽然宣传月主题中未出现"纳税"或类似表达,但在年度全国税收宣传方案对宣传月主题的说明中,提出增强纳税意识或类似的目标。

前者的典型是 2002 年至 2007 年间税务总局确定的税收宣传主题。在这 6 年中,税务总局直接将"诚信纳税"嵌入年度税收宣传主题,且进一步将"纳税意识"厘定为税收宣传月的活动宗旨。例证如,《关于开展 2004 年全国

---

① 李炜光:《税收"三性"再认识——对〈也谈税收〉一文的回应》,《书屋》2007 年第 5 期。
② 参见雷云《教育知识的社会镜像》,博士学位论文,东北师范大学,2009 年。

税收宣传月活动的通知》明确指出"要通过扎实有效地开展税收宣传月活动，推动全社会学税法、知税法、懂税法、守税法，形成良好的税收法治理念；增强公民依法诚信纳税意识和遵守税法的自觉性，提高税法遵从度"。

后者的典型如《关于开展1998年全国税收宣传月活动的通知》全文4次提及"纳税意识"。从文首部分的"为了继续深入进行税收宣传，增强全民依法纳税意识，推动税收工作的开展，税务总局决定1998年4月继续开展全国税收宣传月活动"，到"一、宣传月主题及指导思想"中的"'税收管理与依法治国'为主题……有利于改善全社会依法纳税环境，增强公民自觉依法纳税意识"；从"三、宣传月的基本形式／（二）与有关部门联合组织'打击偷骗税成果展'"中的"提高公民依法纳税意识"到"四、几点要求／（五）认真做好全年的税收宣传工作"中提及的"不断增强公民依法纳税意识"，税收宣传主题中的增强纳税意识的宣传意图路人皆知。

2. 宣传内容：依法诚信纳税

与宣传目的关联，"纳税"是税收宣传主题立基的重要内容，也是税收宣传月活动开展的最终落脚点。不管税务总局如何设计宣传月主题，也不管税收宣传主题作何变动，浸透其中的"纳税"意蕴是所有宣传月主题的永恒内容。2002年的"诚信纳税"和2003年至2007年的"依法诚信纳税"主题蕴含的宣传"纳税"这一关键内容，无须赘述。即便是看似与"纳税"宣传毫无关联的诸多税收宣传主题，也时常含有浓郁的"纳税"倡议，犹如是税收宣传中的"纳税赞歌"。最为典型的例证是，税务总局2008年至2014年，连续7年将税收宣传主题锁定为"税收·发展·民生"，这一主题貌似超越了简单的、机械的"纳税"宣传这一层级。实则不然，尽管"税收·发展·民生"这一主题并未出现"纳税"或类似术语，但在年度全国税收宣传方案中均多次出现"纳税"或类似的宣传内容的制度安排。

比如，《关于做好2010年全国税收宣传工作及开展第19个全国宣传月活动的通知》不仅在"一、认真把握全年税收宣传工作的总体要求"中提出要"加大税收宣传力度，努力增强税收宣传实效，不断提高全社会依法诚信纳税意识和税法遵从度"，更为直接的是在"二、以税收宣传月活动为载体，推动全年税收宣传工作深入开展／（一）以'税收·发展·民生'作为第19个全国税收宣传月的主题"中提出要"进一步提高纳税人税法遵从度"。其实，宣传月主题中的"纳税"内容设计不难理解。既然宣传月主题立足于提升纳税意识，则其内容设计必定环绕"纳税"而展开，否则，目的无法实现。况且，将"纳税"作为勃兴纳税意识的宣传内容也契合了比例原则的一般法理。毕竟,"政府在追求某个正当目的时,如果有多个适当性手段,就应当选择损害最小的手段"①。之于纳税意识目的而言,"纳税"宣传显然是损害最小的手段。

3. 宣传对象:纳税人成为被宣传的仅有对象

承接"纳税意识"的宣传目的与"纳税"宣传内容,税收宣传主题还透射出意欲接受税收宣传的对象。观察"表1-1",可知多数税收宣传主题设计实践中,纳税人成为被宣传的仅有对象。广义上看,除开1995年的"税收与法制"、1998年的"税收管理与依法治国"以及2015年的"新常态·新税风"等少数几次宣传月主题突破了纳税人范畴,泛化了税收宣传对象以外。大多数年度的税收宣传主题均直接或间接地将纳税人视为宣传对象,有意或无意地将征税主体、用税主体及其他相关主体、人员排除在宣传对象之外,纳税人成为仅有的被宣传对象。这一结论既可为历届税收宣传主题所直接证实,又可为年度全国税收宣传方案间接验明。

前者的例证便是镶嵌于各税收宣传主题中的"富民""公民""纳税""利民""民生""企业"等关键词语。这些语词的存在,揭示了税收宣传的特定受众对象——纳税人。后者的例证便是年度全国税收宣传方案中关于税收宣传主题的说明。比如,《关于开展2005年全国税收宣传月活动的通知》在文首开门见山明确"依法诚信纳税,共建小康社会"主题之后,随即进一步列示:"既要使纳税人进一步明确依法纳税是应尽的义务,又要使纳税人充分了解和掌握如何正确履行纳税义务。""要加强税收取之于民、用之于民的宣传,让纳税人充分了解税收在为社会管理、公共服务等提供财力保障和调节分配、调节经济等方面发挥的重要作用,从而进一步增强依法纳税的荣誉感和积极性。"无论是哪一种宣传月主题设计模式,都可发掘纳税人才是税收宣传主题设计的目标群体,纳税人才是税收宣传月活动的受众对象。

二 税收宣传口号的微观解析

为深化税收宣传主题的本有意涵,助推税收宣传月活动的有效开展,自1997年开始,税务总局启动了税收宣传口号的制作。每年全国税收宣传方案在列示税收宣传主题之外,又增设了与之配套的宣传口号。税收宣传主题作为核心,一般置于全国税收宣传方案的文首部分。而税收宣传口号作为附件,大多列示在文末部分。从逻辑上看,税收宣传口号内生于年度的宣传月主题,

---

① 刘权:《论必要性原则的客观化》,《中国法学》2016年第5期。

意在进一步阐明税收宣传主题的关键要义。比如，2017 年税收宣传主题是："深化税收改革·助力企业发展"。这一主题虽然精练，但也疑虑重重。究竟如何深化"税收改革"？怎样助力"企业发展"？深化哪些"税收改革"？助力哪些"企业发展"？等等。此类问题不少，显然非单一宣传月主题所能答疑。因此，《关于开展第 26 个税收宣传月活动的通知》进一步列示了"聚焦营改增试点，助力供给侧改革""优化纳税服务，规范税收执法""严厉打击制售假发票的犯罪行为"等 12 条与之配套的税收宣传口号。纵然如此，仍应看到：税收宣传口号绝非只是宣传月主题的解释工具，两者也并非一一对应的逻辑映射关系。除开释明宣传月主题以外，税收宣传口号还有弥补，甚至扩充宣传月主题无法涵盖和传递的信息等衍生功能。这些功能的存在，使得税收宣传口号富有超越宣传月主题的社会意义和价值信息。

（一）税收宣传口号的独立品格

1992 年至 1996 年，税收宣传月活动处于起步阶段，全国税收宣传方案中的核心制度框架远未健全。宣传月主题作为全国税收宣传方案的"独轮架构"，独自撑起税收宣传月活动的运行，且作为惯例延续至今。历经五年试验性的税收宣传月活动，1997 年税务总局正式在年度全国税收宣传方案中增设年度税收宣传口号，从而终结了税收宣传主题"独轮架构"的税收宣传时代，正式开启了"税收宣传主题↔税收宣传口号""二轮驱动"的税收宣传时代。从 1997 年到 2017 年，21 年间税务总局通过历年全国税收宣传方案共正式发布了 271 条税收宣传口号（如"表 1-2"所示）。其中，税务总局发布的税收宣传口号最多的年份为 2008 年，高达 18 条。另有 5 年的税收宣传口号数量为 15 条，而 2002 年的税收宣传口号数量为 17 条，2003 年的税收宣传口号数量为 16 条。税收宣传口号数量最少的年份为 2010 年和 2011 年，均为 8 条。整体来看，21 年间，税务总局年均发布 12.9 条税收宣传口号。透过数字之维，不难发觉税收宣传口号已逐渐成为税收宣传月活动的重要象征和显著标志，这些口号不再只是简单地、机械地支撑税收宣传主题运行的辅助性宣传工具，而日渐成为具有独立品格的税收宣传利器。

表 1-2　　　　　　　　全国历年税收宣传口号数量

年份	宣传口号数量	年份	宣传口号数量	年份	宣传口号数量
2017	12	2010	8	2003	16
2016	15	2009	13	2002	17
2015	15	2008	18	2001	15

续表

年份	宣传口号数量	年份	宣传口号数量	年份	宣传口号数量
2014	11	2007	11	2000	14
2013	12	2006	14	1999	15
2012	10	2005	12	1998	10
2011	8	2004	15	1997	10

相较于高度浓缩的税收宣传主题，税收宣传口号更加通俗易懂，更易为宣传受众所熟悉，也更易引起宣传受众的共鸣。况且，同一年度全国税收宣传方案实施过程中，众多税收宣传口号协同作战，也更有利于税收宣传月活动目的的达成。为此，税收宣传月活动实践中，税务总局以及各地税务机关也愈加青睐于税收宣传口号，更加看重税收宣传口号的独立价值和特有功效。例证有二：一是，随着税收宣传月活动的逐年开展，税收宣传口号与税收宣传主题之间的照应关系逐渐弱化。二是，即便是不同年份的同一税收宣传主题，与之配套的税收宣传口号却时常呈现巨大的差异化。

前者如，1997年的税收宣传主题是"税收与文明"。当年新设的税收宣传口号共10条，分别为"社会主义税收取之于民，用之于民""发挥税收职能，促进经济发展""依法征税，从严治税""严厉打击偷税、骗税、抗税等违法犯罪活动""坚决打击伪造、倒卖、盗窃发票的违法犯罪活动""有了纳税人的贡献，才有祖国的辉煌""依法纳税是每个公民应尽的义务""增强纳税观念，自觉缴纳个人所得税""纳税人的合法权益受到国家保护""全国少年朋友都来做税法小小宣传员"。不管是哪一条税收宣传口号，都可以直接或间接导入"税收与文明"这一主题范畴，也即与税收宣传主题基本吻合。但是，这种相互映照关系在近几年的税收宣传月活动中却日渐弱化，甚至时常出现与税收宣传主题基本无关的宣传口号。典型如，2016年的税收宣传主题是"聚焦营改增试点·助力供给侧改革"。与之配套的宣传口号共有15条，但不管从哪个角度，也不管依据何种税理或法理，都难以将"为国聚才，为民收税""发挥税收职能作用，服务全面建成小康社会""优化纳税服务，规范税收执法""履行法律义务，依法诚信纳税""严厉打击制售假发票的犯罪行为""依法纳税是每位公民应尽的义务""税收连着你我他，诚信纳税靠大家"等税收宣传口号与"聚焦营改增试点·助力供给侧改革"这一年度税收宣传主题直接对接。借助这些税收宣传口号，也难以解读出"聚焦营改增试点·助力供给侧改革"这一宣传月主题。

类似的情境不胜枚举,脱轨于宣传月主题的税收宣传口号更是层出不穷。易言之,从 1997 年到 2017 年,历经 21 年的变迁,税收宣传口号的独立品格得以生成。

后者如,2008 年至 2014 年的税收宣传主题均为:"税收·发展·民生。"但相同的税收宣传主题,不同年份的税收宣传口号却各有不同。2008 年税务总局首次确立"税收·发展·民生"这一税收宣传主题,当年同步配给了 18 条税收宣传口号。然而,共享同一税收宣传主题的 2009 年至 2014 年,同步年度的税收宣传口号数量却分别为:13 条、8 条、8 条、10 条、12 条、11 条。更为关键的是,税收宣传口号数量的锐减并非只是减少与 2008 年新设宣传月主题配套的税收宣传口号。相反,后续几年在数量减少的同时,却又新生了一些税收宣传口号。特别是 2010 年和 2011 年,税务总局彻底重组了 2008 年设计的与"税收·发展·民生"配套的 18 条税收宣传口号,重新配置了 8 条新的税收宣传口号以驰援"税收·发展·民生"主题。尽管 2008 年设计的税收宣传口号①与 2010 年和 2011 年确立的税收宣传口号②内容有些许交叉。例如,2010 年和 2011 年的"税收·发展·民生"口号与 2008 年的"税收促进发展,发展改善民生"口号便有着千丝万缕的内在关联。同样,"为国聚财,为民收税"(2010 年、2011 年)与"为国聚财,改善民生"(2008 年),"社会主义税收取之于民,用之于民,造福于民"(2010 年、2011 年)与"社会主义税收取之于民,用之于民"(2008 年)的承接关系更是显而易见。与之迥异的是,2010 年与 2011 年的"税收

---

① 根据《关于开展 2008 年全国税收宣传月活动的通知》规定,2008 年的税收宣传口号为:1. 税收促进发展,发展改善民生;2. 依法治税,服务民生;3. 为国聚财,改善民生;4. 情系民生,关注税收;5. 依法诚信纳税,共建小康社会;6. 聚财为国,执法为民;7. 社会主义税收取之于民,用之于民;8. 依法诚信纳税,共享祖国繁荣;9. 依法诚信纳税,促进和谐社会建设;10. 发挥税收职能作用,促进经济社会协调发展;11. 依法纳税是每个公民应尽的义务;12. 依法纳税是现代文明的重要标志;13. 依法诚信纳税,是最好的信用证明;14. 税收连着你我他,富民强国靠大家;15. 规范税收执法,保护纳税人的合法权益;16. 主动索要发票,维护自身权益;17. 发票是保护消费者权益的重要凭证;18. 依法诚信纳税光荣,偷逃骗税违法。

② 根据《关于做好 2010 年全国税收宣传工作及开展第 19 个全国宣传月活动的通知》和《关于开展第 20 个全国税收宣传月活动的通知》规定,2010 年和 2011 年的税收宣传口号为:1. 税收·发展·民生;2. 为国聚财,为民收税;3. 社会主义税收取之于民,用之于民,造福于民;4. 服务科学发展,共建和谐税收;5. 发挥税收职能作用,促进经济发展方式转变;6. 优化纳税服务,规范税收执法;7. 履行法律义务,依法诚信纳税;8. 严厉打击制售假发票的犯罪行为。

促进发展，发展改善民生""服务科学发展，共建和谐税收""发挥税收职能作用，促进经济发展方式转变""优化纳税服务，规范税收执法""履行法律义务，依法诚信纳税""严厉打击制售假发票的犯罪行为"这几大宣传口号却很难从 2008 年的 18 条税收宣传口号中找到线索。

（二）高频率口号中的宣传转向

与税收宣传主题不同，历年全国税收宣传方案只在附件中列示年度税收宣传口号，并未出现针对各税收宣传口号所作的阐释性说明。这种体系安排，造成税收宣传口号的模糊化镜像，遇有口号意蕴不明时，难以像税收宣传主题一样寻求体系解释以寻得真义。更为重要的是，这种体系安排使得单一的税收宣传口号难以展现税收宣传的真实意图，无法导引年度税收宣传的期待方向。因而，数个税收宣传口号的设计模式便成为替代性选择。迄今为止，尚未出现仅发布一条税收宣传口号的全国税收宣传方案，即是例证。数条税收宣传口号协同运行固然可以营造税收宣传口号的体系化，丰实税收宣传的内容。但是，各条税收宣传口号之间的共性差异，又会带来税收宣传意图的模糊，难以有效传递期待信息。① 由此，横向观测税收宣传口号并无独特价值，也易陷入"一叶障目，不见泰山"困局。而纵向整体观测高频率税收宣传口号，则可揭示税收宣传的共性规律。

1. 税收宣传中的高频率口号

如"表 1-2"所示，过去的 21 年里，税务总局借助历年全国税收宣传方案共向社会发布了 271 条税收宣传口号，剔除不同年度相同的税收宣传口号，税收宣传口号数量实为 97 条。换言之，271 条税收宣传口号中实际上只有 97 条是原创性宣传口号，而 174 条只是复述既往的税收宣传口号。在这其中，97 条原创性税收宣传口号被复述的次数各有不同，各自使用的频率也是相去甚远。有发布以后，又频繁出现在不同年度全国税收宣传方案中的税收宣传口号。比如，"依法纳税是每位公民应尽的义务"自 1997 年创

---

① 比如，《关于做好 2012 年税收宣传工作和开展第 21 个税收宣传月活动的通知》共发布 10 条税收宣传口号，其中，"税收·发展·民生""为国聚财，为民收税""社会主义税收取之于民，用之于民，造福于民""服务科学发展，共建和谐税收""税收促进发展，发展改善民生"这 5 条税收宣传口号对接本年度的"税收·发展·民生"主题问题不大。"发挥税收职能作用，促进经济发展方式转变"这一宣传口号，扩大解释的话也可以划入"税收·发展·民生"范畴。而"优化纳税服务，规范税收执法""履行法律义务，依法诚信纳税""严厉打击制售假发票的犯罪行为""税收连着你我他，诚信纳税靠大家"这 4 条宣传口号，无论作何解释都难嵌入"税收·发展·民生"主题体系。

设至今，已有 14 年的全国税收宣传方案选择使用这一税收宣传口号。与之不同，也有 47 条税收宣传口号仅使用过 1 次①。故此，97 条原创性税收宣传口号，重复使用的实为 50 条。按照税收宣传口号使用年数的频率，共有 21 条税收宣传口号在过去的 21 年间累积使用过 5 次以上（如"表 1-3"所示），可谓高频率税收宣传口号。

表 1-3　　　　　　　　全国历年税收宣传口号个体化使用频率

税收宣传月标语口号	年数	税收宣传月标语口号	年数
依法纳税是每位公民应尽的义务	14	履行法律义务，依法诚信纳税	7
社会主义税收取之于民，用之于民	11	依法诚信纳税，共建小康社会	6
税收取之于民，用之于民，造福于民	8	税收连着你我他，富民强国靠大家	6
税收促进发展，发展改善民生	8	有了您的纳税，才有共和国的繁荣	6

---

① 历年税收宣传方案中仅使用一次的税收宣传口号有：便民办税春风行动（2017）；诚信纳税，铸就发展（2016）；依法经营，诚信纳税（2015）；便民办税春风长拂，优质服务温暖税户（2015）；征纳双方是一家，为国聚财靠大家（2015）；征为国纳为国征纳一心，取于民用于民取用一致（2015）；偷逃骗税，侥幸的结果总是不幸（2015）；依法诚信纳税光荣（2009）；依法治税，服务民生（2008）；情系民生，关注税收（2008）；依法自行纳税申报就是您对社会的回报（2007）；依法诚信纳税，共建和谐社会（2007）；依法诚信纳税是现代文明的重要标志（2007）；发挥税收职能作用，促进社会主义新农村建设（2006）；发挥税收职能作用，促进和谐社会建设（2005）；落实涉农税收优惠，切实增加农民收入（2004）；严厉打击偷逃骗税等违法犯罪行为（2004）；依法治税促发展，执法为民奔小康（2004）；推进依法治税，深化税收改革，强化科学管理，加强队伍建设（2004）；依法诚信纳税是社会文明进步的标志（2003）；依法诚信纳税是每个公民的义务和美德（2003）；爱国爱家从纳税开始（2003）；增强公民纳税意识，促进社会文明进步（2003）；严格依法行政，保护纳税人的合法权益（2003）；认真贯彻新《税收征管法》，大力推进依法治税（2003）；税收连着你我他，依法纳税为国家（2003）；依法纳税，功在当代，利在千秋（2003）；依法诚信纳税是每个公民的义务和美德（2003）；完善和稳定税制，强化税收征管（2002）；税收：国家的命脉（2002）；深入贯彻新税收征管法，大力推进依法治税（2002）；依法治税是税收工作的基础和灵魂（2002）；依法治税，切实维护纳税人合法权益（2001）；依法治税，功在国家，利在人民（2001）；加强税收征管，造福全国人民（2001）；增强依法纳税意识，自觉申报缴纳个人所得税（2001）；依法治税，共建美好家园（2000）；税收是国家财政收入的主要来源（2000）；税收是国家宏观调控的重要杠杆（2000）；学习税收知识，增强纳税意识（2000）；税收促进社会进步、事业发展（2000）；发票是保护消费者权益的合法凭证（1999）；税收支撑基本建设，增加就业机会（1999）；为政重在理财，理财必先治税（1999）；税收带来祖国美（1999）；踊跃为国纳税，再造蓝天碧水（1999）；税收促进经济发展社会进步（1999）。

续表

税收宣传月标语口号	年数	税收宣传月标语口号	年数
为国聚财，为民收税	8	聚财为国，执法为民	6
服务科学发展，共建和谐税收	8	全国少年朋友都来做税法小小宣传员	6
优化纳税服务，规范税收执法	8	依法诚信纳税，是最好的信用证明	5
严厉打击制售假发票的犯罪行为	8	向共和国纳税人致敬	5
发票是保护消费者权益的重要凭证	8	税收连着你我他，诚信纳税靠大家	5
发挥税收职能作用，促进经济发展方式转变	8	依法纳税是现代文明的重要标志	5
税收·发展·民生	7		

2. 高频率口号中的宣传意蕴："纳税"宣传的弱化

税收宣传口号在驰援税收宣传主题的同时，又展示了其独立品格的一面。它不仅丰富了税收宣传主题的期待内涵，而且扩充了税收宣传主题的基础定位。之于税收宣传主题而言，"纳税"既是最为重要的宣传目的，又是最为核心的宣传内容，还是仅有的宣传对象。高频率税收宣传口号承接税收宣传主题，恪守了税收宣传主题的基本定位，将"纳税"作为税收宣传口号的中心。21条高频率税收宣传口号中，有9条宣传口号直接宣传"纳税"，且展示了"纳税"的立体化镜像。比如，既有从公民基本义务的角度切入，强调"依法纳税是每位公民应尽的义务"，又有从国家与纳税人互动的视角导入，倡议"税收连着你我他，富民强国靠大家"，宣扬"有了您的纳税，才有共和国的繁荣"，并号召"向共和国纳税人致敬"，还有从诚信与义务联动的维度植入，呼吁"税收连着你我他，诚信纳税靠大家"，要求"履行法律义务，依法诚信纳税"。更有甚至，其不仅将依法"纳税"置于"最好的信用证明"和"现代文明的重要标志"高度，而且将其作为"共建小康社会"的关键环节。不管从属哪一类税收宣传口号，隐藏其中的"纳税"意蕴与税收宣传主题意图表达的社会镜像不谋而合。

有别于高频率税收宣传口号中的"纳税"意蕴，"表1-3"也同步展现了税收宣传口号的另一种实践景观。即注重挖掘税收的"民生"与"发展"理念，软化"纳税"宣传的刚性色彩。21条高频率税收宣传口号中，有4条直接聚焦于"民生"，2条立足于"发展"，2条联结着"民生"与"发展"。其中，尤以"民生"色彩最为浓厚。比如，"社会主义税收取之于民，用之于民"这一宣传口号自1997年发布至2009年，13年中累计使用11次，仅1999年和2000年的全国税收宣传方案未选择使用这一税收宣传口号。而由"社会主义税收取之于民，用之于民"进化而来的"税收取之于民，用之于民，造福于民"这一宣传口号自2010年创设至今，更是成为每年税收宣传月活动的必备口号。除此之外，"为国聚财，为民收税"与"聚财为国，执法为民"这2条税收宣传口号也进一步丰实了税收的"民生"理念。伴随税收宣传口号中"民生"理念的普及，"发展"理念也渐受重视。比如，"服务科学发展，共建和谐税收"与"发挥税收职能作用，促进经济发展方式转变"这两大税收宣传口号，均为8次被全国税收宣传方案所采纳。与"民生"宣传和"发展"宣传的强势登陆同步，两大理念的交融宣传也得到发展。典型便是，"税收促进发展，发展改善民生"和"税收·发展·民生"两大宣传口号在过往21年间，分别被使用8次和7次。

"民生"与"发展"理念的出现，相当程度上弱化了"纳税"宣传的强义务色彩。与之契合，"发票"理念与"规范执法"理念则分别从纳税人权利与征税机关义务角度驰援了弱化"纳税"宣传的行动。前者如，21年中有8年的全国税收宣传方案将"发票是保护消费者权益的重要凭证"列入税收宣传口号。同时，另有8年的全国税收宣传方案将"严厉打击制售假发票的犯罪行为"定为税收宣传口号。两大宣传口号均立基于发票，虽目的与功效雷同，但手段不尽一致。一厢立足于"消费者权益"的保护，可谓权利宣示。另者则着笔于"犯罪行为"的打击，可谓责任追究。不管哪类手段，都能直接或间接助推纳税人的权利意识觉醒，进而调和强势的"纳税"宣传。后者如，21年中同样有8年的全国税收宣传方案选择了"优化纳税服务，规范税收执法"这一宣传口号。相较于上述高频率税收宣传口号，"优化纳税服务，规范税收执法"宣传口号的使用意义更为重大。众所周知，税收法律关系中，征纳双方共享平等的法律地位。但在实践中，由于税务行政的专业性、复杂性、大量性等特点都远较其他的行政活动更为突出，且由于税务行政活动的法律依据已经形成为一个比较庞大的体系和一个相对独立的法律部门，这就使得税务行政机关无论是在对税法的解释方面还是在税务行政过程中都处于明显的优越地位。这种优越性不仅表现在实体上，而且也表现在程序和执行上。与此相对应的是，纳税人在税务行政活动中则更多地处于一种被动和协从的地位，其合法权益（特别是其财产权）

容易受到税务行政机关的重度侵害。① 此种境况下，将征税机关的规范执法作为税收宣传口号广而告之，不仅有助于征税机关的自我约束，而且有利于纠偏失衡的征纳双方实践地位，促使征纳双方得以和谐发展。

(三) 宣传口号类型的隐射信息

高频率税收宣传口号通过单一税收宣传口号的纵向使用频率，展示了税收宣传的理念转向和演进趋向，但尚不足以揭示税收宣传口号隐含的全部信息。毕竟，高频率税收宣传口号只是所有税收宣传口号的冰山一角。要想揭示税收宣传口号的整体面貌和隐射信息，将税收宣传口号进行类型化处置，进而探究类型化税收宣传口号背后的价值理念，是较为理想的观测径路。因为一方面"类型化是区分事物概念和本质最有效的方法"②，另一方面"类型化的思维是一种具体的、开放性的思维。正是由于类型化的思考较抽象概念更为具体，使它得以有效地舒缓抽象式思考所带来的'空洞化'效果，使它得以注意到生活现象中的诸多具体要素与特征，并深入其中地、逻辑地把握各种特征之间的结合关系"③。基于类型思维的解释，本质上不是一种对象是否符合诸多特征的判断，而是一种价值性的判断。这种价值导向性、意义关联性的思考，正是倾向于实质的法解释立场。④

1. 税收宣传口号的类型界别

根据每条具体税收宣传口号所涉的内容和属性，大体可将 97 条原创性税收宣传口号界分为八类：(1) "依法·诚信·纳税类"宣传口号⑤；

---

① 参见王鸿貌《我国税务行政诉讼制度的缺陷分析》，《税务研究》2009 年第 7 期。

② 李小强、史玉成：《生态补偿的概念辨析与制度建设进路——以生态利益的类型化为视角》，《华北理工大学学报》(社会科学版) 2019 年第 2 期。

③ 杜宇：《再论刑法上之"类型化"思维——一种基于"方法论"的扩展性思考》，《法制与社会发展》2005 年第 6 期。

④ 参见杜宇《基于类型思维的刑法解释的实践功能》，《中外法学》2016 年第 5 期。

⑤ "依法·诚信·纳税类"宣传口号有：依法纳税是每位公民应尽的义务 (2016、2015、2014、2013、2009、2008、2007、2006、2005、2004、2002、2001、1998、1997)；履行法律义务，依法诚信纳税 (2017、2016、2014、2013、2012、2011、2010)；依法诚信纳税，共建小康社会 (2009、2008、2006、2005、2004、2003)；依法诚信纳税，是最好的信用证明 (2008、2007、2006、2005、2004)；税收连着你我他，诚信纳税靠大家 (2017、2016、2014、2013、2012)；依法纳税是现代文明的重要标志 (2009、2008、2006、2005、2004)；依法纳税是现代文明的标志 (2002、2001、2000)；依法诚信纳税，共享祖国繁荣 (2009、2008、2006)；依法诚信纳税，促进和谐社会建设 (2008、2006)；依法诚信纳税光荣，偷逃骗税违法 (2008、2006)；诚信纳税，利国利民 (2003、2002)；珍惜事业发展，坚持依法纳税 (2000、1999)；增强纳税观念，自觉缴纳个人所得税

(2)"税收·发展·民生类"宣传口号①;(3)"税收·强国·富民类"宣传口号②;(4)"发票·消费者权益类"宣传口号③;(5)"税收·执法·征

(1998、1997);诚信纳税,铸就发展(2016);依法经营,诚信纳税(2015);依法诚信纳税光荣(2009);依法诚信纳税,共建和谐社会(2007);依法自行纳税申报就是您对社会的回报(2007);依法诚信纳税是现代文明的重要标志(2007);依法诚信纳税是社会文明进步的标志(2003);依法诚信纳税是每个公民的义务和美德(2003);爱国爱家从纳税开始(2003);税收连着你我他,依法纳税为国家(2003);依法纳税,功在当代,利在千秋(2003);增强公民纳税意识,促进社会文明进步(2003);增强依法纳税意识,自觉申报缴纳个人所得税(2001);学习税收知识,增强纳税意识(2000);踊跃为国纳税,再造蓝天碧水(1999)。

① "税收·发展·民生类"宣传口号有:社会主义税收取之于民,用之于民(2009、2008、2007、2006、2005、2004、2003、2002、2001、1998、1997);税收取之于民,用之于民,造福于民(2017、2016、2015、2014、2013、2012、2011、2010);税收促进发展,发展改善民生(2017、2016、2015、2014、2013、2012、2009、2008);服务科学发展,共建和谐税收(2017、2016、2015、2014、2013、2012、2011、2010);税收·发展·民生(2017、2016、2014、2013、2012、2011、2010);发挥税收职能作用,促进经济发展方式转变(2017、2016、2015、2014、2013、2012、2011、2010);发挥税收职能作用,服务全面建成小康社会(2016、2015、2013);发挥税收职能作用,促进经济社会协调发展(2008、2007);有效发挥税收宏观调控作用,促进国民经济持续快速健康发展(2003、2002);发挥税收职能,促进经济发展(1998、1997);便民办税春风行动(2017);便民办税春风长拂,优质服务温暖税户(2015);征为国纳为国征纳一心,取于民用于民取用一致(2015);情系民生,关注税收(2008);发挥税收职能作用,促进社会主义新农村建设(2006);发挥税收职能作用,促进和谐社会建设(2005);税收促进社会进步、事业发展(2000);税收是国家宏观调控的重要杠杆(2000);税收促进经济发展社会进步(1999)。

② "税收·强国·富民类"宣传口号有:为国聚财,为民收税(2017、2016、2015、2014、2013、2012、2011、2010);税收连着你我他,富民强国靠大家(2009、2008、2007、2006、2005、2004);有了您的纳税,才有共和国的繁荣(2005、2004、2002、2001、2000、1999);向共和国纳税人致敬(2004、2002、2003、2001、2000);税收是共和国的血脉(2001、2000、1999);为国聚财,改善民生(2009、2008);税收:共和国的血脉(2005、2004);民以食为天,国以税为本(2001、1999);有了纳税人的贡献,才有祖国的辉煌(1998、1997);征纳双方是一家,为国聚财靠大家(2015);税收:国家的命脉(2002);税收是国家财政收入的主要来源(2000);税收带来祖国美(1999)。

③ "发票·消费者权益类"宣传口号有:严厉打击制售假发票的犯罪行为(2017、2016、2015、2014、2013、2012、2011、2010);发票是保护消费者权益的重要凭证(2009、2008、2007、2006、2005、2004、2002、2001);主动索要发票,维护自身权益(2009、2008、2006);依法索取发票,维护消费者权利(2003、2002、2000);坚决打击伪造、倒卖、盗窃发票的违法犯罪活动(1999、1998、1997);纳税人的合法权益受到国家保护(1998、1997);发票是保护消费者权益的合法凭证(1999)。

管类"宣传口号①；(6)"依法治税类"宣传口号②；(7)"税收·违法·犯罪类"宣传口号③；(8)"其他类别"宣传口号④。八种类型的界分未必科学，但基本可以涵盖1997年以来税务总局制定的97条原创性税收宣传口号。

表1-4　　　　　　全国历年税收宣传口号类型化使用频率

税收宣传口号类别	次数	占比	税收宣传口号类别	次数	占比
依法·诚信·纳税类	73	26.94%	税收·执法·征管类	22	8.12%
税收·发展·民生类	68	25.09%	依法治税类	17	6.27%
税收·强国·富民类	40	14.76%	税收·违法·犯罪类	11	4.06%
发票·消费者权益类	28	10.33%	其他类别	12	4.43%

　　八种税收宣传口号类型，97条原创性税收宣传口号，衍生出271次使用频率。毫无疑问，各种类别的税收宣传口号在21年中的使用频率不尽一致，将其置于类型化视域下进行观测，可勾画出税收宣传的整体镜像。需要指出的是，此处列示的税收宣传口号的使用频率属于类型化频率，更似整体

---

① "税收·执法·征管类"宣传口号有：优化纳税服务，规范税收执法（2017、2016、2015、2014、2013、2012、2011、2010）；聚财为国，执法为民（2009、2008、2007、2006、2005、2004）；规范税收执法，保护纳税人合法权益（2009、2008、2006）；依法征税，从严治税（1998、1997）；严格依法行政，保护纳税人的合法权益（2003）；完善和稳定税制，强化税收征管（2002）；加强税收征管，造福全国人民（2001）。

② "依法治税类"宣传口号有：依法治税，强国富民（2001、2000、1999）；深入贯彻依法治税、从严治队、科技加管理的工作方针（2003、2002）；依法治税，从严治队（2002、1999）；依法治税，服务民生（2008）；推进依法治税，深化税收改革，强化科学管理，加强队伍建设（2004）；依法治税促发展，执法为民奔小康（2004）；认真贯彻新《税收征管法》，大力推进依法治税（2003）；依法治税是税收工作的基础和灵魂（2002）；深入贯彻新税收征管法，大力推进依法治税（2002）；依法治税，功在国家，利在人民（2001）；依法治税，切实维护纳税人合法权益（2001）；依法治税，共建美好家园（2000）；为政重在理财，理财必先治税（1999）。

③ "税收·违法·犯罪类"宣传口号有：严厉打击偷税、骗税、抗税等违法犯罪活动（2001、1999、1998、1997）；偷税抗税违法，纳税协税光荣（2003、2002、2000）；严厉打击各种涉税违法犯罪行为（2007、2005）；偷逃骗税，侥幸的结果总是不幸（2015）；严厉打击偷逃骗税等违法犯罪行为（2004）。

④ "其他类别"宣传口号有：全国少年朋友都来做税法小小宣传员（2002、2001、2000、1999、1998、1997）；聚焦营改增试点，助力供给侧改革（2017、2016）；新常态，新税风（2016、2015）；落实涉农税收优惠，切实增加农民收入（2004）；税收支撑基本建设，增加就业机会（1999）。

化使用频率。而上文言及的高频率税收宣传口号，只是聚焦单一税收宣传口号的使用频率，更似个体化使用频率。唯有将两者结合，方可展现税收宣传口号的立体化形貌。据此标准深度整合，税收宣传口号的类型化使用概况如"表1-4"所示。

2. 类型化口号中的信息趋向：从依法治税到税收法治

客观上说，站在不同的角度观察税收宣传口号，也可能导出相同或类似的结论。比如，"纳税"宣传的中心地位与弱化趋向，"民生"与"发展"的宣传转向，环绕纳税人的单向宣传等重要结论不仅体现在"表1-1""表1-2"和"表1-3"中，而且也为"表1-4"所意涵。典型如，直接宣传"纳税"的"依法·诚信·纳税类"宣传口号便高达73次，占比26.94%。间接宣传"纳税"的"税收·强国·富民类"宣传口号出现40次，占比14.76%。即便不加其他税收宣传口号类别中隐含"纳税"的宣传口号，仅将"依法·诚信·纳税类"宣传口号和"税收·强国·富民类"宣传口号相加，宣传"纳税"的频率便有113次，占比41.70%，足见"纳税"宣传的中心地位。鉴于上文的既有分析，下文仅就"表1-4"中统计的"依法治税类"宣传口号和"税收·执法·征管类"宣传口号展开论述，希冀丰富税收宣传的分析视角，挖掘税收宣传口号中的遗缺信息。

检索1997年以来的历年全国税收宣传方案，可知尽管1997年和1998年全国税收宣传方案中出现了"依法征税，从严'治税'"这一税收宣传口号，但正式将"依法治税"列为税收宣传口号的是《关于开展1999年全国税收宣传月活动的通知》。自此之后，税务总局先后设计、发布了13条"依法治税"类宣传口号，累计使用了17次。值得注意的是，"依法治税"类宣传口号集中出现在1999年至2004年。2005年以后的13年间，仅2008年全国税收宣传方案中出现过1次"依法治税，服务民生"宣传口号，此后暂无出现"依法治税"类宣传口号。与之映照的是，同样创设于20世纪90年代的"税收·执法·征管类"宣传口号，至今仍被广泛使用，且大体经历了"依法征税→加强税收征管→严格依法行政→规范税收执法→执法为民→优化纳税服务"的演化历程。特别是2008年"依法治税"类宣传口号暂别税收宣传月活动舞台以后，"税收·执法·征管类"宣传口号依然活跃在全国税收宣传方案之中。尤以"优化纳税服务，规范税收执法"宣传口号最为典型，该宣传口号由首次出现在2006年全国税收宣传方案中的"规范税收执法，保护纳税人的合法权益"进化而来，自《关于做好2010年全国税收宣传工作及开展第19个全国宣传月活动的通知》正式收录以来,已成为每年全国税收宣传方案中不可或缺的宣传口号。税收宣传口号实践中出现的此种景象,既与治税理念进化有关,也与宣传受众的认知有关。

于治税理念进化而言,纵观中国30余年税法学话语流变过程,可以发现这样一条明显发展的线索:从"以法治税""依法治税",再到"税收法治"。就"以法治税"到"依法治税"而言,除开税法话语的有所转变外,无论是在理论上还是在实践上并没有多少实质性变化。只不过"依法治税"的提法,将其很好地统一在了依法治国的框架之下。但是从"依法治税"到"税收法治"对于我国税法学而言,却产生了实质性变化。[①] 一般说来,"依法治税就是征税人和纳税人在党中央、国务院的领导下,从税收工作的实际情况出发,依照宪法和法律、行政法规,对税收各个方面、各个环节进行规范性征收和缴纳,实现有法可依,有法必依,执法必严,违法必纠,使全国各项税收工作健康、有序、协调发展。依法治税的实质是:税务机关切实依法行政,依法保护纳税人的权益,维护国家税收利益"[②]。它的基本特征与内涵主要包括以下几点:"(1)重在治权,重在对行政机关与行政权力的约束;(2)税务机关秉公执法与纳税人诚实守法的统一;(3)程序发达且富于正义;(4)健全规范的税法体系,税法条文具有明晰度和准确性,而且事先公布,以便所有人都可以据以筹划自己的行为;(5)一切与税收有关的社会行为都要纳入法治轨道。"[③]

不管是"依法治税,服务民生""依法治税,切实维护纳税人合法权益""依法治税,强国富民""依法治税,功在国家,利在人民""依法治税,共建美好家园""依法治税促发展,执法为民奔小康",还是"依法治税,从严治队""推进依法治税,深化税收改革,强化科学管理,加强队伍建设""深入贯彻依法治税、从严治队、科技加管理的工作方针",也不管是"认真贯彻新《税收征管法》,大力推进依法治税""深入贯彻新税收征管法,大力推进依法治税",还是"依法治税是税收工作的基础和灵魂",此类税收宣传口号都直接或间接与"依法治税"理念关联,但与"税收法治"的根本要义仍有距离。因为"税收法治"不仅要求"良法",而且要求"善治"。它既离不开纳税人的普遍、主动守法,更仰赖于征税主体和用税

[①] 参见谭志哲《当代中国税法理念转型研究——从"依法治税"到税收法治》,博士学位论文,西南政法大学,2012年,第151页。

[②] 刘隆亨:《论依法治税的目标、理论和途径》,《中国法学》2002年第1期。

[③] 金人庆:《论依法治税》,《中央财经大学学报》2003年第3期。

主体及其工作人员的规范执法、合理用权。这一关键点恰是"依法治税类"宣传口号的先天缺陷,却是"税收·执法·征管类"宣传口号的重要标志。

于宣传受众认知而言,"依法治税类"宣传口号的含义十分模糊。特别是位居宣传口号核心位置的"依法治税",其并非一个耳熟能详的概念语词,极易滋生与宣传受众之间的距离。而"税收·执法·征管类"宣传口号则不同,它嵌入了更易为宣传受众所接受的约束征税机关权限,凸显了规范税务行政执法的必要性。这是"依法治税"理念所不具备的、不明确的规范意旨,却是"税收法治"的关键要义。不管是"优化纳税服务,规范税收执法""规范税收执法,保护纳税人合法权益""严格依法行政,保护纳税人的合法权益""依法征税,从严治税",还是"聚财为国,执法为民",乃至于"完善和稳定税制,强化税收征管""加强税收征管,造福全国人民",这些"税收·执法·征管类"宣传口号的语词相对更加通俗易懂,意欲宣传的内容更易为纳税人所接受,隐含的宣传理念也基本合符税权控制的趋向。毕竟随着政府收入越来越多地依赖于税,纳税人的私人财产遭受政府任意侵犯的可能性就会随之不断增大,税权控制的紧迫性也由此不断增强。没有有效的税权控制,国家就犹如断了线的风筝,纳税人的财产权和人权的保障也就处于风雨飘摇之中。同样,控制住了税权,就等于控制了这只断了线的风筝,风筝飞得再高、再远,线却始终牵在纳税人手中。①

三 小结

过去的 26 年,"税收宣传主题↔税收宣传口号"的二轮驱动模式,取代"税收宣传主题"的单一引擎模式,成为历年全国税收宣传方案极具特性的宣传地标。揭开既已生成的 26 个税收宣传主题(相同主题合并的话,实为 16 个)面纱,展露其中的是数不胜数的"执政党国策"和"国家税收政策"。二者奠定了历年税收宣传主题的政策基础,造就了税收宣传主题的形式面貌。与之契合,经济学理念与税收知识成为税收宣传主题设计的重要素材来源,而法学理念与税法知识在竞争中始终处于弱势地位。形式维度之下,税收宣传主题更是蕴含着丰富的社会镜像。不同观测角度,展现的镜像未必相同。但不管从何角度导入,"纳税"均为历年税收宣传主题设计中亘古不变的主线和核心。与之相呼应,不仅"勃兴纳税意识"成为税收宣传

---

① 参见刘丽《税权的宪政解读:概念重构抑或正本清源》,《湖南大学学报》(社会科学版) 2011 年第 6 期。

主题最为重要的立基目的，而且将"纳税"植入税收宣传主题之中也成为全国税收宣传方案设计中最为重要的功课。二者交织推进，纳税人也几乎成为税收宣传主题定位中仅有的税收宣传对象。概言之，税收宣传主题之下，"纳税"宣传始终位居中心地位。

承接税收宣传主题，1997年至今，271条税收宣传口号（相同口号合并的话，实为97条）瞬即而生。虽然税收宣传口号原本为税收宣传主题的辅助工具，但是历经21年的演化变迁，其日渐呈现出超越税收宣传主题，自成体系的独立特质。这种独立品格绝非意指税收宣传口号与税收宣传主题的彻底决裂，而是昭示税收宣传口号在阐释税收宣传主题之外，更多起到弥补、扩充税收宣传主题信息等独特功效。解剖97条原创性税收宣传口号和271次使用频率，不难发觉"纳税"宣传同样是税收宣传口号的核心定位。在此维度上，税收宣传口号深度驰援了税收宣传主题的核心任务。与税收宣传主题涵摄的信息不完全一致，税收宣传口号凸显"纳税"宣传核心地位的同时，又展示了"纳税"宣传的弱化趋向。这一趋向主要依循两个方向展开：一方面，"民生""发展"等宣传理念的导入。这些宣传理念嵌入税收宣传口号以后，很大程度上弱化了"纳税"宣传的刚性色彩。另一方面，"规范执法""约束税权""纳税服务"等理念的渐次登陆。这些宣传理念植入税收宣传口号以后，相当程度上拓展了宣传受众，弱化了税务行政主导的强权力性格。

尽管如此，仍应看到即便是出现弱化趋向，但"纳税"宣传的中心地位依然稳固，只不过是有渐次弱化的趋势而已。这一信息同时又会衍生、传导另一重要认知信息，即只要纳税人的"纳税意识"提高了，税法遵从度自然会迎刃而解。如期而至，税收法治便可水到渠成。如果此种理念是可能的，则进一步的推论便是：税收法治意识要么是"纳税意识"的同义语，要么，即便不是"纳税意识"的同义语，也基本可以画上等号。只要围绕"纳税"进行全国税收宣传方案设计，组织税收宣传月活动，税收法治意识必然"水涨船高"。此种认知虽无法从历年全国税收宣传方案中直接导出，但历年的税收宣传主题和税收宣传口号已多次隐含这一推论。况且，这一认知有其特定的背景。尽管党的十五大以后，法治被确立为治国的基本方略，但人治的传统根深蒂固，尤其是新中国成立后"法律虚无主义"的一度猖獗和"法律工具主义"的长期盛行，使得税收法治从规则到实践之历程举步维艰。必须意识到，此种认知虽是时下税收法治意识培育的重要实践路径，但它的确存有极大误区，也极为危险。

第二节　税收宣传的地方实践
——以"常地税宣传方案"为样本

税收宣传月活动并非只是税务总局的单向规划，而是全国各级税务机关的整体宣传行动。税务总局通过历年全国税收宣传方案的设定，意图实现预设的税收宣传目的。但此种原初目的能否实现，尚需各地税务机关的真切落实。而落实的关键在于制定吻合全国税收宣传方案精髓，又因地制宜、切合实际的地方税收宣传实施方案。事实亦如此，每年税务总局发布全国税收宣传方案以后，各地税务机关均会制定相应的地方税收宣传实施方案。从税务总局到各地税务机关，从全国税收宣传方案到地方税收宣传实施方案，立体化的税收宣传方案系统得以生成。是以，考察全国性税收宣传方案的价值毋庸置疑，因为它规划了税收宣传的顶层蓝图。但同样不容忽视的是，联动解剖地方税收宣传实施方案，因为它形塑了地方税收宣传的实践样本，可谓行动中的税收宣传。

基于上述考虑，本节选择 1995 年至 2016 年江苏省常州市地方税务局（以下简称"常州地税局"）发布的税收宣传活动实施方案（以下简称"常地税宣传方案"）为样本，意图还原和整合税收宣传的地方概貌，进而从中挖掘不同的税收宣传意旨和地方信息。常州市无论是政治、经济与社会概描，还是文化传承，都颇具典型。[①] 1994 年 9 月，常州地税局伴随着分税制的改革大潮应运而生。发展至今，不管是服务地方经济与社会发展，还是税收执法、制度创新，乃至于税收和谐关系的构建，常州地方税务局都走在

---

① 常州位居长江之南、太湖之滨，处于长三角中心地带，与上海、南京等距相望，与苏州、无锡联袂成片，构成苏锡常都市圈。常州是一座有着 3200 多年历史的文化古城。现辖溧阳一个县级市和金坛、武进、新北、天宁、钟楼五个行政区，总面积 4373 平方千米。截至 2014 年末，全市常住人口 469.6 万人，其中城镇人口 322.6 万人，城镇化率达到 68.7%。全市户籍总人口 368.6 万人。2016 年常州市实现地区生产总值 5773.9 亿元，增长 3.5%。民营经济完成增加值 3882.3 亿元，增长 8.6%，占地区生产总值的比重为 67.2%。2016 年完成一般公共预算收入 480.3 亿元，增长 3%，其中税收收入 383.2 亿元，增长 2.5%，税收占比 79.8%。参见《走进常州·城市概貌》（http://www.changzhou.gov.cn/ns_class/zjcz_01_01）；《经济实力·综合实力》（http://www.changzhou.gov.cn/ns_class/zjcz_04_01）。

全国税局前列①,堪称地方税局的典型代表。由此,我们有理由认为常州地税局的税收宣传,可以表征整体中国税收宣传的地方面貌。

一 常地税宣传方案的二元秉性

1995年3月15日,常州地税局编制、发布了照应于全国税收宣传方案的《关于开展税法宣传活动的意见》(常地税征发〔95〕字第5号),正式启动了常州市税收宣传月活动。自此之后,每年常州地税局如期设计、发布常地税宣传方案,以此推进常州地税系统组织、开展的年度税收宣传月活动。纵览22年来的常地税宣传方案,其中既有对标相同年度全国税收宣传方案的执行性措施,又有突破相同年度全国税收宣传方案的创新性做法。两者分别展现了常地税宣传方案之于全国税收宣传方案的执行性与创新性秉性。从执行性定位,到创新性架构,常地税宣传方案成功实现了全国税收宣传方案的常州化,保障了常州税收宣传活动的顺利开展。

于税收宣传方案的执行性而言,每年的常地税宣传方案基本都承继了全国税收宣传方案的宣传主题和宣传口号,且具体宣传内容与活动安排也大体依照全国税收宣传方案而设计。比如,《关于开展2008年全国税收宣传月活动的通知》第一部分"突出重点,加强以'税收·发展·民生'为主题的宣传"中明确规定:"2008年税收宣传月要紧密围绕'税收·发展·民生'的主题,以'税收促进发展,发展为了民生'为主要内容。要引导舆论唱响主旋律,重点宣传与公民生活密切相关的税收收入、税收政策、税收管理和纳税服务等有关内容,加强税收工作服务经济社会科学发展大局的宣传,

---

① 比如,2010年4月15日,常州地税局发布了《关于在税务行政执法中推行对纳税人"无过错推定"工作原则的实施意见》,决定在全市地税系统税务行政执法中推行对纳税人"无过错推定"工作原则。"无过错推定"工作原则是指在税务行政执法过程中未经税务机关依法认定,对纳税人、扣缴义务人等税务行政相对人(以下简称纳税人)都不得确认其有涉税违法行为,具体包含以下四个方面内容:一是税务机关在没有确凿证据证明纳税人存在涉税违法行为时,不应认定或推定纳税人存在涉税违法行为,坚持疑错从无;二是税务机关负有对纳税人涉税违法行为的举证责任,税务机关应当通过合法手段、法定程序取得证据;三是税务机关作出认定前,纳税人依法享有陈述权和申辩权,纳税人提出的事实、理由和证据成立的,税务机关应当采纳;四是对纳税人符合法定或酌定从轻、减轻或免予行政处罚情节的,税务机关应当做出相应处理。此举标志着常州市局顺应税务管理现代化发展趋势,进一步彰显"以人为本"的理念,促进征纳关系和谐,切实维护纳税人合法权益,揭开了依法治税的新篇章。参见常迪轩《常州地税对纳税人实行"无过错推定"》,《新华日报》2010年6月29日,第B04版:江苏地税。

加强税收法律、法规和政策的宣传,加强优化纳税服务的宣传,加强整顿和规范税收秩序的宣传,加强税务队伍建设和税务形象的宣传。"而《常州市地方税务局关于开展2008年税收宣传月活动的通知》第二部分"紧扣主题,突出重点,强化宣传"便相应转化为:"紧扣'税收、发展、民生'的主题。加强税收法律、法规和政策宣传,同时加强地税工作服务于常州经济社会发展的宣传,大力宣传全市地税机关努力打造'三个一流'、服务经济社会发展的做法和经验,创优发展环境,加强机关作风建设,大力提升地税部门的知名度,推进地税事业又好又快发展。"比照同一年度两份税收宣传方案中的宣传内容,常地税宣传方案之于全国税收宣传方案的执行性定位,不证自明。如此定位中央与地方的二维税收宣传方案,不仅可以保障全国税收宣传方案的"政令畅通",实现税收宣传"全国一盘棋";而且可以确保常地税宣传方案"有的放矢",不至于偏离全国税收宣传方案预设的税收宣传轨道。但是,如果常地税宣传方案只是局限于全国税收宣传方案的执行这一单向维度,具体方案内容也只是停留在简单、机械的复述全国税收宣传方案,则税收宣传的最终效果必定大打折扣。毕竟,不同的地区,不同的行业,不同的经济与社会情境,有不同的税收知识诉求,设计税收宣传实施方案时就应充分顾及这些特性。

相较于执行性定位,对全国税收宣传方案进行因地制宜的创新才是常地税宣传方案的生命力所在。这种立足于地方实践的创新绝非对全国税收宣传方案的背离,而是对全国税收宣传方案的深化和阐发,可谓全国税收宣传方案的再宣传。这种创新性做法,不仅有利于落实全国税收宣传方案的宣传精髓,而且可以产生税收宣传的累积效应。比如,2012年税务总局部署了18项税收宣传重点项目[1],构筑了国家层面的税收宣传顶层行动。这些项目的

---

[1] 税务总局2012年税收宣传重点项目:1.总局与各省(直辖市、自治区)国、地税局同步举行"税务局长在线访谈"活动;2.在全国组织开展"我身边的好税官"推选宣传活动;3.围绕税收中心工作和涉税热点话题开展议题设置宣传;4.聘请税收专家学者组成税收评论员队伍;5.在《求是》刊发总局领导署名文章;6.在中央媒体开辟税收宣传专版;7.在央视2套、12套播出税收栏目剧、系列剧和税收动漫公益短片;8.开展全国税收好新闻评选活动;9.开展第八届全国税收动漫大赛;10.开展第七届全国税收漫画大赛;11.开展税收宣传理论与实践研讨有奖征文活动;12.开展税收博文(包括博客、微博、短信)有奖征集活动;13.与人民网、中国注册税务师协会联合举办税收知识竞赛;14.编辑出版"六五"普法丛书;15.编辑出版《当代中国税收画册》;16.在税务系统探索推出一批官方微博;17.举办"书法与税法"大型书法竞赛;18.巩固税收宣传教育基地。参见《关于做好2012年税收宣传工作和开展第21个税收宣传月活动的通知》(国税发〔2012〕18号)。

渐次开展，可谓年度全国税收宣传方案的第一次集中展示。但这种展示是放眼于全国范围，面对的是作为整体中国的宣传受众。因而，其产生的宣传效应更多只是一种抽象意义上的"广而告之"。

与之不同，2012年的常地税宣传方案以全国税收宣传方案确立的"税收·发展·民生"为主题，以省局税收宣传月活动设定的"创新管理，实现双赢"为副题，围绕税源专业化管理改革为重点工作，相机设计了三个梯度、14项立体化的税收宣传活动，即"积极参加省局组织的活动"（3项），"认真组织开展'税收法治文化节'系列活动"（8项）和"积极参与总局、省局的评选项目"（3项）。① 尽管其中有不少宣传活动设计源于税务总局部署的税收宣传重点项目，但是更多的宣传活动安排深度融合了常州市税收特色，可谓常州版的税收宣传活动实施方案。深究不同类型的税收宣传活动安排，便可发现不管是同步于税务总局的税收宣传项目安排，还是超越于税务总局税收宣传活动之上的地方特性的税收宣传活动设计，深度嵌入常州元素，凸显税收宣传中的常州特色，是为共性。这种税收宣传方案设计中的地方性知识，进一步深化和延续了国家层面的税收宣传方案，是一种更微观、更具体、更接地气的税收宣传行动，也更易为常州市的宣传受众所接受。易言之，唯有在常地税宣传方案中导入创新理念，植入常州地方秉性，方可保证全国税收宣传方案在常州市税收宣传场域生根发芽，避免陷入"橘生淮南则为橘，生于淮北则为枳"的宣传困局。

概言之，常地税宣传方案中的执行性措施，担负的是对接全国税收宣传

---

① 2012年常州地税局部署的税收宣传活动为：（一）积极参加省局组织的活动。1. 充分利用网络媒体开展宣传；2. 全系统联动开展"纳税服务开放日"活动；3. 继续开展"BEST"系列宣传报道活动。（二）认真组织开展"税收法治文化节"系列活动。1. 举行"常州市首届税收法治文化节"暨第21个税收宣传月启动仪式；2. 开展税收法治动漫宣传周活动；3. 开展街头税收法治橱窗巡展；4. 深入开展"我身边的好税官"宣传活动；5. 构建专业化税收法制维权体系；6. 举行税收扶持文化产业发展系列活动；7. 开展税收改善民生主题的纳税服务文化活动；8. 开展"以案说法"等涉税风险的宣传力度。（三）积极参与总局、省局的评选项目。1. 市局将有组织参与总局开展的2011年度税收好新闻评选；2. 各单位可根据实际情况，参与总局举办的税法动漫大赛、税征短信征集、税收征文活动、税收公益广告征集、税收动漫大赛等活动，争取在活动中获得好评，在评选中取得好的成绩，从而进一步扩大我市地税系统的影响力；3. 各单位在谋划税收宣传月活动创新项目过程中，要紧扣"税收·发展·民生"主题，真正在税收宣传活动中体现取之于民、用之于民、造福于民的理念。参见《关于2012年税收宣传工作和第21个税收宣传月活动的意见》（常地税发〔2012〕28号）。

方案的重任，其更多只是移植全国税收宣传方案的典型做法，更似全国税收宣传方案的扬声器。因而，围绕此种定位设计具体措施，其意涵的税收宣传理念、隐含的税收宣传信息，与全国税收宣传方案展示的社会镜像大体相同。有别于执行性措施，创新性秉性的运用在于将全国税收宣传方案进行转化，使其成为具体的地方性税收宣传方案，可谓全国税收宣传方案的转换器。由此，聚焦此种性能创设的宣传方案，极有可能突破全国税收宣传方案的既有定位，从而展露地方性的税收宣传理念与知识信息。有鉴于此，下文重点分析常地税宣传方案中的创新性做法。这种立足于执行全国税收宣传方案基础之上的微创新，于历年常地税宣传方案中是俯首即是。其中，既有体现于税收宣传目的的创新设计，又有表现于税收宣传内容的创新建构，还有展现于税收宣传活动的创新安排。希翼借助于这些创新性措施的考察，可以补足全国税收宣传方案中的宣传理念与信息短缺，进而展示从中央到地方的整体化的税收宣传理念与信息系统。

二 常地税宣传目的的规范检测：从形式径路到实质转向

"目的是由一定的客观前提产生的，但在开始被人们提出的时候，不仅是主观观念的东西，而且一般来说，还是抽象而不具体的东西。然而目的要指导实践并通过实践来实现自己，决不能停留在这种抽象性上，而必须制订出具体的计划。计划是目的的具体化，也是实践活动所遵循的具体方案。目的正是以计划这种具体形式来指导、支配、控制实践，实践则是通过贯彻、实施具体计划来实现目的。"[①] 据此逻辑，解剖目的依托的具体计划，即可追寻，甚至还原计划意欲实现的目的。同理，挖掘常地税宣传方案，便可寻得隐藏其后的宣传目的，进而找到历年常地税宣传方案的基座与标尺。

（一）宣传目的生成的形式径路

寻求任何一种方案的目的，无外乎两种方法：一是通过专门的目的条款，直接导出方案设定的目的。二是梳理方案中与目的相关的规定，间接归纳出方案预设的目的。前者适用于本已设置专门的目的条款的方案，后者适用于目的条款缺位的方案。梳理1995年至2016年的常地税宣传方案，不难发现历年的常地税宣传方案均未单独设置税收宣传的目的条款，借助第一种方法，常地税宣传方案的宣传目的显然不能自动呈现。因而，意欲探寻常地

---

① 夏甄陶：《论目的》，《中国社会科学》1981年第1期。

税宣传方案的宣传目的,则需借助于第二种方案目的的确定方法。因为即便常地税宣传方案没有设置专门的目的条款,也不意味着历年常地税宣传方案没有预设税收宣传目的。相反,税收宣传目的始终是历年常地税宣传方案的灵魂,贯穿整个年度税收宣传实施方案的始终。至于宣传目的条款究竟隐藏何处,尚需深究历年常地税宣传方案的结构形式,以此打开方案隐含的宣传目的之门。

从常地税宣传方案的整体结构上看,除开少数年度方案以外,大都由"文首部分""正文部分"和"附件部分"三大层级构成。"文首部分"作为常地税宣传方案的开题,位于"正文部分"之前,主要交代方案的传送对象,方案设定的依据,方案意图实现的目的等"题外话"。然而,正是这些"题外话",奠定了年度税收宣传的整体基调,也是税收宣传目的最为重要的隐身之地。比如,《常州市地方税务局关于开展2006年税收宣传月活动的通知》"文首部分"即开门见山,规定:"各市、武进地方税务局,市局各处室、各分局、稽查局:2006年是全国税务系统开展全国税收宣传月活动的第15个年头,也是连续以'依法诚信纳税,共建小康社会'为主题的第4个年头。为进一步宣传税收法律法规和政策,增强全民依法纳税意识,营造良好的依法治税环境,现就2006年税收宣传月活动通知如下。"借助该"文首部分",便可知晓2006年度常地税宣传方案设定的宣传目的,即"宣传税收法律法规和政策,增强全民依法纳税意识,营造良好的依法治税环境"。在"文首部分"直接书立税收宣传目的,是2007年以前常地税宣传方案的典型做法。在这之后,虽"文首部分"依然存在于各年度常地税宣传方案之中,但已较少植入税收宣传目的的规定。比如,《关于2012年税收宣传工作和第21个税收宣传月活动的意见》(常地税发〔2012〕28号)"文首部分"仅列示:"各市(区)地方税务局,本局各单位:为认真做好2012年税收宣传工作和第21个税收宣传月活动,根据总局和省局的总体部署,现结合我局实际,提出如下意见。"无论对该"文首部分"作何解释,都无法推断出2012年度常地税宣传方案所意涵的宣传目的。

上述"文首部分"对税收宣传目的的两种不同做法,构成了常地税宣传方案目的生成的两种典型样态。前一种情形较为简单,找到"文首部分",基本都可以直接导出年度常地税宣传方案意欲实现的税收宣传目的。但在后一种情境下,税收宣传目的的获知显非"文首部分"所能为,需要求助于常地税宣传方案的"正文部分"或者"附件部分"。与"正文部分"不同,"附件部分"并非常地税宣传方案的必备层级。比如,1995年和

1997年的常地税宣传方案均未设计相应的"附件部分"①。纵然设计有"附件部分"的常地税宣传方案，也大都与税收宣传目的无关，而更多聚焦于"税收宣传标语口号""税收宣传月活动考核办法""税收宣传月活动安排"等。② 由此，后一种场景下的税收宣传目的找寻任务，实际上落到常地税宣传方案的"正文部分"。与"文首部分"和"附件部分"相比，常地税宣传方案"正文部分"形式上更为正式，内容上更为具体，可谓常地税宣传方案的核心组件。

从常地税宣传方案"正文部分"的层级结构上看，1995年至1998年的常地税宣传方案"正文部分"基本都设置为五大层级，渐次推进，汇成"指导思想→宣传对象和重点内容→活动安排→宣传步骤→宣传要求"③这一完整的宣传方案链条。1999年的常地税宣传方案对之前方案"正文部分"进行了重组，形成"税收宣传的主题和指导思想→税收宣传的基本形式→

---

① 参见《关于开展税法宣传活动的意见》（常地税征发〔95〕字第5号）、《关于开展"常州市1997年税收宣传月"活动的通知》（常地税征〔1997〕3号）。

② 1995年和1997年常地税宣传方案（以下简称"方案"）无单独的"附件部分"；1996年方案附件为"地方税收宣传口号"；1998年方案附件为"一、税收宣传月考核办法；二、税收宣传标语口号"；1999年方案附件为"1. 税收宣传月考核办法；2. 税收宣传标语口号"；2000年方案附件为"一、'税收宣传月'活动考核办法；二、税收宣传标语口号"；2001年方案附件为"税收宣传标语口号"；2002年方案附件为"1. '税收宣传月'活动考核办法；2. 税收宣传标语口号"；2003年方案附件为"1. '税收宣传月'活动考核办法；2. 税收宣传标语口号"；2004年方案附件为"1. '税收宣传月'活动考核办法；2. 税收宣传标语口号"；2005年方案附件为"1. '税收宣传月'活动考核办法；2. 税收宣传标语口号"；2006年方案附件为"税收宣传标语口号"；2007年方案附件为"税收宣传标语口号"；2008年方案附件为"1. '税收宣传月'活动考核办法；2. 税收宣传标语口号"；2009年方案附件为"1. '税收宣传月'活动考核办法；2. 税收宣传标语口号"；2010年方案附件为"税收宣传标语口号"；2011年方案附件为"税收宣传标语口号"；2012年方案附件为"《常州地税系统第21个税收宣传月各单位活动安排一览表》"；2013年方案附件为"附件1：《常州地税系统第二十二个税收宣传月活动安排》；附件2：2013年国家税务总局税收宣传活动安排；附件3：2013年江苏省地方税务局税收宣传活动安排；附件4：2013年税收宣传标语口号；附件5：常州地税系统网络舆情信息员职责（试行）"；2014年方案附件为"《常州地税系统第二十三个税收宣传月活动安排》"；2015年方案附件为"《常州地税系统第二十四个税收宣传月活动安排》"；2016年方案附件为"《2016年税收宣传工作任务分解表》"。

③ 参见《关于开展税法宣传活动的意见》（常地税征发〔95〕字第5号）、《关于开展"税收宣传月"活动的意见》（常地税发〔1996〕字第19号）、《关于开展"常州市1997年税收宣传月"活动的通知》（常地税征〔1997〕3号）。

工作要求"的层级架构。① 2000 年的常地税宣传方案在承继 1999 年"正文部分"架构的基础上,又对其进行了简约化处理,形成了常地税宣传方案"正文部分"的典型结构。即,"宣传主题和指导思想→宣传内容、对象及活动安排→宣传步骤和工作要求。"② 其后年度常地税宣传方案"正文部分"的核心框架基本都大同小异。当然,这种典型结构并非固化模式,也并未排斥层级结构的增减或整合,甚至更有层级结构、语词的调整。比如,2007年的常地税宣传方案"正文部分"即被压缩为两个层级:"宣传月活动的主要内容及活动安排→宣传月活动的工作要求"。③ 而 2015 年常地税宣传方案"正文部分"又被调整为"明确方向,把握税收宣传工作的总体要求→丰富内容,增强税收宣传的针对性和实效性→拓宽载体,加大税收宣传影响力→创优项目,打造税收宣传精品→加强管理,实现税收宣传工作的科学化和规范化"。④ 之于 2000 年常地税宣传方案,2015 年常地税宣传方案"正文部分"不仅层级结构有重大调整,而且各层级的语词表达也有独特变化。

由上观之,尽管历年的常地税宣传方案"正文部分"的层级结构和语词表达不尽一致,但是基本都围绕税收宣传的主题、指导思想、宣传内容、活动安排、宣传要求、附件等元素设计年度常地税宣传方案。这些看似雷同、实则迥异的税收宣传元素与常地税宣传方案隐含的宣传目的之间的距离并不相同,各自与方案预设的目的之间的逻辑关系更是千差万别。比如,税收宣传内容与活动安排等元素位处常地税宣传方案目的的下位,是方案目的的具体措施,其职责是将方案目的付诸实施。总体来说,这类税收宣传元素较为分散,不仅与常地税宣传方案预设的目的之间的距离较远,而且与方案目的之间的逻辑关系也相对较弱。与之不同,税收宣传主题和指导思想等元素位于常地税宣传方案目的的上位,是方案目的的设定依据,其职责是限定方案目的的方向与范畴。相较于常地税宣传方案目的的下位元素,这类方案目的的上位元素更为集中,其与常地税宣传方案目的之间的距离更近,与方案目的之间的逻辑关系更强。因而,这类上位元素也就天然成为常地税宣传方案目的的栖身之所。事实也证明了这一点。22 年来的常地税宣传方案中,有近一半的税收宣传目的隐藏在常地税宣传方案"正文部分"的税收宣传

---

① 参见《关于 1999 年"税收宣传"工作的意见》(常地税征〔1999〕4 号)。
② 参见《关于开展常州市 2000 年"税收宣传月"活动的实施意见》(常地税发〔2000〕26 号)。
③ 参见《常州市地方税务局关于开展 2007 年税收宣传月活动的通知》(常地税发〔2007〕22 号)。
④ 参见《关于加强 2015 年税收宣传工作的意见》(常地税发〔2015〕30 号)。

的"主题""指导思想""总体目标""总体要求"及"总体思路"等税收宣传元素之中（如"表1-5"所示）。

（二）宣传目的的实质转向：从纳税宣传到依法治税环境营造

透析历年全国税收宣传主题与税收宣传口号，"纳税"宣传一直是最为重要的税收宣传目的。尽管步入21世纪以来，全国税收宣传方案中引入了"民生""发展""规范执法"等类别的税收宣传主题与宣传口号，也的确在一定程度上弱化了单一的"纳税"宣传目的，但是其核心地位仍未被实质性撼动。这一税收宣传目的顶层定位，影响了常地税宣传方案目的的设计航向和内容取舍。正是这种影响而非决定性的目的生成逻辑，使得常地税宣传方案朝着有别于全国税收宣传方案预设的宣传目的径路衍化，最终形成多层级、立体化趋向的三重宣传目的体系。即，一方面，常地税宣传方案坚守着全国税收宣传方案设定的"纳税"宣传的基础定位，力图增强公民依法纳税意识；另一方面，它又着眼于常州市依法治税环境的净化，意图促进常州市经济、社会与文化等的不断发展。除此之外，提升常州地税形象和行业公信力，扩大常州地税的知名度作为附随宣传目的，也屡次为常地税宣传方案所明确。目的多元，功能有别，因而层级自有差别。根据常地税宣传方案中宣传目的生成的结构形式、语词序位以及使用频率，大体可以作如下定位：基础目的是"增强依法纳税意识"，进阶目的是"营造依法治税环境"，附随目的是"提升常州地税形象"。

具体到历年的常地税宣传方案中，这些宣传目的的语词表达未必一致（如"表1-5"所示）。比如，之于基础目的而言，"增强依法纳税意识"只是它的一般表达。税收宣传目的建构实践中，称为"增强公民依法纳税意识""增强广大公民依法纳税意识""增强全民依法纳税意识""增强公民依法诚信纳税意识""增强全社会依法诚信纳税意识"的有之，谓之"提升税收遵从度""引导税收遵从"的亦有之，甚至还有个别年度的常地税宣传方案将其概括为"增强纳税人税法遵从度和全社会依法诚信纳税意识"。同样，对于进阶目的而言，"营造依法治税环境"也只是基本意蕴。实践中，的确有部分年度的常地税宣传方案直接将进阶目的表述为"营造良好的依法治税环境""营造良好的税收工作舆论氛围""为税收中心工作营造良好舆论环境""为税收事业营造良好的舆论环境""为全面推进税收现代化营造良好舆论环境""创造良好的社会环境"等。但也有部分年度的常地税宣传方案将进阶目的厘定为"推进依法治税，促进税收秩序的良性循环""推动税收工作的开展，加强依法治税，促进市场经济不断发展"等类似的术语。相较于基础目的和进阶目的，附随目的总体较为简单，一般以"扩大地方税务机关的知名度""全面提升常州地税形象""提升行业公信力""提升行业形象""为常州地税成为税收现代化治理模范提供舆论保障"等惯用表述出现在常地税宣传方案之中。

表1-5　　　　　　　　常地税宣传方案目的位置与属性

年度	核心宗旨与目的	文本位置	主要属性
1995	进一步贯彻分税制，加强税收征收管理，把税收工作的重心转移到基层，转移到征管，更好地服务于改革开放和经济建设。增强公民依法纳税意识，推进依法治税，促进税收秩序的良性循环	文首部分/一、指导思想	基础目的、进阶目的
1996	巩固和完善新税制，不断增强全社会的税收法规观念，优化税收环境、保障国家财政收入。扩大地方税务机关的知名度，增强广大公民依法纳税意识，增加地方税收收入，进而推进依法治税，营造良好的税收秩序	文首部分/一、指导思想	基础目的、进阶目的、附随目的
1997	增强全社会的税收法制观念，优化税收环境，保障国家财政收入	文首部分	进阶目的
1998	增强全民依法纳税意识，推动税收工作的开展，加强依法治税，增加国家财政收入，促进市场经济不断发展	文首部分	基础目的、进阶目的
1999	为完成今年税收任务创造良好的社会环境	一、税收宣传的主题和指导思想	进阶目的
2000	增强全民依法纳税意识，营造良好的依法治税环境，推动税收工作的开展，促进市场经济的不断发展	文首部分	基础目的、进阶目的
2001	进一步增强全民纳税意识，营造良好的依法治税环境，推动税收工作的开展，促进市场经济的不断发展	文首部分	基础目的、进阶目的
2002	不断增强公民依法纳税意识，营造良好的依法治税环境	文首部分	基础目的、进阶目的
2003	不断增强公民依法诚信纳税意识，营造良好的依法治税环境	文首部分	基础目的、进阶目的
2004	进一步宣传税收法律法规知识，不断增强公民依法诚信纳税意识，营造良好的依法治税环境，推动税收工作深入开展	文首部分	基础目的、进阶目的
2005	进一步宣传税收法律法规和政策，增强全民依法纳税意识，营造良好的依法治税环境	文首部分	基础目的、进阶目的
2006	进一步宣传税收法律法规和政策，增强全民依法纳税意识，营造良好的依法治税环境	文首部分	基础目的、进阶目的

续表

年度	核心宗旨与目的	文本位置	主要属性
2007	进一步宣传税收法律法规和政策，增强全民依法纳税意识，营造良好的依法治税环境	文首部分	基础目的、进阶目的
2008	营造良好的税收执法环境，推动税收工作的开展	一、统一认识，加强领导，周密部署	进阶目的
2009	增强纳税人税法遵从度和全社会依法诚信纳税意识，促进依法治税和改进税收管理与服务工作	文首部分	基础目的、进阶目的
2010	帮助企业克难求进，进一步提高税收宣传的整体效应，全面提升常州地税形象，增强全社会依法诚信纳税意识，推进依法治税，推动全市经济的健康发展	一、税收宣传工作指导思想	基础目的、进阶目的、附随目的
2011	提升税收遵从度和行业公信力	一、税收宣传工作总体要求	基础目的、附随目的
2012	引导税收遵从，提升行业形象，营造良好的税收工作舆论氛围	一、税收宣传工作的总体要求	基础目的、进阶目的、附随目的
2013	围绕"全面深化改革，加快管理转型"工作主题，为税收中心工作营造良好舆论环境	一、税收宣传工作的总体目标	进阶目的
2014	围绕"激发活动，稳中求进"工作主题，全面提升宣传质效，为税收事业营造良好的舆论环境	一、围绕工作主题，把握税收宣传工作的总要求	进阶目的
2015	为全面推进税收现代化营造良好舆论环境	文首部分	进阶目的
2016	为常州地税成为税收现代化治理模范提供舆论保障	一、总体思路	附随目的

需要特别指出的是，"基础目的←进阶目的←附随目的"这一税收宣传的三重目的体系并非为所有年度的常地税宣传方案所涵摄。之所以作此归纳，是鉴于22年来的常地税宣传方案目的的纵向整体分析，意图展现不同税收宣传目的在整个宣传目的体系中的权重，进而发觉常地税宣传方案之于全国税收宣传方案的不同宣传目的的建构趋向。就其内在逻辑和起源而言，基础目的植根于全国税收宣传方案，推动进阶目的的实现，两者构成常地税宣传方案的核心目的体系，并进一步衍生出附随目的。若从横向的、单一年度的常地税宣传方案来看，三重税收宣传目的并不一定会同步出现。决策者一般都会根据年度的税收情势，选择不同的宣传目的，进而针对性设计常地税宣传方案。实际上，22年中已有不少年度的常地税宣传方案均未同时列及三重宣传目的（如"表1-5"所示）。比如，《关于开展"常州市1997年税

收宣传月"活动的通知》（常地税征〔1997〕3号）"文首部分"开门见山、仅列示"为了增强全社会的税收法制观念，优化税收环境，保障国家财政收入"这一税收宣传的进阶目的。而《全市地税系统2016年税收宣传工作方案》（常地税发〔2016〕34号）第一部分"总体思路"中则只提及"为常州地税成为税收现代化治理模范提供舆论保障"这一税收宣传的附随目的。

观测"表1-5"，常地税宣传方案的三重宣传目的的使用频率大有不同。其中，基础目的22年间出现15次，出现频率为68.18%。进阶目的22年中出现20次，书写概率为90.91%。附随目的22年里出现5次，出现频率为22.73%。从三重宣传目的的使用频率上看，进阶目的已经取代基础目的，成为22年间中常地税宣传方案的主导性税收宣传目的。这一税收宣传目的建构的常州实践，与全国税收宣传方案的主导目的取向不尽一致。换言之，常地税宣传方案已经突破了全国税收宣传方案设定的强"纳税"宣传、重纳税意识勃兴的主导目的，而更加注重"营造良好的依法治税环境"宣传，日渐重视行业形象和行业公信力。当然，此种转向绝不意味着"增强依法纳税意识"已不再被重视，而沦为边缘化的宣传目的。毕竟，常地税宣传方案仍有68.18%的概率会直接列明基础目的，且有14年中的常地税宣传方案都同时规定了基础目的和进阶目的。不过，近4年来的常地税宣传方案的确均未直接规定基础目的，而将宣传目的转向为进阶目的（3次）或随附目的（1次），这是否是常地税宣传方案目的设置的一个转向信号，有待进一步观察。但即便如此，进阶目的取代基础目的，成为22年中常地税宣传方案的主导目的已是既成事实。

三 进阶目的主导下的宣传进位

税收宣传中的基础目的让位于进阶目的，使得常地税宣传方案不再简单在"纳税"宣传这一低空徘徊，而寻求更加宽广、更加高远的税收宣传目标。相对"增强依法纳税意识"的基础目的而言，"营造依法治税环境"无疑有着更为深远的影响，更为丰富的内涵，更加严恪的制度诉求。因为它要求"从税收工作实际出发，严格依法行政，坚持依法决策、规范执行、严密监督共同推进，坚持法治化、规范化、信息化一体建设，以约束权力、保护权利为重点，抓住领导干部这个关键，创新体制机制，改进方式方法，最大限度便利纳税人、最大限度规范税务人，加强税法遵从和税收共治，推进税收法治化，促进税收现代化"①。以此为准绳，则营造良好的依法治税环境，就不仅需要规范、约束税务行政执法权的行使，而且需要切实、有效保护纳税人权利。这一进阶目的诉求，显然超越了全国税收宣传方案意欲追求的勃兴纳税意识这一单维度的主导价值，显然更加接近税收法治意识的立体航道，可谓更加切合税收法治的正当目的。只是"即便具有正当目的，如果没有选择恰当的方法和手段，其正当性并不一定最终能实现"②。因此，常地税宣传方案实施过程中是否真正践行了"营造依法治税环境"这一进阶目的，需要切入方案内核，寻求常州地税宣传实践中的宣传内容、活动安排等手段、方法与进阶目的之间的匹配度。

（一）征税意识的觉醒：规范税务行政权的宣传考证

对一般的市井小民来说，课税是他们最熟悉不过的政府强制权力。课税的权力中包括了对个人或民间团体的强制力量，将民间的经济资源或是资源的财产所有权移转至政府使用。也即，课税的权力就是政府"取得"的效力。③ 这种效力的实现仰赖于税法规则的设计与运行。而"税法直面经济实践，每一种交易形式都必须有相应的课税规则。由于市场经济尊重交易自由，当事人创造出的交易形式层出不穷，税法不得不频繁变动以为因应。出于便利方面的考虑，税法中常常引入相对统一的标准，牺牲对具体细节的真实性追求，也会让税法变得技术性和程式化。另外，税法中还融入了经济、文化、社会政策因素，不论是课税范围还是税率、税目，需要将税法之外的因素考虑在内，这更会增加税法的复杂性。特别值得注意的是，为了应对纳税人避税，税法不得不增加很多反避税措施，一般性规则也有可能嵌入反避税视角，赋予税务机关相对灵活的权限。上述因素的存在，让税法成为一个非常专业的领域"④。为应对这一极度专业化领域，税务机关借助数不胜数的税务行政解释性文件和渐趋扩张的税务行政高权，不仅将税务行政蜕变为一个高度专业性行政行为，而且将税法的准入门槛大大提高。

对于普通纳税人来说，要想洞悉所有税法知识，借助税法规则以规划自

---

① 参见《关于全面推进依法治税的指导意见》"二、全面推进依法治税的指导思想、总体要求及实施路径""（二）总体要求"。

② 熊伟：《法治视野下清理规范税收优惠政策研究》，《中国法学》2014年第6期。

③ 参见［美］Geoffrey. Brennan, James M. Buchanan：《课税的权力》，殷乃平译，"财政部"财税人员训练所1984年版，第12—13页。

④ 熊伟：《论我国的税收授权立法制度》，《税务研究》2013年第6期。

己的经济事宜，难度非同小可。久而久之，作为征税方的国家（政府）和纳税方的纳税人之间的合作和互动的关系不再顺畅。更多时候，我们看到和听到的是来自其中一方——政府的信息和声音，而另一方则一直沉默不语，几乎是一片寂静。强势征税机关，弱势纳税人的格局，由来已久。[1] 此种背景下，倘若依然只是一味追求"纳税"宣传，不仅难以达到勃兴纳税意识的预期目标，而且极有可能引起纳税人的反感、激发纳税人规避税收的欲望。相反，如果同步强化征税层级的税收宣传，加大征税机关的约束力度，规范征税机关的征管行为，则可以适度纠偏已然失衡的征纳双方地位。果真如此，则不仅可以保障征税机关的征税行为于法有据、于理有节，进而敦促征税人员树立正确的征税意识；而且可以保障纳税人的合法权益不被侵害，从而间接推动纳税意识的兴盛。立基于此，常地税宣传方案整体形塑了"对象↔内容↔活动"的多层级、立体化的税收宣传骨架，拓展了"税务行政"的宣传广度，推进了"税务行政"的宣传深度。即，一方面，加大了针对征税人员的宣传力度，拓宽了常地税宣传方案的宣传受众。另一方面，植入了从内容到活动的税务行政宣传实践，深化了税务行政的宣传主旨。

对于宣传受众而言，常地税宣传方案将税务行政执法人员囊括其中，作为税收宣传的重要对象，使得税收宣传活动超越单层的纳税主体，而成为征纳双方共同"接受教育"的税收宣传阵地。宣传实践中，针对税务行政执法人员的税收宣传可以区分为两类典型做法，一是通过直接的税收宣传，提升税务行政执法人员的征税意识。二是通过间接的事迹宣传，采用正面表彰、反面曝光的二元反差际遇，营造规范执法、合理用权的征税氛围，间接助推科学征税意识的觉醒。前者如，早在1996年，《关于开展"税收宣传月"活动的意见》（常地税发〔1996〕字第19号）便部署"在广大税务干部中重点进行依法办事，依率计征、优化服务以及'讲政治、讲团结、讲风格、讲奉献'的宣传教育，使广大税务干部熟悉业务知识，增强服务观念，加强廉政建设，树立'人民税务员'的良好形象"。后者如，《关于2012年税收宣传工作和第21个税收宣传月活动的意见》（常地税发〔2012〕28号）在"'税收法治文化节'系列活动"中专设"深入开展'我身边的好税官'宣传活动"，部署"在《常州日报》等主流平面媒体开辟'我身边的好税官'专栏。挖掘本系统内税务干部在日常工作中体现出的闪光点，

---

[1] 参见李炜光《写给中国的纳税人》，《书屋》2006年第12期。

以感人的故事形式进行宣传报道。宣传月期间每个星期一次,展现地税人风采"。概而言之,直接针对税务执法人员的税收宣传也好,间接聚焦税务行政执法人员的事迹宣传也罢,只要深入开展,都可敦促规范税务行政、谨慎行使税务行政执法权等征税意识的警觉。

之于宣传内容与活动而言,常地税宣传方案主要是通过宣传、提供税收工作与税收征管等税务行政知识或信息,借助社会监督以提高税务依法行政、依法决策、规范执法等征税意识。一旦税收工作、税收征管措施、税收征管权责等税务行政中的关键信息被广而告之以后,税务行政将不再能够"隐秘"执法,所有税收征管行为都需在法律的阳光下运行。因为不管是人们群众,还是新闻媒体,都可以通过举报、控告和申诉,或者通过披露权力行使过程中出现的问题,以引起有关机关和人员的重视,从而达到帮助其改正错误的目的,这本身就是实现人民民主的一种方式。[①] 税务行政方面的内容或活动频繁出现于历年常地税宣传方案之中,较好地验证了这一宣传思路与方法的价值。实践中,最受常地税宣传方案青睐的内容与活动有二,一为税收征管方面的知识,二是税收工作方面的信息。前者如,常地税宣传方案启动之初的1995年,常州地税便发布《关于开展税法宣传活动的意见》(常地税征发〔95〕字第5号),将"强化税收征管,推进以法治税的宣传,宣传强化征管的措施……"列为年度税收宣传的重点内容。后者如,《关于加强2015年税收宣传工作的意见》(常地税发〔2015〕30号)在"丰富内容,增强税收宣传的针对性和实效性"部分明确提出"加强对税收工作和地税形象的宣传",规定:"……要广泛宣传地税部门深化征管改革、年度工作部署及重点工作进展等情况,推进政府信息公开,自觉接受社会监督……"

(二)纳税意识的进位:保障纳税人权利的宣传验证

在中国传统的政治结构中,国家权力作为纳税人权利的对立面超然运作,不可能诞生真正作为独立主体的纳税人,更别说赋予纳税人以权利主体资质。新中国成立后,尤其是改革开放以后,中国政治与经济形式逐步好转,法制环境也逐渐回暖,国家与纳税人的关系也逐渐向理性回归。虽然《宪法》仍只规定"中华人民共和国公民有依照法律纳税的义务",看似直接将纳税人定位为义务主体。但如果通览《宪法》规定的公民的基本权利,

---

① 参见张智辉《法律监督三辨析》,《中国法学》2003年第5期。

尤其是将《税收征收管理法》及其实施细则和《关于纳税人权利与义务的公告》（国家税务总局公告2009年第1号，下文简称"《总局09年1号公告》"）考虑进去，即便不能得出"纳税人是权利主体"之类的肯定性结论，也很难再将其直接划入义务主体的疆域。如果再将纳税人权利放置更为宽广的法际视域，便可发现时下纳税人不仅拥有"纳税义务法定""参与税法制定""税款使用同意"及"公共服务监督"等一般权利，还可享受"知情权""保障权"及"救济权"等具体权利。① 这些权利有些发生于纳税人与国家的抽象关系层面，表现为税法的合法性和有效性问题，是一国构建符合宪政秩序的税法体系所应该具备的内容；有些则存在于纳税人与税务机关的具体关系层面，体现为税务行政程式中的正当程式以及纳税人基本人权保护。② 不同类型、不同性质的权利交汇而成一幅丰富多样的权利谱系图。谱系之下的权利，总体可以分为三个层次，即税收征管中的权利、税收立法中的权利以及宪法性权利。

由于三种权利中越往后走实现的难度越大，对社会的民主法治程度要求越高，因此，就国家权力部门而言，他们也更愿意在税收征管的层面扩大纳税人的权利。至于税收立法层面和宪法层面，如果没有强大的外力推动，任何当权者都只会维持现状，而不可能积极主动行事。当纳税人的要求和国家的愿望在加强具体纳税人权利上出现吻合时，中国的现实情况就是，《宪法》对纳税人权利保护毫无进展；《立法法》对税收授权立法虽然有所限制，但基本肯定了国务院的充分立法权。财政部，特别是税务总局的立法权也顺势得以繁衍。相比《宪法》和《立法法》的"无为而治"，《税收征收管理法》及其实施细则和可算的上是"不遗余力"，诸多条款涉及纳税人权利。诚然，这种由易到难、由微观到宏观的扩权思路有其可取性，起码改革的难度有所降低，纳税人和国家皆大欢喜。但是，法学研究者必须清醒地意识到，真正对纳税人具有根本性意义的，是其在宪法上的权利以及在税收立法中的权利。如果没有这两种权利的跟进，仅仅在税收征管阶段扩大纳税人的权利，这只是一种治标不治本的举措，之于纳税人的主体地位提升价值将大打折扣。③

"为实现法治财税的理想图景，回应当下我国的现实诉求，必须充分利

---

① 参见施宏《税收法定的前提是纳税人权利法定》，《国际税收》2014年第8期。
② 参见丁一《纳税人权利保护之一般分析》，《兴国学报》2004年第3期。
③ 参见熊伟《纳税人的权利及其实现机制》，《兴国学报》2004年第3期。

用本土资源,综合发挥政党、立法、行政和司法的作用,释放纳税人的主体意识,夯实制度进步的基础设施。"① 因为无论是何种层面的纳税人权利,落到实处才是关键。纸面上权利数量的多寡,纳税人未必真正关心。多数场合下,纳税人更为在意的是能落地的、可转化为行动的纳税人权利的数量,尤其是与纳税人切身利益相关的、获有保障的关键性权利。因此,只有在整个税法的构建、税收征收秩序的制度安排、税款的规范使用诸环节都把保障纳税人的权利放在突出的位置,并设置针对性的纳税人权利保障机制,纳税人与国家的税收法律关系才能保持平衡。才能约束和推进税务机关规范税收执法,优化纳税服务,在征税主体与纳税主体之间真正构建一种良性互动的、持续和谐的征纳关系。② 税收宣传方案设计理当遵此规律,将纳税人权利置于税收宣传的关键位置,并着力构建和宣传与之适应的纳税人权利保障机制。倘若只是停留在纸面权利的宣传,则纳税意识勃兴必然受阻。反之,如果在税收宣传实践中重点宣扬看得见、够得着的具体权利,建构、宣传行之有效的维权机制,则纳税意识进位便可水到渠成。通观 22 份常地税宣传方案中的纳税人权利方面的宣传内容与活动设计,其大体依循了这一脉络,即从宣传纳税人权利到维权平台的建构与宣传。

就纳税人权利宣传而言,它不仅作为江苏省地局税收宣传活动列入过常地税宣传方案,而且更单独作为常州地税的特色税收宣传活动出现于常地税宣传方案之中。前者如,《常州市地方税务局关于做好 2010 年税收宣传工作及开展全国第十九个税收宣传月活动的通知》"积极参加省局统一组织开展的活动"之"5. 开展'BEST'系列宣传活动",专门指示要"广泛宣传纳税人权利"。后者如,《关于开展常州市 2002 年"税收宣传月"活动的通知》(常地税发〔2002〕27 号)"宣传活动安排"部分要求"开展纳税人权利的普及宣传活动"。相较于平面的纳税人权利知识推广而言,纳税人维权平台的构建与宣传更为近年的常地税宣传方案所关注。比如,《常州市地方税务局 2009 年税收宣传工作及第十八个税收宣传月活动意见》明确"4 月 1 日,以成立常州市纳税人维权服务中心为契机,举行 2009 年税收宣传月启动仪式,拉开宣传月活动序幕。活动内容主要包括税收宣传月启动与纳税人维权服务中心揭牌仪式,同时解读纳税人的权利,并现场发放《纳税人需求调查问卷》。"与之相配,借助纳税人维权中心平台,构建专业化税收

---

① 熊伟:《法治财税:从理想图景到现实诉求》,《清华法学》2014 年第 5 期。
② 参见王建平《纳税人权利及其保障研究》,博士学位论文,湖南大学,2008 年,第 3 页。

法制维权体系亦成为晚近常地税宣传方案的一大发展导向。例证是,"纳税人之家""税收维权服务牵手你我他""纳税服务开放日""12366 十万常州地税纳税人大回访""纳税服务体验日"等一批与纳税人维权关联的税收宣传活动在常州大地上轮次上演,使得纳税维权走向社会化、专业化,有效地维护了纳税人合法权益,提升了纳税意识的内涵。[①]

四 小结

与全国税收宣传方案相配,各地税务机关均会制定、发布相应的地方性税收宣传实施方案。作为地方税收宣传月活动的准据,地方性税收宣传实施方案兼具落实全国税收宣传方案精神与创设切合本地税收情势的宣传行动之双重使命。常地税宣传方案作为地方性税收宣传实施方案的典型样本,天然生成"执行性"(全国税收宣传方案)与"创新性"(常州特色税收宣传)的二元品格。这一内在品格使其在全国税收宣传航道中,另辟蹊径、渐成税收宣传的常州特色。1995 年以来,常州地税每年发布一份常地税宣传方案,策动年度常州地税宣传月活动的开展。截止到 2016 年,已经形成 22 份前后承接的常地税宣传方案。通览历年常地税宣传方案,其形式上趋于稳定,基本形成了"文首部分+正文部分+附件部分"的三层典型结构。"文首部分"主要确定年度税收宣传的基调、目的和依据,"正文部分"重点规划年度税收宣传的目的、内容与活动安排,"附件部分"多数时候重申税收宣传的主题、口号,抑或明确活动考核办法。

形式上看,常地税宣传方案与全国税收宣传方案中税收宣传主题和宣传口号所揭示的信息并无显著不同。比如,都聚焦于"税收"宣传,强调依法纳税意识的增强,且都共享几近相同的宣传主题和宣传口号,都策动诸多类似的宣传活动等。但若揭开形式面纱,常地税宣传方案的实质转向便展露无遗。透析历年常地税宣传方案中的"文首部分"和"正文部分",不难发现隐藏于形式之后的"增强依法纳税意识"的基础目的,"营造依法治税环境"的进阶目的和"提升常州地税形象"的附随目的。根据税收宣传目的

---

① 参见《常州市地方税务局关于做好 2010 年税收宣传工作及开展全国第十九个税收宣传月活动的通知》(常地税发〔2010〕27 号)、《常州市地方税务局关于税收宣传月活动的通知》(常地税发〔2011〕32 号)、《关于 2012 年税收宣传工作和第 21 个税收宣传月活动的意见》(常地税发〔2012〕28 号)、《关于第 22 个税收宣传月活动和全年税收宣传工作的意见》(常地税发〔2013〕24 号)《关于加强 2015 年税收宣传工作的意见》(常地税发〔2015〕30 号)。

的使用频率,可进一步发现进阶目的已取代基础目的,成为常地税宣传方案过去22年间的主导性宣传目的。这一主导目的的转向①,有别于全国税收宣传主题和宣传口号所意涵的"纳税"宣传,具有浓郁的常州地方税收宣传特色。诚如学者在论述地方立法时所言:"地方立法要有所作为,就必须敢于突破、变通中央立法。中央为地方发展之计,也会不时表示出容忍、退让甚至鼓励。这种讨价还价、相互博弈的过程,往往表现为社会学所称的非正式活动,是容忍法律规定上相互抵触之下的实际默认,或者是有意不纠正。"② 特色化的地方税收宣传与上层的实际默认或有意鼓励不无关联。

亦如前述,不同层级的税收宣传,受众明显不一,宣传方案客观上也需要统一领导下的"因地制宜"。全国税收宣传方案瞄准的多是抽象的宣传受众,因而税收宣传的定位多半也只是"广而告之"。而常地税宣传方案大为不同,它直面具体的宣传受众。针对此类群体进行税收宣传,仅凭空洞的"纳税"说教,多数时候难以实现纳税意识的勃兴。若将宣传目的和视角转换至更为柔性的"营造依法治税环境",则不仅可以驰援税收法治建设中的问题解决③,而且可以倒逼征税意识和纳税意识的进化。受此影响,常地税

---

① 不过,这一趋向并不意味着常地税宣传方案对全国税收宣传主题和宣传口号的背离,而只是表征地方性税收宣传更加重视综合性的依法治税环境的营造。况且,税收宣传实践中,选择将"增强依法纳税意识"作为税收宣传目的的常地税宣传方案依然屡见不鲜。

② 余凌云:《地方立法能力的适度释放——兼论"行政三法"的相关修改》,《清华法学》2019年第2期。

③ 诚如《关于全面推进依法治税的指导意见》"一、深刻认识全面推进依法治税的重要性和紧迫性/(二)直面问题,清醒认识紧迫形势"所言:"与经济社会发展趋势相比,与实现税收现代化目标相比,与广大纳税人期待相比,税收法治建设还存在许多不适应、不符合的问题,主要表现为:税收法治观念不强,一些税务人员特别是少数领导干部法治观念淡薄、依法治税能力不强,部分纳税人依法纳税意识较弱、税法遵从度不高;税法权威性不足,税收立法级次和立法质量有待提高,制度建设存在一定的部门化倾向,有些制度的针对性、可操作性、确定性较差;依法治税工作体制机制运行不畅,依法行政工作领导小组统筹协调工作机制没有实现规范化、常态化,内部协同推进依法治税的合力尚未形成,一些重要的依法治税制度机制有待建立和完善;执法规范化程度不高,执法不严、随意执法、选择性执法现象在一些税务机关依然不同程度地存在,执法监督的体制机制不能很好适应形势发展需要,依法行政信息化建设相对滞后,权利保护制度机制不够完善,权利救济渠道不够通畅;税收法治环境不良,一些地方干预税收执法、脱离实际对收入任务层层加码,冲击税收法治建设的状况没有得到根本改变,同时政府部门协同治税、社会主体共同治税的制度体制机制尚未有效建立。这些问题,违背法治原则,损害纳税人合法权益,妨碍税收事业科学发展,必须切实加以解决。"

宣传方案早已超越了单层的"纳税"宣传，渐趋重视征税宣传。既有实践中，规范税务执法，约束税务行政权的宣传内容和活动日渐增多。与此同时，宣传纳税人权利，构建纳税人维权平台的本色宣传得以保留。征纳双方的协同宣传，有效促使了征税意识的觉醒和纳税意识的进位。

第三节 税收法治意识的实践样态
——以税收宣传的效用评估为参照

如同法律意识生成规律一样，税收法治意识的生成也非一日之功。要想具有成熟的税收法治意识，心灵中就必须获得一种特殊的经验，它大概可以这样来表示：这首先是对某种触摸不到的、具有客观意义的对象进行的直接、真实和清晰的体验。这种经过知觉来校验和净化的体验，必然会产生一种确信——确实存在着具有客观意义的对象，而用思想去理解这一对象的尝试，又必然会使人承认这一对象所特有的、内在的、与自身统一的、用于相应认知的客观涵义。可见，税收法治意识的生成与发展，不仅要求扩大和细化自己的内在精神经验，而且要求我们每一个人都要用显然性的力量去看待税法的客观意义。它就在于：鉴定、限定和命令，一旦获得法的全部完整属性和法的"尊严"，就会保持这一法律的可靠性、正确性和义务性的意义，而不论法的某个主体偶然地知道与否，同意与否，甚至系统地服从与否。[①]而这种精神经验和法治认知将全面影响个体的社会生活、行为抉择等，且最终会通过个体自觉、不自觉的行为折射出来，最终汇集而成整体社会的税收法治意识谱系。

因此，观测诸多个体汇聚而成的群体之于税收法治的外在行为表现，便可大体知晓和判定一个社会的税收法治意识生态。而发觉这种外在表现并不容易，提炼背后的税收法治意识更是难上加难。然而，税收宣传恰好提供了极为便捷的观测路径。1992年，税务总局开启了全国税收宣传月活动的大幕。自此以后，每年4月份从中央到地方，从税务总局到各基层税局，税收宣传活动渐次上演。放眼世界，中国的税收宣传力度之大、时间之长、形式之统一，态度之坚决均史无前例。历经26年的持续策划与实施，税收宣传月活动既成为税务系统的固定工作，又成为公众了解税法的重要渠道，还成

[①] 参见 [俄] 伊·亚·伊林《法律意识的实质》，徐晓晴译，清华大学出版社2005年版，第22—23页。

为中国税收法治建设的重要见证和关键推力。在长久的税收宣传进程中,其意欲实现的宣传目的是否达至?纳税人的纳税意识是否得以提高?税务人员的整体素质是否得到提升,征税意识是否得以进化?概而言之,整体中国的税收法治意识发展如何,大张旗鼓的税收宣传活动是否助推了税收法治意识的进化?问题需要实证材料支撑,更值得检思。

一 税收法治意识的初步观测:基于税收宣传效用的早期调查

"作为表征法律在社会生活中具有'至上性'地位和权威即社会普遍实行'法律的统治'的社会实践方式,'法治'的当然的理论逻辑和事实逻辑的前提,便是既定的法律以及法律现实化的良性运作的客观存在,以及相应的大多数社会成员对法律及其对社会的治理所持的观念认同和肯定立场。而所有这些,又都构成了法治的生态环境的一部分,成为法治成长的法律环境。而从法治的这种法律环境来看,其构成环节与组成方面又极其繁芜复杂。"[1] 这种法律环境转介至税法场域,会发生何种变故?税收法治会以何种面貌示众?是为税收法治意识的社会表征,不仅记录着税收法治的生成度,而且反映出税收法治的成熟度。这种表征不易察觉,但却真实隐藏于民众之中。洞穿这种表征的最好方法莫过于走进公众内心,将其之于税收法治的心声揭露出来。特别是在"与民争利"的税法领域,征税问题向来都较为敏感,公众的反应也总是极为强烈,因此政府历来都小心翼翼。为减少征税的阻力,保证税收的顺利课征,国家不只是出台一系列涉税法律、法规,还倍加重视税收宣传。

决策者启动税收宣传活动的目的多元,但核心还在于增强纳税意识和树立征税意识,进而敦促税收法治意识的生成与进化。经过经久累月的税收宣传,原初的政策目的是否实现?税收宣传效果究竟如何?翻开既有文献,纳税意识偏低、征税意识匮乏、纳税人任意逃避税、税务随意执法、税务人员素质低下等似乎是毋庸论证的事实。只是这些论点多为"武断"的定性分析,既缺乏足够的论理演说,又缺乏更具说服力的定量展示,自难与法律命题本有的严密论证画上等号。真实境况怎样,成效究竟如何,似乎是"公说公有理,婆说婆有理"。客观上说,披露税收法治真相,展示税收法治意识概貌实属不易,但之于税收法治建设却意义重大。借助问卷调查虽不能揭示绝对真相,至少可以展示一些难为人知、并不为公众所重视的实证资料,

---

[1] 姚建宗:《法治的生态环境》,山东人民出版社2003年版,第256页。

增强税收法治意识的观感。毕竟,"法律并不仅是一套法条或规范,用以安排、测量或判断社会的关系而已,它还是社会的现象之一。也就是说,除了把法律看成具有逻辑完整性而彼此不互相矛盾的概念体系之外,或看成法律理念的体现或历史事实之外,它还是一种社会现象"①。

2007年,税务总局在其官方网站上开通了税收法治意识建设方面的问卷调查通道。几乎同步,中国青年报社会调查中心与新浪新闻中心和腾讯网也开展了类似的问卷调查活动。三大问卷调查活动主要涉及四大类议题:①纳税意识与纳税遵从度;②税务人员服务;③税收宣传效果;④纳税人权利。前三项由税务总局组织实施,后一项由中国青年报社会调查中心与新浪新闻中心和腾讯网组织实施。透析这些最具代表性和访问量极高的网络调查(税务总局调查②和腾讯网调查)和报纸调查(中国青年报社会调查中心和新浪新闻中心联合调查),税收宣传的总体效用可大体测评,税收法治意识的本土样态也可整体呈现。

1. 纳税意识与纳税遵从度调查

该类议题被详分为"纳税意识(您认为纳税人的依法纳税意识怎么样)"和"纳税遵从度(目前纳税人中税法遵从度比较高的群体是)"2个子议题。调查结果如下:③

2. 税务人员服务

该类议题被详分为"税务人员的业务素质(当向税务机关咨询税法时,税务人员的业务素质怎么样)"和"税务人员的态度(当向税务机关咨询税法时,税务人员的态度怎么样)"2个子议题。调查结果如下:④

---

① 洪镰德:《法律社会学》(第二版),扬智文化事业股份有限公司2004年版,第18页。
② 调查对象6.4%来自国有企业、21.6%来自民营企业、7%来自股份制企业、7.5%来自外企、7.8%来自个体工商户、35.4%来自国家机关、3.4%来自事业单位、10.9%来自其他。调查者的年龄23%为20—29岁之间,48%为30—39岁之间;25.6%为40—49岁之间,只有3.4%为其他年龄段。参见 http://www.chinatax.gov.cn/n480462/n552873/n1285508/index.html,最后访问时间:2008年8月20日(此调查已于2008年底关闭)。
③ 税务总局自2007年3月30日开始,截止到2008年8月20日,共有1545人参与纳税意识问卷调查,1386人参与纳税遵从度问卷调查。参见 http://www.chinatax.gov.cn/n480462/n552873/n1285508/index.html,最后访问时间:2008年8月20日(此调查已于2008年底关闭)。
④ 税务总局自2007年3月30日开始,截止到2008年8月20日,共有2888人参与税务人员服务问卷调查。参见 http://www.chinatax.gov.cn/n480462/n552873/n1285508/index.html,最后访问时间:2008年8月20日(此调查已于2008年底关闭)。

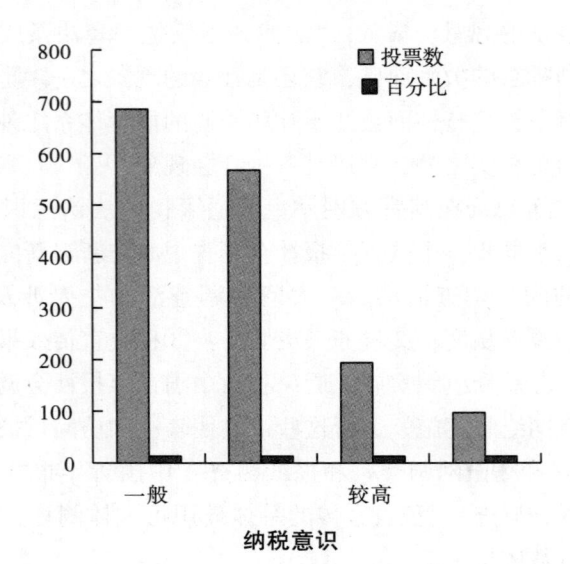

纳税意识

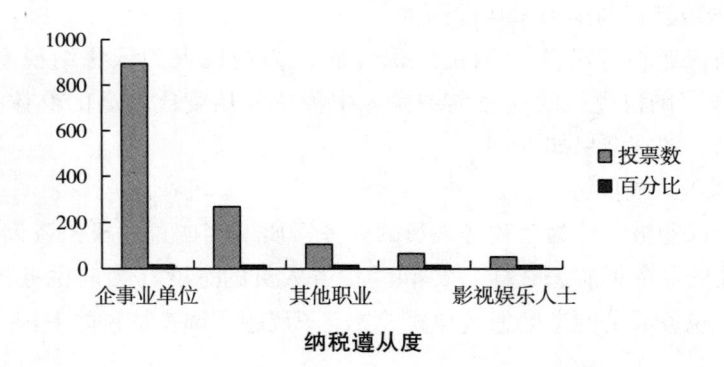

纳税遵从度

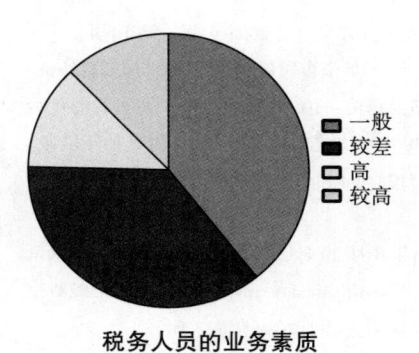

税务人员的业务素质

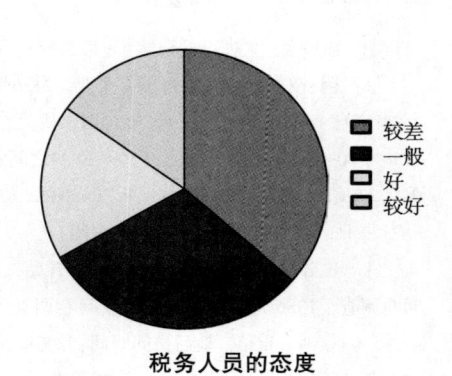

税务人员的态度

3. 税收宣传效果

该类议题被详分为"税收宣传形式和内容""税收宣传力度""你认为目前税务网站税法宣传的效果""你最需要哪方面的税收宣传""你最喜欢的税法宣传媒体""你最喜欢的网上税法宣传形式""你遇到涉税问题时，最先想到的咨询场所"及其他6个子议题①。调查结果如下②：

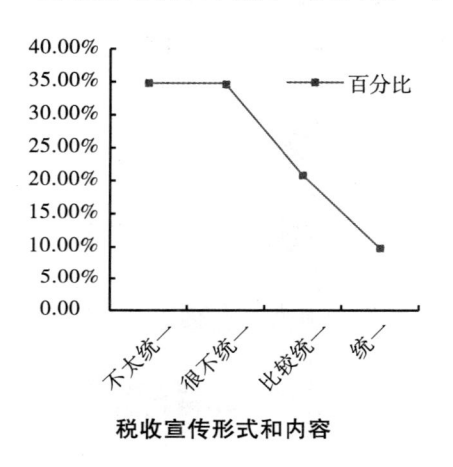

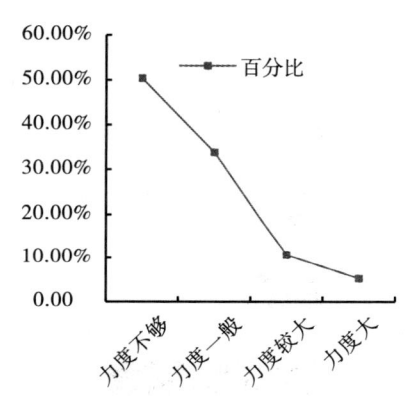

税收宣传形式和内容

税收宣传力度

---

① 此外，国税税务总局关于税收宣传的问卷调查还有以下6个子议题：1. 你认为网站税法按——组织最适合使用问卷调查，选择全文检索方式51人，占8.2%；选择按税种分类259人，占41.4%；选择按年度分类46人，占7.4%；选择按关键字分类124人，占19.8%；选择综合各种方式145人，占23.2%。2. 你认为税务网站最需要改进的地方问卷调查，选择内容更新速度244人，占39%；选择回答咨询的及时性223人，占35.7%；选择搜索功能64人，占10.2%；选择办税功能54人，占8.6%；选择网站访问速度32人，占5.1%；选择网页设计和布局8人，占1.3%。3. 你最希望税务网站开设的税法宣传栏目问卷调查，选择税收政策解读254人，占40.6%；选择纳税咨询136人，占21.8%；选择税收政策发布110人，占17.6%；选择办税流程及其办理指南63人，占10.1%；选择网上办税54人，占8.6%；选择其他8人，占1.3%。4. 你获取税收政策法规信息的主要来源问卷调查，选择税务网站369人，占59%；选择办税服务厅81人，占13%；选择中国税务报64人，占10.2%；选择社会网站60人，占9.6%；选择税务总局公报36人，占5.8%；选择《中国税务》期刊15人，占2.4%。5. 你登入税务网站的主要目的问卷调查，选择了解税法424人，占67.8%；选择咨询问题118人，占18.9%；选择了解税务部门44人，占7%；选择网上办税24人，占3.8%；选择其他15人，占2.4%。6. 你登入税务网站的频率问卷调查，选择每星期都访问247人，占39.5%；选择每天都访问173人，占27.7%；选择偶尔访问92人，占14.7%；选择每个月都访问91人，占14.6%；选择很少访问22人，占3.5%。参见http：//www.chinatax.gov.cn/n480462/n552873/n1285508/index.html，最后访问时间：2008年8月20日（此调查已于2008年底关闭）。

② 参见http：//www.chinatax.gov.cn/n480462/n552873/n1285508/index.html，最后访问时间：2008年8月20日（此调查已于2008年底关闭）。

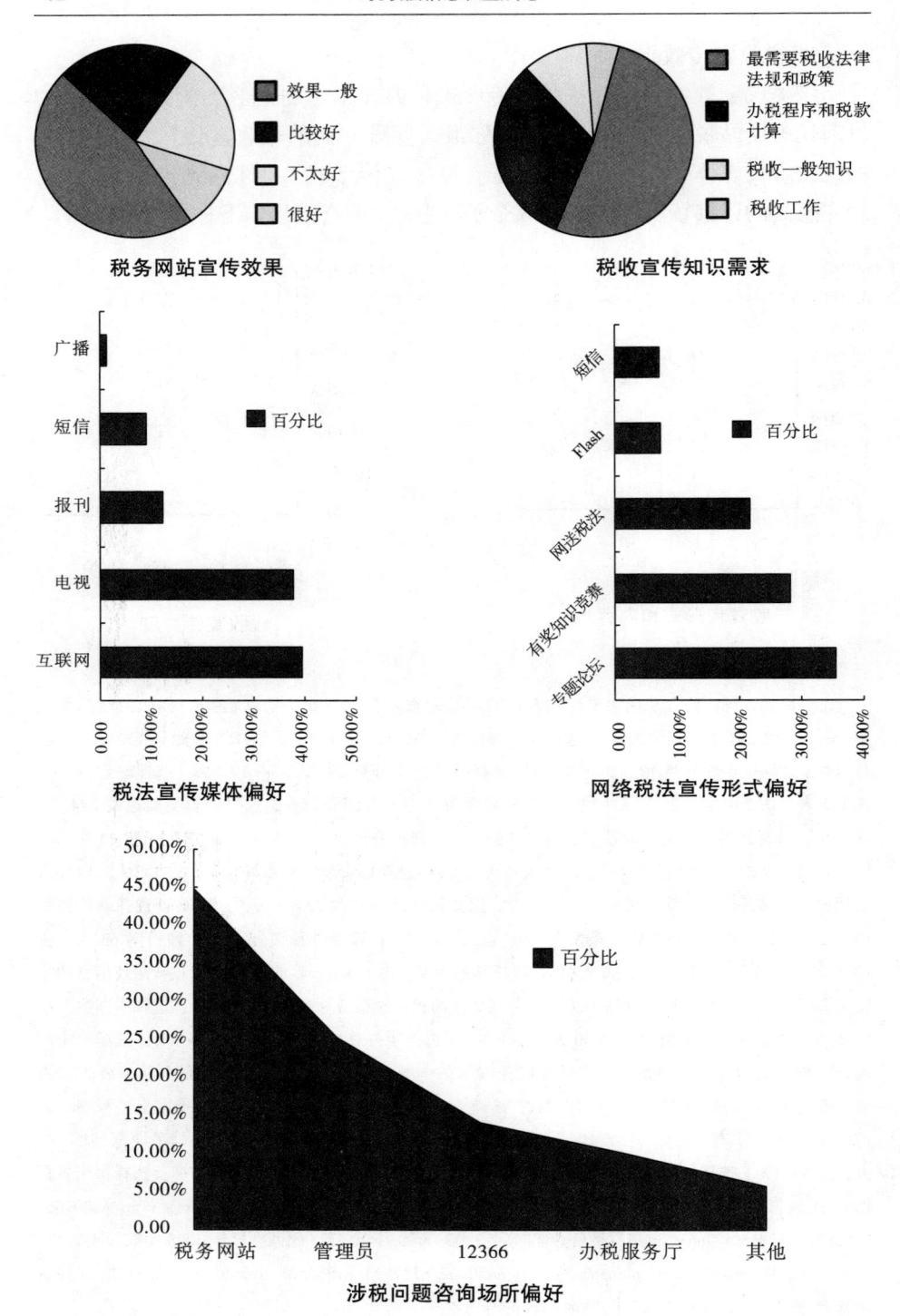

税收法治意识生成论

税务网站宣传效果

税收宣传知识需求

税法宣传媒体偏好

网络税法宣传形式偏好

涉税问题咨询场所偏好

4. 纳税人权利

该类议题被详分为"在中国，纳税的感觉怎么样"①（中国青年报社会调查中心与新浪新闻中心组织实施）和"你认为导致目前大部分纳税人漠视权利的关键原因"（腾讯网组织实施）2 个子议题。调查结果如下：

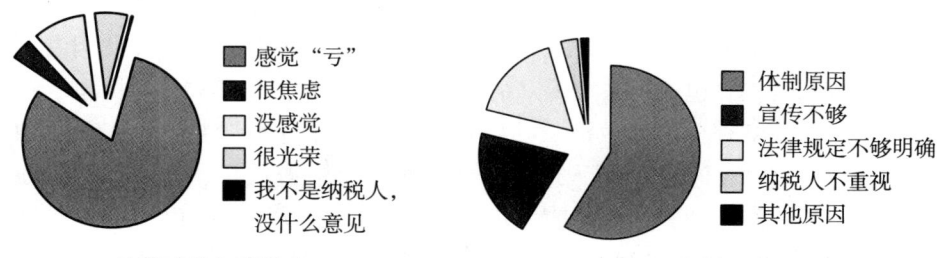

纳税感觉与荣誉度

纳税人权利意识受制因素

二 税收法治意识的近期评估：以纳税人满意度调查为中心

为准确把握税收宣传的内容与方向，全面掌握全国纳税服务工作情况，税务总局继 2008 年、2010 年委托第三方对所有省会城市开展纳税人满意度调查之后，又委托第三方分别于 2012 年、2014 年、2016 年相继开展了全国纳税人满意度调查。① 虽然这几次调查都被定性为"全国纳税人满意度调查"，但是调查的内容却大都高度融合了税收宣传、纳税服务、税务执法、纳税人权利等税收法治的核心元素，且不同的地方税局同步开启的纳税人满意度调查

---

① 从 2006 年 4 月 11 日起，中国青年报社会调查中心和新浪新闻中心联合实施了一项名为"在中国，纳税的感觉怎么样"的调查，共有 4715 人填答了问卷。调查结果显示，大多数受访者对自己都缴了什么税、需要缴什么税没有一个清楚的概念。大家只对最常见的几个税种耳熟能详。其中，90%以上的人都知道自己要缴纳个人所得税，半数以上的人知道消费税。另外，也有将近一半的人知道契税、印花税、车船使用税和房地产税。不过，其他税种则明显还没"混"到"脸熟"的程度。只有 12.3%的受访者对纳税人的权益比较了解，其余 87.7%的人则处于"完全不知道"和"知道一点点"的状态。那么有多少人行使过自己的权益呢？80%的人说，从来没行使过其中的任何一项。调查结果中，有 83%的受访者非但没有纳税人的"自豪感"，反而感觉"亏"了——只能履行义务，感觉没"实权"（http://zqb.cyol.com/content/2006-04/17/content_1359926.htm）。

① 下文关于全国纳税人满意度调查的内容、数据分析、结论等，除非有特指均参照以下网络文献：《海南省地方税务局关于国家税务总局对我省地税 2012 年纳税人满意度调查结果的通报》（http://zw.hainan.gov.cn/data/news/2013/03/21864/）、《2014 年全国纳税人满意度调查情况》（http://www.ctaxnews.com.cn/shujuku/shuju/201503/t20150303_55747.html）、《2016 年纳税人满意度调查结果出炉》（http://www.chinatax.gov.cn/n810341/n810780/c2300024/content.html）。

又细化了各项调查指标，可谓税收法治意识的系统测度。透过"国家→地方"这一二维调查，不管是纳税人之于税收法治的观感与抉择，还是税务机关及税务执法人员之于税收法治的认知与行动均可不同程度上得以揭示。

（一）全国纳税人满意度调查概览

2012年全国纳税人满意度调查首次剔除办税服务厅暗访调查，全部采用计算机辅助电话调查（CATI）方式，通过异地循环方法组织开展问卷调查。调查内容主要包括税法宣传、纳税咨询、办税服务、涉税事项办理、税源管理、税务稽查、法律救济、办税系统、办税时间等，涉及评价项目24大项，63小项。调查范围纳入地级市和县级两个调查层级，涉及全国除西藏以外的30个省（自治区、直辖市）和5个计划单列市的142000户纳税人，比2010年纳税人满意度调查的20700户增加121300户，其中：国税系统管理的纳税人71400户，地税系统管理的纳税人70600户。调查显示，2012年国税系统纳税人满意度调查综合得分为79.77分，地税系统纳税人满意度调查综合得分为79.67分。

2014年全国纳税人满意度调查首次覆盖31个省、自治区、直辖市和5个计划单列市，包括省会城市、地市级和县级三个调查层级。全国共调查国税机关管理的纳税人52544户，地税机关管理的纳税人51389户。本次调查指标包括税法宣传、12366热线服务、办税服务厅、办税信息化、联合办税、涉税审批、小微企业税收优惠、"营改增"工作、出口退税、投诉举报、税款征收等17大项39小项内容。调查结果显示，国税机关综合得分82.6分，比2012年提高2.83分；地税机关综合得分81.52分，比2012年提高1.85分。国税机关、地税机关满意度得分的增幅分别为上一调查周期的4.32倍和4.3倍。

2016年全国纳税人满意度调查通过公开招投标[①]，委托北京零点市场调查有限公司组织开展。目的是全面了解纳税人对全国税务系统2016年税收工作总体评价，多方位查找税收工作的痛点和堵点，多角度了解纳税人关切的热点、焦点和重点。此次调查同样覆盖全国31个省、自治区、直辖市和5个计划单列市的国家税务局、地方税务局，实际完成调查样本合计107589个。调查结果显示，2016年，国税、地税部门的满意度调查综合得分分别为83.69分和83.52分，比2014年分别提高1.09分和2.00分。根据调查

[①] 参见《国家税务总局纳税人满意度调查项目成交结果公告》（http://www.chinatax.gov.cn/n810214/n810606/c2099796/content.html）。

结果,纳税人普遍认为国税、地税部门工作总体水平有较大幅度提高。其中,国税、地税部门税收依法征收行为分别得分86.03分和85.25分,比2014年分别提高2.94分和3.49分;国税、地税合作工作开展情况总体评价分别得分84.19分和83.76分,比2014年分别提高1.92分和2.22分。

(二)纳税人满意度调查的地方问卷

伴随全国纳税人满意度调查的渐次开展,各地国家税务局和地方税务局也先后开展了本地纳税人满意度调查。观测各地纳税人满意度调查实践,虽多数地方的调查主题大相径庭,但其内容、指标与答案设计等却不尽一致。总体来说,各地纳税人满意度调查呈现出两种不完全相同的模式,一种偏向于税收管理和纳税服务的调查,另一种更强调于税法宣传和纳税人权利的调查。与内容差异相配,两种模式的问卷形式也是相去甚远。特别是问卷答案的自由度、开放度、选择空间等,两者在设计时均存有不小的出入。比如,前者问卷答案基本被设置成"非常满意、较满意、不满意、不了解"之类的刚性选择。后者虽也有类似的答案设计,但相较而言被调查者的选择空间更大。以下以《黄石市国家税务局、黄石市地方税务局2016年度纳税人满意度调查问卷》(以下简称"黄石问卷")和《新巴尔虎左旗国家税务局、新巴尔虎左旗地方税务局2016年纳税人满意度及需求情况国地税联合调查问卷》(以下简称"新巴尔虎左旗问卷")为例,剖析地方纳税人满意度调查背后的税收法治意识动向。

1. 地方问卷的两种形态:从"黄石问卷"到"新巴尔虎左旗问卷"

2016年,为全面掌握黄石市税务系统税收管理和纳税服务工作状况,综合反映纳税人的希望和诉求,促进税收工作水平的进一步提高,为此,黄石市国家税务局和黄石市地方税务局特开展此次问卷调查活动。"黄石问卷"共设计"问卷调查"(17个议题)和"意见及建议征集"(6个议题)两部分。① 其中,Q1至Q17为单纯的"满意度"调查,被调查者必须在"非常满意""较满意""不满意"和"不了解"四个备选项中表明态度,除此之外,别无选择空间。Q18至Q20则不然,被调查者可以自由选择自己认为的国税部门应该简化或改进的办税程序、应该简化或改进的报表资料以及地税部分应该改进和加强的事项。相比前20道调查议题,Q21至Q23更为开放,议题不再设置任何指引性答案,交由被调查者自行组织答案,且议题不再单维度聚焦

---

① 参见《黄石市国家税务局、黄石市地方税务局2016年度纳税人满意度调查问卷》(http://huangshi.hb-n-tax.gov.cn/art/2016/7/4/art_ 16391_ 507837.html)。

税收工作，而更加重视纳税人权益保护需求层面的调查。

2016 年度纳税人满意度调查问卷

第一部分　问卷调查

Q1. 请您对办税服务厅的服务态度、服务水平、等候时间进行评价_____。

　　A 非常满意　　　B 较满意　　　C 不满意　　　D 不了解

Q2. 请您对 12366 纳税服务热线的接通率、准确率、规范性进行评价_____。

　　A 非常满意　　　B 较满意　　　C 不满意　　　D 不了解

Q3. 请您对网上办税服务系统及软件运行稳定性、操作简便性、运维及时性进行评价_____。

　　A 非常满意　　　B 较满意　　　C 不满意　　　D 不了解

Q4. 请您对税务机关处理投诉的及时性、公正性进行评价_____。

　　A 非常满意　　　B 较满意　　　C 不满意　　　D 不了解

Q5. 请您对税收执法的程序规范、结果公正进行评价_____。

　　A 非常满意　　　B 较满意　　　C 不满意　　　D 不了解

Q6. 请您对税款的依法征收进行评价_____。

　　A 非常满意　　　B 较满意　　　C 不满意　　　D 不了解

Q7. 请您对税务稽查的程序规范、执法公正、办案效率进行评价_____。

　　A 非常满意　　　B 较满意　　　C 不满意　　　D 不了解

Q8. 请您对规费基金的规范征收、操作便捷进行评价_____。

　　A 非常满意　　　B 较满意　　　C 不满意　　　D 不了解

Q9. 请您对涉税审批工作的透明度、及时性、便捷性进行评价_____。

　　A 非常满意　　　B 较满意　　　C 不满意　　　D 不了解

Q10. 请您对落实税收优惠政策的政策宣传、培训辅导、操作简便进行评价_____。

　　A 非常满意　　　B 较满意　　　C 不满意　　　D 不了解

Q11. 请您对税务大厅工作人员、税收管理人员、税务检查人员的廉洁自律情况进行评价_____。

　　A 非常满意　　　B 较满意　　　C 不满意　　　D 不了解

Q12. 您是否被税务部门或税务人员强制或者指定中介机构提供涉税服务_____。

　　A 非常满意　　　B 较满意　　　C 不满意　　　D 不了解

Q13. 请您对"便民办税春风行动"的办税便利、执法规范、信息公开进行评价_____。

　　A 非常满意　　　B 较满意　　　C 不满意　　　D 不了解

Q14. 请您对"三证合一，一照一码"工作的宣传培训、手续简便进行评价_____。

　　A 非常满意　　　B 较满意　　　C 不满意　　　D 不了解

Q15. 请您对"营业税改征增值税"的宣传培训、衔接顺畅进行评价_____。

　　A 非常满意　　　B 较满意　　　C 不满意　　　D 不了解

Q16. 请您对国地税部门联合办税、联合执法、联合稽查进行评价_____。

　　A 非常满意　　　B 较满意　　　C 不满意　　　D 不了解

Q17. 请您对税务部门总体工作水平进行评价_____。

　　A 非常满意　　　B 较满意　　　C 不满意　　　D 不了解

第二部分　意见及建议征集

Q18. 您认为国税部门应该简化或改进哪些办税程序（可多选）_____。

　　A 税务登记　　　B 发票办理　　　C 申报缴税
　　D 税收优惠　　　E 证明办理　　　F 其他

Q19. 您认为国税部门应该简化或改进哪些报表资料（可多选）_____。

　　A 增值税申报表　　　　　　B 企业所得税申报表
　　C 财务报表　　　　　　　　D 其他资料

Q20. 您认为地税部门在哪些方面应改进和加强（可多选）_____。

　　A 宣传咨询　　　B 办税程序　　　C 精简报表资料
　　D 提高业务水平　E 规范税收执法　F 廉洁自律
　　G 进一步改进工作作风　　　　　H 完善办税软件

Q21. 您对税务机关在纳税人权益保护方面有哪些需求？

Q22. 您对国税部门工作还有哪些意见和建议？

Q23. 您对地税部门工作还有哪些意见和建议？

与"黄石问卷"成因雷同，在第 25 个税收宣传月到来之际，新巴尔虎左旗国家税务局和新巴尔虎左旗地方税务局为了全面掌握新巴尔虎左旗税务系统纳税服务工作状况，综合反映纳税人对税收工作的希望与诉求，促进税收管理和纳税服务水平的进一步提高，联合开展本次调查问卷。"新巴尔虎左旗问卷"共设置 32 个议题①，大体可以分为三大层级。第一层级为 Q1 至 Q9 议题，该层级立足于纳税人真实诉求，备选答案较为开放，被调查者的选择空间较大。第二层级为 Q10 至 Q31 议题，该层级聚焦税收工作，备选答案极为封闭，不管何种调查议题，被调查者仅能在"满意""较满意""一般"和"不满意"之间表明立场。第三层级为 Q32 议题，该层级从议题到答案都属于纯开放性调查，被调查者可就任何自己意欲表达的议题提供任何自己想表达的答案。

2016 年纳税人满意度及需求情况国地税联合调查问卷

Q1：一、您认为对于企业而言，最为关心的是什么？（限选四项）_____。
（1）便捷的办税渠道
（2）高效的办事效率
（3）热情的服务态度
（4）专业的咨询解答
（5）及时全面的税收政策宣传
（6）及时的办税事项提醒
（7）税收优惠政策落实
（8）税务机关办事公开、公正、公平
（9）授予 A 级纳税人纳税信誉等级
（10）减少税收检查（稽查）频率
（11）其他（请注明）：

Q2：二、您希望税收管理员提供哪些纳税服务（限选三项）_____。
（1）税收政策和办税知识辅导

---

① 参见《新巴尔虎左旗国家税务局、新巴尔虎左旗地方税务局 2016 年纳税人满意度及需求情况国地税联合调查问卷》（https://www.wenjuan.com/lib_detail_full/5735a0b6a320fc139bb5173c）。

（2）税务会计处理指导

（3）纳税申报提醒

（4）欠税提醒

（5）未申报提醒

Q3：三、您希望通过什么形式获取税收法律、法规、规章、规范性文件等政策性规定（限选三项）_____。

（1）税务网站

（2）办税服务厅

（3）12366 纳税服务热线

（4）短信平台

（5）上门服务

（6）税收管理员

（7）电视、报纸等新闻媒体

（8）专题培训和辅导讲座

（9）纳税宣传资料

（10）其他

Q4：四、您到纳税服务场所办理涉税事项最关心的是（限选三项）_____。

（1）环境舒适

（2）工作人员业务技能高

（3）服务态度热情

（4）办税流程便捷，办事效率高

（5）有自助办税服务区

（6）得到快速指引缩短办税时间

（7）其他

Q5：五、您对自身拥有哪些纳税义务了解吗？_____。

（1）依法进行税务登记的义务

（2）及时提供纳税信息的义务

（3）接受依法检查的义务

（4）按照规定依法安装使用税控装置的义务

（5）按时如实申报纳税的义务

（6）按规定代扣代收税务的义务

（7）按时缴纳税款的义务

（8）财务会计制度和财务核算软件备案的制度

Q6：六、您认为曝光涉税违法案件采用哪种方式较为合适_____。

（1）广播或电视媒体

（2）报纸或杂志

（3）网络信息媒体

（4）办税厅公示栏

Q7：七、您如何看待纳税人与征税人之间的关系_____。

（1）双方法律地位平等

（2）双方是一种"博弈"关系——矛盾的统一体

（3）双方是管理与被管理的关系，矛盾难以化解

（4）通过优化服务，加强沟通，可以将征纳矛盾化解到最小程度，建立融洽、和谐的征纳关系

Q8：八、1.您认为国税部门在办理涉税事项时最应该改进和加强的方面是（限选三项）_____。

（1）便捷的办税渠道

（2）高效的办事效率

（3）热情的服务态度

（4）专业的咨询解答

（5）及时全面的税收政策宣传

（6）及时的办税事项提醒

（7）简化的办税程序

Q9：2.您认为地税部门在办理涉税事项时最应该改进和加强的方面是（限选三项）_____。

（1）便捷的办税渠道

（2）高效的办事效率

（3）热情的服务态度

（4）专业的咨询解答

（5）及时全面的税收政策宣传

（6）及时的办税事项提醒

（7）简化的办税程序

Q10：九、1.您对国税局的税法宣传方式_____。

（1）满意　　（2）较满意　　（3）一般　　（4）不满意

Q11：2.您对地税局的税法宣传方式_____。

(1) 满意　　(2) 较满意　　(3) 一般　　(4) 不满意

Q12：十、1. 您对国税局制作的税法宣传资料_____。
(1) 满意　　(2) 较满意　　(3) 一般　　(4) 不满意

Q13：2. 您对地税局制作的税法宣传资料_____。
(1) 满意　　(2) 较满意　　(3) 一般　　(4) 不满意

Q14：十一、1. 您对国税局提供的纳税辅导培训_____。
(1) 满意　　(2) 较满意　　(3) 一般　　(4) 不满意

Q15：2. 您对地税局提供的纳税辅导培训_____。
(1) 满意　　(2) 较满意　　(3) 一般　　(4) 不满意

Q16：十二、1. 您对国税局办税服务厅的环境_____。
(1) 满意　　(2) 较满意　　(3) 一般　　(4) 不满意

Q17：2. 您对地税局办税服务厅的环境_____。
(1) 满意　　(2) 较满意　　(3) 一般　　(4) 不满意

Q18：十三、1. 您对国税局办税服务厅的工作人员的工作态度_____。
(1) 满意　　(2) 较满意　　(3) 一般　　(4) 不满意

Q19：2. 您对地税局办税服务厅的工作人员的工作态度_____。
(1) 满意　　(2) 较满意　　(3) 一般　　(4) 不满意

Q20：十四、1. 您对国税局办税服务厅的办事效率_____。
(1) 满意　　(2) 较满意　　(3) 一般　　(4) 不满意

Q21：2. 您对地税局办税服务厅的办事效率_____。
(1) 满意　　(2) 较满意　　(3) 一般　　(4) 不满意

Q22：十五、1. 您对国税局实施的税务稽查工作_____。
(1) 满意　　(2) 较满意　　(3) 一般　　(4) 不满意

Q23：2. 您对地税局实施的税务稽查工作_____。
(1) 满意　　(2) 较满意　　(3) 一般　　(4) 不满意

Q24：十六、1. 您对国税局推行的网上报税系统_____。
(1) 满意　　(2) 较满意　　(3) 一般　　(4) 不满意

Q25：2. 您对地税局推行的网上报税系统_____。
(1) 满意　　(2) 较满意　　(3) 一般　　(4) 不满意

Q26：十七、1. 您对国税局纳税服务的总体满意度评价_____。
(1) 满意　　(2) 较满意　　(3) 一般　　(4) 不满意

Q27：2. 您对地税局纳税服务的总体满意度评价_____。
(1) 满意　　(2) 较满意　　(3) 一般　　(4) 不满意

Q28：十八、1. 您对国税局党风廉政建设的评价_____。
（1）满意　　（2）较满意　　（3）一般　　（4）不满意
Q29：2. 您对地税局党风廉政建设的评价_____。
（1）满意　　（2）较满意　　（3）一般　　（4）不满意
Q30：十九、1. 您对国税局纠风整纪，改变门难进脸难看事难办情况的评价_____。
（1）满意　　（2）较满意　　（3）一般　　（4）不满意
Q31：2. 您对地税局纠风整纪，改变门难进脸难看事难办情况的评价_____。
（1）满意　　（2）较满意　　（3）一般　　（4）不满意
Q32：二十、其他存在的不足_____。

2. 税收法治意识的地方调查径路

解剖上述两类不同地域，风格各异的纳税人满意度调查问卷，可以发现尽管"黄石问卷"和"新巴尔虎左旗问卷"虽都定位于纳税人满意度调查，都立足于发觉税收宣传、纳税服务、税收工作等存在的问题，但是两者不仅在调查问卷议题内容的设置上存有差异，而且在调查问卷答案形式的构造上也有不小的出入。相同的定位，相同的调查目的，大致相同的调查议题，既彰显了税收征管机关掌握纳税人需求和改进工作的意图和努力，也表明了多数税收征管机关对税收征纳情势大致相同的判断。然而，总体相同的定位、目的和议题之下，并没有带来全然一致的问卷形态，反而衍生出诸多议题表达异化、答案设置迥异等的地方问卷类型。这种定位相同，操作迥异的调查问卷，背后恰恰展露了不同地方之于税收法治的不同理解，一定程度上反映了税收法治意识的不同样态。

从调查问卷的议题内容上看，"黄石问卷"的核心是"第一部分 问卷调查"Q1至Q17议题，该部分重点聚焦纳税人对于办税服务厅的服务态度、服务水平、等候时间、12366纳税服务热线的接通率、准确率、规范性、网上办税服务系统及软件运行稳定性、操作简便性、运维及时性、税务机关处理投诉的及时性、公正性、税收执法的程序规范、结果公正、税款的依法征收、税务稽查的程序规范、执法公正、办案效率、规费基金的规范征收、操作便捷、涉税审批工作的透明度、及时性、便捷性、落实税收优惠政策的政策宣传、培训辅导、操作简便、税务大厅工作人员、税收管理人员、税务检查人员的廉洁自律情况、税务部门或税务人员强制或者指定中介机构提供涉税服务,"便民办税春风行动"的办税便利、执法规范、信息公开,"三证合一,一照一码"工作的宣传培训、手续简便,"营业税改征增值税"的宣传培训、衔接顺畅,国地税部门联合办税、联合执法、联合稽查,税务部门总体工作水平等的评价。这部分内容与"新巴尔虎左旗问卷"Q10 至 Q31 议题的内容大同小异,且大都围绕税收征纳的不同环节而设置,多属于税收征管"常规动作"的评价。既为纳税人满意度调查,如此设置看似无不道理。但若深究,未必如此。因为此类议题照旧只是税务行政主导主义的产物,它并不注重纳税人真实需求的嵌入,更多只是关心税收工作的社会声誉彰显。这一结论在调查问卷的答案形式中展现得淋漓尽致。

观察"黄石问卷"第一部分议题和"新巴尔虎左旗问卷"Q10 至 Q31 议题,"非常满意→较满意→不满意→不了解"和"满意→较满意→一般→不满意"的定式答案扑面而来。不管调查议题如何变化,设计者提供的答案均可以不变应万变。客观上说,这种答案设计模式的确有利于被调查者迅速完成调查任务,提高问卷调查的效率。但是,这种封闭式的答案也只能满足于纳税人的"满意度"调查。它不仅会制约问卷调查所采集信息的广度和深度,而且会影响被调查者供给信息的真实性和客观性,最终也就难以发觉纳税人真正之所想,纳税人真切之所需。如果问卷调查只是停留在调查纳税人是否"满意"这一层面,则"全面掌握税务系统税收管理和纳税服务工作状况,综合反映纳税人的希望和诉求,促进税收工作水平的进一步提高"这一调查目的注定会落空。比如,"黄石问卷"Q16 议题为"请您对国地税部门联合办税、联合执法、联合稽查进行评价",备选答案为"A. 非常满意;B. 较满意;C. 不满意;D. 不了解",据此答案,被调查者只能表明态度,无法陈述问题。更为致命的是,议题将联合办税、联合执法、联合稽查并列在一起,实质上进一步阻却了被调查者的选择空间。试问假使被调查者只对联合办税满意,对其他两者不满意,作何选择?更复杂的是,如果被调查者对联合办税满意,对联合执法较满意,对联合稽查不了解,又该如何抉择?三者并列可演化诸多可能,而议题却简单、机械地将它们并列一起,令被调查者作出满意与否的唯一结论,实属武断。此类问题并非个案,而是广泛出现于"黄石问卷"之中。

值得注意的是,"新巴尔虎左旗问卷"Q1 至 Q9 议题和"黄石问卷"Q18 至 Q20 议题呈现出了开放、自由的调查趋向。不管是调查议题的选择与安排,还是议题答案的设计与布局,无疑更有利于收集被调查者的真实信息,也有利于发觉纳税人的真实需求。从调查议题的内容上看,9 大议题分别围绕纳税人"最为关心的是什么""希望税收管理员提供哪些纳税服务""希望通过什么形式获取税收法律、法规、规章、规范性文件等政策性规定""办理涉税事项最关心的是什么""自身拥有哪些纳税义务""曝光涉税违法案件采用哪种方式较为合适""如何看待纳税人与征税人之间的关系""税务部门在办理涉税事项时最应该改进和加强的方面"等而展开。各调查议题聚焦单一问题的调查,调查目的和具体指向非常明确。更为重要的是,议题答案嵌入了纳税人的真实诉求,而不只是简单地停留在"满意与否"层面。例如,"新巴尔虎左旗问卷"Q1设置的议题为"您认为对于企业而言,最为关心的是什么(限选四项)_____",备选答案由10道固定选项和1道开放性选项组成。固定选项中,无论是"便捷的办税渠道""高效的办事效率""热情的服务态度""专业的咨询解答""及时全面的税收政策宣传",还是"及时的办税事项提醒""税收优惠政策落实""税务机关办事公开、公正、公平""授予A级纳税人纳税信誉等级""减少税收检查(稽查)频率",无不与纳税人的切身利益休戚相关。即便是纳税人的真切需求不在固定选项之中,仍可以在开放性选项中注明诉求。此种问卷设计模式,或许不利于调查效率的提高,也可能会增加调查结论的统计难度。但是,它不同于税务行政主导思维的"黄石问卷"第一部分议题和"新巴尔虎左旗问卷"Q10至Q31议题,其更接近于纳税人主义立场,不仅有助于发掘纳税人的真实需求,而且有益于发现税收法治意识的真实样态,也最终受益于税收法治建设。

3. 地方调查中的税收法治意识镜像:以海南省地税系统调查为样本

尽管全国纳税人满意度调查与各地纳税人满意度调查的内容与形式不尽一致,最终的调查结果也不尽相同,但是多数调查反映出的问题却大同小异。这些不同背后的相同之处,相当程度上展现了税收法治意识的当下境况。以《海南省地方税务局关于国家税务总局对我省地税2012年纳税人满意度调查结果的通报》(琼地税函〔2013〕133号)①为例,2012年海南省地税系统调查总样本量1783户。按行政区域划分,省会城市884户,占全部调查对象的49.6%;地级市173户,占全部调查对象的9.7%;县(县级市)726户,占全部调查对象的40.7%。调查显示,2012年海南省地税系

---

① 下文分析、结论与《表1-6 2012年纳税人满意度调查主要问题》的列举参见《海南省地方税务局关于国家税务总局对我省地税2012年纳税人满意度调查结果的通报》(琼地税函〔2013〕133号)(http://zw.hainan.gov.cn/data/news/2013/03/21864/)。

统纳税人满意度调查综合得分为 75.3 分,低于全国平均分(79.67 分)4.37 分,低于地税系统最高分浙江省(89.13 分)13.83 分,在 34 个省市(含计划单列市)中排名 33 位。① 调查结果表明,随着纳税服务工作力度加大,纳税服务内容不断丰富,纳税服务基础进一步夯实,各级地税机关的纳税服务和税收征管工作水平稳步提升,得到了大多数纳税人和总局的肯定,税收法治意识总体得到提升,但也存有以下主要问题(如表 1-6 所示)。

表 1-6　　　　　　　2012 年纳税人满意度调查主要问题

问题归集	评价项目	评价内容	存在问题
税法宣传	税法宣传方式	税局网站	网站内容不全面,更新不及时
	税法宣传资料	实用性	缺乏有行业针对性的大规模的税法宣传资料
		准确性	宣传资料内容审核把关不严;最新的税收政策宣传资料印发不及时
	纳税辅导培训	针对性	缺乏有行业针对性的辅导和土地增值税清算、企业所得税汇算清缴等方面的专项辅导培训;缺乏具有全面的税收和会计知识的专家型培训人才
		准确性	
办税服务	税局网站功能	法规查询	网站地方知识库内容不全面、更新不及时
		投诉举报	门户网站"税收违法行为检举"和"税务干部违纪举报"功能模块无法提交信息
	办税服务厅工作人员	业务水平	办税服务厅工作人员多为临聘人员,责任心不强,流动性大,业务服务水平不高,服务态度一般
		服务态度	
	办税服务厅办事效率	办理速度	业务规范未清理,工作流程不畅;未设置全能型窗口,导致窗口忙闲不均;办税服务厅窗口少,纳税人集中在申报期办理业务,导致大厅拥挤,排队时间过长

---

① 其中,海南省省会城市、地级城市和县级城市(县)得分分别为 71.49 分、74.81 分、和 79.42 分,排名分别为 26 位、26 位和 16 位。省会城市(海口)得分较 2010 年纳税人满意度调查的问卷调查得分(71.02 分)有所提高,但在所有省会城市问卷调查部分得分中的排名从 2010 年的 24 名,下降至今年的 26 名。海南省地税得分最高的项目分别是"对地税局办税服务厅环境中大厅干净整洁的评价"和"地税局办税服务厅环境的标识指示清晰",得分分别为 81.18 分和 79.67 分。除此两项外,其他项目均得分偏低,特别是"地税局处罚的公正性、透明性及享有的知情权的评价"(61.35 分)、"地税局办税服务厅的办事效率的排队时间"(63.88 分)、"地税局办税服务厅办事效率的办税要求一次性告知"(66.06 分)、"地税局办税服务厅的办理速度"(68.10 分)和"地税局的涉税审批制度的程序的简便性"(69.22 分)五个项目得分最低。参见《海南省地方税务局关于国家税务总局对我省地税 2012 年纳税人满意度调查结果的通报》(琼地税函〔2013〕133 号)(http://zw.hainan.gov.cn/data/news/2013/03/21864/)。

续表

问题归集	评价项目	评价内容	存在问题
办税服务	办税服务厅办事效率	办税要求"一次性"告知	涉税资料未能及时整理;涉税事项多采取口头告知,易产生疏漏,做不到"一次性"告知
		一站式办理	审批事项较多,纳税人无法在前台一次性办结业务;多数服务厅未设置全能型窗口
	涉税审批制度	审批的及时性	不同涉税审核事项对同一涉税资料重复要求报送;涉税审核事项程序复杂,影响涉税事项处理的及时性
		程序的简便性	
		报送资料的简化程度	不同涉税审核事项对同一涉税资料重复要求报送
	税源管理工作	工作效率	工作人员的业务素质不高,停留在执法者的角色,未建立对纳税人的服务意识
		服务态度	工作人员的业务素质不高,停留在执法者的角色,未建立对纳税人的服务意识
纳税咨询	网上办税系统		网上办税系统功能仍需拓展,稳定性仍需加强
	纳税咨询热线服务	畅通情况	发票查询、税管员查询功能未开通,加大热线工作人员的话务量;座席人员仍需增补
		解答及时	热线工作人员业务水平有待加强;需选派业务能力强的骨干充实12366专家座席
		解答准确	部分涉税业务未进行统一;各市县局的具体规程与热线工作人员解答不一致
国地税协作	国地税联合开展税务登记、纳税信用等级评定等		国、地税采用不同的征管系统,信息传递较慢,且易信息丢失;对信用等级评定高的纳税人无任何优惠政策
权益保护	税政调整	程序规范	程序应进一步公开,透明度有待加强
		执法公正	
	税务行政处罚的公正性、透明性及纳税人知情权		工作人员的廉洁意识和服务意识有待加强
权益保护	税务处罚听证、行政复议等救济服务	结果公正	执法的公正公开透明度不高,对纳税人的权益保护需加强
		陈述权保障	
	税务稽查工作	办案效率	工作人员办案效率和业务水平有待提高
		廉洁自律	

"近些年来，问卷调查的方法在中国开始普及起来，许多重大的社会学研究课题，也都是建立在用问卷收集数据的基础之上。"① 纳税人满意度调查便是这种方法普及的产物。借助纳税人满意度调查，诸多税收法治建设问题得以发现，而这些问题一定程度上反映了被调查者对税收宣传、纳税服务和税收征管等现况的认知，这些认知交织而成税收法治意识的问卷镜像。因此，透析调查结论中的主要问题，便大体可以揭示税收法治意识的当前样态。结合全国纳税人满意度调查和各地纳税人满意度调查，以"表1-6"为中心，可将调查问卷中揭示的税收法治意识镜像概括如下：

其一，税务行政主导思维依然盛行，纳税服务意识和质量较差。调查结果显示，不少单位和部分部门从行政利益出发，认为"纳税服务只是纳税服务部门的事，在本单位、本部门的工作中没有体现纳税服务工作要求。如在制定有关文件上，考虑管理要求多，考虑纳税人诉求少；一些单位在日常征管中，侧重于对企业的监督管理，忽视对企业的个性化服务和遵从引导"。更为突出的是，"有的市县局与省局之间，单位相关部门之间对同一业务答复不一"。

其二，纳税人权益保护效果较差，纳税意识培育环境并不理想。调查结果显示，实践中，纳税人权益不仅未得到有效保护，反而时常因人为因素而徒增运行成本。比如，"一些基层单位受理涉税业务时，除了省局业务规范明确需要报送的涉税资料外，还要求纳税人报送其他资料额外增加审核程序，导致'变相审批'问题，如一些基层单位将省局规定的备案类减免转为审批类减免；办税服务厅的'一次性告知'制度和'首问责任制'落实不到位，导致纳税人多次往返办理业务"。

其三，税收法治意识总体偏低，综合环境亟待净化。调查显示，税收征管人员业务素质不高、纳税服务水平较低、业务流程烦琐、工作力度不强等情由较为突出，这些情事不仅阻碍了征税意识的进位，而且阻却了纳税意识的勃兴。比如，征管实践中，"学业务、争当业务能手的氛围不浓，人员业务素质不高，难以快速办理涉税事项和准确解答纳税人咨询"；"部分税务干部在征管、稽查环节执法不严明，没有纳税服务意识，依法行政的水平不高"；"不同涉税事项对同一纳税资料重复要求报送，各类表单证书种类内容繁多，涉税事项多人审核做意见，增加纳税人的办税时间，不利于纳税人

---

① 李强：《"心理二重区域"与中国的问卷调查》，《社会学研究》2000年第2期。

遵从"。再如，税收宣传过程中，"宣传资料内容质量不高；税法宣传工作没有统筹规划，在各部门间推诿的现象时有发生；一些对纳税人的培训流于形式，缺乏针对性和长期规划"。

三　问卷之后：税收法治意识实践进路之反思

"税收利益是贯穿并流动于整个税收法律关系中不同类型、不同阶段、不同环节的本质'中介'，只不过在不同的情形下表现出来的外在形态不同罢了。"[①] 面对税收利益，征税机关与纳税人皆有不同的诉求。这种差异化诉求衍生出不同的立场和关注点。征税机关基于国家税收利益考量，希望立法者赋予其强有力的税务行政手段，确立明确的国库主义立场。而纳税人出于自身税收利益考虑，渴望立法者给予其更大的自由权，进而可以运用税收规划方法以规避或减少税负。一厢是征税机关基于国家税收利益，意图扩大税务行政权，从而致使税务行政滥权、越权等现象屡见不鲜；另一厢是鉴于纳税人权益，期待扩大经济自由权，进而滋生各种避税活动。此时，国家和法律陷于两难境地：基于纳税人权益，公民的契约自由不得不尊重，因为"自由是任何权利都不可缺少的部分，区别仅在于自由的比重在其中的多或少。"[②] 出于量能课税和国家税收利益考虑，法律形式之滥用又不得不管制。所以，无论是鉴于权力与权利的内在机制，还是基于税收征纳实践，对征税机关的税权和纳税人的自由权进行限制，使其规范运行定无异议。只是规范诉求、立场和取向等多有不同的征纳主体行动，并不容易。而国库主义优先的思维定式又使得税收利益的天平更习惯于征税一方。凡此种种，经由立法确认以后，便成为税收征纳实践中的重要基准，不仅影响着税收法治的走向，而且决定着税收法治意识的境况。

事实上说，纳税人作为税收法律关系的重要载体，承担着国家税负之缴纳，同时也应享受相应的权利。然而，调查屡屡显示，"纳税"并未给纳税人带来自豪与光荣的感觉，相反，多数纳税人在"无声"中被动应付，对自己应有的权利全然不知或知之甚少。与之关联，绝大多数纳税人觉得自己承担的税负和自己享受的权利并不对等，虽有实现权利的欲望和渴求，但苦于对权利的陌生和对权利行使途径的知之甚少，欲罢不能。形成鲜明对比的是，各级税务部门为提高征管效率，提振整体中国的税收法治意识而倾力打

[①] 刘剑文、李刚：《税收法律关系新论》，《法学研究》1999年第4期。
[②] 马岭：《宪法权利解读》，中国人民大学出版社2010年版，第27页。

造的税收宣传平台和税收宣传活动并没有获得预期的成功。税收宣传之下，纳税人的诸多诉求并未真正在一路攀升的纳税人满意度调查数据中得到呈现，征税机关的税权运行同样远不如调查结论显示的那般乐观。简言之，税收法治意识并未因旷日持久的税收宣传活动而得到本质上的提升。导致此种境况产生的原因异常复杂，值得反思的问题也是不胜枚举。比如，当纳税人遇到涉税问题时，最先想到的咨询场所为什么不是税务总局耗费数年精心打造的12366纳税服务热线和办税服务厅？方向偏离，还是产品供需错位？究竟何处滋生纰漏？致使中国的税收法治之路如此之艰难。除开调查所昭示的原因外，以下原因值得深思。

（一）税收宣传的理念"误导"

税收宣传活动一经启动，即受到各级税务机关及相关部门的关注，税收宣传也日渐体系化、系统化。"依法纳税是每个公民应尽的义务"成为税收宣传中最耀眼的口号和理念，贯穿始终。殊不知，对权利的向往和对义务的厌恶是人类的天性，一味强化义务而弱化权利，实难称得上是明智之举。为什么需要纳税，应该让纳税人知晓，而非简单归结为"依法纳税义务"。回答此问题，事关税收的本质及其正当性。其实，税收既是无偿的，又是有偿的。从纳税人的直接缴税层面剖析，纳税人缴税并未得到征税机关的任何对价，并不符合等价交换之经济规律，为之税收的无偿性；但如果纵深考虑，纳税人在市场从事的很多行为并未支付对价，如在免费的公园里散步，在公共图书馆阅览等，也不符合等价交换之经济规律，此为公共产品之享受，而公共产品多数来自政府提供，其财力支持主要为纳税人之税收，此为税收之有偿性。

简单来说，税收反映的是无偿基础上的有偿，只不过税收的有偿性通过无偿性体现出来，两种无偿性的时空间隔让人难以察觉其中的联系。税收的有偿性体现在纳税的无偿性和公共产品的无偿性上，两种无偿性通过有偿性联结起来，蕴藏在税收无偿性和公共产品无偿性背后的恰恰是等价交换之有偿性运作。[1] 换句话说，法律的规定只不过是税及税法的正当性的形式要件，但最根本的还在于税及税法本身的正当性。税收宣传的诸多困境，源自宣传的设计和规划过于强调表层的无偿性，缺乏对深层有偿性的挖掘。

---

[1] 参见叶金育《税收三性的解构与重构：从税收学到税法学》，《甘肃理论学刊》2010年第4期。

(二) 税收宣传的方向"迷失"

缺乏对税收本质的宣传，减损了纳税人亲近税收的兴趣。而税收宣传产品的供需脱钩和宣传对象的单一化又进一步恶化了宣传效果。税务机关宣传的盲目、无的放矢制约了税收法治意识的生成。内容上，全国一盘棋，不区分纳税人的差异化需求。比如，晚近苏州部分中小企业展开的纳税服务需求调查结果便显示，"政策服务是纳税人最需要的服务"。相应的调查数据进一步显示，纳税人税收知识心理需求体系中，政策知识占 65.05%［新税收政策占 28.16%（政策知识中第一位），税收优惠政策占 26.21%，分行业税收政策 10.68%，其他各类知识占 34.95%，征管办法及办税流程占 11.65%（其他知识中第一位），税款计算占 9.71%，纳税服务的形式、内容占 2.91%，发票知识占 2.91%，税务处罚规定占 4.85%，其他知识 2.91%］。具体如《纳税人最需要知晓税收知识的静态结构图》所示。①

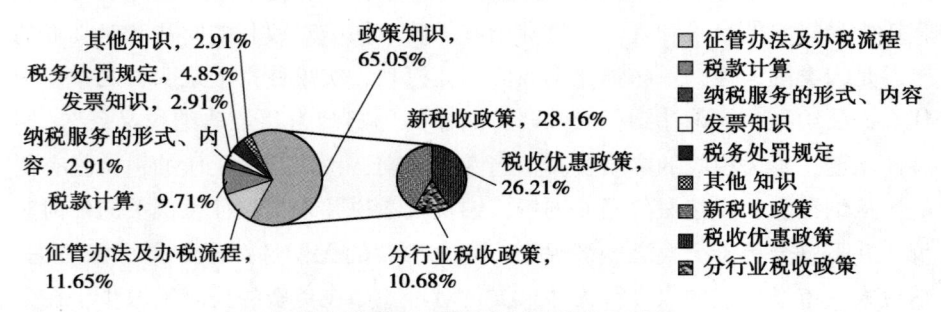

纳税人最需要知晓税收知识的静态结构

与之关联，调查数据显示，纳税人税收知识消费需求体系中，政策知识辅导仍遥遥领先，占 64.29%［新税收政策占 30.61%（政策知识辅导中第一位），税收优惠政策占 20.41%，分行业税收政策 13.27%］，其他知识辅导占 35.71%［征管办法及办税流程占 14.29%（其他知识辅导中第一位），税款计算占 9.18%，纳税服务的形式、内容占 4.08%，发票知识占 1.02%，税务处罚规定占 3.06%，其他知识占 4.08%］。具体如《纳税人最需要税务辅导的静态结构图》所示。②

与宣传内容的错位遥相呼应，宣传形式上，既有税收宣传同样未对纳税

---

① 参见丁锋（"衮绣学堂"）《中小企业纳税服务需求静态结构与动态趋势研究报告（上）》（http://blog.sina.com.cn/s/blog_6a163c7e0102x7s1.html）。

② 同上。

第一章 税收法治意识的生成实践

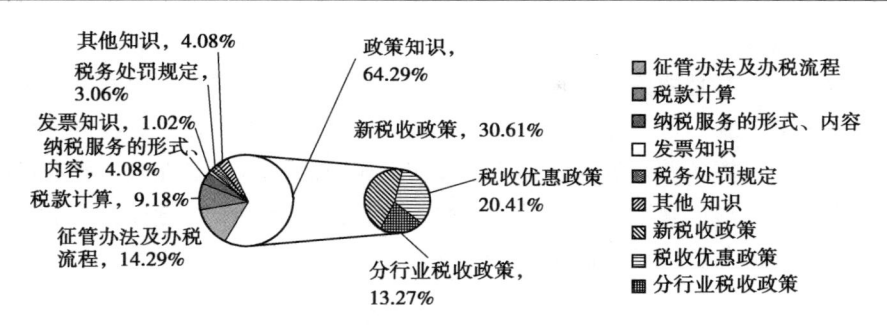

纳税人最需要税务辅导的静态结构

人的知识、年龄、行业等进行深度调研。事实上，纳税人喜欢的税法宣传媒体不仅只是网站、12366、办税服务厅、报刊等渠道，一些为纳税人更加熟悉的宣传渠道，比如飞速发展的电子商务平台远未引起足够的重视，税收宣传机关也未能进行深度研究、综合开发和多元化利用。比如，晚近苏州部分中小企业展开的纳税服务需求调查结果便显示，"电子服务平台已经成为纳税人最需要的纳税服务途径"。相应的调查数据进一步显示，纳税人最需要的纳税服务途径中，电子纳税服务平台占56.78%（网上办税服务厅占17.07%、税务网站占16.46%、12366占15%、国税百度占9%），传统纳税服务渠道占43%（税收管理员占29.27%、办税服务大厅占12.2%、第三方服务占1.53%）。具体如《各种纳税服务渠道功能静态结构图》所示。[①]

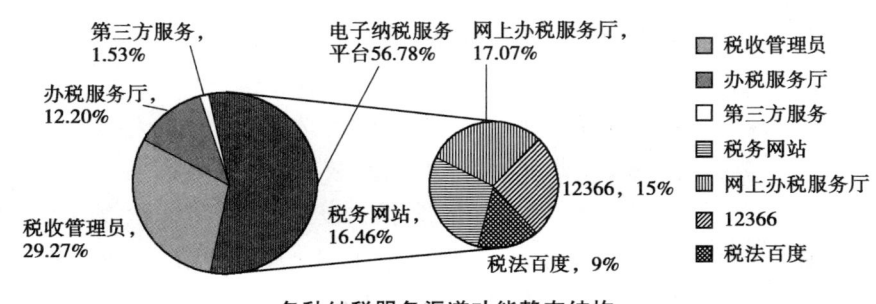

各种纳税服务渠道功能静态结构

客观上说，不同的宣传媒介，有不同的偏好人群，也有不同的功效作用。比如，就媒介与人群而言，年长者受电视的影响可能更大一些，而新生代群体跟随微博、微信等即时通信工具的节拍更紧一些。再如，就媒介的功

---

① 参见丁锋（"衮绣学堂"）：《中小企业纳税服务需求静态结构与动态趋势研究报告（中）》（http://blog.sina.com.cn/s/blog_1598d470d0102x7h9.html）。

效来说，电视的画面感、立体感虽然更强一些，但传播便捷性无疑稍逊一些。微博，尤其是微信等新媒体的画面感或许差一些，但其开放程度、传播速度等无疑更胜一筹。伴随"互联网+税"思维的快速进阶，税收宣传理当紧随时代，发挥各种宣传媒介的组合效应。只有这样，才能迎合不同需求的纳税人，才能形成规范税权、保障纳税人权益的综合环境。然而，当下无论是税收宣传的主题内容，还是依附的宣传媒介与形式，税务机关主导的税收宣传都难以完全契合纳税人的真实需求，此为税收法治意识不佳的另一诱因。

（三）税收宣传的对象"忽视"

征税机关作为一种为纳税人服务的机构已经在世界范围内得到广泛认可。但中国税收执法尚未达到此种境界，税务人员的业务素质和执法态度为诸多纳税人诟病。征税机关作为一种涉税专门机关，其职能不应只是税收的征管，尚负有相当的税收服务职能。但当前征税机关的征管职能强化，而税务机关的服务职能弱化，结果便是征税机关主动稽征和纳税人被动纳税。为纳税人服务的理念，不仅未在纳税人之间普及，甚至在征税机关内部，纳税服务意识也远未形成风气。此为纳税人看淡权利，征税机关强化义务理念的又一原因。更深层次的原因在于，由于深受国家分配论影响，国家本位、权力本位和义务本位观念随之确立，并深刻影响着税收立法的进程，纳税人较多的义务和较少的权利迎合了国库主义需求。反映在征管实践中，征税机关和纳税人的关系被定义为管理者和被管理者的行政隶属关系，强调征税机关的税权和纳税人的纳税义务，割裂了纳税人的权利和义务。

具体至税收宣传，即强调纳税人的依法纳税义务，对纳税人的权利鲜有论及。尽管各种法律法规明确了纳税人的种种权利，但长期以来，纳税人的各种法定权利始终停留在"文本权利"阶段，以义务为本位的"纳税意识"始终占据着主流地位，而"纳税人"成了一个"敏感的词语"。在义务本位的"纳税意识"遮蔽之下，权利本位的"纳税人意识"则被高悬在法律文书之上。与之相应，征税人员较少进入税收宣传的视野，约束税权、规范税务行政执法虽有提及，但未实质上触动聚焦纳税人的宣传格局，因而征税意识提升也就难以置于税收宣传的目的轨道。是以，虽然税收宣传在中国已经走过了二十多个年头，但它从未真正担负起税收法治意识进位的重任。

第二章

税收法治意识的生成结构

依法治国，建设现代的法治国家是中国既定的不可动摇的奋斗目标，同时也是中国社会发展的必然趋势及理性选择。而法治秩序的确立及法治境界的到达，本身是一个渐进化的过程，在这一过程中，一国国民的法治意识的生存、完备的法律规则体系的建立、健全的法律制度的创设和正常运行，这三者是一种一体推进和彼此互动的关系。从某种程度上讲，法治的实现过程，是一个由法治理念、法治意识上升为法律规范并在法治理念与法治意识的指导下转化为实态的法律制度机制的动态互换过程。由此可见，法治意识在其中发挥着关键性的能动作用，它既塑造着公民的法律品格，培植现代国民的法律价值观，从而为依法治国的实现准备主体条件；又作用于执政者与立法者，进而直接影响一国制度的安排；还作用于执法者，则决定一国法律运行的状况。简言之，法治意识作为一国国民的理性品质，是法治国家构建的精神底蕴，它既是法律规范建设的精神动力，又是制度建设的精神支柱，它不仅影响着法律规范创制的质量，而且制约着法律规范转化为现实制度的全过程，从而决定制度建设的成败。[1]

税收法治作为一种重要的法治框架主要由三个基本要素构成：社会认可的非正式约束、国家规定的正式约束和实施机制，具体表现为税收法治意识、税收法治规范和税收法治实施机制。改革开放以来，我国税收领域的正式约束规则已有较大的发展，一个以法律、法规为主体，规章和其他规范性文件相配套，实体与程序并重的税法框架已经初步建立，基本适应了市场经济的发展要求。但根源于历史传统、文化的非正式约束的转变是个长期的过程，其形成的滞后使得正式约束发展所取得的成效大打折扣。[2] 即便经过26年持续、广泛、深入的税收宣传，税收法治意识培育效果仍然难言乐观，税

---

[1] 参见肖海军《论法治意识》，《湖南大学学报》（社会科学版）2001年第3期。
[2] 参见段小芳《新制度经济学视角下的税收法治意识》，《合作经济与科技》2007年第1期。

收法治意识成熟度依然偏低。个中缘由极为复杂，但忽视税收法治意识的"法治"特性，夸大税收法治意识的"税收"秉性，割裂税收法治意识与税收法治规范和税收法治实施机制之间的内在机制，是为根本原因。因此，提升整体中国的税收法治意识，不仅要明晰税收法治意识的语词界限和本有机理，而且要注重税收法治意识与税收法治行动的协同发展。

第一节　税收法治意识的本体表达

"无论是在日常生活还是在理论活动中，概念都是人们进行清晰思考和对象认知的必要工具"[1]，也是理论命题和体系最为基础的构成要素。法律概念作为法学思维的起点，既是法学逻辑思维的最基本单位，也是一般法律学说的核心议题。[2] "如果研究者所使用的核心概念存在严重的缺陷，如概念的内涵模糊不清，或者属于随意杜撰的伪概念，那么建立在这种概念基础之上的理论将很难有科学性和解释力。"[3] 前文所及的税收宣传之于税收法治意识培植功效的实证结论便是典型。表面上看，2012 年以来的历次纳税人满意度调查相较于税务总局、中国青年报社会调查中心、新浪新闻中心和腾讯网的早期调查，结果更为乐观，结论更为积极，特别是纳税人满意度数值更是逐年攀升，俨然税收法治意识蓬勃进位是毋庸置疑的事实。实则不然，纳税人日渐"满意"的数据表层之下，税收法治意识并未得到显著提升。如此歧见，与各方对"税收法治意识"的理解不一不无关系。由此，聚焦税收法治意识研究，则首先必须把握住"税收法治意识"的概念语词，否则将失去对话的基础和现实的解释力。

从语言学上看，"词义是有结构的，对任何结构的认识都要从两个方面着眼：构成成分及其关系"[4]。就"税收法治意识"的构成成分而言，它既可由"税收"和"法治意识"构造而成（简化为"税收法治意识=税收+法治意识"模型）；也可由"税收法治"与"意识"组合而为（简化为"税收法治意识=税收法治+意识"模型）。尽管从形式上看，两者差异较为明显。但是实质上看，两者的落脚点都是"意识"，都强调了"法治"。只是

---

[1] 雷磊：《法律概念是重要的吗?》，《法学研究》2017 年第 4 期。
[2] 参见刘幸义《法律概念与体系结构》，翰芦图书出版有限公司 2015 年版，第 9 页。
[3] 黄文艺：《公法研究中的概念清理和重整》，《法学研究》2012 年第 4 期。
[4] 施春宏：《词义结构的认知基础及释义原则》，《中国语文》2012 年第 2 期。

与"税收法治意识=税收法治+意识"模型相比,"税收法治意识=税收+法治意识"模型更加强调"法治意识"中的"税收"特性,因而更能体现税收法治意识的本体意旨。就"税收法治意识"各构成成分的关系来看,"法治意识"与"税收"搭配并非唯一的语词组合形态。比如,"法治意识"既可以与"税收"搭配,形成"税收法治意识"语词;它同样可以与"金融"成词,产生"金融法治意识"词源。由此观之,经由"税收"和"法治意识"组合而成的"税收法治意识",只不过是"法治意识"家族中的一员而已。

具体到"税收法治意识"来说,"税收"是"法治意识"的限定修辞,"法治意识"是"税收"的基石底座。因此,统合"税收"与"法治意识"的内在含义,"税收法治意识"的语义便可生成。毕竟,"税收法治意识"原本就是"税收"与"法治意识"的整合表达。尽管如此,仍应看到"税收法治意识"的语义,虽与"税收"的概念理解不无关系,但最根本的还在于对"法治意识"语词的准确把握。概言之,税收法治意识作为"法治意识"的一种,自然内含"法治意识"的普遍要义。但与此同时,它作为税收法治的关键组成,税收法治意识又受制于"税收"的前置限定。是故,不论是税收立法,还是税法实施,乃至于学界研究,都须竭力恪守和丰实"税收法治意识=税收+法治意识"这一简单但又深邃的基础模型。据此模型,税收法治意识不仅具有"法治意识"的普适性能,而且具有税法学科的独特秉性。

一 税收的法学语义:税收法治意识的限定基因

"税收"概念,堪称一个历史范畴和民族概念,其所以成其现状,皆因各种理论与制度渊源的纵横交织。"税收"虽为人耳熟能详、源远流长,但其含义并非不言自明。[①] 迄今为止,学者对"税收根据论"虽抱有各种不同看法,但大致可归纳为:一、公需说;二、交换说(利益说);三、保险说;四、义务说(牺牲说)等四种。这些学说都有其各自所主张之时地与历史环境背景存在,但现在一般多采纳义务说(牺牲说)。[②] 与之暗合,围绕税收三性,即强制性、固定性和无偿性,诠释税收概念的传统,一直绵延

[①] 参见叶姗《论"税"概念的渊源及其于法学语境下的建构》,《法学家》2008 年第 2 期。

[②] 参见[日]泉美之松《租税之基本知识》,蔡宗义译,"财政部"财税人员训练所1984年版,第10页。

不绝，延续至今。比如，亚当·斯密认为，税收是"人民须拿出自己一部分私收入，给君主或国家，作为一笔公共收入"①。汐见三郎认为，税收是国家及公共团体为了支付其一定经费，依财政权向一般人民强制征收之财。在此基础上，泉美之松进一步认为，税收含义主要有下列六点：一是税收由国家及公共团体征收；二是税收由国家及公共团体强制性征收；三是税收由国家及公共团体依据财政权强制征收；四是税收由国家及公共团体依据财政权而不须任何相对代价，强制向一般人民课征；五是税收由国家及公共团体依据财政权而以支付其一般经费为目的，向一般人民课征；六是税收是由国家及公共团体依据财政权而向一般人民强制课征之财。② 最为权威的《不列颠百科全书》也间接证实了这一税收概念界定的传统径路。根据《不列颠百科全书：国际中文版》的注解，税收是政府对个人或其他实体（单位）所强制征收的款项。在现代经济社会中，税收是政府收入最重要的来源。纳税是纳税人一项普通的义务，而不是为换取某项特殊的利益而交纳或支付款项的。③

与之不同，我国"税的名称繁多，仅自身含有'税'字的词，就有税收、赋税、租税、课税、捐税等等。其中'税收'是我们最为熟悉的一个"④。"税收"这一语词也时常与课税、租税等语词同义使用。比如，"课""税"二字搭配使用早已有之，并且已然有了特定含义。即按照"国家规定数额征收赋税"。《旧唐书·职官志二》："凡赋人之制有四……四曰课。"其中的"课"便有此意义。⑤ 此处的"课税"语义与税收概念并无实质性差异。梳理既有成果，不难发现，我国学者对税收概念的界定可以说是大同小异，也基本都围绕税收三性而展开。比如，早在20世纪八九十年代，有学者便提出：税收是"国家凭借政治权力以法律形式规定无偿地强制地

---

① ［英］亚当·斯密：《国民财富的性质和原因研究》（下卷），郭大力、王亚南译，商务印书馆1997年版，第383页。

② 参见［日］泉美之松《租税之基本知识》，蔡宗义译，"财政部"财税人员训练所1984年版，第1—9页。

③ 参见美国不列颠百科全书公司编著《不列颠百科全书：国际中文版》（第16卷），中国大百科全书出版社不列颠百科全书编辑部编译，中国大百科全书出版社1999年版，第473页。

④ 张永忠：《论税的基本概念的重构——纳税人权利的视角》，《甘肃政法学院学报》2006年第5期。

⑤ 参见梁建民等《古汉语大词典》，上海辞书出版社2000年版，第470页。

第二章 税收法治意识的生成结构

向经济组织或居民取得货币或实物"①。与之类似，也有学者认为，税收"并非对等代价之给付，而是公法上之团体（国家或地方政府），为取得财政收入，乃根据法律之规定，对有纳税义务人，一次或继续要求货币或实物的给付"②。更有学者在比较税务、税制、税政、税款与税金的基础上，认为税收是"以政治权力为后盾所进行的一种特殊分配，是一国政府同它政治权力管辖范围内的纳税人之间所发生的征纳关系，是以国家为主体的强制无偿分配关系，是属经济基础的范畴"③。进入 21 世纪，虽然税收三性曾引起学界争鸣④，但时至今日，以此为内核建构税收概念依然是学界主流。例如，有学者主张："对税收的概念可以做出如下界定：税收是国家为了实现其职能，凭借政治权力，按照税法预先规定的标准，无偿参与国民收入分配，以取得财政收入的一种特定分配形式。"⑤

客观上说，税收三性学说逻辑之严密，说理之充分，使税收"征之有保""征之有用""征之有度"，深度揭示了税收的经济特质⑥。因此，尽管"税收'法定性''授权性'和'对价性'的观念正在激烈地冲击着传统的'纳税义务观念'，政府在依法征税进程中的'优质服务性'和税收支出的'民生性'也正在逐渐得到良好的体现"⑦，但是经济学界仍将税收三性作为税收概念的主流观点。只是如果借用经济学的"税收"概念作为税法研究

---

① 邹传教：《关于"税"的概念和主体问题的探讨》，《中央财政金融学院学报》1985 年第 2 期。

② 张进德：《新租税法与实例解说——法律逻辑分析与体系解释》，元照出版有限公司 2010 年版，第 19 页。

③ 徐林：《"税"的概念》，《税务》1996 年第 4 期。

④ 参见李炜光《写给中国的纳税人》，《书屋》2006 年第 12 期；程强：《也谈税收》，《书屋》2007 年第 3 期；李炜光：《税收"三性"再认识——对〈也谈税收〉一文的回应》，《书屋》2007 年第 5 期。

⑤ 李发展：《税收概念的内涵与外延研究》，《社科纵横》2011 年第 12 期。

⑥ 税收三性作用的共同发挥，使得税收与其他的公共收入相区分。三性内部并非等量齐观，相互配合、相互支持，构成体系化的税收形式特征。强制性，作为税收的前提和保证，解决了税款"征之有保"之可能窘境，使税款的课征无后顾之忧。无偿性是税收三性之核心特征，与普通的民商事法律行为相区分，解决"征之有用"的问题。固定性是强制性和无偿性的要求和必然结果，避免征税机关权力之滥用，过度侵扰纳税人的正常生活，保障税收"征之有度"。税收三性内部，无偿性真正得到落实，必须以法律作保证，使征收的广度和深度法定化、固定化。税收三性围绕无偿性设计，强制性和固定性皆服务于无偿性。无偿性是核心，亦是税收之重要形式特质。

⑦ 张富强：《纳税权入宪入法的逻辑进路》，《政法论坛》2017 年第 4 期。

的逻辑基础，则必须经过特定化才能成为法学概念。法学语境下的"税收"理当格外注重纳税人权利与义务的统一，纳税人以履行纳税义务作为享有宪法和法律所规定的各项权利的前提，依照宪法和法律，承担给付义务，从而为国家提供公共服务积累资金。简言之，法学上的"税收"虽在形式上具有强制性、固定性和无偿性特征，但在实质上其必须基于国家及其政治权力来源的理论基础，设置纳税人权利及其实现和保护机制，以宪法和法律实现对征税权的制衡和对纳税人权利的保护。有鉴于此，法学上的"税收"概念应内含以下语义：第一，税收是面向不特定公众强制征收的金钱给付；第二，税收是遵从宪法最低约束的给付，该给付既要具备"税收"的形式特征，更要符合宪法的内在精神；第三，税收必须用于合符宪法目的的用途，纳税人有权对此进行监督；第四，税收在法治实践中的具体演绎必须以税法基本原则为前提，应当符合基本原则的精神和意蕴，特别是税收法定、量能课税和稽征经济原则。[1]

二 法治意识的指向：税收法治意识的关键元素

如果说"税收"限定了"税收法治意识"的含义方向的话，"法治意识"则塑造了"税收法治意识"的核心内容。探究"税收法治意识"的内在旨意，离不开对"法治意识"的本体考究。而"法治意识"的语词含义，又取决于对"法治"概念的理解。不同的法治概念，衍生不同的法治意识含义，进而影响税收法治意识的正确理解。因此，穿透"法治"定义迷雾，明晰"法治"语词的科学含义，从而发觉"法治意识"的真正指向，是定义"税收法治意识"的关键。假如离开"法治"与"法治意识"而探寻"税收法治意识"语义，无异于纸上作画。

（一）法治意含：法治意识的原生基础

法治可以说是法律治理的高级良性状态。任何政治社会中，都有法律治理，但却只有特定阶段上的政治社会才有法治。[2] 至于法治概念大概是法学中最繁复、混乱的概念群之一。目前，关于法治的学术话语、政治话语、宣

---

[1] 参见叶姗《论"税"概念的渊源及其于法学语境下的建构》，《法学家》2008年第2期。
[2] 法律治理，是由相应的制度主体通过特定的方式运用法律规制社会非秩序行为的治理方式。从一般的意义上，法律治理更加侧重于运用法律对某一具体问题进行应对性的活动，更加侧重于其实践性。法治与法律治理二者是字母集的关系。法律治理中，除了法治，还包括诸多非法治的法律治理。参见王耀海《制度演进中的法治生成》，中国法制出版社2013年版，第65页。

传话语多半是在名词层面取得一致，而远未达到概念层面的共识，许多关于法治的争论实际上是概念的理解和定义不同造成的。① 甚至"立基于不同的场境，沟通双方所持'法治'虽或名同，但其意则可能南辕北辙"②。比如，有学者认为："法治是一种不断发展的历史过程，是一种实践，是一种传统。"③ 同样有学者通过梳理法治的渊源、规诫和价值，认为既不宜把法治理解为世俗化运动的结果，也不能简单地看作近代革命的产物，而应将其解释为一项历史成就、一种法制品德、一种道德价值和一种社会实践。④ 另有学者认为，法治是当今国家治理和全球治理共同的理念、原则和战略。⑤ 还有学者认为："法治则不仅指主要依靠由不受人的感情支配的法律来治理国家，而且还指对人们行为的指引主要通过一般性的规则的指引，也指民主、共和政制。"⑥

具体到法治定义，学界多将亚里士多德的"法治"论奉为圭臬。亚氏认为：法治应包含两层含义：已成立的法律获得普遍的服从，而大家所服从的法律又应该本身是制定的良好的法律。⑦ 亚氏为"法治"确立了一个对后世影响深远的定义，他揭示出法治不仅包括人们对法律的态度，更应该强调法律本身的良善，可以说，这一定义已经确立了"法律的至尊性"和"良法之治"的法治原则⑧，抓住了动、静两个层面的关键点，基本涵盖了"法治"的实践环节和形式要素，因而被誉为"法治"的经典公式。后世对"法治"的探究，大都没有超出这个框架。⑨ 但是，具体到"法治"的内涵和外延，学者观点却时常存有差异。比如，富勒通过关于立法的思想实验确立了法律存在的八项要求，也就是八项法治原则，它们分别是：①必须存在一般性的规则；②法律规则必须对要求服从它们的人颁布；③法律规则必须不是溯及既往的；④法律规则必须是清晰可以理解的；⑤法律规则所施加的义务必须不相互矛盾；⑥法律规则的服从是可能的；⑦法律规则必须不是以

---

① 参见刘杨《法治的概念策略》，《法学研究》2012 年第 6 期。
② 江国华：《法治的场境、处境和意境》，《法学研究》2012 年第 6 期。
③ 张春生、阿喜：《准确把握"法治"的含义》，《中国法学》1998 年第 5 期。
④ 参见夏恿《法治是什么——渊源、规诫与价值》，《中国社会科学》1999 年第 4 期。
⑤ 参见曾令良《国际法治与中国法治建设》，《中国社会科学》2015 年第 10 期。
⑥ 沈宗灵：《"法制""法治""人治"的词义分析》，《法学研究》1989 年第 4 期。
⑦ 参见［古希腊］亚里士多德《政治学》，吴寿彭译，商务印书馆 1981 年版，第 148 页。
⑧ 参见夏丹波《公民法治意识之生成》，博士学位论文，中共中央党校，2015 年，第 21 页。
⑨ 参见王耀海《制度演进中的法治生成》，中国法制出版社 2013 年版，第 65 页。

令人无所适从的频率改变；⑧法律规则的制定和执行之间必须存在一致性。① 而夏恿则认为，可以把法治的要件或要素表述为以下十个方面：有普遍的法律、法律为公众知晓、法律可预期、法律明确、法律无内在矛盾、法律可循、法律稳定、法律高于政府、司法威权和司法公正。②

诚如学者所言："从亚里士多德以来，关于'法治'的概念引起了不同的思想家、法学家们无休止的纷争，对整个人类的法律—社会实践带来了很难困难。为此，1959 年在印度召开了'国际法学家会议'上通过了《德里宣言》，这个宣言集中了各国法学家对于'法治'的一般看法，权威性地总结了三条原则：（一）根据'法治'原则，立法机关的职能就在于创设和维护得以使每个人保持'人类尊严'的各种条件；（二）法治原则不仅要对制止行政权的滥用提供法律保障，而且要使政府能有效地维护法律秩序，借以保证人们具有充分的社会和经济生活条件；（三）司法独立和律师自由是实施法治原则必不可少的条件。"③ 学者对"法治"的认识和理解各有侧重，以至于《牛津法律大辞典》在解释"法治"时，都称："这一最为重要的概念，至今尚未有确定的内容，也不易作出界定。它是指所有的机构，包括立法、行政、司法及其他机构都要遵循某些原则。上述原则一般被视为法律特性的表达，如正义的基本原则、道德原则、公平和正当程序的观念。它意味着对个人的最高价值和尊严的尊重。在所有法律制度中，法治意味着：对立法权的限制；制止行政权滥用的措施；获得法律咨询、帮助和保护的充分与平等的机会；个人和集体权利和自由的适当保护；在法律面前人人平等。在超国家和国际社会中，法治意指承认不同社会的不同传统、愿望和要求，以及寻求协调权利要求，解决冲突和争端以及消除暴力的手段。它不但是指政府要维护和执行法律与秩序，而且政府本身也要服从法律规则，它本身不能漠视法律或为自己的需要而重新制定法律。"④

由上可知，不管学者对"法治"作何限定抑或拓展，它都绕不开以下几个基本内涵：首先，"法治"是与"人治"不同却优于"人治"的国家治理方略。其次，"法治"必然强调法律本身的价值，要求法律要致力于实

---

① 参见杨天江《现代法治原则的古典原型》，《政治法学研究》2015 年第 1 期。
② 参见夏恿《法治是什么——渊源、规诫与价值》，《中国社会科学》1999 年第 4 期。
③ 王人博：《法治论》，广西师范大学出版社 2014 年版，第 99 页。
④ ［英］戴维·M. 沃克：《牛津法律大辞典》，李双元等译，法律出版社 2003 年版，第 990 页。

现正义、保障自由和平等，法律具有至上性与普遍性，司法要独立和尊重程序等。最后，"法治"不仅涉及法律，还关乎政治、经济、社会及文化等，它既意味一些关系的厘定，又隐含一些原则的确立和遵守，还意指一些观念的内化与笃守。① 其中，法的"实施"是法治的关键。所谓普遍的服从，当然包括统治者和被统治者在内，而且这种普遍遵守一定是有基础因而能够持续的。需要着重指出的是，普遍并不仅仅指法的各方主体，而且也包括时间上的有效持续。即使短时间内，法律能够获得普遍遵守，而无法持续，这样的法律治理也不能称为法治。总而言之，法治，就是"良法"被普遍实施。②

作为法治的子系统，税收法治自然也跟随法治系统的进化而进化。"伴随着改革开放30年的民主法治进程，我国税收法治思想也发生了重大的变化。主要表现在：从'以法治税'到'依法治税'的发展；从'对纳税人管理'向'为纳税人服务'的转变；从'纳税人义务本位'向'纳税人权利保护'的转变；从重'征税'到重'用税'的发展。"③ 呼应这些变化，现代税收法治大体可以界定为："税收法治是法治理念和原则在税收领域中的运用，是通过制约政府、征税机关权力以保障纳税人权利为核心，运用社会认可的法律制度来协调各主体之间关系，达到政府依法治税、征税机关依法征税、纳税人依法纳税的和谐状态。税收法治可用税收立法、税收司法、政府依法治税、征税机关依法征税、纳税人依法纳税等指标来评价。"④ 而这种税收合法之和谐状态的达致，是多方合力的结果。诚如学者所言：税收法治是"良法"之治，"良法"之治是税收法治的开端或起点。虽然税收法治的关键是依法执法，但是它同样离不开对税法的普遍遵守⑤，这不仅针对纳税人，而且也包括用税人。

（二）法治意识：法治含义的意识投影

客观上说，"就思维方式而言，法治与人治的根本区别的确不在于是否有法制，而在于是否以法律制约权力；就价值取向而论，有效地制约权力，是否是为了切实保障公民权利。而民主政治的真正确立和完善，乃是法治主

---

① 参见夏丹波《公民法治意识之生成》，博士学位论文，中共中央党校，2015年。
② 参见王耀海《制度演进中的法治生成》，中国法制出版社2013年版，第65—66页。
③ 宋槿篱：《改革开放30年我国税收法治思想的重大转变》，《税务研究》2009年第1期。
④ 武海燕、冯绍伍：《现代税收法治的内涵与评价》，《税务研究》2016年第6期。
⑤ 参见韩灵丽《论税收法治》，《税务研究》2006年第5期。

张得以推行和实现的重要条件。这些便是有关法治问题的全部要义。这其实也正是法治意识的实质所在"①。只是这些实质内核,同样难以形成"法治意识"的共识定义。比如,有学者认为:法治意识,是指作为生活在现代社会的公民所应当具备的与现代民主政治、市场经济和文明形态相适应的、为法治社会所必需的法律素养、法律精神和法律价值观念。它既包括对理想的应然法的追求和期待,又包括对权威、正义、有效的实然法的充分认知,同时还包括对体现人类社会正义、公正、平等之善法与良法的信任和依赖。② 也有学者认为:"法治意识是指一定社会主体对法治的思想、观点、心态和对由法治所形成的一种良好社会状态所孜孜追求的理念的总称。"③ 还有学者认为:"法治意识是法律意识的最高级形态,是作为独立主体的社会成员在实践中所形成的关于法治的心态、观念、知识和思想体系的总称,是符合法治社会建设要求的法律意识,是人们对法律和法律现象的看法以及对法律规范的认同的自觉程度最高的一种意识。法治意识属于社会意识的范畴,是一种特殊的社会意识体系,是社会主体对法的现象的主观把握方式,它是指人们对法和法律这种特殊社会现象的观点、看法、情感、意志、态度和信念等各种主观心理因素的总和。"④

从上可见,学者普遍认同"法治意识"是与"法律意识"有关却不同的一个概念。已有的"法治意识"定义,在一定程度上,明确了"法治意识"概念的独立性,指出了"法治意识"与法治社会建设的联系,也透射了既有定义存有的诸多值得商榷之处:其一,等同处理"法治意识"与"法律意识"的定义,将以往"法律意识"定义中的"法律意识"直接换成"法治意识"。如此简单替换,问题显而易见。因为法律意识是个中性概念,而法治意识却是有价值指向的概念,机械移用法律意识定义思路必然难以彰显其内在的价值面向。其二,过于宽泛和抽象理解"法治意识",无法准确展示"法治意识"的真正内涵。比如,现有多数"法治意识"定义中频繁出现"法治社会所必需的法律素养、法律精神和法律价值观念""法律意识的最高级形态""自觉程度最高的一种意识"之类的语词表述,这种以

---

① 王人博、赵明:《超越"轴心时代"——读〈社会主义法治意识〉》,《中国法学》1995年第5期。

② 参见肖海军《论法治意识》,《湖南大学学报》(社会科学版) 2001年第3期。

③ 吴高庆:《论法治意识与法治》,《中共浙江省委党校学报》2002年第2期。

④ 柯卫、朱海波:《社会主义法治意识与人的现代化研究》,法律出版社2010年版,第84页。

"抽象术语"定义"抽象语词"的做法,不仅不能勾画出法治意识的科学内涵,反而会增添法治意识概念的模糊印象。其三,把法治认知、法治知识作为法治意识的内容。法治认知,动态来说,是主体认识法治的活动过程;静态来说,它与法治知识一样是主体所把握的对象,是法治本身的东西,而不是法治意识。换言之,单纯的法治认知、法治知识只是生成法治意识的一个前提。其四,把主体对法治的心理、评价、观点简单当作法治意识。现实中,主体对法治的心理、评价、观点有正确的,也有错误的,有积极的,也有消极的。而法治意识只是基于对法治正确认知的积极心理、评价、观点。鉴于对已有定义的批判吸收,诚如夏丹波所言:可以将"法治意识"界定为:公民在特定的社会历史条件下,通过参与法治实践、接受法治教育等方式,基于对法治的功能、原则、价值等知识的正确认知,而逐步形成的理解、认同、信任、支持并捍卫法治的内心立场、观念和信念。法治意识是公民对法治的要求、原则、功能价值内化和观念化的结果,表现为对法治原则和要求的理解与遵守、对法治价值的认同与追求、对法治实践的支持与参与。法治意识是推进法治国家、法治政府、法治社会一体建设所必需的观念基础。[①]

以此为标尺,"法治意识"与"法律意识"的界限得以明晰:其一,从对应物上看,法律意识的本原"从根本上讲应是法律现象,法律意识是法律现象在人们头脑中的反映和映象"[②],它是相对于法现象而言的法哲学范畴,而法治意识则是对应于法治国家要求的一个法理学范畴。其二,从配比度上看,任何社会、任何历史时代的国民都可能具备法律意识,而法治意识则必须伴随现代商工文明社会,与民主政治和市场经济相适应而逐渐生成。其三,从内容上看,法律意识的内容远比法治意识的内容庞杂,其中法学理论就是法律意识的一个较高层面。但是,法学理论自身并不能自然转化为国民的法治意识,它所形成的法知识体系、法理论体系和法价值体系,只有为全体国民普遍接受、认同并信赖,才能转化为国民的法治意识。其四,从价值上看,法律意识主要是个中性概念,只有正确的、自觉的法律意识才属于法治意识范畴。换言之,法治意识是一个具有价值指向的概念,特指法律意识中的良法意识部分,至于恶法意识部分则是法治意识要坚决摒弃的内容。其五,从功能上看,法律意识中的恶法意识不仅不能推动法治建设,反而会

---

① 参见夏丹波《公民法治意识之生成》,博士学位论文,中共中央党校,2015年。
② 李步云:《法律意识的本原》,《中国法学》1992年第6期。

阻碍甚至破坏法治进程。而法治意识则是与依法治国相适应的，推动法治实践所必需的文化养分。概而言之，法治意识是一个与法治社会对应的法理学范畴，它反映了一国国民对一国之内的法律的认识水准以及基于这种认知所形成对法本身、法的效用和功能的基本态度和确信、依赖程度，具体则可以从法律认知、法律信念和法律依赖三个逻辑层面即通过公民对法律的认知度、信任度和依赖度这三个方面全面了解其丰富的内涵。首先，从认知层面上讲，法治意识体现着公民对法及其法的社会效用已有充分、全面的认识，这表明公民对法有相当高的认知度。其次，从信念层面上分析，法治意识是以法律信仰为最高境界的一种国民精神状态，它表明一国公民对法律的充分信任。最后，从对法律的依赖层面上分析，法治意识集中表现为国民依赖法律及法律手段对法定权利的积极主张和对应然权利的执着追求，表明公民对法律有较强的依赖性。[①]

三　税收法治意识：税收与法治意识的整合注解

从语词结构上看，根据"税收法治意识＝税收＋法治意识"的税收法治意识概念生成模型，只要"税收"与"法治意识"语义确立，"税收法治意识"内涵便可明确。然而，既有税收法治实践和学者研究文献中，"税收法治意识"并非一个耳熟能详的语词表达。相反，指向和立意均不甚高远的"纳税意识"却成为税收法治实践和学者关注的重心。尽管偶有学者质疑和反思"纳税意识"之于税收法治社会建构的先天缺陷和后天不足，但是也多只是停驻于"纳税人意识"的认知阶段。当然，相较于"纳税意识"的语词指向，"纳税人意识"无疑具有更丰富、更科学的内涵，因而也具有更为积极的进步意义，但终其本体还在于税收之"纳"的单向维度，缺乏税收法治应有的多维向度。因此，"纳税人意识"较之"纳税意识"虽有增进，但之于"税收法治意识"的距离依然遥远。立足于中国的税收法治建设，则不应只是满足于"纳税意识"到"纳税人意识"的进位，而须格外关注从"纳税意识"到"纳税人意识"，再到"税收法治意识"的运动轨迹，以及背后折射的税收法治理念变迁。

（一）纳税意识：税收法治场域的标志语词

作为"税收法治社会"精神支柱和核心推力的"税收法治意识"，其与

[①] 参见肖海军《论法治意识》，《湖南大学学报》（社会科学版）2001年第3期；夏丹波：《公民法治意识之生成》，博士学位论文，中共中央党校，2015年。

"法治意识"之于"法治社会"的内在逻辑并无不同。但令人疑惑的是，既有研究却呈现截然不同的研究取向与文献镜像。一面是"法治意识"研究文献的井喷式生产，另一面是"税收法治意识"研究文献的几近绝迹。截止到2019年4月13日，以中国知网（CNKI）为检索工具，以"法治意识"为篇名的文献便有716篇，以"法治意识"为主题的文献多达2465篇，以"法治意识"为关键词的文献更是高达4164篇；而同一时期，以"税收法治意识"为关键词的文献只有1篇，以"税收法治意识"为篇名的文献仅有3篇，以"税收法治意识"为主题的文献也不过10篇。与之形成鲜明映照的是，同一时期聚焦"纳税意识"和"纳税人意识"的文献虽说不上是汗牛充栋，但与"税收法治意识"文献相比却也是天差地别。同样截止到2019年4月13日，以中国知网（CNKI）为检索工具，以"纳税意识"为篇名的文献便有269篇，以"纳税意识"为关键词的文献多达1858篇，以"纳税意识"为主题的文献更是高达2278篇；以"纳税人意识"为篇名的文献便有60篇，以"纳税人意识"为主题的文献多达203篇，以"纳税人意识"为关键词的文献也高达281篇。

客观而言，"纳税意识"是一个比"税收法治意识"更为大家所熟知的语词表达，不管是官方一以贯之的税收宣传，还是追踪"热点"话题的学者研究，强化"纳税意识"、淡化"税收法治意识"确是不争的事实。正是学者、媒体、相关部门等一味地宣扬、强调"纳税意识"的重要性，导致"税收法治意识"日渐生疏，以至于多数人甚至会认为"税收法治意识"并非一个正确的语词表达，只有"纳税意识"才是理想的术语构造。但另一面而言，既有的税收法治和税收法治意识的调查，无论哪一类调查议题，都难以获得令人满意的结论。个中原因虽然较为繁杂，但"纳税人的纳税意识淡薄"多数时候又成为最佳的注脚。因此，为推进和加快税收法治社会建设，多数调查结论生成的建议便是，必须增强"纳税意识"，而对征税主体的"征税意识"却不置一词。实事求是地说，强化"纳税意识"对纳税遵从确实具有积极作用，但伴随其中的负面效应也不容小觑。倘若一味强调和强化"纳税"意识，极有可能让纳税人逐步远离税法、淡化税法，甚至恐惧或厌恶税法。此外，当"纳税意识"成为舆论的中心话题时，"征税"意识的整体忽略便是"顺理成章"，而"用税"意识的可能觉醒则更如"痴人说梦"。由此，"纳税意识"语词在不断循环往复中，渐次取代"税收法治意识"表达，日渐成为税收法治领域最为显赫的"意识"术语，堪称时下税收法治场域中的标志性语词。

(二) 纳税人意识：纳税意识的进化限度

与"纳税意识"的语词盛况相同，学者研究也多环绕"纳税意识"主题而展开，既有研究文献多数聚焦于"纳税意识"的功能价值、高低评估、成因与提升方法等浅层话题，较少有学者反思"纳税意识"语词表达的偏差以及偏差语词对税收法治建设的危害等深层的税收法治"意识"难题。比如，有学者认为："公民纳税意识的强弱直接影响国家财政收入。在税收支撑国民经济的发展、税收是国家财政命脉的今天，关注公民纳税意识，变得越来越重要。"[①] 也有学者认为："公民纳税意识的高低是整个社会纳税遵从水平的重要决定因素。"[②] 而另有学者认为："公民缺乏自觉纳税的意识一直是困扰我国税收法治化进程的痼疾之一"[③]；"目前我国公民纳税意识依然比较薄弱，不知税收为何物以及不愿纳税、不想纳税、能拖则拖、能逃则逃的人仍然不少。"[④] 更进一步，有学者主张："纳税意识不仅与历史传统有关，而且与社会环境、与纳税人对于税收效果的切实感受有关。"[⑤] 也有学者以公众价值观调查数据库中关于中国的数据为基础，研究得出：中国公民纳税意识呈现出明显的下降趋势。造成中国公民纳税意识下降的主要原因可能在于：一是中国公民税收权利意识的觉醒，这使中国公民开始用挑剔的眼光审视政府的收税及用税过程。二是地方官员的"晋升锦标赛"扭曲了地方财政支出结构，导致公民对公共服务满意度的下降。[⑥] 基于民众纳税意识逐渐削弱之现状，同样有学者建议："在构建和谐社会公共财政框架的进程中，应将'税'的意识与'纳税意识'逐渐统一，厘清公共权利与私人权利的界限，发挥纳税人主观能动性，突破传统文化束缚，明确税款征收的目的和使用方向，尊重纳税人，使纳税人自觉地从'被动纳税'转向'主动纳税'，形成良好的税收文化，逐渐提高纳税意识。"[⑦]

伴随"纳税意识"研究文献的高频产出，质疑与反思"纳税意识"的

[①] 王丽环：《谈公民的纳税意识》，《法学杂志》2005 年第 5 期。

[②] 王锐：《政府信用与公民纳税意识——浙江高校学生纳税意识实证研究》，《税务研究》2005 年第 12 期。

[③] 湛中乐、朱秀梅：《公民纳税意识新论》，《现代法学》2000 年第 5 期。

[④] 许宗凤：《我国公民纳税意识之分析》，《税务研究》2008 年第 8 期。

[⑤] 刘锋：《我国公民的纳税意识》，《税务研究》2005 年第 11 期。

[⑥] 参见杨得前《中国公民纳税意识变迁及其成因分析：1990—2005》，《财经理论与实践》2012 年第 4 期。

[⑦] 参见崔志坤《纳税意识：西方演进与中国式嬗变》，《探索与争鸣》2012 年第 12 期。

研究文献也渐次出现。只不过研究话题并未转至"税收法治意识"疆域，而是导向"纳税人意识"场域。比如，有学者认为："纳税人意识是现代公民意识的重要组成部分。中国要迈向现代化社会，培养良好的纳税人意识是应有的题中之义。"[①] 也有学者主张："公民是纳税人，纳税人概念包括完整的权利和义务，而不是单方面的义务或者权利。所以，我们需要树立'纳税人意识'。纳税人意识是公民社会的一个重要基础，应该用'纳税人意识'代替'纳税意识'，不仅强调公民的纳税义务，也强调公民所享有的权利。"[②] 与之类似，亦有学者认为："纳税人意识作为公民意识的基础，是一个纳税人与政府双向的全方位概念，是纳税人通过向政府让渡部分财富，要求国家提供公共产品的权利实现和权力服务的思想体系。它包括建立纳税人权利体系和实施国家财税管理和监控两个方面，展现为纳税人的权利与义务以及政府的权力与义务互动的复杂关系。"[③] 针对学界分歧，不少学者试图澄清"纳税意识"与"纳税人意识"的本质不同。比如，有学者旗帜鲜明地指出："纳税人意识不同于纳税意识。纳税意识是纳税人履行纳税义务的观念和态度的反映，主要表现为人们对税收的认知和重视态度；而纳税人意识是在市场经济和民主法治条件下，纳税人基于对自身主体地位、自身存在价值和自身权利义务的正确认识而产生的一种对税法的理性认知、认同和自觉奉行精神。"[④]

应予承认的是，与"纳税意识"用语相比，"纳税人意识"表达无疑更具进步意义。因为"纳税意识"蕴含着太过强烈的"纳税"意识本质，深层反映了"纳税"义务的刚性特质。尽管《宪法》第五十六条规定："中华人民共和国公民有依照法律纳税的义务。"亦有学者据此认为："《宪法》第五十六条既是对公民纳税义务的确认，也是对国家课税权的一种限制。此处所谓的'法律'，应该仅指全国人大及其常委会制定的法律，不包括国务院的行政法规，更不包括部门行政规章和地方行政规章。这样，《宪法》第五十六条就可以成为税收法定主义的最高法律依据。"[⑤] 但是，此种解释并未

[①] 刘怡、杨长湧：《中国传统文化与纳税人意识》，《北京大学学报》（哲学社会科学版）2006年第3期。
[②] 吕雪峰：《从"纳税意识"到"纳税人意识"》，《中国财政》2007年第6期。
[③] 杨力：《纳税人意识：公民意识的法律分析》，《法律科学》2007年第2期。
[④] 包子川、李初仕、陈光宇：《纳税人意识与依法治税》，《税务研究》2003年第5期。
[⑤] 刘剑文、熊伟：《税法基础理论》，北京大学出版社2004年版，第109页。

得到学界的整体认可。比如,有学者认为:上述观点有其合理性,但也存在一些难以自圆其说的逻辑难题。只有正视税收法定主义在我国《宪法》中的缺失,以及由此在实践中造成的问题,并探求解决之道,才能为税收法定主义在我国《宪法》中的确立起到积极的推动作用。① 姑且不谈《宪法》第五十六条是否建构了税收法定主义,即便以此为建造依据构筑"纳税意识"语义,夯实"纳税意识"的"纳税"与"义务"基础,其忽略对纳税人主体意识的彰显也是不容回避的事实。而法治财税必须具有主体意识,是为常识。因为在法治财税和法治国家建设的过程中,纳税人主体意识的复苏对制度的有效运行会产生关键影响。如果将纳税人定位为臣民,只是负有纳税义务,被动接受和服从政府的管理,权力自然会呈现暴力性和垄断性。如果将纳税人定位为公民,享受纳税人权利,积极参与国家治理,面对违法、违纪行为积极抗争,权力才有可能被驯服。②

由上观之,复苏税收法治系统中的纳税主体意识,践行和保障纳税主体应有的权利,培育纳税主体的权利意识并非"纳税意识"的核心内容和终极追求,却是"纳税人意识"的关键含义和根本要义。从这个角度上说,"纳税人意识"无疑更有利于税收法治社会的建设,也距"税收法治意识"更近。如此理解绝不意味着"纳税人意识"完美无缺,也不意涵"纳税人意识"可以取代"税收法治意识",担当税收法治的精神底座,而只是彰显"纳税人意识"之于"纳税意识"的显著进步,毕竟税收法治征途中"不积跬步,无以至千里;不积小流,无以成江海"。即便如此,仍应理性评估和对待这种难能可贵的进步。税收法治远非纳税主体的单方行动所能为,而是关涉纳税主体行为、征税主体行为和用税主体行为的综合治理,是一个多向度、立体化的系统构造。相较于"纳税意识"蕴含的强义务色彩,抹杀主体意识的"纳税"本质。必须承认,凸显纳税主体权利,释放纳税主体意识的"纳税人意识"不仅不会阻碍税收法治的进步,反而会实质上助推中国的税收法治建设。但是,它也只是税收法治这一系统和谐运转的关键因素之一。可见,"纳税人意识"实难担当税收法治的主导"意识",也不可能成为"税收法治意识"的同义语词。从税收法治的运行机制上看,"纳税人意识"仍须进化至"税收法治意识"层级。因为法治财税的核心含义就是

---

① 参见李刚、周俊琪《从法解释的角度看我国〈宪法〉第五十六条与税收法定主义——与刘剑文、熊伟二学者商榷》,《税务研究》2006年第9期。

② 参见熊伟《法治财税:从理想图景到现实诉求》,《清华法学》2014年第5期。

良法善治，它在国家治理中发挥基础性作用。而要实现法治财税的理想图景，回应当下我国的现实诉求，就必须充分利用本土资源，综合发挥政党、立法、行政和司法的作用，释放涉税主体的主体意识，夯实制度进步的基础设施。① 凡此种种，皆预示着"纳税人意识"的局限，要想助推税收法治的实现，"纳税人意识"格调尚须升级改造至"税收法治意识"高度。

（三）税收法治意识：一个体系化的宽广视角

从"纳税意识"到"纳税人意识"，从"纳税人意识"到"税收法治意识"，背后的法治理念不断进化，也日渐接近"法治意识"的本体内核。然而，"税收法治意识"究竟与"纳税意识"和"纳税人意识"有何不同，缘何"税收法治意识"才是税收法治的"真命天子"。此等问题，均直指"税收法治意识"的语义解剖。从语词结构上看，受制于"税收"概念的前置限定和"法治意识"语词的主导作用，"税收法治意识"的含义得以丰富。一方面，它既有"税收"语义的印记，呈现"法治意识"中的"税收"特性。另一方面，它又是"法治意识"家族的重要成员，展现"税收"值域中的"法治意识"性能。与此同时，在"税收"与"法治意识"的深度整合中，"税收法治意识"的语义得以清晰。一方面，它不同于一般的"法治意识"，因为它属于"税收"范畴，遵循"税收"的特有机制。另一方面，它又有别于普通的"税收"术语，因为它属于法治"意识"范畴，恪守"意识"的本体规律。换言之，探究"税收法治意识"的核心要义和科学内涵，则不仅要充分考虑前置层面的"税收"的法学含义，而且要深度顾及主导语词的"法治意识"的本体含义。唯有遵循"税收+法治意识=税收法治意识"这三者之间的内在逻辑和整合规律，方能寻得"税收法治意识=税收+法治意识"模型的真解，进而发觉"税收法治意识"的科学语义，而不至于陷入"税收法治意识=税收+法治+意识"或"税法法治意识=税收法治+意识"等语词建构模型的误区。

演进至今，法学意义上的"税收"早已不再只是简单的"国家、公共团体为支应一般经费的财源，以收入为目的，向其成员强制征收的财货"②，而逐渐成为遵从宪法最低约束的给付。基于此，现代法治国家，税法案件律师、会计师或法官最重要任务即以宪法基本权保障纳税人免受公权力侵害，

---

① 参见熊伟《法治财税：从理想图景到现实诉求》，《清华法学》2014年第5期。
② ［日］新井隆一：《租税法之基础理论》，林燧生译，"财政部"财税人员训练所1984年版，第1页。

而人性尊严与人格发展为赋税人民底线，要深入稽征人员心灵，成为行政准则。人性尊严在税法上保障，首在自我价值之确保。次须与宪法民生福利国家相结合，课税须保留合乎人性尊严最低个人及家庭生活。人格发展，首要肯认免受税课干预之自由，次则须保障税捐规划权与隐私权，协力义务不得违反比例原则。① 与之相应，纳税人权利已经受到关注，且正受到越来越多的关注。其实，从税收概念的演进②也可看出，公权力逐渐减弱，纳税人权利在曲折反复中呈愈加重视之趋势，已成世界共识。③ 这一趋向奠定了"法治意识"的核心内容。诚如学者所言："法治意识的核心是公民的权利意识，公民之所以对法律信任并对之信仰，是因为法律本身创设和预定着公民的一系列权利，且这种权利能够按照法律的运用机制归属于自己，自然对权利的追求和享有成为公民去认识法律、信仰法律的动因，因此，法治意识不是义务本位法律制度下的被动守法的'法奴意识'，它是一种积极地借助法律、依赖法律以主张权利，要求法律保护其权利并善于以法律手段保护其权利的积极的人生态度。"④

受控于"税收"和"法治意识"的"权利"转向和主体意识复苏，可以将税收法治意识界定为：涉税主体基于对税收、税法规则、税法现象，尤其是税收法治的内涵与原则、功能与价值等的综合认知，而逐步形成对税收法治的理解、认同、支持、信仰并捍卫税收法治的内心立场、观念和信念。它是涉税主体对税收法治的运行机制、功能价值内化和观念化的结果，既表

---

① 参见葛克昌《人性尊严、人格发展——赋税人权之底线》，《月旦法学杂志》2012 年第 7 期。

② 税收自产生以来，其概念在不同的历史阶段和不同的国家被赋予了不同的含义，一个非常明显的演进轨迹就是在税收概念中公权力色彩渐渐减弱，纳税人权利的比重不断加大，到宪政国家阶段，纳税人权利达到了前所未有的重视程度。详细论述参见黎江虹《中国纳税人权利研究》，中国检察出版社 2010 年版，第 19—28 页。

③ 尤其是 20 世纪中叶以来，对纳税人权利的保障得到了世界各国的广泛重视。20 世纪 80 年代之后，纳税人权利在第三次税制改革的契机中，得到了全球性的普遍关注与保障。纳税人权利保障不仅得到了立法的重视，而且也推动了新型的以服务为导向的税收行政模式的推行。特别是因人权的发展与经济全球化的影响，一些国际组织推动着纳税人权利保障制度的建立。比如，OECD 在 1990 年公布了一份调查报告，敦促其成员国加强纳税人权利保障。欧盟明确要求其成员国尊重和保障人权，并积极推动税收领域的纳税人权利保障。更多论述参见王建平《纳税人权利及其保障研究》，中国税务出版社 2010 年版，第 3—4 页。

④ 肖海军：《论法治意识》，《湖南大学学报》（社会科学版）2001 年第 3 期。

现为涉税主体对税收法治含义、原则与规则的理解和遵守，又表现为涉税主体对税收法治功能和价值的认同、追求和信仰，还表现为涉税主体对税收法治实践的支持和参与。从主体层面上看，税收法治意识应该既包括纳税人对税收法治的认知，也包括征税人员对税收法治的认知，还包括用税主体以及其他人群对税收法治的认知。狭义上，税收法治意识应包括征税法治意识和纳税法治意识两个方面；广义上，税收法治意识还应包括国家的用税法治意识。无论是狭义上，还是广义上，税收法治意识的内涵和外延均广于"纳税意识"与"纳税人意识"。切不可因"纳税意识"存有问题，片面地只批评"纳税意识"而失去对"征税法治意识"和"用税法治意识"的反思和追问。只有征税机关和用税机关的法治意识得到提升，纳税人的法治意识才能确保。因为"构成法治基础的基本观念是，政治权力的运用只能以法律为基础并处于法律的约束之下，必须有一些实体性制度和程序性制度来保护公民自由权和经济自由权，使其免受权力机构的任意干预。"[①]

从体系化角度看，征税法治意识、纳税法治意识和用税法治意识构成税收法治意识立体化体系。体系化外部以税收法治意识统领征税法治意识、纳税法治意识和用税法治意识；体系化内部征税法治意识、纳税法治意识和用税法治意识三者具有不可割裂、彼此促进的关系，但不意味着彼此之间等量齐观。事实上，纳税法治意识通常被视为税收法治意识的核心和灵魂，因为之于税收征纳而言，"纳税人自觉纳税意识越强，纳税的准确性就越高，税务部门征税的难度就降低，征税的成本就会减少，税收行政效率就会提高。反之，纳税人自觉纳税意识差，税务机关征税的难度就大，取得同样多的税收收入所付出的代价就高，税收行政效率就会降低"[②]。之于用税法治来说，国家成功征税后，对税收如何处置即用税是纳税人最关心的问题，因为用税事关每个纳税人的切身利益。享有用税权的主体是政府，而政府的决策者则由自然人组成，其在根据授权为一定行为时，会受"自私倾向"的影响作出与公民欲求相偏离的决定，所以纳税人对政府的用税行为监督的越规范，越有利于用税法治意识的形成。也因此，有学者将用税监督权誉为纳税人因缴纳税款而享有的最基本、最实质的权利，它意味着纳税人享有依法对税款使用过程及结果的合规性和效益性进行检查、稽核、督促和反映的权利，其

---

① ［德］柯武刚、史漫飞：《制度经济学》，韩朝华译，商务印书馆2004年版，第201页。
② 谢芬芳：《政府税收行政效率探析》，《湖南社会科学》2007年第6期。

实质是建立纳税人参与监督财政支出的机制。① 从这个角度上说，纳税法治意识是税收法治意识的关键，它不只是纳税人意识生成与否这般简单，它更关乎征税法治意识和用税法治意识的形成与发展。

聚焦纳税法治意识，其生成与发展受制因素繁杂，但根本要旨还在于纳税人的权利意识。而纳税人权利意识的关键又在于纳税人的权利系统构造及其运转效果。追根溯源，纳税人认同、遵从、信守税法，按时、照章纳税，不仅源于税法权威性与强制性，更在于税法本身为纳税人创设和预定了一系列权利，且纳税人能够依照税法的正义性规定实现对纳税人权利的追求和享有，不应是"义务本位"下的被动守法，而是"权利本位"下的积极守法，唯此才能促使纳税人对税法的感性认识向理性认识的转化，这是形成税收法治意识的重要动因。纳税人法定权利的丰富程序，权利运用的实践广度和深度，直接影响纳税法治意识的成熟度，进而间接左右征税法治意识和用税法治意识的发达程度，最终共同决定着税收法治意识的结构。简言之，税收法治意识系统中，纳税法治意识位居核心，征税法治意识和用税法治意识受控于纳税法治意识。而纳税法治意识的生成与发展又仰赖于纳税人权利意识的勃兴与实现，只有将纳税人的权利意识贯串于三者之中，税收法治意识方可生根发芽。从这个意义上说，税收法治意识的变迁取决于纳税人权利意识的兴起，而纳税人的权利意识又与纳税人拥有的法定权利及其实现程度休戚相关（如"图2-1"所示）。

虽然税收法治意识系统中，纳税法治意识处于更为核心的位置。但是，鉴于当下中国税收法治实践中仍有不少征税人员法权意识强，认为纳税人依法纳税是天经地义，征税人员只有权力没有义务，以致在具体征税工作中，征税人员服务意识差，对纳税人方法简单、态度粗暴，致使征税人员与纳税人之间难以沟通、征纳关系紧张。同时，税款征收完毕以后，尽管政府强调"税收取之于民，用之于民"，纳税人缴纳税款的同时，有监督政府再分配

---

① 具体而言，纳税人用税监督权涵盖以下几层含义：（1）纳税人用税监督权的目的是确保税收支出行为的合规性与效益性；（2）纳税人用税监督权兼具人身性和财产性；（3）纳税人用税监督权具有法定性，虽然我国宪法中没有明确规定用税监督权，但在其第二条规定了公民管理权，使用税收作为国家事务的重要方面，公民当然享有监督管理权，所以用税监督权是宪法中公民监督管理国家事务权利的延伸，是一种法定权利。在我国通过纳税人对税款的合理使用进行监督，能够对政府权力进行约束与规范，使政府只能在法律允许的范围内进行财政支出活动。参见单滢滢《论纳税人用税监督权及其制度重构》，《内蒙古农业大学学报》（社会科学版）2010年第5期。

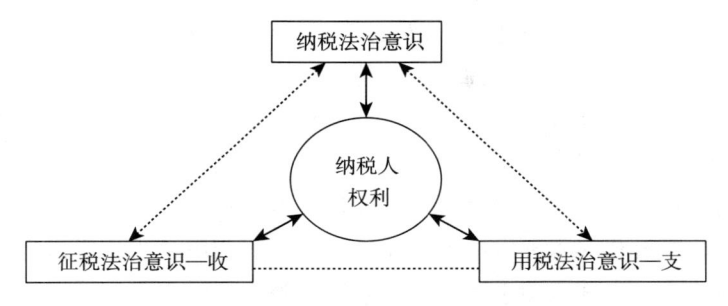

图 2-1　税收法治意识体系化建造

税款的权利。但是，因用税人税款使用不透明、税款去向不清楚的用税行为，导致纳税人对用税人的不满，从而引起纳税人与用税人关系不和谐的情形比比皆是。① 所以，税收法治意识培育实践中有必要将"征税法治意识"和"用税法治意识"置于比"纳税法治意识"更为重要的地位，进而实现税收法治建设中"权力制衡"与"权利保障"的真正含义。与此同时，征税法治意识也有必要建立在征纳双方权利和义务对等的法治观念之上，进而改变征税主体的"权力意识"和"自我优越感"。与之相应，纳税法治意识也不应停留在"增强"原本偏误的所谓"纳税意识"层面，而应定位为复苏纳税主体的权利意识，敦促纳税主体意识到自己作为税收法治建设的主体地位，认识到自己在税收征纳活动中理应享有的更为广泛、更为重要的权利。之于用税法治意识，不仅有必要让用税人深刻理解"税收取之于民"之于预算国家的重要意义，而且有必要让纳税主体知晓"税收用之于民"的现实表达，将用税人的用税置于社会监督之下。

归而总之，税收法治意识的起点和落脚点都在于纳税人权利的真切实现。而学界对纳税人权利的分类虽有多种，但应从宪法与税法不同层面理解纳税人权利的观点则近乎一致。换言之，纳税人权利具有层次性：一是从纳税人与国家关系的角度阐述，主要体现于宪法或税收基本法中的纳税人权利，属于纳税人基本权范畴；二是在纳税人与征税机关的关系中所表现出来的，主要体现于《税收征收管理法》中所规定的纳税人在税收征收过程中所享有的具体权利。② 不管哪一层级的权利，它对纳税法治意识的功效不必

---

① 参见陈义荣《基于博弈视角的税收文化再造》，《山东社会科学》2010 年第 7 期。
② 就国家权力部门而言，他们也更愿意在税收征管的层面扩大纳税人的权利。至于税收立法层面和宪法层面，如果没有强大的外力推动，任何当权者都只会维持现状，而不可能积极主动行事。当纳税人的要求和国家的愿望在加强具体纳税人权利上出现吻合时，中国的现实情况就是，

证明，同时也造就了征税法治意识与用税法治意识的价值根源。众所周知，纳税人权利是纳税人财产权在宪法上的延伸，是私权对国家征税权的正当性限制，正是这种限制催生了纳税人对征税和用税的监督权。作为宪法上的权利，它是纳税人具体权利实现的根本，在纳税人权利体系中居于举足轻重的地位。具体来说，纳税法治意识强调税款征纳的平等，其形成取决于第二层级纳税人具体权利的实现广度，而征税法治意识和用税法治意识强调税的征收和使用的统一，其依赖于第一层级纳税人基本权的实现深度。

第二节　税收法治意识的结构公理
——以伊林"法律意识三公理"为分析工具

按照伊林①的理解，法律意识的公理，是指生活中基本的存在方式、论证方式和作用方式都与之相适应的法律意识的基本真理。任何一个地方，只要有法律意识存在，就有这些生活方式的存在，而且法律意识越成熟，这些生活方式就越自觉，越稳定，作为动机也越有力、越纯洁。人的精神境界越高，他就越忠实于自己的精神法则。这些无所不及的法则或生活方式同时也就是人类精神的基本形式，当它们具有纯粹而完整的形态时，就是人类精神的规范。规范仿佛要成为现实的生活方式，法律意识也将达到自己最终的成熟状态。因为如同"政治"生成机制一样，真正意义上的法治，也是由最

《宪法》对纳税人权利保护毫无进展；《立法法》对税收授权立法虽然有所限制，但基本肯定了国务院的充分立法权。财政部，特别是税务总局的立法权也顺势得以繁衍。相比《宪法》和《立法法》的"无为而治"，2001年《税收征收管理法》和2002年《税收征收管理法实施细则》可算的上是"不遗余力"，诸多条款涉及纳税人权利。诚然，这种由易到难、由微观到宏观的扩权思路有其可取性，起码改革的难度有所降低，纳税人和国家皆大欢喜。但是，法学研究者必须清醒地意识到，真正对纳税人具有根本性意义的，是其在宪法上的权利以及在税收立法中的权利。如果没有这两种权利的跟进，仅仅在税收征管阶段扩大纳税人的权利，这只是一种治标不治本的举措，之于纳税人的主体地位提升价值将大打折扣。参见熊伟《纳税人的权利及其实现机制》，《兴国学报》2004年第3期。

① 伊林的全名为伊万·亚历山德洛维奇·伊林，1883年4月28日生于现俄罗斯首都莫斯科，1954年12月21日卒于瑞士首府苏黎世。1919年伊林的代表作《法律意识的实质》写成，但由于历史原因，迟至1956年才得以在瑞士苏黎世首次问世。伊林在《法律意识的实质》这部传世之作中，建构了著名的"法律意识三公理"。参见［俄］伊·亚·伊林《法律意识的实质》，徐晓晴译，清华大学出版社2005年版，第239—242页。

优秀、最重要和最深刻的心灵力量创造的，也就是说，是由精神创造的，并要服务于自己的创造者本身。所以，法治应该做的，不是践踏，而是遵守精神的法则。而作为精神法则基石的精神状态，则是这样一种心理状态，即对最高的、客观的价值的领悟、体验和实现。这种状态将心灵转化为法治的生命的活的器官，它能向人揭示它的使命，同时指出它所应有的和必需的生存方式。人对它在精神上所必需的这些生活方式的追求，是一种合理的、正确的、合法的追求，或者说，它本身就是一种自然权利。可见，脱离了合法的法，精神生活就将变得不可思议，将自然法作为客观价值加以感受，这本身就是一种精神状态。精神与法之间的这种联系可以这样表述：精神的必要形式构成了法律关系的基础。终归而言，一个人如果他能具体地感受法，他就会发现，法的基础永远都是人对精神方面的活和合法的追求，或者说，是对某种必要的精神生活方式的追求。但是，如果说是必要的和正确的精神形式构成了法律意识的基础，即构成了法律意识所必要的生存动机和生存手段，那么，理论上的反映就会赋予这些精神形式以公理的面貌。法律意识的这些公理就是：精神尊严法则、自律法则、相互承认法则。①

一　第一公理：精神尊严法则

"法治是一个能够统摄社会全部法律价值和政治价值内容的综合性概念。"② 多维概念之下，它既可以指涉一种制度，又可以意指一种文化精神，还可以意为制度和文化精神的有机体。从社会层面看，法治无非是人类凭借法律规则对自己生活的一种制度安排，而任何制度都是特定精神的载体，因此它终归还是一种文化精神。从该意义讲，以制度形态存在的法治终究渊源于一种文化精神。而从精神层面看，法治是一个国家、民族和公民个人对法律规则的依赖所形成的与生活方式息息相关的坚定信念和价值观念。这种信念和观念从历史维度上讲，无论它是自然演化而成、还是理性设计构建而成，都是人类精神蓄积、升华，最后外化于社会的客观形式。由此可见，法治无非是人类精神的载体，这不仅意味着法治生成于特定的人类精神，而且也意味着法治的存在和完善总是依赖特定人类精神的支撑。③ 综观在生成和

---

① 参见［俄］伊·亚·伊林《法律意识的实质》，徐晓晴译，清华大学出版社2005年版，第142—144页。
② 刘作翔：《实现法治：我们的理想和追求》，《政治与法律》1996年第5期。
③ 参见吴丹梅《法治的文化解析》，博士学位论文，黑龙江大学，2003年。

支撑法治的人类精神中,"人的尊严(观念)已经日益成为人应当享有和实际享有权利的根据"[1],而"公民的权利需要通过法治方式来捍卫"[2]。因而,"认真对待法治,就要认真对待权利。"[3] 认真对待权利,则要认真对待人的尊严。

一般认为,"尊严来自人反思、评价进而选择自己生活的基本属性"[4]。"'人的尊严'源于人应当被独立、平等、有尊严地对待的普世价值观"[5],"是基于人类自身的自然存在、社会存在和超越性存在而产生和发展的,是人类拥有的一种不可剥夺、不容侵犯的根本特质。不承认人的尊严,事实上也就否定了人之为人的资格"[6]。尊严"代表一种人类所独有的、区别于其他动物的客观生存状态"[7]。简言之,尊严既是"基于人应当生存和发展的人道主义理想与实践发展起来的"[8],又是关于人类自我的价值性追求,还是人的本性的价值确证。[9] 不过,尽管"人是一种尊严的存在,这作为一种约定俗成的观念早已是人类共识"[10],但在学理上,有关尊严的概念界定却复杂多歧、见仁见智。概括而言,人的尊严具有如下三层内涵:首先,尊严是人所固有的。也即,尊严专属于人,非人的存在物,不具有尊严。同时,人的尊严是与生俱来的,先于国家而存在。其次,自由、自主、平等是尊严的基本内涵。最后,获得最低社会保障也是尊严的应有之义。[11] 从法治实践来看,人的尊严主要是与人格的自由发展相结合来体现的。完整的尊严概念除了内在自由与外在自由的自我实现之外,还包括社会责任和与他人的统一性。[12]

---

[1] 万其刚:《论人的尊严作为人权正当性根据》,博士学位论文,中国政法大学,2007年。

[2] 陈金钊:《法治之理的意义诠释》,《法学》2015年第8期。

[3] 陈林林:《反思中国法治进程中的权利泛化》,《法学研究》2014年第1期。

[4] 王旭:《宪法上的尊严理论及其体系化》,《法学研究》2016年第1期。

[5] 高富平:《个人信息使用的合法性基础——数据上利益分析视角》,《比较法研究》2019年第2期。

[6] 李怡、易明:《论马克思的尊严观》,《马克思主义研究》2011年第10期。

[7] 宋新:《论德国宪法上的人的尊严及借鉴》,《东方法学》2016年第6期。

[8] 李累:《宪法上"人的尊严"》,《中山大学学报》(社会科学版)2002年第6期。

[9] 参见郭倩倩、秦龙《马克思尊严观的三维向度与价值观照》,《甘肃社会科学》2015年第6期。

[10] 刘娟:《人格尊严及其实现——道德与法的双重考量》,博士学位论文,河北师范大学,2010年。

[11] 参见李海平《宪法上人的尊严的规范分析》,《当代法学》2011年第6期。

[12] 参见马平《尊严与自由:宪法的价值灵魂——评艾伯乐的〈尊严与自由〉》,《环球法律评论》2010年第1期。

由此进发，不同学者从不同领域、不同角度切入，形成关于"尊严"的各种界说：其一，从人与动物的区别角度认识人的尊严，这是西方"人的尊严"理论的一个最重要理路。他们多认为人能够区别于其他生物，自觉地对现实世界之外的自身意义世界的追求和建构，是人具有尊严的根本原因。其二，在社会学的意义上、着重与从人与人之间的关系角度认识人的尊严，此种角度又包括两种情况：一是认为人的尊严是社会生活中的人对自我的认识和社会关系中其他的人对自己的评价、承认二者的结合。二是从个体的自我体验和感知来定义尊严，认为人的尊严就是人们在社会生活中，通过别人对自己已有的条件、身份、地位、名誉的评价而获得的尊严感。其三，从法学意义上将人的尊严和人的各种权利联系在一起进行探讨人的尊严，主要包括"权利基础论"和"尊严基础论"两类。前者多认为尊严并不是一些人设想的那样可以成为人之为人的终极的最高价值，而只是人应该享有的众多权利中的一种，即尊严权（基本要求是避免被侮辱）。后者多认为尊严是至高无上的终极价值，没有任何等价物可言。现实中的人的各种权利只不过是对尊严的具体论证，人的各种权利的实现与否也只不过是人的尊严在现实中受到保护或者践踏的标志。其四，将人的尊严与高尚的道德情操、美好的情感、崇高的追求等联系起来，认为人们通过对高尚道德的遵守和追求、对崇高目标的向往和奋斗而获得人的尊严。综观各类"尊严"界说的共性和不足，大体可将"尊严"界定为：一定社会形态中的人，在维持其自身存在并追求自身的意义和价值过程中，所具有的不被亵渎、不容侵犯的存在状态和根本特性。①

追本溯源，人之所以为人，而不是动物。除了人的本质在于其创造性实践基础上的社会性之外，最重要的还在于人是一种具有理想性、超越性的存在。人产生以后就不断追问"我是谁""我们是什么""未来会怎么样"等生命本源，而无法忍受没有意义、价值和精神的生活，正是人的这种对意义、价值和精神的超越性追求使得人具备了精神尊严。② 亦如学者所言：对于人来说，离开了个人和人民的自我保全本能，地球上就不会有生活，但与此同时，对于人来说，离开了精神的觉醒和对自我保全本能的证明，地球上就不存在有尊严的生活。而要给出这一证明，只能通过对个人精神尊严的确定。精神尊严，以及对它的正确理解和确定，是健康法律意识的最深根基。

---

① 参见易明《中国化马克思主义尊严观研究》，博士学位论文，华南理工大学，2012年。

② 同上。

因为法最深层的实质是必要的精神标志物：是它的追求、它的自由范围、它的权限、它的界限、它的规则、它的自由法则。而法的价值、法的意义、法的约束性权威，归根结底，正是由精神内容和精神状态的价值来确定的。所以，对法的正确理解，就是对其精神本质和精神使命的理解；这一理解只为本身就依靠这一精神使命而生活的人，以及意识到并在心中确定了这一精神本质的人所特有。可见，法，离开了法的主体，即离开了那个它为之而存在的、它所属的和它要通过的存在物，就是毫无意义的，也是毫无可能的。但这一存在物在将法作为某种自己的东西并为自己而加以创制的同时，不仅应该需要法，而且应该在自己心中保留法的制度和标准，并将法作为自己必要的标志物加以体验。他本身应该无愧于法，同时他还应该创制那种与他的个人尊严相适应的法。而法及其主体的这一尊严，也就是精神的尊严：精神的内容、精神的生存方式、精神的状态。这就是为什么整个健康法律意识都是建立在个人精神尊严感的基础之上的。只有对自己的精神尊严有所了解或至少有所感觉的主体，才有可能尊重法律，并同时创制那种不会有损人的尊严，不会扭曲人的生活方式，不会服务于人的恶劣而危险的倾向的法。法与国家要创建或找到正确的生活方式，自己本身就必须成为精神尊严的活的炉灶。换言之，人，作为法的主体和法的创制者，必须尊重自己。由此可见，精神尊严是整个现实生活的根基，而自尊则是国家力量和政治健康的源泉。这就是伊林所言的法律意识第一公理，也是最基本的公理，即"精神尊严法则"。①

二 第二公理：自律法则

当今时代，人作为一种精神存在物，离开了法就不可能在地球上生活，因为法确定并支撑着个性精神的社会界限。正是为了这一点，法才为活的精神所必需；法是这一精神所特有的，也只有这一精神才特有法。当然，作为生命机体，虽然能呼吸，有意识，人也可以在没有法（指真实而严格含义上的法）的情况下对付过去。比如，人可以用任意命令、已形成的心理机制、习惯、已定型的恐惧、欺骗和固执等替代品去代替法。甚至在危机时刻，用直接的暴力——决斗、"瞄准"、袭击、屠杀、战争等替代法律规则，以解决争端和冲突。但正是也只能是人的精神构成，才有可能在法的思想基

---

① 参见［俄］伊·亚·伊林《法律意识的实质》，徐晓晴译，清华大学出版社2005年版，第146—155页。

础上，根据追求客观福祉的真实意志解决人的各种追求之间的冲突，进而实现法治期待的和谐状态，而非停留在人类早期的、原始的、非理性的暴力争端解决阶段。也因为此，一定程度上说，法就成了精神的标识，精神的创造、精神的工具和精神的生命方式。它应该而且也确实在完全地或比较完全地反映精神的本质。例如，精神内容的绝对价值使法具有了自己的意义，建造了自己的绝对基础，形塑了自己的尊严，而为精神所必需的精神的生命形式或方式，则使法具有了自己的基本法则——自律。正是这一点确定了法律意识第二公理，即"自律法则"。[①]

简单地说，"自律就是自我立法、自我管理、自我教育、自我约束等，是人类为本身的目的而采取行为活动，不受外在条件和因素的影响与制约"[②]。然深究起来，则不尽其然。通说认为："自律不仅是康德伦理学的核心观念，而且也被公认为康德对现代伦理学最具原创性的贡献。"[③] 当然，传统儒家学说中也存在自律，但儒家伦理中不存在作为个人权利基础的"自律"，"自律"只是在作为道德理想的意义上存在。[④] 今日多数学者探讨的"自律"一词，其实源于英文单词 Autonomy，它通常被译为自主、自治、自律而出现在各个领域。比如，在道德哲学中通常用作"自律"，在管理学领域中多以"自治"出现，而在政治学等领域中又倾向于译作"自主"。[⑤] 这种一词多"译"的现象与 Autonomy 的词源演化不无关联。Autonomy 源自希腊文 autos（自己）和 nomos（法律），字面意思为"自我管辖"，即"一个城邦能够颁布、施行自己的法律"，可谓"自己为自己立法"。它的同源词 Autonomia（古希腊城邦自治）所表达的观念——某个城邦的市民为了反对外部侵略势力的控制而自己制定自己的法律，始于公元前 5 世纪。之后，这一观念被延伸到人身上——个体自治，即个体做出自己的选择，自己实施自己的行为。伴随着语词意旨的转变，"自律"这一语词也日渐突破法律疆域，成为教育科研政策、生物医疗伦理、道德、政治理论、各种法律自由和权利（如言论自由和保护隐私的权利）、自我管理、社会组织自治以及网络

---

① 参见［俄］伊·亚·伊林《法律意识的实质》，徐晓晴译，清华大学出版社 2005 年版，第 166—167 页。
② 王中军：《网络文明建设中网民自律培育研究》，博士学位论文，中南大学，2010 年。
③ 孙小玲：《自律的悖论与罗尔斯的契约论解决》，《哲学研究》2016 年第 1 期。
④ 参见刘玉宇《儒家伦理中的自律》，《现代哲学》2006 年第 6 期。
⑤ 参见王晓梅、丛杭青《道德自律的形成机制》，《伦理学研究》2016 年第 2 期。

管理等共同关注的话题①，而伦理道德更是学者论战的主战场。

在西方伦理思想史上，康德第一个系统地阐述了道德的自律概念，并把它确立为伦理学的基础。根据康德的理解，自律实质上就是道德主体自主地为意志"立法"——设定道德法则，而这种自主的设定排除了任何外在因素的影响。康德所确立的自律的道德观使近代伦理学产生了一个转向，使道德哲学从自律角度看待道德的约束性与动机激发性，使道德从外在的规范转化为积极的内在的自我立法和自我约束。道德自律以自由为根基，以实践理性能力来展示，以道德原则为指向。尽管康德的自律观存在着某些理论上的不足，比如，把主体的意志自由绝对化，把自律变成了与任何外在因素无关的、没有任何现实内容的空洞的形式等，但他试图解决自由与必然性、自律与他律对立的探索，对人类道德哲学的发展具有重要的理论和历史的意义，大多数伦理学研究者至今仍然认同将自律作为道德的最重要特征的思想。②值得注意的是，"即便在道德研究中，学者们也并不总是在相同语义上使用道德自律概念。通过对相关文献的分析至少可以归结出两种语义下的自律：其一是将道德作为一种社会意识形态加以分析而形成的对于道德本质、属性和来源的判断；其二是将道德作为人的一种社会属性加以分析而形成的关于个体道德认识和道德实践活动的判断。这其实涉及道德问题研究的两种向度——社会向度和个人向度，并由此产生了两种不同语境下的道德自律：作为道德本质的自律和与个体道德发展有关的自律。前者是伦理学研究的范畴，后者既是伦理学、道德心理学，也是道德教育学研究的内容"③。

如有学者基于生命伦理，认为"自律的实质内涵是要求病人具有自我决定同意治疗或拒绝治疗的权利，并承担与此相应的医疗责任。这就是知情同意（informed consent）——生命伦理学视阈的自律的具体形式。"④ 也有学者出于道德教育，认为："'自律'是指人们行为的约束力和驱动力依靠理性、信念和道德良心，依靠内心自觉，而不是靠外力强制。它尊重人的价值，强调自主、自治和自我教育，重视发挥人的主体意识、智慧、潜能及创造力。自律道德的根本功能是内在制裁，它要求主体自我约束、自我选择、

---

① 参见丛杭青、王晓梅《何谓 Autonomy?》，《哲学研究》2013 年第 1 期。
② 参见吕耀怀《从道德自律到道德自然》，《道德与文明》2010 年第 4 期；姚云《论康德自律的道德观》，《伦理学研究》2014 年第 1 期。
③ 徐萍萍：《关于自律内涵的道德哲学辨析》，《道德与文明》2014 年第 3 期。
④ 任丑：《生命伦理视阈的自律原则》，《思想战线》2013 年第 2 期。

自我规划、自我评价；并要求建立良好的内心法庭，对自己的言行进行自我裁决。故自律道德有以下几个特点：一是自觉性，二是自主性，三是内控性，四是自教性。"① 还有学者鉴于学术诚信体系建设，认为："'自律'是指学术共同体不受外界因素的影响和制约，通过对自我道德培养、自我道德约束等方式，将道德转化为自愿、自觉遵守的学术规范，从而诚信的实施学术研究活动。"② 再如，有学者根据网络环境下信息行为的特质，认为："网络信息行为问题的自律，是指对网络失范行为从网络信息人内部进行化解和控制。换句话说，它是引导网络信息人将合理的网络社会规范和价值观念内化为自己人格的特征，从而适应网络社会所要求的正常行动方式和秩序的过程。"③ 亦有学者认为："网络自律就是互联网网络中的行为主体自愿地认同网络规范并能自觉地践行。"④

超越伦理道德、科研与网络管理等通识疆域，"自律"也时常进入法律人的视线范围，成为法律所讨论的对象和追求的目标。在这其中，既有整体关注法律自律者，又有微观聚焦群体自律者。前者如，徐立认为："现代法律不仅具有他律的性质，也具有自律的性质。随着法治社会的发展和公民法律素质的不断提高，对法律的遵守，自律的比重将会不断增加，他律的比重将会不断减少。"⑤ 罗金远认为：自律之"自"表明，法律一定要体现人的自由意志，否则法律就会成为一架纯粹的机器，敌视人的生命，并导致独裁专制。自律之"律"表明，自由一定要有自己的规律即限度，这也就是我们所说的游戏也得有自己的规则，否则游戏就不可以进行下去。⑥ 毕竟，"自由是人摆脱内外限制、压迫、奴役而挣得解放的一种特定价值目标和自在自为的存在状态"⑦。后者如，姚莉、杨帆认为："法官的自律是指法官必

---

① 邓才彪：《浅谈道德教育他律与自律的问题》，《山东师大学报》（社会科学版）1997 年第 1 期。

② 何宏莲、陈文晶：《"自律"与"他律"互动的学术诚信体系建设研究》，《黑龙江高教研究》2015 年第 3 期。

③ 郭素红：《网络环境下信息行为的自律与他律》，《现代情报》2004 年第 6 期。

④ 秦继伟：《当代大学生网络自律意识教育研究》，博士学位论文，湖南师范大学，2013 年，第 25 页。

⑤ 徐立：《法律自律论》，《中国法学》2014 年第 6 期。

⑥ 参见罗金远《论道德自律》，《哲学研究》2006 年第 4 期。

⑦ 周维功、周宁：《道德自由何以可能？》，《江淮论坛》2017 年第 4 期。

须履行某些义务,对自己的行为进行约束。"①

尽管在"自律"语词的具体理解上,学界还存有不小的争议。然而,各种纷争、各派观点皆无法否认来自"自律"字源的中心意涵,即一个自律的人是一个其选择和决定都完全出于自己,而非单纯地接受他人意见或环境强加的人。而且学界都共同强调或接受的一点是,某种自决(自主)和自治的能力是自律概念中不可缺少的实质性部分。② 恰如学者所言:自律即人作为主体主动地自己约束自己、自己限制自己。自律不是靠外部的强制或外在命令,而是主体建立在自我意识基础上的自我决定和自我选择。自我意识具有反省性,它使主体能够避免为各种偶然的意念、冲动所左右,在某种意义上构成了一种自我约束机制。以自我意识为前提,自律表现为主体的自愿性、自觉性、自由性等特性。③ 据此,"自律"得以实现,一定程度上说,首先就要自爱、自尊、要有羞耻心。这是自律的基础和起点。其次,要遵循自律与义务的内在机制。人的义务不仅包括对自己的义务,而且包括对他人和社会的义务。对自己的义务,其实就是人格自我实现的义务。每个人只有先确立自我、确立个人利益、确立自己的需要,才能成为对方的手段。最后,自律也离不开责任的承担。人在社会中存在,必须承担对他人的责任、对社会的责任和对国家的责任。从个人的角度来说,只有如此,才能体现她或他的价值、尊严。从社会的角度而言,只有其每一个成员都尽一份力量,社会才能得以存续、发展。④

由此可见,自律的法律意识,其意志不仅要始终忠实于法,而且还要永远忠实于法中的自己:它在履行法律要求的同时绝不会强奸自己,因为它本身就在寻找法律为之献身的目的。服从不会剥夺它的自由;维护法律秩序不会破坏它的自律;奉公守法不会动摇它的自尊。这种法律意识对自己的忠实不仅仅体现在意志中,而且还体现在行动中,因为它的行为是它的确信和决定的成熟果实。一个人如果具有成熟的法律意识,就不会实施想当然的法律行为,即使是他想实施的,也只会是与法的目的和法本身相符的行为。他的

---

① 姚莉、杨帆:《法官的自治、自律与司法公正》,《法学评论》1999年第4期。

② 参见王云萍《儒家的道德人格是自律的吗?——一种比较分析的视角》,《孔子研究》2002年第1期。

③ 参见张相乐《自律及大学生自律品质的培养》,《现代教育科学》2004年第4期。

④ 参见万其刚《论人的尊严作为人权正当性根据》,博士学位论文,中国政法大学,2007年,第103—104页。

行为能在多大程度上忠实于法的目的,就看这些行为在多大程度上忠实于他的个人意志。意志与行为、行为与规范都处于统一之中,与自己的内容是同一的,并服务于相同的法的目的。这就是法的精神力量和活的力量,同时也是法律意识的具体威力。相反,一种法律意识如果不能为自己锻造出自律形式,就是不成熟的或病态的法律意识;所以生活总会给它带来痛苦和屈辱。失去自律性法律意识的公民,既无自我控制能力和独立性,也无自我管理能力。他只能在他人意志的压力下遵守秩序和忠于法律。此种情形下,他时常需要威吓,因为只有威吓才不会使他成为违法者;刑罚对他是必需的,因为他经常倾向于故意犯罪。然而,在违法和犯罪的同时,他却不会因自己的违法状态而苦恼,因为他的意志从来就不承认和接受法的意志。如果法直接对抗他的切身利益,他就立即会把未受惩罚的违法行为上升为英雄举动,并不知不觉地变成职业犯罪。不难发现,一切法律生活和国家生活的基础,就是人内在的自我管理能力,是人精神的、意志的自律能力。这就是伊林所言的法律意识第二公理。[①]

三 第三公理:相互承认法则

根本而言,人类是以封闭的和独立的个性精神中心的集合形式生活在地球上的,这些中心在肉体和心灵上相互隔绝,同时又被统一的、共同的生存环境联系在一起。在这一共同的空间物质环境中,人不可避免地要表现自己的欲望,满足自己的需求,占有东西,改造它们并企望统治它们。但与此同时,人们的个人企望又处于竞争性的共同存在之中,处于相互对立和排斥的角逐状态之中。利益冲突在利害关系人之间产生竞争,这种竞争也应该为自己找到结果和解决办法。然而,它的解决既可能通过无愧于精神的路径,也可能通过有愧于精神的路径;于是,法便把这一竞争变为了有关应有生活方式的具体争论。理论上说,每个人都享有精神上应有的生活权,这一权利可以视为个人精神的独立象征,但在现实生活中,它却是人与人之间的一种联系:一种用自己的界限把人们联系起来的界,也可以说,一种给人们的共存划界的联结物。法实际上只能存在于人们之间具有活的关系的地方:法首先是作为一种意志情绪诞生的,并首先是作为一种精神对精神的关系实现的。这种关系被定义为相互的精神承认。法律意识的第三公理由此而来,即

[①] 参见[俄]伊·亚·伊林《法律意识的实质》,徐晓晴译,清华大学出版社2005年版,第173—179页。

"相互承认法则"。①

"相互承认"虽说不上是一个家喻户晓的概念语词,但也在多个领域、多种维度上得到了广泛的运用。归结起来,"相互承认"法则主要适用于以下两种场域:

其一,用于指涉不同法域国家之间,或者多法域国家的不同法域间的司法合作或协助。比如,欧盟理事会《坦佩雷决议》强调,相互承认法则应当成为欧盟成员国间司法合作的基石,该法则应适用于司法机构作出的判决和其他司法决定。②具体说,"相互承认司法裁决意味着,其他成员国必须承认该判决,不能基于同一事实再重新起诉该人,法院作出的终审判决不能再被质疑,也即包含了'一事不再理'原则。"③区际间判决或其他司法裁决等的相互承认,则主要指一个主权国家内部存在不同法域时,各法域地区对彼此的判决、裁决等给予相互承认的待遇,属于区际司法协助的范畴。例如,目前中国存在着内地与香港、澳门、台湾四个不同的法域,各法域间便存在判决、裁决等的相互承认问题。④其二,由司法合作层面的"相互承认"逐步扩展至金融、商标、政治等领域的"相互承认"。之于金融服务而言,有学者认为:"相互承认是欧盟金融服务法的一项基本原则,其基本涵义是指各成员国共同作出承诺,以监管标准的最低限度协调为基础相互认可对方成员国的金融监管规则,对跨境金融服务开放本国市场并适用母国的监管规则,相应的监管责任也由母国予以承担。其基本精神是消除跨境金融服务的法律壁垒,并发挥市场机制的作用以促进管制竞争,从而自发地形成最优的监管标准。"⑤之于商标权相互承认而言,有学者认为:"在当前海峡两岸加大知识产权保护合作的背景下,推动两岸商标权的合作,实现两岸商标

---

① 参见[俄]伊·亚·伊林《法律意识的实质》,徐晓晴译,清华大学出版社2005年版,第190页。

② 参见冯俊伟《从相互协助到相互承认——欧盟刑事取证立法变迁探析》,《证据科学》2010年第4期。

③ 高秀东:《欧盟刑事司法合作领域相互承认制度研究》,《法治研究》2016年第4期。

④ 参见但不限于以下文献:袁古洁、庞静《论内地与澳门仲裁裁决的相互承认与执行》,《仲裁研究》2004年第1期;袁古洁《内地与港澳相互承认与执行民商事判决的发展趋势》,《法学家》2005年第2期;李广辉、王瀚《我国区际法院判决承认与执行制度之比较》,《法律科学》2009年第2期;刘仁山《国际民商事判决承认与执行中的司法礼让原则——对英国与加拿大相关理论及实践的考察》,《中国法学》2010年第5期。

⑤ 李仁真、刘轶:《论欧盟金融服务法中的相互承认原则》,《法学评论》2006年第4期。

权的相互承认,这不仅是从实践操作方面考虑解决区际冲突的有效方式,也具备坚实的法理基础。"① 之于承认政治而言,有学者认为:对于利益多元化、治理主体分散化、社群共同体复杂化的当今治理来讲,体认相互承认法则,是最根本的价值规范。以"相互承认的法权"为原则的承认政治理论,具有"视界融合"的特点,能够为理性、公正、宽容、自由、民主、共和等提供一个共同的价值境域,并作为多中心治理立宪秩序背后的根本"规范",为民主治理确立了游戏规则。②

不管是基于司法合作目的,还是鉴于金融、商标等趋向,乃至于从政治治理处考量,相互承认的基础都在于"承认"。而"所谓'承认(recognition)'是一个政治哲学和道德哲学概念,其基本含义是指个体与个体之间、个体与共同体之间、不同的共同体之间在平等基础上的相互认可、认同或确认;在全球化时代多元文化主义发展的背景下,该概念也突出了各种形式的个体和共同体在要求平等对待这一基础上的自我认可和肯定"③。"承认"作为一种观念被人们所认知和接受开始于近代。对"承认"进行规范研究者首推德国古典哲学的代表人物黑格尔。④ 在黑格尔看来,"自我意识是自在自为的,这由于,并且也就因为它是为另一个自在自为的自我意识而存在的;这就是说,它所以存在只是由于被对方承认。它的这种在双重性中的统一性的概念,亦即在自我意识中实现着其自身的无限性的概念是多方面的,它里面的各个环节具有多层的意义:一方面,这个概念的各个环节彼此之间保持着严格的差别和界限;另一方面,在这种差别中同时它们又被认作没有差别,或者总是必须从相反的意义去了解它们。有差别的方面的这种双重意义即包含在自我意识的本质里,而它的本质即是无限的,或者即是直接地被设定为自我意识的规定性(或有限性)的反面。对自我意识在这种双重性

---

① 林秀芹、郑鲁英:《海峡两岸商标权相互承认的法律思考——从"农友"商标侵权纠纷案谈起》,《台湾研究集刊》2013年第2期。

② 参见孔繁斌《多中心治理诠释——基于承认政治的视角》,《南京大学学报(哲学·人文科学·社会科学版)》2007年第6期。

③ 周穗明:《N. 弗雷泽和A. 霍耐特关于承认理论的争论——对近十余年来西方批判理论第三代的一场政治哲学论战的评析》,《世界哲学》2009年第2期。

④ 参见唐慧玲、徐水晶《相互承认与现代国家治理》,《四川大学学报(哲学社会科学版)》2010年第1期。

中的精神统一性概念的发挥,就在于阐明这种承认的过程"①。

值得注意的是,在承认被阐明的过程中,"承认"刻画的是一个目标,也只有在"承认"中,自我意识才能达到自觉;或者说,自我意识之间的最初所应达到的本真关系应该是"承认"。不过,这种"承认"并非单向的行动,而必须是双向的交互"承认",因为每一个自我意识在这里所面对的对象是另一个自我意识。换言之,一个自我意识对另一个自我意识的作为之所以可能,就是因为另一个自我意识对自己做着同样的事;反之亦然。这表明,每一方都是通过对方而达到"自我承认":对方是"自我承认"的中介,同时自己构成了对方获得承认的中介。② 即"每一方都是对方的中项,每一方都通过对方作为中项的这种中介作用自己同它自己相结合、相联系;并且每一方对它自己和对它的对方都是直接地自为存在着的东西,同时只由于这种中介过程,它才这样自为地存在着。它们承认它们自己,因为它们彼此相互地承认着它们自己。"③ 亦如学者所言:"黑格尔相互承认理论的论证结构大致可以划分为以下三个步骤:第一,只有成功克服自身任性和特殊性因素的不同个体之间,才能达成相互承认;第二,进入一种对于双方同时具有约束力的主体间性交往领域,是个体能够克服自身任性和特殊性因素的条件;第三,不同个体之间形成具备中介的间接性交往关系,而非排除中介的直接性交往关系,是保证这样一种主体间性交往领域得以存在的前提。简言之,能否结成具备中介的间接交往关系,是个体之间能否实现相互承认的关键。"④

由此表明:"不仅单个的自我意识不可能自行获得承认,单方面的承认也是不够的。只有在双方都互相承认的情况下,都进行着完全对等的活动的情况下,自我意识才各自达到自为存在。"⑤ 这一点也为费希特"法权概念的演绎"三定理所隐含:第一定理:一个有限理性存在者不认为自身有一

---

① [德]黑格尔:《精神现象学》(上卷),贺麟、王玖兴译,商务印书馆2009年版,第138—139页。
② 参见杨云飞《〈精神现象学〉中的主奴关系解析》,《武汉大学学报(人文科学版)》2011年第4期。
③ [德]黑格尔:《精神现象学》(上卷),贺麟、王玖兴译,商务印书馆2009年版,第141页。
④ 陈浩:《无私有财产,无相互承认——试论黑格尔〈精神现象学〉的理论困境》,《世界哲学》2014年第3期。
⑤ 杨云飞:《〈精神现象学〉中的主奴关系解析》,《武汉大学学报(人文科学版)》2011年第4期。

种自由的效用性，就不能设定自身；第二定理：一个有限理性存在者不认为其他有限理性存在者有一种自由的效用性，因而也不假定在自身之外有其他理性存在者，就不能认为自身在感性世界中有自由的效用性；第三定理：一个有限理性存在者不把自身设定为能与其他有限理性存在者处于一种确定的、人们称之为法权关系的关系中，就不能假定在自身之外还有其他有限理性存在者。① 根据这些定理，人只有在外在的感性世界中将自己的观念和目的对象化，才能意识到自己的自由能动性，亦即实践能力，因而具有自我意识。换言之，一个有限理性存在者能够在感性世界发挥自由的能动性是解释他的自我意识得以可能的一个条件。但更为重要的条件还在于，一个有限理性存在者只有在承认另一个具有同样自由效用性的有限理性存在者时，才能将自己理解为是有自由效用性的，从而具有自我意识。② 也因此，在承认关系中，个体相互交往，彼此承认，形成了一种"主体间相互承认"的伦理生活。这种生活图景主要表现为"爱""法权""团结"三种主体间性承认形态，分别对应着自信、自尊、自豪三种实践自我关系。各自的逻辑机制是：自信存在于爱的体验中，自尊存在于法律承认体验中，自豪存在于团结的体验中。进而言之，作为第一种主体间性承认形态，爱或情感关怀使人拥有自信，其主要存在于家庭之中；作为第二种主体间性承认形态，法权或法律承认使人拥有自尊，其主要生成于国家场合；作为第三种主体间性承认形态，团结或社会尊重使人感到自豪，其主要发生于社会之中。三种主体间性"承认"形态，有不同的承认范围，适用不同的领域，仰赖不同的形式，遵循不同的原则，滋生不同的个性和实践，也会招致不同的蔑视形式、对象和后果。这些不同相互区别，但又相互照应，最终交织而成"家庭→国家→社会"的社会承认关系结构（如"表2-1"所示）。③

表 2-1 社会承认关系结构分析

承认的范围	家庭	国家	社会（团体组织）
承认领域	爱	法权	团结

---

① 参见［德］费希特《自然法权基础》，谢地坤、程志民译，商务印书馆2009年版，第17—42页。

② 参见张东辉《费希特知识学从绝对自我到相互承认的思想嬗变》，《哲学动态》2013年第3期。

③ 参见王凤才《论霍耐特的承认关系结构说》，《哲学研究》2008年第3期；杨君、徐选国《社会工作、社会承认与生活世界的重构》，《学习与实践》2014年第2期。

续表

承认的范围	家庭	国家	社会（团体组织）
承认形式	情感关系（爱）	法律承认（法权）	社会尊重（团结）
承认原则	需要原则	平等原则	贡献原则
个性维度	情感需要	道德责任、能力	能力和品行
实践自我关系	自信	自尊	自重
蔑视形式	强暴	剥夺权利	侮辱
蔑视对象	身体完整性	完全成员资格	自我实现方式
蔑视后果	摧毁自信	伤害自尊	剥夺自豪

在"家庭→国家→社会"的承认关系结构中，国家主导的法律承认的作用较为独特。其实，全部人类的共存历史早已假设了主体间基本的相互承认，法律不过是以赋予个体各以对方的自由为自身自由的可能性的方式，将承认形诸普遍主义的法权形式，一种基于同意的契约形式，从而，法的创制本身即为承认，创制者亦即承认者，也是一个被承认的存在。国家主权经由人民主权支撑，在此转换为立法主权。如果说政治意志的形成过程即是一个民族的集体肯定过程，那么，法律意志的提取、凝练过程即为公民经由参与而实现的自我承认与相互承认，亦即行使立法主权的"自我立法"，借此建构公民身份的完整形态。[①] 鉴此，法律命令本身就要求公民具有追求法的意志，因为法律秩序就建立在法律意识的相互作用的基础之上。如果没有这一意志，法律秩序就会变成连续的、系统的暴力秩序，因为对人民的法律意识和对人民的承认的不信任，将迫使政权把全部希望都寄托在强制手段上，并用它警告和压制一切独立性表现。然而，在这条路径上它永远也不可能成功地完成自己的基本任务：培养人民的自律性法律意识和自我管理能力。在正常情况下，政权是把公民视为自我在国家建设事业中所应有和所期盼的同事；它相信他们的意志和他们的承认；它指望他们的支持，不惧怕他们自由的首创性；对公民的信任能使它建立起自信心，并从中为自己汲取信任公民的力量。由此可见，人们相互间的精神承认，即相互尊重和相互信任，是一

[①] 参见许章润《论人的联合与双向承认法权》，《政法论坛》2007年第6期。

切法律秩序和国家的基础。这就是伊林所言的法律意识第三公理。①

第三节　法律意识公理间的逻辑结构

根据伊林的理解，精神尊严是整个现实生活的根基，自尊则是国家力量和政治健康的源泉（法律意识第一公理）；人内在的自我管理能力，人精神的、意志的自律能力，是一切法律生活和国家生活的基础（法律意识第二公理）；人们相互间的精神承认，即相互尊重和相互信任，是一切法律秩序和国家的基础（法律意识第三公理）。法律意识的三大公理都无一例外地标榜自己为"根基"或"基础"，看似人为滋生矛盾，实则不然。在第一公理中，伊林将"精神尊严"厘定为"现实生活"的"根基"，而将集中体展现个体精神尊严的"晶体"——"自尊"视为"国家力量和政治健康"的"源泉"。在第二公理中，伊林将孕育并成熟于一般自我管理能力的精神的、意志的"自律能力"视为一切"法律生活和国家生活"的"基础"。而在第三公理中，伊林又将人们相互间的精神承认意涵的"相互尊重"和"相互信任"誉为一切"法律秩序和国家"的"基础"。

在伊林看来，不管是"精神尊严"，还是"自律"，乃至"相互承认"，都是法律意识的"底座"，离开"精神尊严""自律"和"相互承认"的交互、协同作用，法律意识无以生成。但是，底座之间的位阶和性质并不完全相同，伊林时而冠以"根基"，时而辅以"基础"，且将其与"现实生活""法律生活""法律秩序"，或"国家力量""国家生活""国家"等相配。伊林写就的语词间的微小变动，并非只是灵机一动，而是具有深厚的逻辑意蕴。不同的语词表达，既彰显了公理之间"剪不断，理还乱"的复杂逻辑，又展现了法律意识从"个体"到"社会"的生成路径，还透射了公理"现实生活→法律生活→法律秩序"作用场域幕后的法律意识生成与运动的"信息"媒介（如图 2-2 所示）。

一　法律意识的公理逻辑：从"精神"到"行动"

法律意识作为价值标准体系的一个有机组成部分，是一个以系统形式存在的有机整体。根据系统论的观点，世界上的各种事物和过程，不

---

① 参见［俄］伊·亚·伊林《法律意识的实质》，徐晓晴译，清华大学出版社 2005 年版，第 202—203 页。

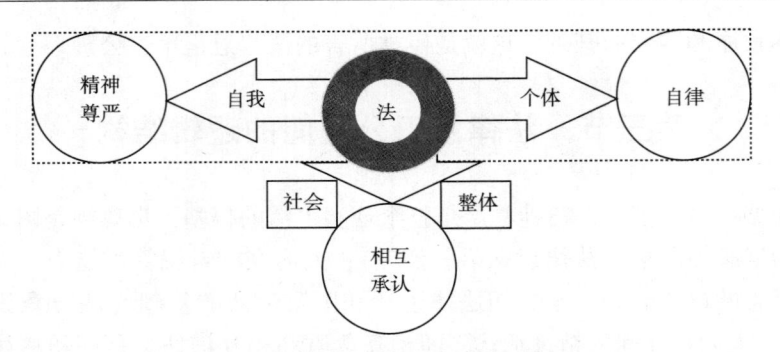

图 2-2 法律意识公理间的逻辑机制

是杂乱无章的偶然堆积，而是一个合乎规律的由各要素组成的有机整体。这就是说，不仅物质具有系统的特征，而且人类认识对世界的反映，本质上也具有系统性质。因此，作为大脑对法律存在的反映的法律意识，当然也具有系统性。① 既为系统，则法律意识公理定循系统规则。诸多系统规则中，"核心思想是系统的整体观念，强调组成系统的各要素之间的联系与互动，而反对那种以局部说明整体的机械论的观点"②。简言之，"一个系统就是一个复杂的整体，其功能取决于它的组成部分以及这些部分之间的相互联系"③。以此观之，法律意识即是"精神尊严""自律"和"相互承认"合力作用的复杂整体。法律意识的生成与运行取决于各自的成熟度以及三者之间的内在逻辑和作用合力。诚如学者所言：系统理论不同于其他法的社会理论研究之处，在于其首先重视的不是法律的环境（经济因素、政治因素等），而是法律运作本身。在系统理论之下，现代法律是由规范运作而非其他所组成的系统。法律的运作将个别规范联结为一个整体，规范之间可以互相指涉，为人们的行为和期望提供普遍的指引，进而形成法律的规范性。④ 法律意识亦如此，它的生成与运行最终将"精神尊严""自律"和"相互承认"联结为一个有机整体，各自之间相互连通，彼此增进，进而形成健康、成熟的法律意识。

于精神尊严与自律而言，尽管伊林将前者列为法律意识的第一公理，而

---

① 参见张洪凌《从信息控制的角度看法律意识的一般属性》，《法学评论》1987 年第 2 期。
② 张钧：《积渐所至：生态环境法的理论与实践》，人民出版社 2015 年版，第 134 页。
③ ［英］迈克尔·C.杰克逊：《系统思考——适于管理者的创造性整体论》，高飞、李萌译，中国人民大学出版社 2005 年版，第 4 页。
④ 参见刘涛《法教义学危机？——系统理论的解读》，《法学家》2016 年第 5 期。

将后者视为法律意识的第二公理,但两者关系绝非前后位序排列显示的这般简单。究其本体,自律,也即自由,是精神所固有的。而法律自由就其基本实质而言就是一种精神的、内在的自由。它意味着在个人和公民的生活中,"治理者"与"被治理者"之间的对立将内在地消失,因为自律实质上并不是外在秩序和外在行为的体系,而是个人法律意识内在的精神构建和这些意识之间的特殊联系。从这个角度说,将精神尊严置于自律的"基础"位阶,应无问题。只是,同样不应忽视的现实是:自律才是唯一的起点。因为精神在任何一个可以呼吸的地方都会引进相同的、为自身所固有的形式,并坚持忠实于自己。发展至今,人的生活不可能离开法律形式,但人应该独立地接受这种法律形式:接受自身自由的界限,并坚持把它作为自身行为的必要而神圣的界限。对于精神来说,这种自律始终都是最基本的生活方式,无论它的实现是通过必须遵守的规范的形式,还是通过自愿履行的合同的形式,但它的自律性则可以而且也应该在所有的场合下都得到遵守。如此理解,自律又会成为精神尊严的基础和根据。这就是法律意识的第一公理和第二公理之间的双向、交互联系。即,两者并非简单的、机械的位序排列,而是犹如一个内含两个关系密切、不可分割的构件的有机整体,整体之下,二元构件互为基础,互为根据,互为前置与结果的双向联动关系。①

既然精神尊严与自律互为根据与结果,则两者更似以整体面貌与相互承认法则对接。这种对接通过法律关系而实现。诚如伊林所言:任何法律关系都是建立在得到两次实现的三个承认基础之上的:第一,进入法律关系的每一个主体都承认法是关系的基础,是生活的形式,是具有客观意义的思想。第二,每一个主体都承认自己的精神方面,即承认自己的尊严和自己的作为法律创制力的自律。第三,每一个主体都要承认其他主体的精神方面,即承认他的尊严和作为法律创制力的自律。可见,法律关系的基础就是建立在精神尊严法则和自律法则之上的相互承认法则。据此,一个人在谈论自己的权利时,其实已在暗示他人的与这一权利相对应的义务;而承认某人具有法律义务时,也意味着肯定他的权利,即承认他的精神本质。同样,一个人在谈论自己的义务时,实际上在承认他与这一义务相对应的权利;而这就意味着肯定他的权利,即精神本质。所以,一个人要想得到精神承认,自己就应该实现精神自我肯定;要想受到别人尊重,自己

---

① 参见〔俄〕伊·亚·伊林《法律意识的实质》,徐晓晴译,清华大学出版社2005年版,第170—172页;王福玲、龚群《自律:康德尊严思想的基石》,《思想战线》2013年第2期。

就应该自尊，并具有自尊的真正理由。若不会尊重自己，就既不会尊重他人，也不会保持和巩固他人对自己的尊重。这就是第一公理、第二公理和第三公理之间的内在联系。[①] 简言之，精神尊严法则和自律法则是相互承认法则的前提基础，离开个体的精神尊严和自律，相互间的精神承认注定只是南柯一梦。反过来，相互承认法则又会进一步巩固和深化精神尊严法则和自律法则孕育的精神尊严和自律能力。

综上所述，伊林法律意识的三个公理之间并非杂乱无章的随机组合，三者也绝非等量齐观。而是彼此之间隐含严密的逻辑脉络，各自承担不同的使命，进而合力而为法律意识的有机整体。整体内部，身为法律意识三大公理内核的"精神尊严""自律"和"相互承认"这三大构件的性质不同，功能定位不同，相互距离亦不同，因而各自的进化规律、衍生的径路也多有不同。解剖法律意识三大构件的这些不同之处，可以发掘三者之间交错横生的复杂关系。其中，"精神尊严"和"自律"的关系更为混沌。一方面，"精神尊严"与"自律"的距离更近、共同趋向更多，两者不同于"相互承认"，而更为接近于"精神"范畴，都旨在武装和锤炼个体的"精神"品质，进而铺就"相互承认"的前置基础。另一方面，即便可以将"尊严"和"自律"都纳入至同一范畴，视为"精神"属性的同类构建，但它们之间也远非泾渭分明的决定与被决定关系。相反，更多时候"尊严"和"自律"呈现互为根据、互为结果、相互增进的交互共进、水乳交融的关系图景。与"精神尊严"和"自律"的"精神"秉性不同，"相互承认"带有更多、更浓郁的"行动"秉性，其意在交换主体间的"精神尊严"和"自律"，进而实现主体间的"意识"进阶，完成社会整体的法律意识升华。从这个角度上说，法律意识三大公理之间深嵌着"从'精神'到'行动'"的逻辑脉络：首先，在精神尊严法则和自律法则的交互作用下，个体完成"精神尊严"建设，使之具备"自律"品格，进而塑造个体完备的"精神"系统；其次，带有较为完备的、较为全面的"尊严"和"自律"精神系统的诸多个体进入法律场域，使原初仅武装有单纯"精神尊严"的个体成为携带法律"信息"与法律"产品"观念等的潜在的、渴求彼此承认的成熟的法律意识个体；最后，各意欲被承认的法律意识个体在法律场域中，借助法律关系、法律秩序等媒介和相互承认法则，实现"精神尊严"与"自律"

---

① 参见［俄］伊·亚·伊林《法律意识的实质》，徐晓晴译，清华大学出版社2005年版，第192—196页。

的相互承认，进而促成个体已然生成的一般精神认知向法律渴求的专业法律意识的转向。

二 法律意识的生成径路：从"自我"到"社会"

如图 2-2 所示，与法律意识三大公理隐藏与内生的"从'精神'到'行动'"的逻辑脉络暗合，从"自我"到"社会"的法律意识生成径路也被同步开凿出来。因为精神尊严法则也好，自律法则也罢，聚焦的都是若干个体"自我"的修饰与完善，旨在供给一个个"完整的自我"。而完整的自我"首先是个体意识，意识到个体是人，是一个独立、自由、平等之人"[1]，其向来都包括作为意愿与行为主体的"主我"（真实的那个自己）和作为他人社会评价和社会期待的"客我"（自己评价中或者别人评价中的那个自己），也即既是"主我"又是"客我"，是主体与客体的统一。虽然一个有机体在社会交流过程中，采取与它自己的动作有关的群体的态度，并用他人的态度控制自己的行动而成为"一个理性的存在"，但是，这并不是自我的一切。这只是表明"泛化的他人"被一个个体的自我所接收，构成了"客我"。"客我"表征着自我把自己认同为一个普遍的存在，使自己置身于所有他人的态度之中。不过，即便在"主我"和"客我"的二元互动中，"完整的自我"得以装备，但是孤立的有机个体依然难成为真正的"自我"，也就难以衍生出期待中的"意识"。因为只有通过社会过程，冲动的动物才能成为理性的动物；唯有通过社会经验，具有适当的机体素质的个体才能拥有心灵；同样，只有通过社会交流过程的内在化，个体才能获得使他成为他自己的对象并在一个共同的生活世界中生存的能力。所以，当一个自我出现在他自己的经验中时，它总是内含着另一个人的经验，他与他人相对而出现，并在个体自身唤起它在他人身上唤起的同样反应；当他人的反应，以及采取他人的态度成为个体的经验或行动中的一个基本成分时，不仅他人，而且自我才会出现在我们自己的经验之中。[2]

简言之，不管个体内在的"精神尊严"和"自律"发展得多么成熟，离开社会同样难以成为真正的"自我"，也难以具有独立的法律意识。要想实现"自我"到"自我意识"，再到"个体法律意识"与"社会整体法律意识"的跨越，则必须借助于社会过程、社会经验和社会交流等媒介，而

---

[1] 涂永前：《权利的人性分析——兼论人格权独立成编》，《政法论坛》2019 年第 2 期。
[2] 参见王振林、王松岩《米德的"符号互动论"解义》，《吉林大学社会科学学报》2014 年第 5 期。

不管是社会过程，还是社会经验，乃至于社会交流等媒介，都离不开诸多"完整的自我"的个体之间的相互信任、相互尊重基础之上的相互承认，也即仰赖于相互承认法则的真切实施。得益于"自我"向"社会"的进发，精神尊严法则、自律法则和相互承认法则联为有机整体，筑就法律意识的普适性生成路径。照此理解，法律意识生成中的"自我"和"社会"定位与联结便显得格外重要，它不仅关乎诸多个体法律意识的建立，而且关系社会整体法律意识的构建。而只有每一个个体的法律意识与社会整体的法律意识同步生成，一体化的法律意识大系统才能真正形成，并最终发挥其之于法治社会的建构价值。

照此理解，法律意识生成之路适于个体"自我"，而"自我"远比想象的复杂，也因此成为"哲学、伦理学、心理学、人类学等学科中相当重要的概念。从古代的亚里士多德到近代的笛卡儿，再到现代的詹姆斯、弗洛伊德、米德都曾把自我作为其学科体系的核心概念。"[1] 其中，又以社会心理学最为典型。自社会心理学诞生以来，自我概念一直是社会心理学研究的一个重要课题，众多的社会心理学家对此提出了各自不同的观点。概括说来，这些观点大体可分为社会学取向的自我观点和心理学取向的自我观点两种。前者关心的是社会与自我，即社会结构与自我概念的关系，注重研究他人、客体和环境对于个体自我概念的影响；后者关心的是精神与自我，即认知结构与自我概念的关系，其研究的重点在于"内部过程"，即回答他人、客体和环境如何影响人的心理过程。[2] 但是不管作何理解，"自我为一种认知和思考的过程"[3] 之本质不应被质疑。基于这一过程，自我可以解分为三种紧密相依的成分：自我认知——对自己各种身心状况、人—我关系的认知；自我情感——伴随自我认知而产生的情感体验；自我意象——伴随自我认知、自我情感而产生的各种思想倾向和行为倾向。自我意象常表现于对个体思想和行为的发动、支配、维持和定向。因此可以将自我理解为一种具有实体性的东西：当一个人在思考或行动的时候，它是思考或行动的主体，而

---

[1] 张敏：《自我研究中个体与社会二元紧张的解决路径》，博士学位论文，吉林大学，2007年。

[2] 参见盖乃诚、陈本泉《自我概念与自我生态系统——自我生态学观点简介》，《山东师大学报》（社会科学版）1995年第2期。

[3] 安·韦伯：《社会心理学》，赵居莲译，桂冠图书股份有限公司1998年版，第53页。

当一个人在思考或省察本身的一切时，它又是一个被动的客体。① 从自我认知到自我情感，再从自我情感到自我意象，个体"自我"逐步完备起来。它不仅包含有关自己的想法，还包含个体所珍惜的信念和态度。这种个体"自我"内含的想法、信念和态度关乎法律意识的生成，意义重大。但它又并非个体生而具备，也绝非唾手可得，而须历经"磨难"，不断发展与完善。

诚如安·韦伯所言：没有人一出生就具有一种自我概念；人终其一生会不断发展自我概念，而且个体之间的自我概念也存在着差异。一般而论，自我概念源于两种力量，一是个体本身的，另一是自我之外的影响力。前者为自尊，即个体对自己（正面或负面）的评估。高度的自尊为个体对自己的价值、能力以及承诺，有着很高的评估。低度的自尊为自我严苛地批判过去的经验，并且对未来成就抱着很低的期望。后者即社会评估，包括反射性评估和直接回馈。从别人对你的行为，推断他人对你的看法，并且采用那些看法作为你对自己的看法，那么你就是在反射他人的评价。而当别人——（特别是如父母和密友等重要的人）明白表示他们对我们的评价，我们接受了有关我们的特质和技能，是为直接回馈。② 借助反射性评估或直接回馈，个体的"精神尊严"和"自律"能力不断成熟，自我的社会性也逐渐得以展现，且表现出个体与其他社会成员通过合作而结合在一起的倾向③，这种倾向不仅使得个体"自我"之间相互承认成为必要，而且使诸多个体"自我"迈向"社会"成为可能。因为"自我"毕竟不是一个事物，不是某种固定不变的东西，而是通过某人的社会性投射被认识到的某种东西，是在社会环境中进化的。也即，"自我"必须在存在层次上社会性地涉及和展开，才可能得到实现。④ 伴随个体"自我"的日臻完善，作为个体交互承认的

---

① 参见张敏《自我研究中个体与社会二元紧张的解决路径》，博士学位论文，吉林大学，2007年；王启康《格心致本——理论心理学研究及其发展道路》（增订本），华中师范大学出版社2014年版，第208页。

② 参见安·韦伯《社会心理学》，赵居莲译，桂冠图书股份有限公司1998年版，第54—55页。

③ 参见李林、陈亚军《自我、社会与道德——米德伦理学思想刍议》，《南京社会科学》2014年第3期。

④ 参见刘高岑《论自我的实在基础和社会属性》，《哲学研究》2010年第2期。

"社会"便逐渐得以展现。①

概而言之,"精神尊严"和"自律"造就了法律意识中的个体"自我",这种自我在"相互承认"中实现了向"社会"的转化。但这并不意味着法律意识始于个体"自我",终于整体"社会"。从"自我"端来说,"意识的绝对目标,就是存在、确定自我。换句话说,自我的绝对目标,也即客观规律和客观世界的唯一目标,就是自发地存在、确定、感受自己。"①这一目标决定了不管是"精神尊严",还是"自律"都不可能是静态不变的,即便是某一阶段、某一层次实现了"自我"的绝对存在、确定和感受,也只是意味着某一时点目标的实现。这一即时性目标的实现,恰恰会成为下一时点目标的基础。目标在交替中得以提升,也得以不断进化。与之相随,个体"自我"的"精神尊严"和"自律"不断走向成熟状态,认识法律现象的能力渐次攀升。"自我"目标间的交替进位,个体"精神"的循环进化,决定了主体间"精神"相互承认也不可能是一次性互动,而是一个动态的渐次调整过程,在个体自我"精神"不断的"相互承认"之中,社会整体的"精神"质量和面貌悄然提升,且时刻处于动态升华状态。这意味

---

① 其实,每个人都有一个"自我",它的构成受制于社会结构性,每个人都有不同于他人的自我,构成不同自我的结构也不是完全相同的。这是因为,不同的自我反映的社会结构都是从自己所处的地位和不同的社会关系在自身的反映;但是都必须是共同体的成员,有一个控制所有人的态度的共同体,个人才能成为自己的对象,自我才能出现。个人只有在与他人的明确的关系中才能存在,我们自己的自我同他人的自我之间是不可能有明确的界限的。只有他人的自我进入我们的经验个体,在他所属的社会群体的其他成员的关系中才能有自己的自我,而自我的结构性反映了他所属的社会群体的一般社会形式。这就是共同体中各个自我的社会结构性。简言之,从社会交往角度看,自我发展的动力在于个体同他人之间的相互影响和相互作用,这种个体之间的交互合力,最终构成社会的关键性基座。因为"社会就是由许多这样的个体组成的一个系统性秩序,而且这种结构还不同程度地反映在个体的身上"。正是个体和个体的活动构成了社会这一复杂的大系统。从法治角度上说,现实的法律生活需要使人们必须去认识社会中的法律现象,这些认识直接地表现为一种对象意识。但是,从社会总体的角度看,人们的这种对象意识又表现为人们对自己及自己的法律活动的认识,具有自我相关、自相缠绕的性质,是人们的自我认识。同时,这种对象性的认识活动又表现为社会实现自我认识,获得其自我意识的必要且唯一可能的途径和方法。易言之,社会总体在具体认识个体对社会的对象意识中实现了自己的自我反观、自我认识、自我意识。参见宇海金《乔治·H. 米德的自我理论研究》,博士学位论文,复旦大学,2008 年;陈岩、汪新建:《米德"符号互动论"思想的新诠释》,载《南开学报(哲学社会科学版)》2010 年第 3 期;赵泳:《论社会自我意识的主客体》,载《哲学研究》1993 年第 11 期。

① 宋鑫:《意识的绝对目标与自我存在的层级规律》,《黑河学刊》2016 年第 5 期。

着法律意识从"自我"到"社会"的生成路径注定不是单行线,而是一条双车道,是一条循环往复的互动轨道。在这其中,"自我"始终处于主动和首发状态,且"在我们的生存和发展中发挥着重要作用。以此来看,自我是一种对特定功能有用的习得的知识结构,是建立在以特定方式组织起来的知识之上的,是通过学习和社会化的事件而被塑造的。所以,尽管自我在精神生活中扮演了一种核心的或控制的角色,但这些作用是建基于社会化事件所塑造的那种特殊知识结构的"①。

三 法律意识的生成媒介:从"知识"到"信息"

法律意识作为人们对法律存在的思维反映,离不开客观存在的法律知识。而"人类所有的'知识'都是在社会情境中发展、传递和维持的。"② 从知识社会学的角度上看,"知识的社会决定"是其经典论题,它意味着:互动的社会过程提供了知识的内容,促成了知识生产的心灵机制;互动生产的知识影响其后的知识生产,这些知识的融合沉淀形成相对稳定的符号和意义。换言之,社会互动是知识的根本来源,新知识产生于互动过程,而关于未来的预期、当下的情境和过去的经验的知识又是展开行动的依据,较为稳定的知识提供了可以直接运用的行动模式。知识与社会行动的交互建构,不仅推动了知识的生产与更新,而且丰富了社会行动模式的多元与选择。两者的交互图景和进化路径,在辩证关系中存在和演变。③ 这意味着知识的生成越发离不开信息了,知识与信息的内在联系将愈加紧密。

从认识论意义上说,信息是关于事物运动状态以及状态变化方式的描述,而知识是关于事物运动状态和状态变化规律的描述。可见,信息和知识概念一脉相通,又相互区别:由具体的"状态变化方式"到抽象的"状态变化规律",其间所经历的变化就在于人们对信息所进行的加工和提炼。即,信息作为一种原材料,经过加工提炼之后,就可能形成相应的抽象化产

---

① 刘高岑:《论自我的实在基础和社会属性》,《哲学研究》2010 年第 2 期。

② [美] P. L. Berger、[德] T. Luckmann:《知识社会学:社会实体的建构》,邹理民译,巨流图书有限公司 1991 年版,第 9 页。

③ 参见赵万里、李路彬《情境知识与社会互动——符号互动论的知识社会学思想评析》,《科学技术哲学研究》2009 年第 5 期。

物——知识。① 从知识的意义上讲，信息不仅是激活了、活化了的知识②，而且是知识的原材料。信息的核心价值就在于能够从中提炼出知识。因此，在一定程度上可以说，知识既是信息加工的产物③，又"是个人意识所拥有的信息：它是一种与事实、程序、概念、解释、想法、观察和判断有关的个性化信息（可能是新的、唯一的、有用的或者准确的，也可能不是）"④。

从知识的生态学规律上看，人类在认识和改造客观世界的实践进程中，"知识既非自古就有也非万古不变的东西；相反，知识是一个活生生的生态学系统，遵循着固有的生态学规律：在内部，它是在本能知识的支持下首先由信息生长出'欠成熟'的经验知识，进而生长出'成熟'的规范知识，最后生长（沉淀）出'过成熟'的常识知识，后者又通过某种机制生长成为本能知识的新内容，使本能知识逐渐增长；在外部，它不断由信息生长出来，又不断向智能策略生长而去"⑤。

概而言之，知识经过与信息的交互和人类思维的加工，最终被人的认识结构所吸收、内化，以概念和原理的形式固定下来，成为人类特有的精神信息——意识。法律意识的产生和发展，正是一个与外界不断进行信息交换的过程。与外界不断进行信息交换，是法律意识形成、发展的主要推力。因为任何个体从外界接收来的法律信息，经过思维的最初选择后，进入大脑并被存贮起来，形成丰富的经验。这些以经验知识形态被贮存起来的法律信息经过人脑进一步选择、分析、综合等加工后，形成一种相对稳定的认识和实践模式——法律意识结构，在这个结构中，其要素的联系形式和作用方式并非杂乱无章、变化无常的排列组合，而是具有严格有序、相对稳定的结构特点。只要信息的积累还没有达到足以使它发生飞跃性质变的程度，它就能够接纳消融新的法律信息，使它们成为结构的有机组成部分。正是法律意识结构的有序性，决定了法律意识的相对稳定性。但这种相对稳定性的法律意识

---

① 参见钟义信《"知识论"基础研究》，《电子学报》2001年第1期。

② 参见江道琪、王振民《关于法律信息的几个问题》，《法律文献信息与研究》2003年第4期。

③ 参见钟义信《"信息—知识—智能"生态意义下的知识内涵与度量》，《计算机科学与探索》2007年第2期。

④ ［美］Maryam Alavi Dorothy E. Leidner：《知识管理和知识管理系统：概念基础和研究课题》，郑文全译，载《管理世界》2012年第5期。

⑤ 钟义信：《信息转换原理：信息、知识、智能的一体化理论》，《科学通报》2013年第14期。

结构同样不是绝对的和静止的,它与外界不断的信息交换,决定了它最终的变化与发展,进而使得法律意识在内具相当稳定性之外又生可变异性(或动态性)。二元秉性的内在博弈与深层互动,促使既有法律意识在吸收大量新的法律信息时,除了维持原有的结构状态以外,还可以通过思维的加工处理,排除一些落后的、陈腐的法律意识,并在此基础上相应地形成更为先进的法律意识。所以,法律意识的顺利生成与良性运行,很大程度上取决于外界是否存在着一个强大的、丰富的法律信息源。否则,法律意识结构纵有相对稳定性与可变异性之本性冲突,也难以打破既有的法律意识结构,生成新的法律意识结构,法律意识的循环生成与运行自然也就难以实现。①

不难发现,法治意识的生成进程中,法律信息源至为关键。通常认为,法律信息源是指与法律活动有关的数据、文件、资料等信息内容,它既包括国家权力机关制定的法律法规,也包括法学研究者的法律著作和学术论文,还包括有关的国际条约和外国法律资源等。根据其自身特点,可将法律信息源分为制度性法律资源、判例性法律资源、学术性法律资源、一般性法律资源和国际性法律资源。随着国家法制建设的日益增强,法学研究的不断深入,法律信息的数量越来越大,社会对法律信息的需求也越来越强烈,但同时公众获取法律信息的难度也空前加大。② 因为一般来说,在法律文献中的知识内容是由若干个知识单元组成,知识单元之间的结构关系是相对固化的。用户查找其中的知识时,只能按照编者事先组定的线性方式读取,即使只想获取其中某一部分事实或数据,也要在获取全文的基础上根据需要逐个筛选,这是传统检索技术的致命缺陷,恰是信息技术的独特优势。③ 当今时代,"随着信息技术的发展,信息在社会生活中的地位愈加重要,已然成了社会交往中的核心内容"④。"移动互联网技术、大数据和云计算等科技手段的应用,极大降低了信息供给成本"⑤,也"为行为主体的生活带来了方便,

---

① 参见张洪凌《从信息控制的角度看法律意识的一般属性》,《法学评论》1987 年第 2 期。
② 参见周淑云《论我国法律信息资源的公共获取》,《情报探索》2009 年第 2 期。
③ 参见黄都培《互联网环境中法律信息获取方法研究》,《中国政法大学学报》2012 年第 3 期。
④ 谢远扬:《信息论视角下个人信息的价值——兼对隐私权保护模式的检讨》,《清华法学》2015 年第 3 期。
⑤ 杨东:《互联网金融的法律规制——基于信息工具的视角》,《中国社会科学》2015 年第 4 期。

使得行为主体通过信息能够获得需要的内容, 比如知识或者利益。"①

归根结底, "数据是信息的表现形式"②。"伴随信息技术的发展, 人类进入到以数据化、网络化和智能化为特征的大数据时代。这个时代最主要的特征是数据化生存, 科学研究、商业活动、社会治理等无不依赖数据, 数据成为支撑这个时代发展的新资源。"③ 而以数据为载体的信息技术在现今社会的广泛运用以及它所产生的影响怎么估计恐怕也不算太过分。它的影响不仅仅是改变或者改进了已有的生产方式, 而且改变了或者正在改变我们的生活方式乃至思维方式。④ 因为 "大数据的出现, 使得数据资源的使用实现了从量变到质变的飞跃, 大数据技术从基础的信息技术派生出来并迅速壮大"⑤。"在大数据时代, 数据对于信息控制者而言, 就是生产要素和行动指引。信息控制者必然会充分利用大数据揭示的相关性, 提前预测信息主体和社会的各种需要, 提供精准的定制化产品或服务。"⑥

尤其在法律领域, 信息技术及其带来的数据产品逐渐显示出强有力的优势, 无论是对日常的司法业务处理, 还是法学研究与司法办案决策都赋予了新的方法和思路, 越来越发挥着它的辅助支持作用。⑦ 以至于有学者认为: 法律信息的产生和发展, 除开法律制度的丰富供给外, 主要与信息技术的发展的发达性有着直接的关系。⑧ 不难预见, 信息技术对法律意识生成与发展的作用, 必将随着信息社会的步入而变得更为突出。从 20 世纪 80 年代起, 人们开始普遍使用 "信息社会" 这一概念。正是信息处理技术与信息传输技术的快速发展, 把人们带入了信息时代⑨, 促使 "我们的社会正在进入一个生产方式具有革命性变革的社会即信息社会; 但是信息社会不是一个在生

---

① 李欲晓:《互联网治理与信息社会法律的研究对象和目标》,《北京邮电大学学报》(社会科学版) 2010 年第 1 期。

② 王利明:《数据共享与个人信息保护》,《现代法学》2019 年第 1 期。

③ 高富平:《个人信息保护: 从个人控制到社会控制》,《法学研究》2018 年第 3 期。

④ 参见张新宝《信息技术的发展与隐私权保护》,《法制与社会发展》1996 年第 5 期。

⑤ 孙丽岩:《行政决策运用大数据的法治化》,《现代法学》2019 年第 1 期。

⑥ 周汉华:《探索激励相容的个人数据治理之道——中国个人信息保护法的立法方向》,《法学研究》2018 年第 2 期。

⑦ 参见黄都培《互联网环境中法律信息获取方法研究》,《中国政法大学学报》2012 年第 3 期。

⑧ 参见罗伟《法律信息发展的基本因素——以美国为例》,《法律文献信息与研究》2008 年第 1 期。

⑨ 参见郑成思《信息、知识产权与中国知识产权战略若干问题》,《环球法律评论》2006 年第 3 期。

产关系上发生了重大变革的社会，相反，不同的生产关系居于主导地位的不同社会，却可能在相同或者比较接近的时期进入信息社会"①。

与之相契，2003年联合国信息社会世界峰会《原则宣言》也指出，我们正在共同迈入一个潜力巨大的新时代，一个信息社会的新时代，一个加强人类沟通的新时代——一个"以人为本、具有包容性和面向全面发展的信息社会。在此信息社会中，人人可以创造、获取、使用和分享信息和知识，使个人、社会和各国人民均能充分发挥各自的潜力，促进实现可持续发展并提高生活质量"②。在此社会中，自由、开放、共享是核心价值理念。自由是信息社会首要的核心价值理念。开放是信息社会的基本特征，也是信息社会基本的精神特质。共享是信息社会最具特色的核心价值理念。③ 而自由、开放和共享价值理念的实现，将使法律信息的获取变得更为便捷。同理，法律意识结构的裂变速度也必将大为缩短，整体社会的法律意识进化难度也定能降低。即便信息社会的这些理念未必都能实现，但至少"技术革新已经促进了信息的掌握、管理和储存"④。技术革新的当下，不管是法律信息的初始利用，还是法律信息的增值利用⑤，信息技术嵌入的深度和广度都已超

---

① 张新宝：《信息技术的发展与隐私权保护》，《法制与社会发展》1996年第5期。
② 《走进信息社会：中国信息社会发展报告2010》课题组：《走近信息社会：理论与方法》，《电子政务》2010年第8期。
③ 参见孙伟平、赵宝军《信息社会的核心价值理念与信息社会的建构》，《哲学研究》2016年第9期。
④ 郝兰琼：《国际背景下的法律信息管理——挑战和机遇》，王昶、刘建波译，载《法律文献信息与研究》2011年第4期。
⑤ 法律信息的增值利用是相对于法律信息的"初始利用"而言的。所谓法律信息增值利用是指法律信息在履行公共服务的基本功能外，通过授权、许可或其他方式由法律公共部门以外的力量进行深度开发，产生增值效应，提供给社会使用。法律信息"增值利用"与"初始利用"的区别表现在：（1）从使用目的来看，法律信息的初始利用主要为了履行公共部门的公共职能，例如公布基本的立法、司法和执法文件。法律信息增值利用是对公共部门所产生信息的进一步加工利用，它不是公共部门的法定责任，例如将法律法规集成为法律数据库，形成数据库产品等。（2）从使用对象来看，法律信息增值利用的对象是对原生法律信息再加工形成新的信息产品，例如利用不同国家法律制度的差异性分析来指导公司的海外战略部署等属于增值利用。（3）从使用效益来看，法律信息的初始利用主要在于满足社会效益，而增值利用则有很强的经济效益驱动性。（4）从使用主体来看，公共部门法律信息的利用通常包括公共部门与社会公众两方主体，公共部门是信息提供者，社会公众是信息使用者；而法律信息的增值利用一般有三方主体，法律公共部门、增值开发者、社会公众。（5）从利用方式来看，公共部门法律信息的利用通常采用发布或依申请提供的方式，而法律

过以往任何一个时代。这不仅是法律工作者的福音，更是社会公众的利好。只要法律制度不间断地生产，加上法律信息技术的纵深发展，法律意识的生成与进化定然可期。

信息的增值利用常常是由私营部门（或相关公共部门）在基于公共任务开发出信息的基础上进行增值开发，利用信息汇集、融合、版本化、时间序列化、集成、分解、嵌入等各种技术手段生成新的信息产品，然后通过市场提供给用户。参见陈传夫、冉从敬《法律信息增值利用的制度需求与对策建议》，《图书与情报》2010年第6期。

第三章

税收法治意识的生成机理

人与社会存在的固有事实与本来逻辑显示，社会的形成是在人的生活经验积累与总结之中自然发生的，而这一过程必然相伴而生的乃是社会常规、礼俗、习惯、制度与法律等社会规矩与章程，也正是这些社会规矩与章程在维持并推动着人与社会的存在和发展。所以，作为人生活世界的社会及其历史发展，必须首先在不同范围之内的人们之间、人与其群体和组织之间、人与其生活规程的规范与制度之间，建立某种最低限度的信任关系，而社会与人的关系的发展、文明的演化进步也表现了这种信任关系的范围的扩展，以及这种信任关系的稳定与变迁。但由于基于人与人之间的熟悉和信任建立的社会信任系统主要在比较稳定的较小生活圈子中起作用，而当人的社会活动环境扩展了、社会流动和社会生活的变动节奏加快之后，这种人与人之间的信任便不足以支撑该社会的结构与关系的稳定，于是要求建立新的信任系统，这就是人对制度的信任，而这种信任不断得到强化之后，人便会产生对制度的心悦诚服的信仰。法治的精神意蕴便是人对法的神圣性的制度信仰。在现代社会，特别是在现代法治社会，人们对法的神圣信仰构成其核心标志。而这种信仰之生成、持续与发展，离不开人的活动结构与形式、人的生活体验与环境，即在人的日常生活世界之中、在人的具体的生活场景之中进行的。[①]

这种源于法治的信仰，犹如法治的精神条件，即"软件"系统，非常深刻地反映了法治的内在意蕴、精神气质与性格。这种精神气质又是整个社会的精神、情感和意识的反映和表达。而构成整个社会的精神、情感和意识的，无疑正是那生活于社会之中的全体社会公众普遍的、共同的精神、情感和意识。[②] 作为法治社会的一种典型信仰，税收法治意识的生成与进化，同样

---

① 参见姚建宗《法治的生态环境》，山东人民出版社2003年版，第26—30页。
② 参见姚建宗《信仰：法治的精神意蕴》，《吉林大学社会科学学报》1997年第2期。

必须在人与社会的交互场景中进行。究其根本，作为以税收负担分配为规制对象的税法，是促进和保障分配正义的制度保障。税法通过把指导分配正义的原则法律化，并具体化为分配关系中的特定权利和义务，实现对资源和利益的权威和公正分配。但分配正义的复杂性在于，政府是否分配和如何介入分配问题。① 政府介入分配的程度深浅，直接影响分配方案的最终走向，进而左右整体分配结构的优化调整。而透过分配结构的多元法律调整，不难发现，分配结构不仅体现为一种经济结构，同时它也是一种法律结构，尤其是一种权利结构。无论是初次分配还是再分配，无论是市场主体之间的分配还是国家与国民之间的分配，都对应着一系列的权利，直接体现为相关权利的配置问题。因此，分配结构的调整和优化，需要通过税法等相关法律的调整和完善来逐步实现，同时也需要财税法理论中的分配理论来指导。② 因为具有财产法属性的税法强调对国家和纳税人财产权的平等保护，量能课税、实现税负公平，实现全体纳税人的公共服务和基本社会保障，对弱势群体进行财政倾斜，这些都是分配正义在税法领域的直接体现。可以说，税法作为分配正义之法，其实质是从理念上符合分配正义的内涵。③ 从这个意义上说，税法不只是"分配法"，更是治理"'公众之财'之法"，控制政府公共财产权之法，规范政府财政收支行为之法，进而彰显其保护纳税人权利之法的本质。④

别论是作为"分配法"的税法，还是以"公共财产法"示众的税法，核心都聚焦于社会财产的分配，也就必然牵连着国家、社会与千家万户，以至于几乎社会中的每一个主体都会不同程度地、或早或晚地介入到税收法治场域中。在这一场域中，不同的主体有不同的角色，甚至同一主体在不同场合又会携带不一样的身份，角色和身份的不同，必然导致使命的不同，进而深度影响主体的权利与义务配置。只是权利与义务在形式上虽是相对对立的，但实质上却是事物本质的一体两面。比如，站在国家征税主体的立场，纳税人虽有依法纳税的义务，但站在纳税人纳税主体的立场，纳税人对于国

---

① 参见施正文《分配正义与个人所得税法改革》，《中国法学》2011年第5期。
② 参见张守文《分配结构的财税法调整》，《中国法学》2011年第5期。
③ 参见刘剑文《收入分配改革与财税法制创新》，《中国法学》2011年第5期。
④ 参见刘剑文、王桦宇《公共财产权的概念及其法治逻辑》，《中国社会科学》2014年第8期。

家征税行为的同时，亦应有主张"权利"之权利，即"纳税人权利"。[①] 不同主体的税收权利与义务规则的交互博弈，使得"征税主体""纳税主体"及"用税主体"各方的"尊严"和"自律"意识渐次生成，而这又为各类主体间的"相互承认"奠定了"精神"基础。正是多元主体间的"相互承认"，造就了社会个体的税收法治意识结构，进而促成了整体社会的税收法治意识的实现与运作。

第一节 税收法治意识中的多元主体

近代以来，政治国家与市民社会开始分离，现代税收成为沟通政治国家与市民社会的媒介。税收国家正是政治国家和市民社会通过税收征纳和公共产品供给这种良性互动的国家形态的描述。伴随政治国家与市民社会的分化与演进，国家与国民之间的关系越来越聚焦为一种税收关系，而这种税收关系本质上表现为一种财产分配关系。[②] 因为"国家构造为一'组织体'，担负不少固有、特定之任务。先由单纯的国家'组织面'来看中央及地方各级机关的成立、各级文武公务员以及其他公职人员的任用、各种器具（由办公文具到武器）的配置、国家提供一定的服务及行为（如警察的治安维护到战争的进行）都需要相当财力作基础。因之，人民必须把其合法获得财产权中，提出一部分供国家运用，此便是纳税之目的"[③]。通俗地说，即是纳税人用自己财产的一部分换取国家提供的公共产品的一种财产分配与交换关系。纳税人依法向国家纳税，国家依次向纳税人提供公共物品和提供公共服务，这种"契约"的缔结和运作，不仅构成了国家存在和运行的法律基础[④]，而且奠定了国家与纳税人之间的信任基础。

客观上说，现实生活中，公共产品也好，公共服务也罢，仅靠个人的力量是无法提供的，而且个人也不愿意单独提供，这就必然地产生了公权力，即国家权力。而公权力的行使需要一定的财力支撑，即需个人让渡部分财产

---

① 参见潘英芳《纳税人权利保障之建构与评析——从司法保障到立法保障》，翰芦图书出版有限公司2009年版，第3页。
② 参见张富强《论税收国家的基础》，《中国法学》2016年第2期。
③ 陈新民：《宪法学释论》（修正八版），三民书局2015年版，第189页。
④ 参见张富强《论税收国家的基础》，《中国法学》2016年第2期。

权利,这便产生了税款的征收和使用。① 自此,税收的征收与使用自成一体,纳税人的私人财产权与公共财产权相得益彰。税收法治意识的生成场域不再只是简单的、单维度的税收征管场景,而是拓展至税款使用等更为宽广的场合,更为接近建构于公共财产权概念之上的公共财产法。因为不管是税款征收,还是税款使用,其本质上都是政府基于其公共性特质取得、用益和处分私人财产的权力,包括对私人财产征税、处罚、国有化等非对价性给付,征收土地房屋、收费、发行公债等对价性给付,以及支配这些财产的权力。这些恰是经由私人财产转化而成的公共财产的正当化及其运行规则,是现代财税法的核心范畴。税收法治意识生成机制构造必须顾及这些基石原理。②

一 税收生成的法治逻辑:从纳税人权利到国家税权

"税法作为法治国家符合税捐正义法秩序之一部分,当越来越多之国家需要金钱此种物质存在条件,则越来越多之国家将成为税捐国家。进一步而言,法治国家将在税捐国家之本质特征中,来发展其内涵"③。而"法治国家除了要维护法律秩序,并借由立法提供金钱、实物或服务给付外,同时要求纳税人给付税捐。虽然有时国家亦要求人民服兵役劳务,但最主要者仍在要求人民负担国家任务所需之财务"④。纳税人给付税收,担负国家所需财务的根由在于国家据以提供纳税人所需的公共产品或公共服务。问题是,任何国家向全体社会成员提供的都只是一个总量的公共产品或公共服务,并不是将某些具体的物品或服务专门供给至具体的社会成员,因而在社会成员为总量的公共产品或公共服务支付相应的"对价"时,他们就有权搞清楚,缴纳多少税款是合适的,国家是否将所征税款适当地用于公共产品的生产或公共服务的提供?同样,国家也必须就征税和用税等核心事项征得社会成员的同意。⑤ 因为"一个行政目的的达成,如必须透过公权力行政方式,一定

---

① 参见王银梅、孟祥菁、饶玲玉《推进预算公开——保障纳税人用税监督权》,《税务研究》2015年第5期。

② 参见刘剑文、王桦宇《公共财产权的概念及其法治逻辑》,《中国社会科学》2014年第8期。

③ 黄俊杰:《税捐法定主义》,翰芦图书出版有限公司2012年版,第30页。

④ 葛克昌:《租税国的危机》,厦门大学出版社2016年版,第50页。

⑤ 参见张富强《论税权二元结构及其价值逻辑》,《法学家》2011年第2期。

会侵犯人民的权利"①。税收行政关乎纳税人与国家财产的分配,较之其他行政行为,税收行政对纳税人的侵害概率无疑更高。亦如学者所言:税收行政恒为一国最为复杂及最为庞大的行政体系,同时也经法律授权最多,可以制定法规命令来行使课税权力的行政权,因此限制人权的原则,诸如比例原则、授权明确性、裁量滥用禁止及子法不能逾越母法等原则,更应该在税法中予以实现。②

立基于此,一个完整的、契合税收运行轨迹的税收法治目标,应该将税收收入与税款支出全部纳入法治的框架下,并实现收入与支出之间恰当的逻辑联系。换言之,与"征税"概念并列,还事实上存在一个"用税"的概念。因此,税法就不仅是"征税之法",还应当包括"用税之法"。如此理解,则要求将年度预算中关于支出的部分也纳入税法的概念下予以规范,构成对税款使用的控制。③ 事实上,税收作为一种特殊的分配关系,原本"既包括初次分配也包括再分配。初次分配意味着原本属于纳税人的货币或实物从纳税人手中转移到国家手中。再分配意味着国家从初次分配中获得的税款再按照为社会提供满意公共品的要求支出税款使纳税人缴纳的税款又回到全体公民手中"④。按照分配的主体规则和基础逻辑来看,初次分配是市场主体之间的分配,再分配则是在初次分配的基础上,由国家主导的第二次分配,是对初次分配的一种结构调整,它力图使分配更加合理、更趋公平,以减缓或防止初次分配可能存在的严重的分配不均、不公和失衡等问题。相较于初次分配,再分配对各方的影响更为重大。因为在再分配过程中,不仅涉及企业或居民之间的分配结构,还涉及国家与国民之间的分配结构。不同分配结构,有不同的分配需求,也有不同的分配机制。但不管是哪类分配结构的生成和实现,都仰赖于一系列重要的权利和权力的运作,反过来又会影响这些权利和权力的配置架构。比如,国家的财权、税权,以及社会个体成员的社会保障权、纳税人权利等。这些权力和权利的配置如何,不仅直接关系到收入差距过大等分配问题能否得到有效解决,而且关乎分配场域中各方税

---

① 陈新民:《行政法学总论》(新九版),三民书局2015年版,第33页。
② 参见陈新民《宪法学释论》(修正八版),三民书局2015年版,第339页。
③ 参见李大庆《整体主义观念下的中国财税法学——从概念到体系》,《财税法论丛》第13卷。
④ 彭礼堂:《一体化税法新论》,《经济法论丛》2014年第2期。

收法治意识的生成。①

因此，不管是基于纳税人与国家之间的基础"契约"，还是鉴于分配正义及权利与权力制衡等考虑，在税收法治实践中，纳税人都有权要求政府提供像样的公共产品和公共服务，以及有权要求精简政府机构，提高办事效率，降低行政成本，也有权对政府如何支出税款进行监管和质询。② 从这个角度上说，现代税收不只是税收征收和税款支出的统一体，更是国家赖以存在的物质保障。③ 与之相应，观察税法的视角就不应只有"收入"这一常态维度，至少还应包括"支出"这一关键性向度。从此意义上说，将税法理解为"税收法和税用法于一体的一体化税法"无疑是合适的。④ 如果税法只是关注收入端，只是在税收征纳阶段嵌入纳税人权利保护制度，则充其量只是竭力保障税收"取之于民"过程中的量能公平。唯有将税法关注视角从收入端延展至支出端，才能真正实现纳税人权利的终极保护，才能真正践行税收"取之于民，用之于民"。立足于税收"征""用"的一体化机制，在税收法治意识的塑造进程中，纳税人的权利与国家的税权，以及纳税人与国家担负的相应义务，不可避免地交织缠绕在一起。因为任何"权利本源于权利和利益，并且离不开权利；而无权力的权利，只是一种利益；而无权利作基础，权力也无由产生"⑤。因此，"在现代治理语境下，税法作为公共财产法的有机组成部分，应当摒弃传统'管理法'之定位，而导向以纳税人为中心的'治理法'、'服务法'的基本定位"⑥。

"以纳税人权利为出发点，税收实质上是对公民财产权的'限制'，因而其在价值评价上属于'恶'，但在现存社会形态中，它又是不可避免的，即是必要的'恶'。虽是必要，却也有一定的限度，对限度的把控有两个基本方向：国家权力的限制和纳税人权利的保护。长久以来，税收制度的设计往往都是以前者为出发点和着力点而忽视了后者。但随着税收制度的发展与

---

① 参见张守文《分配结构的财税法调整》，《中国法学》2011年第5期。
② 参见吕雪峰《从"纳税意识"到"纳税人意识"》，《中国财政》2007年第6期。
③ 参见彭礼堂、程宇《论税刑法的立法模式》，《武汉公安干部学院学报》2015年第2期。
④ 一体化税法的相关论述可参见但不限于下列文献：彭礼堂：《一体化税法新论》，《经济法论丛》2014年第2期；彭礼堂：《一体化税法纲论》，《经济法研究》2016年第1期；彭礼堂、张方华：《论一体化税法中的税概念》，《湖北经济学院学报》2017年第3期。
⑤ 漆多俊：《论权力》，《法学研究》2001年第1期。
⑥ 刘剑文：《〈税收征收管理法〉修改的几个基本问题——以纳税人权利保护为中心》，《法学》2015年第6期。

完善，以及国家对其政府职能与角色的重新定位——权力政府转向服务型政府，纳税人权利的保护应当成为控制税收'恶'的着力点"①。因为"政府在公共税收的处置阶段是否基于充分的激励，履行其在征税阶段宣称的税款用途的承诺，将直接影响政府信用的建立，并决定着纳税人的预期确立和行动选择，进而影响征税绩效"②。不止如此，其实"税收征纳活动作为一个系统过程，其各环节表现（尤其征用环节）都会影响纳税人对税收行为的观感，并进而影响其纳税积极性"③。而这又会进一步影响征税行为和用税行为的规范与否，进而左右征税法治意识和用税法治意识的养成。可见，"纳税人权利的保障依赖于一个依法征税并合法用税的政府的塑造，纳税人人格尊严的实现和自身的全面发展也离不开税权的有效控制"④。而税权的有效控制原本就是国家税权运行的核心要义，它会根本上促进征税主体和用税主体的法治意识生成。

二 国家税权的运行机制：基于税收法治主体的思考

自从税法学界开始关注"税权"这一范畴起，有关的争论和探讨就屡见不鲜，甚至有学者对税法中应否引入"税权"提出质疑。⑤ 其实，税权作为税法学上的一个重要概念或范畴，在课税实践中作为一种客观存在，其时间应该是不会很短的，只不过没有用文字明确加以表述而已。⑥ 总体说来，虽偶有质疑，但税权还是引起了税法学界的强烈共鸣，"'税权'研究已经

---

① 冯诗婷、郑俊萍：《税收本质与纳税人权利保护之理论基础》，《税务研究》2017年第3期。
② 陆佳：《专款专用税：税法学视角下用税监督权的建构进路》，《现代法学》2010年第2期。
③ 赵永辉：《税收公平、纳税意愿与纳税人遵从决策——基于有序Probit模型的实证研究》，《云南财经大学学报》2014年第3期。
④ 刘丽：《税的宪政思考与纳税人权利的保障》，《湘潭大学学报（哲学社会科学版）》2006年第2期。
⑤ 如熊伟、傅纳红认为："税权的主体、标的和内容不具有同质性，难以总结出一般的特性和共性，只能对税权的各项子权利作个别的描述，所以无法将'税权'定位为所有税法权利的上位概念，而只能在非严格的意义上将其视为税收权利的简称。对任何法学概念，不管是借用概念还是固有概念，都必须严格界定其内涵与外延，不根据本学科内在发展规律的需要随意移植其他学科领域、特别是政治宣传领域的名词与制度，会造成学科理论基础的不稳定以及体系的紊乱，有碍于本学科的长远发展。"参见熊伟、傅纳红《关于"税权"概念的法律思考——兼与张守文先生商榷》，《法律科学》2002年第1期。
⑥ 参见张富强《论税权二元结构及其价值逻辑》，《法学家》2011年第2期。

成为我国税法研究的一条主线"①，也产生了一些颇有价值的成果②，"税权"也因此成为近二十年来税法学界使用频率较高的一个词汇。令人遗憾的是，虽学者们历经艰辛、苦心研究，却仍未能就税权的内涵和外延达成共识，学者们往往按照自己的理解对其加以使用，内容各异。概括起来，主要有以下代表性观点：其一，从税权产生的原因看，有国家主权派生说和延伸说之分。其二，从税权的主体来看，有单一主体说和多主体说之分。单一主体说认为，国家是税权的唯一主体。而多主体说则认为除国家之外，国民也是税权的主体。其三，从税权所包含的内容看，有单一的权力说和权力与权利综合说之分。其三，税权"法权"说。③ 这些论点均从不同角度阐释了税权的某一维度，让人顿生"横看成岭侧成峰，远近高低各不同"之惑。

客观上说，税权主体、标的和内容的非同质性，注定了科学界定税权概念并非易事。欲识税权之"庐山面目"，绝非狭隘的单一税法思维方式所能为，必须实现宪政思维方式的整体回归，在财政宪法的层面才能给税权以相对准确的界定。财税法治实践屡屡昭示，税权是国家主权不可分割的有机组成部分，也即"税权的主体是国家，按照其内容的不同，分别由不同的国家机关代表国家（以国家的名义）来行使，这是对税权的基本定位"④。作为国家权力的重要方面，"税权配置关系到税法规范相关主体的税收利益分配。如何兼顾各方税收利益分配税权是税法规范生成中必须考虑的因素，也是税法规范能否良性运行的重要前提条件"⑤。亦如学者所言：税权配置不仅关系到中央政府与地方政府以及地方各级政府之间的分配关系，而且更为

---

① 魏俊：《我国税权研究的实践论问题探讨》，《法学论坛》2012年第5期。
② 参见但不限于下列文献：赵长庆《论税权》，《政法论坛》1998年第1期；张守文《税权的定位与分配》，《法商研究》2000年第1期；熊伟、傅纳红《关于"税权"概念的法律思考——兼与张守文先生商榷》，《法律科学》2002年第1期；施正文《论征纳权利——兼论税权问题》，《中国法学》2002年第6期；单飞跃、王霞《纳税人税权研究》，《中国法学》2004年第4期；赵立新《税权的宪政逻辑》，《政治与法律》2007年第1期；杨力、金泽刚《论税权理念及其底线规则》，《政治与法律》2007年第3期；张富强《论税权二元结构及其价值逻辑》，《法学家》2011年第2期；刘丽《税权的宪法控制》，法律出版社2006年版；魏俊《税权效力论》，法律出版社2012年版。
③ 参见魏俊《税权效力论》，法律出版社2012年版，第13—15页。
④ 施正文：《论征纳权利——兼论税权问题》，《中国法学》2002年第6期。
⑤ 王文婷：《税法规范生成的相关问题探讨——以税权的分配为进路》，《中共山西省委党校学报》2015年第5期。

重要的是还会影响整个国家的分配秩序。此外，它还会影响国家权力与纳税人权利间的制衡。凡此种种，都提税权的合理配置提出了极高的要求。况且，政治上的集权与分权也必然要求税权上的合理划分。① 处于这些考虑，有学者认为："经过立法权创设的税法规范一旦生成就天然地产生了对未来税收法律事实的滞后性。因为在一般情况下，税法规范不能针对已经发生的某一具体的税收法律事实生成。即使如此，税法规范也因法律溯及力的规定而对已经发生的某一具体的税收法律事实无效。为了弥补税收立法权的这一劣势，税收行政权及税收司法权以及衍生出的具有税收立法权性质的税法解释权承担其税法灵活性的任务。可见，税权中的立法权、行政权与司法权的功能不同，应通过税法规范的生成充分发挥不同税权的功能，扬长避短。"②

根据上述理论推导可知，税权与"征税权"之间有重要联系。征税权是税权的部分权能和实现方式之一，国家通过征税权实现税权，税权是行使征税权的结果。另外，它们之间还存在一定的差异，不能在它们之间画上等号，否则不仅有悖税权的内涵和外延，而且可能引起学术纷争和误解。③ 诚然，税权的本质的确在于依法强制分配国民收入，将部分自然人、法人或者其他组织的财产征收为税款。税权运行目的也确实在于筹集政府财政资金，

---

① 参见邹蓉《税权划分完善与地方适度分权》，《经济体制改革》2014年第4期。

② 王文婷：《沃达丰税案中的税权配置研究》，《科学·经济·社会》2017年第1期。

③ 有学者将税权与征税权关系概括如下：第一，主体有所不同。税权的主体是抽象意义上的国家，具体来说是特定的国家机关；征税权的主体是具有征税职能的专门税务机关，主体范围总体上小于税权主体的范围，但两者之间有一定的交叉，并不完全重合。第二，内容有所不同。税权的内容抽象表现为国家为运行政治功能、执行社会公共事务需要财力支持，依据法律依法享有无偿取得税收收入的"国家特权"；征税权是专门的征税机关履行征税职责，完成税收征收和管理的特有职务权力，一般表现为特定的征税机关依法享有的具体性征税权力。第三，法律属性不同。税权是国家在宏观意义上享有获取税收收入的公权力，以国家强制力为保障后盾，更多表现为政治性权力；征税权是专门的税收机关履行征税职责的行政管理权，更多是与征税相关的职务性权力。第四，行为方式的特点不同。税权是处于相对静态状态的国家权力，是国家抽象地享有税权权力，在国家在立法之后，一般采取较被动、非直接的行为方式；征税权是专门税收机关采取主动性、直接性、持续性和针对性的行为方式。第五，法律依据不同。税权的法律依据是宪法、法律中的税收条款和专门性税法；征税权的法律依据是税收征收管理方面的程序法，其实体依据一般是专门性税法。第六，范围大小有所不同。税权是国家从宏观上层面享有的国家税收权力；征税权是专门的税收机构从相对微观层面所享有的税收权力，甚至可以说征税权是实现国家税权的重要行为方式。由此可见，税权并不完全等同于征税权，彼此之间存在较大的理论"鸿沟"。参见胡利明《论税权的法律性质和衡平功能》，《云南大学学报（法学版）》2016年第2期。

从而保障政府充分行使其职能。① 但是，这一本质和目的的完成绝非征税主体一己之力所能胜任，也远非"征税权"所能护佑。唯有超越机械的税法思维模式，导入宪法思维范式，方可概览税权核心机制。因为就权力主体的配置本体而言，税权的最终"所有者"和"受益者"其实都是人民，代议机关只是税权的"占有者"，而行政机关也仅仅是税权的具体执行和"使用者"。概言之，税权的所有权和最终所有者的称谓仅仅表明了税权的归属与税权运行的合法性问题，在具体的操作层面其实并不具有实际意义，所以从宪法的法权体系看，税权一旦脱离了抽象的理论分析，就转化为了实实在在的国家公权力。②

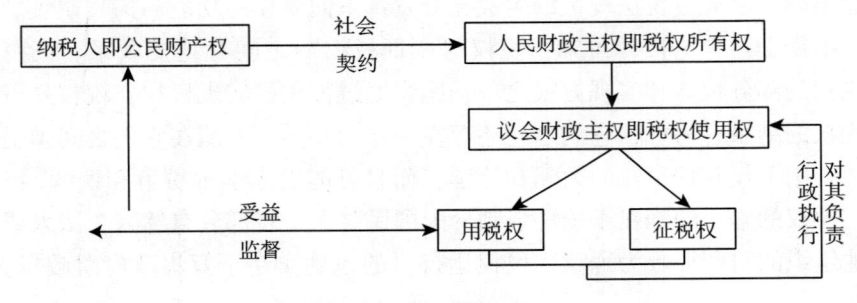

图 3-1 税权配置与运行

基于上述架构，可以在人民主权的层面下将税权划分为抽象意义上人民享有的税权形式主权和代表机关享有的税权实质主权。其中，税权实质主权在法律的层面上主要分为"征税权"和"用税权"。在权力配置上，事关征税和用税的决策权归属于立法机关，而关乎征税和用税的执行权依托于行政机关。将征税与用税的决策权与执行权进行分离，既是财政法定原则③的必然要求，又是权力制衡原则的具体体现（如图 3-1 所示）④。基于图 3-1 可知，在整个税法运行体系中，税权律动是最为核心和本质的内容。国家

---

① 参见曹阳《财产权与税权的博弈及协调》，《社会科学家》2015 年第 4 期。
② 参见刘丽《税权的宪法控制》，法律出版社 2006 年版，第 19—20 页。
③ 财政法定原则的要求是财政基本事项由法律加以规定，其实质应从财政权法治化的高度加以把握。它兴起于封建国家到民主国家的变迁过程中，最初表现为税收法定，并在夜警国家到社会国家的演进中扩展到预算法定，最终发展为财政法定。参见刘剑文《论财政法定原则——一种权力法治化的现代探索》，《法学家》2014 年第 4 期。
④ 参见刘丽《税权的宪政解读：概念重构抑或正本清源》，《湖南大学学报》（社会科学版）2011 年第 6 期。

"征税权""用税权"与纳税人的基本权利能否良性互动、相互制衡，直接影响着税权的科学、有效运行。无论是国家税权之间的互相僭越，还是国家税权与纳税人权利之间的冲突，都旨在告诉我们，不能只从国家利益出发把税法看作一味增加财政收入、提高税收效率，与税款使用毫无关联的"征税之法"，也不应无限地放大纳税人权利，将税法视为排除国家公权力介入的、不折不扣的"纳税人权利保护之法"。①

换言之，税收法治有赖于纳税人权利与国家税权的精致配合，它的运转离不开纳税人、征税人和用税人的参与，而非简单地税收征纳双方主体所能推动。尽管如此，仍应看到三者并非同步登台，也绝非位处同等位阶。当然，也须正视的是，在国家税权语境下，也有学者从法律关系一般原理出发，导出纳税人也可以成为税权主体的结论。在此逻辑下，"于国家而言，税权体现为对税金的取得和使用的权利；于纳税人而言，税权体现为对税收要素的参与决定权和对税款使用的民主监督权等"②。但实事求是地说，将纳税人植入税权范畴，当作税权的主体，之于当下中国更多徒具形式意义。尤其是在我国纳税人权利体系逐渐明朗、渐成共识的时代背景下③，是否有必要再以"国民税权"为理念勾勒一套有别于现行的纳税人权利体系？有必要谨慎对待，认真检思。如果只是将纳税人现有的权利束"嫁接"到"国民税权"之下，则应保持足够的警醒。

毕竟，纳税人的权利意识培育绝非一朝一夕所能完成，并不容易累积的权利意识切不可因学者的"一念之新"而前功尽弃。况且"法律作为社会的一种制度，其理念应当与社会普遍的认识相融洽，游离于社会整体意识之外的法理念只能是空中楼阁，没有根基"④。学者的真正使命

---

① 参见王婷婷《从恣意到谦抑：税权运行的法治化路径》，《现代经济探讨》2016 年第 10 期。
② 单飞跃、王霞：《纳税人税权研究》，《中国法学》2004 年第 4 期。
③ 根据 2001 年《税收征收管理法》及 2002 年《税收征收管理法实施细则》和相关税收法律、行政法规的规定，税务总局将纳税人的权利归结如下：知情权、保密权、税收监督权、纳税申报方式选择权、申请延期申报权、申请延期缴纳税款权、申请退还多缴税款权、依法享受税收优惠权、委托税务代理权、陈述与申辩权、对未出示税务检查证和税务检查通知书的拒绝检查权、税收法律救济权、依法要求听证的权利及索取有关税收凭证的权利等十四项权利，初步形成了体系化的纳税人权利。参见《关于纳税人权利与义务的公告》（国家税务总局公告 2009 年第 1 号）。
④ 李昌麒：《弱势群体保护法律问题研究——基于经济法与社会法的考察视角》，《中国法学》2004 年第 2 期。

在于："高度注视人类一般的实际发展进程，并经常促进这种发展进程。"① 断不可为追求概念"创新"而延缓，甚或阻碍纳税人权利的发展进程，因为学者们的独立与理性思考，同政治家们的远见卓识与胆略一样重要，都在很大程度上决定了我国税收法治建设的质量和速度②，也就根本上影响着纳税人权利发展的快慢。说明这一点，不意味着税权"国家论"就完美无缺，恰恰相反，正是因为建构在国家公权力基础之上的税权过于强大，才不宜将纳税人权利依附在税权之上，否则，纳税人权利将有丧失独立性、为国家税权所稀释的危险。如果真的出现这一局面，税权运行的初衷和根本目的也就旁落在地了。久而久之，纳税人权利就极有可能彻底沦为纸面上的权利了。

三　法治意识的主体结构：从纳税人、征税人到用税人

相较于征税人和用税人，纳税人及其权利理当处于税收法治的中心，也是国家税权运行的根由和终极目的。不管是基于征税权持续开展，还是鉴于用税权规范运行，"有关税务法规及行政环境，应顺从市场经济发展规律，避免干预市场经济活动之正常发展，以免经济活动萎缩，不利于各个产业及纳税人之生存及发展（沙漠化），而民不聊生"③。因为任何税款的征收和使用都关乎公民的切身利益，对公民的生活影响都不容小视。诚如学者所言：征税本质是对公民私有财产权的直接侵害，可以不夸张地说，所有国家公权力的运行行为都可以归结为税收作为。国家按照法律规定对公民的私有财产在国家与纳税人之间进行分配，伴随这一分配过程的实现，国家与公民的关系相继演化为税收征纳实践中的"税收征纳关系"，"公民"由此成为"纳税人"。并且，这种分配过程与身份转化的交互机制具有范式效果。任一时段、任一场景下，只要"公民"发生了税法所规定的应税行为，产生了应税收入，不管是自然人、法人及非法人组织，还是具有中国国籍的人和外籍人，乃至是无国籍人，都会相机转变为法律意义上的"纳税人"。而一旦成为纳税人，则不仅应承担法定的纳税义务，而且也由此享有对国家税收征收、列支等经

---

① ［德］费希特：《论学者的使命、人的使命》，梁志学、沈真译，商务印书馆1984年版，第40页。
② 参见李步云《法治国家的十条标准》，《中共中央党校学报》2008年第1期。
③ 陈清秀：《现代财税法原理》（修订二版），元照出版有限公司2016年版，第69—70页。

第三章　税收法治意识的生成机理

济政治事务的参与监督权，成为享有纳税人"应有权利、法定权利与实有权利"[①] 的主体。[②] 况且，根据权利与义务相一致的现代法治原则，纳税人既然缴纳了税款，履行了纳税义务，就应当享有要求政府提供公共服务、公共产品等一系列权利，尤其是有权知道税款的支出方向和使用效率。[③]

与纳税人让渡自身合法财产所有权获得纳税人权利不同，征税权是国家基于与纳税人的契约，依照法律的规定对纳税人征收税款的权力以及国家为确保税收征收活动的正常开展而拥有的附随的权力。征税权主要体现为三个层次：一是国家制定税收法律的权力。该权力一般通过纳税人代表（在我国为全国人大代表）审议，由国家的最高权力机关行使。二是政府依照国家的税收法律行使征税的权力。该权力又进一步分化为两个具体的子权力。其一为政府（在我国主要是中央政府）及其税收主管部门根据税收法律制定相应的税收法规、规章及作出税法解释的权力，即"税法行政解释权"[④]；其二为政府的税收主管部门依据税收法律法规开展税收征收活动，行使"税法执行权"[⑤]。三是国家司法机关依照税收法律等相关法律对税收行政诉讼案件与税收刑事案件给予公正判决，以维护国家的征税权。[⑥]

不难发觉，征税权的行使绝非只是税务机关的独角戏，而是涉及立法机关、税务机关、司法机关等众多主体的宽广舞台。在这一舞台中，不同涉税主体的进场顺序不一样，所发挥的功效也不一样。税务机关及其工作人员只

[①] 从纳税人权利形态上看，纳税人权利有三种存在形态：应有权利、法定权利与实有权利。应有权利是纳税人在税收法律关系中应该拥有的权利，但它受经济社会发展水平的制约；法定权利是纳税人的应有权利通过法律所确认的权利，这种权利十分明确而具体，具有普遍的约束力；实有权利是纳税人实际享有的权利，它表明纳税人法定权利的实现程度。参见王建平《纳税人权利保护与政府征税权之制约》，《财经理论与实践》2007年第4期。

[②] 参见陆佳《用税监督权研究》，博士学位论文，西南政法大学，2012年。

[③] 然而令人遗憾的是，在我国向来重税收的征纳而轻税款的使用，重视强调纳税人依法纳税的义务，而忽视了对纳税人权利的保护。参见江必新、肖国平《论纳税人的用税知情权及其实现》，《行政法学研究》2012年第1期。

[④] 当下中国，税务总局实质上垄断了税务行政领域税法规范的解释权。参见叶金育《税务总局解释权的证成与运行保障》，《法学家》2016年第4期。

[⑤] 税法执行权，是指国家行政机关将税法适用于征税实践中所享有的宪法及法律授予的相关权力。具体包括税法行政解释权、税款核定征收权、税收检查权、税收行政处罚权、税收行政强制执行权、税务行政复议权等。参见刘书燃《税收与国家征税权之横向解构——一种公法视角下对"税权"的解读》，《法治论丛》2008年第2期。

[⑥] 参见王建平《纳税人权利保护与政府征税权之制约》，《财经理论与实践》2007年第4期。

是最为显赫,最常进场,最为纳税人所熟知的主体而已。毕竟,税收立法和税收司法并非常态行为,也并不是每个纳税人都有机会、都有意愿介入和启动的涉税行为。税务行政则大不一样,几乎每个纳税人都或直接,或间接地与税务机关及其工作人员发生交集。更为重要的是,这种交集远不是一次性行为,更多时候是定期或不定期的"重复性"行为。从这个角度上说,虽然征税权的整体运行过程中涵摄的与"征税"有关的主体多元且数量众多,但是位居核心的还是税务机关及其工作人员。也因如此,税收征纳活动事实上成为征税权运行的焦点,征税主体也相应成为税收法治中的关键力量。

"与征税权是国家征收税款的权力相对应,用税权是指国家为了提供公共产品和服务,对于所征收的税款加以使用的权力。具体而言,用税权包括用税决策权和用税执行权,用税权的决策权由立法机关掌握,而用税权的执行权归行政机关行使①"②。"单纯从税收层面上看,政府部门的依法用税直接制约着纳税人和征税人的积极性,是依法纳税和依法征税的关键,在依法治税中位居先导地位"③。虽然整个社会都奉"取之于民,用之于民"为圭臬,税收宣传更是以此为标志性宣传口号。但是"用之于民"才是"取之于民"的根本和目的,也是"取之于民"的正当性所在。为此,学者有曰:"取之于民,用之于民"不仅是一个理念和描述,更是一个动态的、持续性的要求,即必须在纳税、征税、管税、用税各个环节上,由所有的相关主体来共同实现的目标。④

如果将作为一个整体的政府部门的行为同税务机关的行为相区别,从而赋予它一个专门的名称——"用税人",从而对与税收有关的各个行为主体分别加以考察的话,则纳税人、征税人和用税人便是"三位一体"的关系。三者之间,相辅相成,互为条件,彼此依存。相较于纳税人和征税人,用税人的地位和作用较为特殊,也更为关键。纳税人能否依法纳税,征税人能否

---

① 行政机关享有的执行性的用税权主要包括政府采购权、公共产品提供权、预算编制权、预算执行权等。用税权主要应接受预算和审计方面的监督与控制,用税权的问题即税金的使用问题则关系到每一个纳税人的切身利益,它是一切有关税之活动的终点。如果说合法征上来的税不能够"用之于民",那么,就背离了税收法治的初衷。参见刘丽《税权的宪政解读:概念重构抑或正本清源》,《湖南大学学报》(社会科学版)2011年第6期。

② 肖国平:《政府用税权控制论》,博士学位论文,中南大学,2012年。

③ 肖刚、黄鑫:《依法用税:依法治税的关键》,《财政监督》2003年第11期。

④ 参见蔺红、闵丽男《依法规范"取税"合理透明"用税"》,《中国税务报》2007年4月6日,第005版。

依法征税,在相当程度上取决于用税人能否有效用税。如果纳税人看到自己缴纳的税款被用到不该用的地方去了,或者,在使用过程中"打水漂"了,纳税人的纳税行为肯定会因此而扭曲。相应地,征税人的征税工作肯定会因此而受阻。税收法治建设中,忽略用税人这个主体,不谈用税人的观念和行为,孤立地去讲纳税人或征税人的责任和义务,不仅纳税人的纳税法治意识和征税人的征税法治意识难以建构,而且,更为重要的是,社会所期望的税收法治意识亦难以真正营造起来[1],毕竟,税收法治建设需要纳税人、征税人和用税人的精致配合,缺少任何一方主体,税收法治必定受阻。如此一来,税收法治意识自然也就难以真正实现。

归而言之,税收法治场域中,纳税人、征税人和用税人三方主体相互关联,有机互动。从征税人、纳税人、用税人的法理关系来讲,人民之所以纳税、征税人之所以征税,是为了满足人们不可或缺的对公共产品的需要。因此,纳税和征税的最终归宿点在于用税。也因此,用税人——政府——如何用税,是否将人民所纳之税真正用于提供令人民感到满意的公共产品,便是人民是否应当纳税的根本法理之所在。[2] 把控三者内在关系,需要导入一种整体化的视角。只要超出税收征纳的思维惯性和意识局限,站在立体化的、宏观的高度思考问题,从而抽象出税收的一般内容,便会发现,在税收征纳现象的背后,各有关行为主体围绕税收而形成的实质关系是:纳税人——"交钱"→征税人(主要是税务机关)——"收钱"→用税人(主要是各级政府部门)——"用钱"。纳税人与用税人是两极,征税人则是连接两极的桥梁或纽带。循着"纳税人→征税人→用税人"这一关系链而追踪税收运行的全过程,可以看到各级政府部门在税收法治运行中的关键地位和决定作用。[3]

因此,税收法治意识的构建必须以纳税人、征税人和用税人这三方主体为核心,在纳税人、税务机关、税收立法机关、预算管理机关等涉税主体之间,更多提倡全局意识、相互理解、换位思考,共同增进民主化、法治化轨

---

[1] 参见高培勇《纳税人·征税人·用税人——关于"依法治税"问题的思考》,《涉外税务》2000年第4期。

[2] 参见朱明熙、周焰《从法理角度试论征税人、纳税人、用税人之关系》,《光华财税年刊》2006年卷。

[3] 高培勇:《纳税人·征税人·用税人——关于"依法治税"问题的思考》,《涉外税务》2000年第4期。

道上的税收法治管理创新和法治意识建设。[1] 正如学者所言，支撑税收法治意识的三个主体分别为：纳税人、征税人和用税人。在税收法治意识中，纳税人、征税人和用税人三者相互作用、相互联系，缺少任何一方主体，税收法治意识必定残缺不全。只有纳税人的纳税法治意识，征税人的征税法治意识和用税人的用税法治意识得以建立，社会整体的税收法治意识才能真正得到实现。[2]

第二节　多元主体的精神尊严和自律

税收法治场域中，不管是具体的"纳税人"，还是兼具抽象与具体的"征税人"和"用税人"，无外乎两大形态：自然人[3]和"组织"（主要包括法人组织和非法人组织[4]）。其中，纳税人有自然人属性的纳税人和组织性质的纳税人。征税人和用税人虽不好作此界分，但两类主体同样存在自然人和组织角色的交替与穿梭。例如，在税收征纳和税款支出法律关系中，与纳税人对应的是抽象意义上的"组织"征税人和用税人，但具体到税收征纳和税款支出个案中，这些以"组织"面貌示众的征税人和用税人必须具体化为一个个自然人属性的征税人和用税人，否则，税收的征收与使用将不可能实现。与此同时，这些具体的、担负"征税"和"用税"使命的自然人本身又是归属自然人性质的"纳税人"，可谓身任两种角色。照此理解，税收法治意识中的多元主体其实可以归总为自然人和"组织"两类，只不过自然人存有普通纳税人和肩负"征税"和"用税"己任的自然人而已。不管是哪一类"人"，"只要有必要，人类与自然之中不同水平的价值经验的

---

[1] 参见蔺红、闵丽男《依法规范"取税"合理透明"用税"》，《中国税务报》2007年4月6日，第005版。

[2] 参见陈义荣《基于博弈视角的税收文化再造》，《山东社会科学》2010年第7期。

[3] 根据《民法总则》第五十四至五十六条规定：自然人从事工商业经营，经依法登记，为个体工商户。农村集体经济组织的成员，依法取得农村土地承包经营权，从事家庭承包经营的，为农村承包经营户。个体工商户的债务，个人经营的，以个人财产承担；家庭经营的，以家庭财产承担；无法区分的，以家庭财产承担。农村承包经营户的债务，以从事农村土地承包经营的农户财产承担；事实上由农户部分成员经营的，以该部分成员的财产承担。

[4] 《民法总则》第一百零二条规定："非法人组织是不具有法人资格，但是能够依法以自己的名义从事民事活动的组织。非法人组织包括个人独资企业、合伙企业、不具有法人资格的专业服务机构等。"

存在都可以作为法律主体"①。

毕竟,"现代的法律是主体性的法律,这意味着人是法律的主体、目的,而不是法律的客体或工具"②。如学者所言:法律主体就是联结法律规范与现实生活的桥梁,借助于法律场合的人的实践活动,法律的文本规定才得以在社会生活中实现。③ 尽管如此,仍需要注意的是:"只要法律是应然法则,只要人类思想还在活动,主体和它结构的法律问题就会是一个伴随法律历史永生不灭的法律命题。"④ 而"法治国家意味着对人的主体地位的重视和对法治文化的尊重"⑤。这种对主体地位的重视和对法治文化的尊重表明,在法治国家"人的尊严表征着人是主体、目的,而非工具、手段,拥有不可侵犯与不可剥夺的尊严,是法律主体概念得以成立的基础"⑥。换言之,"'法律主体'一词本身就表明了人在法律上的庄严地位。法律主体作为法学上的一个重要范畴,并不仅仅代表着生活于现实世界中的你、我、他,更为主要的,这是一个源于人的尊严、人格而形成的重要理论范畴,是对人的本质的一种法律抽象"⑦。由此,根据法律意识公理,营造税收法治意识首先意味着建构税法上自然人和"组织"这两类主体的"尊严"和"自律"。

一 自然人的主体"尊严"与"自律"

自然人作为依存于法律(包括人对法律的期待与遵守)、参与法律(包括法律的制定、执行及进行其他法律活动)和受制于法律的法律人,也是社会上参与法律生活的具体个人。它既有抽象的理论建构成分,也有经验分析的成分。从理论建构上而言,它意指在对人性、人的行为类型进行抽象的基础上,所确定起常态的具体的行为人模式;从经验分析的角度上说,则意味着立法者所假定的人的类型,有生活中人的实际行为作为印证。⑧ 就法律

---

① 李萱:《法律主体资格的开放性》,《政法论坛》2008 年第 5 期。
② 胡玉鸿:《人的尊严在现代法律上的意义》,《学习与探索》2011 年第 4 期。
③ 参见胡玉鸿《法律主体概念及其特性》,《法学研究》2008 年第 3 期。
④ 龙卫球:《法律主体概念的基础性分析(下)——兼论法律的主体预定理论》,《学术界》2000 年第 4 期。
⑤ 魏健馨:《论公民、公民意识与法治国家》,《政治与法律》2004 年第 1 期。
⑥ 胡玉鸿:《法律的根本目的在于保障人的尊严》,《法治研究》2010 年第 7 期。
⑦ 胡玉鸿:《人的尊严在现代法律上的意义》,《学习与探索》2011 年第 4 期。
⑧ 参见胡玉鸿《"法律人"建构论纲》,《中国法学》2006 年第 5 期。

语言及其蕴含的意义而言，自然人不仅是基于自然规律出生的个人，而且是一个有着深刻思想基础与制度内涵的法律表达。即，自然人既表达彰显着自然法的理性与个人主义精神，又表达蕴含着人文主义精神的观照，还表达承载着权利内涵。①

皆因如此，学者大多认为："自然人，是与西方文明中自然状态、天赋人权的价值观念以及市民社会的现实土壤分不开的，自然人不可能脱离这个环境而存在。"②"只有在一个自由民主的国度才能真正实现个体的自由和发展，才能实现人的'自然人'的生存理想"③。我国清末以来，移植西方民法，曾使用"自然人"一词。但1949年中华人民共和国以后，民法以"公民"来表述民事主体，直至《民法通则》中再次浮现自然人，可谓市场经济的本能诉求。1999年《合同法》第一次在基本法律中明确"自然人"的独立地位，则犹如自然人的民法归位。如果说80年代制度实践中的"公民"取得暂时的优势的话，那么90年代以后"自然人"首先在民法学说中，然后是在制度中获得了最后的胜利。④

（一）"自然人"语词与内涵：从私法到税法

民法上使用"自然人"称谓绝非简单的用语措置，而是有其深刻的制度内涵：其一，它表明凡自然人均为民事主体，并且民事主体资格始于出生，终于死亡，终生享有。其二，划清了与具有政治身份的"公民"一语的界限。"公民"一词具有政治性和国籍性，民法使用公民一词时一般表述两种意义：一是强调民法对本国人与外国人不作区别对待。二是便于在立法上表述国民待遇原则和对等原则。其三，表明了自然人民事主体地位的不可限制性和不可剥夺性。⑤"不过，在现代社会的诸多场域，各民事主体在规模、智力、知识、信息、经验等多方面存在悬殊差异"⑥。但实践中，自然

---

① 参见王春梅《走过历史："公民"与"自然人"的博弈与启示》，《华东政法大学学报》2015年第4期。
② 朱晓喆：《自然人的隐喻——对我国民法中"自然人"一词的语言研究》，《北大法律评论》2001年第2辑。
③ 于伟：《公民抑或自然人——卢梭公民教育理论的前提性困境初探》，《教育研究》2012年第6期。
④ 参见朱晓喆《"公民"抑或"自然人"？——对民事主体的价值观念研究》，《华东政法学院学报》2001年第1期。
⑤ 参见孔祥俊《民法上的人·自然人·公民》，《法律科学》1995年第3期。
⑥ 易军：《民法基本原则的意义脉络》，《法学研究》2018年第6期。

人的这些语词表达和制度内涵，多数还是得到了税法的肯认。

例如，不管是早在 1980 年就已经制定的《个人所得税法》第一条中言及的"个人"，还是 1993 年制定的《增值税暂行条例》第一条中书写的"个人"；也无论是 2011 年通过的《车船税法》第一条中提及的"所有人或者管理人"，还是"落实税收法定"背景下 2018 年通过的《耕地占用税法》第一条规定的"个人"，诸如此类的纳税人之税法表达，无不深受民法"自然人"理念所影响。如此做法，是为税法特性以及其与私法的亲密关系使然。亦如学者所言："私法所规律的对象的个人或企业的经济活动，或其成果的各种收入或其他足以推测纳税能力的事实，乃为税法所把握作为课税的对象。且由于税法理论的发展较晚，经常借用私法的构成要件或概念，作为税法的构成要件的一部分，因此税法与民法的关系极为密切。"[1]

况且，从税法的定位上看，复合性本是税法与生俱来的特征。即，从征税主管部门的角度来看，税法是有关行使征税权的法律，从这个意义上来说，无疑是公法；而从纳税人的角度来看，税法是进行经济交易时必须考虑的重要规则，从这个意义上来说，税法也具有交易法[2]的性质。其中，作为公法的税法是以规定并控制征税主管部门行使征税权为目的的法律自不待言。另外，由于征税基本上是以经济交易为对象，如果不考虑征税效果，则任何经济活动都无法开展。正因为在进行经济交易的同时需要时常考量征税效果，所以，大体可以认为，税法和民商法一样，具有交易法的性质。不仅如此，实际上，税收债权也具有和私债权一样的债权性质，并且征税对象基本上是由私法进行规范的经济活动，考虑到这两个因素，说税法植源于私法也非言过其实。[3] 既然如此，在税法中承继民法上的自然人语词，保留自然人的民法内涵也就不难理解了。

如此来看，赋予自然人以税法主体地位，不仅不会背离税法原理，而且符合税收立法惯例，更为重要的是它有助于打通税法上的"纳税人"与民事活动中的"个人"之间的法际障碍，提供两者连通的桥梁和纽带。立法上，税法广泛使用源于私法的术语和表达方式，国家经济活动受到私法规范的规制，且与经济活动的需求和方式紧密联系在一起。私法提供财产使用和交易的规则和方式，进而被纳入不同的课税范畴。税法借用私法概念、术语

---

[1] 陈清秀：《法理学》，元照出版有限公司 2017 年版，第 466 页。
[2] 参见滕祥志《税法的交易定性理论》，《法学家》2012 年第 1 期。
[3] 参见［日］中里实等编《日本税法概论》，郑林根译，法律出版社 2014 年版，第 2 页。

描述某一规范的前提条件司空见惯,相反,与私法术语和概念缺乏任何联系的税收制度体系是令人难以理解的。① 可见,私法概念与事实关系被税法移植并非孤案,而是一个大量行为。它们或直接描述税收构成要件、或间接形成课税的原因事实,以致诸多税法词语明显指向私法概念,且在许多的情况下都会直接适用。也即,私法上的术语和含义成为解释税法规则的起点。在此背景下,税法与私法虽具有不同的功能与角色定位,不同的规范工具与操作方法,但就宪法秩序及宪法任务的具体化而言,则仰赖彼此的互补与共同协力,税法与私法不过是扮演着实现一致的行政任务,规整于宪法底下的部分法律秩序而已。基于行政任务的一体性,税法与私法一同承担透过行政、立法及司法措施予以具体化的任务,税法与私法借由联结关系而互补作用②,达成法体系的整合。

基于此种考虑,在税收法治意识中将自然人属性的纳税人与身兼具体"征税"和"用税"任务和纳税人的自然人统合为自然人主体并不不妥。不管此类主体担负何种任务,肩负何种角色,归根结底都是市民社会的具体的"个人",也即自然人。即便如此,仍应警醒:自然人与法律主体之间尚存有一定距离,即并非所有自然人都是法律主体。这段距离的始作俑者,从法逻辑或法技术的角度为"人格"这一概念。这可以简单表述为:自然人——人格——主体。可以说,"人格"概念,是法律主体制度向更具科学、理性的方向前行的风向标。③ 同时也是税收法治意识的生成基础,可谓是有自然人的"人格",方才有其"尊严"和"自律"之可能。以纳税人的纳税法治意识为例,它不只是纳税人简单的"纳税"行动意识,它包括更为广泛的纳税人主体意识、纳税人权利意识和纳税人义务意识。其中,纳税人主体意识是基础,也是关键。因为只有确立了纳税人的主体意识,才能使每一个纳税人都意识到自己是纳税的主体,意识到他们在纳税过程中的人格是独立的,而不是依附于某单位、某个人的,意识到他们在纳税过程中与征税主体,在用税过程中与用税主体的法律地位是平等的,即平等的法律地位,平等的人格尊严。④

---

① Sture Bergström, Private Law and Tax Law, 23 *Scandinavian Studies in Law* (1979), pp. 31-52.
② 参见葛克昌《税法基本问题(财政宪法篇)》,北京大学出版社 2004 年版,第 148—155 页。
③ 参见李萱《法律主体资格的开放性》,《政法论坛》2008 年第 5 期。
④ 参见盖地《简论纳税人意识》,《财会学习》2010 年第 5 期。

（二）自然人的"尊严"：从宪法到税法

人的尊严之于自然人税收法治意识生成的价值不言而喻，关键是如何从税法上度衡自然人的"尊严"。从自然人角度来看，"在当今的法学话语中，人的尊严为人权和权利提供了理论证成，有效融合了法律的规范性要求与正当性标准"①。基于此，有学者认为：人的尊严以三重不同的形态存在着，即作为人权本源的"人性尊严"、作为基本权利价值原则的"人之尊严"和作为个别基本权利存在形式的"人格尊严"，这三种不同的形态呈现出由抽象到具体、由类到个体、由理论到规范的递进逻辑②，进而形成宪法上"人的尊严"这一最高原则。无论宪法的制定或实施，人的尊严都是一个不可逾越的基本界限。从某种意义上讲，人的尊严是宪法的灵魂，宪法文本只是宪法的肉身，是人的尊严赋予了宪法文本以生命和意义。离开了人的尊严这一最高原则，宪法只是一具文本僵尸，徒有宪法的外形，而无宪法的实质。③

诸如此类的观点代表了学界的基本共识，即"人的尊严"是宪法上的最高原则，它应该统率所有部门法上的"人的尊严"知识构成。因为"宪法是一部'高级法'，它不可动摇的特征是规范性和'超规则'特征；宪法也是一部'特别法'，它之所以关注国家与个人的关系，就是因为这一关系适用特殊的标准，它对政府严加管教，对公民袒护有加"④。基于此，税法涵摄在宪法之下，自然应该遵守宪法的一般价值观，努力践行宪法的一般判断价值为具体的判断价值。因而，剖析税收法治意识场域中自然人的"尊严"，只需精准把握和识别宪法上的"人的尊严"即可。

令人棘手的是，面对"人的尊严"这一宪法最高原则，学界的认识并不全然一致。比如，有学者认为："宪法上的尊严将人视为价值，无论其基础是自然权利、人是目的、人格发展，抑或是价值共识，它们都是将人视为价值的结果，以保有人的精神本质构成为终极目标，否认与排斥任何削弱与贬损人的精神完整性，及有损人格发展的行为。"⑤ 也有学者认为：宪法上"人的尊严"的内涵可具体表现在下述几项：（1）作为个人人格的独立价值

---

① 胡玉鸿：《人的尊严的法律属性辨析》，《中国社会科学》2016 年第 5 期。
② 参见杜承铭《论作为基本权利范畴的人之尊严》，《广东社会科学》2013 年第 3 期。
③ 参见李海平《论人的尊严在我国宪法上的性质定位》，《社会科学》2012 年第 12 期。
④ 姜峰：《宪法公民义务条款的理论基础问题：一个反思的视角》，《中外法学》2013 年第 2 期。
⑤ 郑贤君：《宪法"人格尊严"条款的规范地位之辨》，《中国法学》2012 年第 2 期。

的尊重。(2) 一身专属性事务的自主决定。(3) 个人私人领域的尊重。(4) 维持具有人性尊严的生活。(5) 自治与自决。① 还有学者认为：各国宪法在"人的尊严"问题上，立场有差别，侧重点不同，保障手段也多种多样，但一般都要求国家负担3项义务，即尊重、保护和促进的义务。尊重的义务是指国家自身把人作为人对待，保护的义务是指国家排除妨害，促进的义务是指国家适度给付，确保人人尊严生活。②

综括学者的意见，"人的尊严"可作如下理解：第一，生存于世上的每一个人都拥有不可侵犯的尊严，这类尊严的取得源于人的生命存在本身，它既不依赖于先天的血统、性别、门第，也不依赖于后天的成就、地位、信仰，只要生而为人，就拥有这样一种自然尊严。第二，人的尊严在法律上要求尊重人的自主性，每个人都是理性的、独立的存在，他可以决断涉己的事务，从而在生活中充分表达自我、展示自我以及发展自我。第三，根据人的尊严的内涵，人既是法律上的权利主体，也是法律上的义务主体和责任主体。第四，相对于人的尊严而言，国家和社会更多地以"义务主体"的形式出现。简言之，每一生活中的"个人"均为法律上自治、自由、自主的行为主体，均是权利主体、义务主体与责任主体的统一体。在法律的具体意义上，人的尊严意味着人的神圣性、自主性，法律的根本目的即在于保障这种神圣性和自主性的实现。③

值得注意的是，宪法对"人的尊严"的保障不仅要求他人尊重其人格，而且还对享有者的行为构成一定的约束。比如，肉体的享乐不应该成为人类的第一追求，而应该过一种节俭的、克制的、严格的、清醒的生活。"人的尊严"对人的行为的限制功能构成了人格权的一种内在限度。④ 这意味着："人的尊严"更为重要的内容，须在法律的各种关系上得以体现。换句话说，人的尊严更多地与人际交往相关，因而人的尊严能否实现，在很大程度上就取决于关系准则和交往规则的拟定。"⑤ 这种关系准则和交往规则要想

---

① 参见陈清秀《宪法上人性尊严》，《现代国家与宪法——李鸿禧教授六秩华诞祝贺论文集》，月旦出版社股份有限公司1997年版，第99页。

② 参见李累《宪法上"人的尊严"》，《中山大学学报》（社会科学版）2002年第6期。

③ 参见胡玉鸿《"人的尊严"的法理疏释》，《法学评论》2007年第6期。

④ 参见史志磊《论罗马法中人的尊严及其影响——以 dignitas 为考察对象》，《浙江社会科学》2015年第5期。

⑤ 胡玉鸿：《"人的尊严"的法理疏释》，《法学评论》2007年第6期。

在法律的各种关系中得以体现，最为理想的是在宪法中导入"人的尊严"条款。这也是多数国家宪法的文本选择。

我国现行《宪法》虽然仅有"人格尊严"这一用语及其保护条款，而缺落了可与诸多立宪国家宪法上的"人的尊严"又或"个人尊严"相提并论的基础性价值原理，但彼此之间在语义脉络上也存在着某种相通之处，尤其是与德国基本法中的那种以"人格主义"为哲学基础的"人的尊严"这一概念之间就存在着某种可互换的意义空间。深入《宪法》第三十八条①内部规范结构，可以发现：该条前段"中华人民共和国公民的人格尊严不受侵犯"一句，可理解为是一个相对独立的规范性语句，表达了类似于"人的尊严"这样的具有基础性价值的原理，作为我国宪法上基本权利体系的出发点，或基础性的宪法价值原理。该条后段"禁止用任何方法对公民进行侮辱、诽谤和诬告陷害"，同时又与上述的前段共同构成了一个整体的规范性语句，结合成为一项个别性权利的保障条款，而这项权利相当于宪法上的人格权，其所包含的具体范围大抵可确定在国际学术界所厘定的人格权的狭广两义之间，而在有关语义的关联结构中，前段中的"人格尊严"也可理解为宪法上的一般人格权。② 这种人格权维度上的"人的尊严"也是具体人格权体系的内在价值和法律标准。无论是物质性人格权还是精神性人格权，法律提供保护的目的都是维护个人的人格尊严。③

概而言之，"维护人性尊严与尊重人格自由发展，乃自由民主宪政秩序之核心价值"④。此种核心价值，如何在税法中展现，为赋税人权最重要课题，亦为税收法治意识的关键。税收债务关系及其协力义务，为民主法治国家人民与国家最主要的法律关系，因税法为富含宪法意识的法律，亦为宪法上基本权的具体化，与庶民日常生活息息相关的表现。故，可以认为：现代法治国家的税法律师即为宪法律师，其任务即以宪法的基本权保障纳税人免受公权力侵害；而人性尊严与人格自由发展更为赋税人权的底线，亦为税法律师与税务法官，执行司法职务的最低要求，并要深入稽征人员和用税人员

---

① 《宪法》第三十八条规定："中华人民共和国公民的人格尊严不受侵犯。禁止用任何方法对公民进行侮辱、诽谤和诬告陷害。"
② 参见林来梵《人的尊严与人格尊严——兼论中国宪法第 38 条的解释方案》，《浙江社会科学》2008 年第 3 期。
③ 参见王利明《人格权法中的人格尊严价值及其实现》，《清华法学》2013 年第 5 期。
④ 台湾地区"司法院"释字第 603 号。

心灵，成为其行为准则。具体而言，税法上自然人的"尊严"应首先在自我价值的确保，这意味着税款征收和使用过程中，应该为人民留下自我决定、自我负责的最低空间。要做到这一点，就不仅要求国家对人民的所得，无论以何方式课征，均需保留一定金额，以维持人民及家庭人性尊严的生存最低条件所需（物质及精神），此为课税禁区；而且有必要将婚姻家庭置于国家制度性保障范畴，防治婚姻惩罚和弱势家庭成员税制不公等情形出现。除此之外，自然人的"尊严"还意味着人格自由权的保障，即人民享有"免予税课之自由权"。这意味着：其一，税收规划自由，即人民即便有规划失败，被认定为避税行为予以调整，仍不得加以处罚。其二，保障隐私权不为税课侵犯，特别在精神生活方面，保障私人自决以防御国家财物异化。其三，协力义务以税课必要者为限，违反协力义务之行为罚，应限于以此作为逃漏税工具。[①]

简言之，人性尊严作为宪法基本精神之一，也是作为所有基本权客观价值秩序所必须遵从的原理原则，国家对人民所为的课税目的、范围与方法，必须符合人性尊严的理念，纳税人权利保障之基本原则，亦须符合人性尊严的客观精神与价值。具体而言，国家对人民课税的目的、范围与方法应让人民纳税时（后）有合乎人性尊严的法价值与感受。[②]

（三）自然人的税法"精神"：从"尊严"到"自律"

对任何一个自然人来说，仅有税法上的精神"尊严"，税收法治意识的生成远不可能得到实现，充其量只是完成了税收法治意识建构的"万里长征第一步"而已。在此基础上，培育"自律"意识，实现精神"尊严"向"自律"意识的过渡，方是税收法治意识的正确航向。亦如前述，"自律"作为一种可观察的主体行为，是行为主体的自我约束。自律的形成和自我约束的内在化是一个复杂的辩证过程。从人性和自律的形成过程看，当经常化、严密化的外力约束下的行为产生惯性并最终成为行为主体的"下意识"或"自然反应"时，他律就转化为自律，达至自律与他律的有机统一。从自律的形成原因看，每个行为主体的自律行为的背后都有着不同的致因，而不同的致因反映出自律行为的层次性。高层次的自律已经成为行为主体的人

[①] 参见葛克昌《税捐行政法——纳税人基本权视野下之税捐稽征法》，厦门大学出版社2016年版，第26—41页。

[②] 参见潘英芳《纳税人权利保障之建构与评析——从司法保障到立法保障》，翰芦图书出版有限公司2009年版，第89—90页。

格，使他超越于一切监督而达到自为的境界；第二层次的自律是舆论监督和道德规范约束的结果；第三层次的自律则是法律约束和权威监督的结果。①

不管哪一个层次的"自律"，都意味着行为主体的"意志自律"，只不过层次不同，受控准则不同而已。可见，如何衡量这种意志自律是自律意识识别和养成的关键所在，当然也是难点所在。一般来说，"自由"是解释或阐明意志自律的关键。一定程度上说，自律就是人的自由的体现，而人的自由所意涵的"自主、自治与自决"，又意味着义务的履行抑或责任的承担。如学者所言：人无论是作为一个自然人个体也好，还是作为一个社会存在物也罢，履行义务、承担责任，这都是理所当然的，区别恐怕只在于各自所履行义务或承担责任的大小、多少、程度等不同而已。但是，对任何一个理性健全的自然人来说，其履行的义务、承担的责任多半都是以"自由"为前提。步入税收法治社会以后，这种自由还必须以税法上的权利为"对价"，否则义务的履行、责任的承担极有可能沦为空洞的说教。②

其实"自从有了人类社会，就有了权利义务关系。可以说，是否存在权利义务关系，是人类社会区别于动物群体的一大标志③"④。究其源，"'权利'与'义务'分别属于'索取'与'贡献'范畴，因而不过是同一种利益对于不同对象的不同称谓：它对于获得者或权利主体是权利，对于付出者或义务主体则是义务。因此，所谓权利也就是权利主体从义务主体那里得到的应该受到法律保障的利益；而义务则是义务主体付给权利主体的应该受到法律保障的利益：权利与义务是相对权利主体和义务主体而言的同一种利益，是处于不同人际关系中的同一种利益"⑤。尽管有学者质疑"权利与义务相关性的命题"，但是这并不能否认两者之间存有的紧密联系。亦如学者所言：拥有权利并不需要以承担义务为正当化的条件，反而应当将权利视

---

① 参见周志忍、陈庆云《道德驱动的自律与制度化自律——希望工程公共责任和监督机制研究》，《中国行政管理》2001年第3期。
② 参见万其刚《论人的尊严作为人权正当性根据》，博士学位论文，中国政法大学，2007年。
③ 发展至今，权利义务理论已成为中国现代法理学的理论内核。在当代中国的主流法理学中，权利与义务占据了中心地位。尤其是自20世纪80年代末期以来，关于权利义务理论的研究构成了中国法理学研究的焦点和热点。参见喻中《论梁启超对权利义务理论的贡献》，《法商研究》2016年第1期。
④ 吕世伦、张学超：《权利义务关系考察》，《法制与社会发展》2002年第3期。
⑤ 王海明：《论权利与义务的关系》，《伦理学研究》2005年第6期。

为赋予义务的正当化根据。① 鉴此，税法上自然人"自律"意识的养成，很大程度上仰赖于税法设定的权利形态、幅度和规范位阶。倘若没有权利的先行导入与保障，刚性的义务终究难以生成税收法治意识。

遗憾的是，虽然《总局09年1号公告》明确将纳税人的权利列示为：知情权、保密权、税收监督权、纳税申报方式选择权、申请延期申报权、申请延期缴纳税款权、申请退还多缴税款权、依法享受税收优惠权、委托税务代理权、陈述与申辩权、对未出示税务检查证和税务检查通知书的拒绝检查权、税收法律救济权、依法要求听证的权利、索取有关税收凭证的权利。但是，不论是哪一种权利形态都更多停留在税收征管层面，远未上升至基本权高度。更为关键的是，规定这些关键性权利只是税务总局的一个规范性文件，严格意义上还称不上是税"法"。与之不同，台湾地区"纳税者权利保护法"第一条明确规定："为落实宪法生存权、工作权、财产权及其他相关基本权利之保障，确保纳税者权利，实现课税公平及贯彻正当法律程序，特制定本法。关于纳税者权利之保护，于本法有特别规定时，优先适用本法之规定。"该条不仅大大提高了纳税人权利的规范位阶，而且使税收法治由"行政法思维模式"迈向"宪法思维模式"，这一转向值得高度重视。②

在纳税人权利中导入宪法思维，造就纳税人权利的宪法基石，是为自然人"自律"意识培育的关键举措和重要保障。毕竟，税法上的权利若能在宪法上找到规范依据和法源基础，则自然人权利的保障水准必将大为提升。况且，在众多权利类别之中，自然人最为青睐的是"自律"意识内核的"自由权"，税法难以企及，由宪法规制更为妥当。按照传统的理解，自由权所对应的是国家的消极义务，也就是国家不必对自由权作任何的行为。但实际上，若没有国家履行积极的义务，自由权可能完全无法实现。比如，自由权的实现要求司法机关提供司法救济，也就是当自由权受到侵害的时候，自由权人得请求司法机关进行司法裁判以排除侵害。再如，自由权的真正实现，往往需要国家直接的积极作为。自由权的实现并

---

① 参见陈景辉《权利和义务是对应的吗?》，《法制与社会发展》2014年第3期。
② 参见葛克昌《施行前纳保法有无适用余地——最高行政法院106年判字245号判决评释》，《税法沙龙——税法裁判研究第1回：纳保法未施行前有无适用余地?》，2017年10月26日，台北：东吴大学，第8页。

不只是要求国家不侵犯，在很大程度上还要求国家采取积极的行动。① 而不管是国家的消极不作为，还是积极作为，若能在宪法中予以规定，必将事半功倍。诚然，自然人的自由权的确应该保障，但是自由权天然扩张的特性也必须予以控制。

为此，我国《宪法》第五十一条规定："中华人民共和国公民在行使自由和权利的时候，不得损害国家的、社会的、集体的利益和其他公民的合法的自由和权利。"如此规定，皆因任何个体自由和权利的实现，通常都需要同一社会关系的双方主体的协调与合作：一方面，权利主体不得滥用自由和权利；另一方面，包括国家、公民与社会组织在内的相对方要尊重对方的自由和权利，为其实现创造必要的条件，并不故意设置障碍。就权利主体而言，他所负有的"不得滥用自由和权利"的义务是与他的自由和权利相对应的；就相对方而言，他所负有的义务则是作为对方自由和权利实现的工具存在。这一义务是无法开列清单的，它是一种原则性的规定，需要依据具体社会关系确定其内容。从个体自由和权利的角度而言，这一性质的义务是"工具性"的，但正是无数个工具性义务与个体自由和权利的相互作用过程，构成了共同体秩序井然的社会生活。② 从这个意义上说，"个体对义务的自觉承担和自愿接受，同时也包含着对他人（其他个体）权利的承诺和尊重"③。照此看来，自然人的"自律"意识绝不意味着只是倡导、鼓吹绝对"自由"便可实现的。相反，它很大程度上取决于义务履行和责任承担的自觉度。

相较于权利，义务是法学中的重要概念之一，学界常用义务来描述当事人的不利法律地位。它内含实质和形式两个要素。实质要素是指履行义务对义务主体来说是一种不利益；形式要素是指义务对主体来说是必须为的，具有不可选择性，而且义务的实现受法律强制力保障，具有强制性。简言之，不利益要素是义务的实质性要素，不可选择性与强制性要素是义务的形式性

---

① 参见张翔《基本权利的受益权功能与国家的给付义务——从基本权利分析框架的革新开始》，《中国法学》2006 年第 1 期。

② 参见刘茂林、秦小建《人权的共同体观念与宪法内在义务的证成——宪法如何回应社会道德困境》，《法学》2012 年第 11 期。

③ 杨国荣：《你的权利，我的义务——权利与义务问题上的视域转换与视域交融》，《哲学研究》2015 年第 4 期。

要素。① 具体而言，法律上自然人的义务具有多样性，大体来看，它由以下结构组成：一种是对国家的义务，以纳税义务和服兵役义务为主要形式；一种是对他人的义务，以契约责任、侵权责任和亲属间的特定义务为主线；另有一种较为特殊的义务是自然人是否应该合理承担直接的社会义务。此外，法律限制实际上也变成了一种实质性的义务。例如，对契约自由的限制，对权利所附带利益的限制以及对各种人力行为的许可控制等。②

在这其中，契约自由最具代表性。作为近代民法及其合同的精髓和核心，契约自由"包括两个紧密相连且并非截然不同的方面。第一，它强调合同基于双方合意；第二，强调合同的产生是自由选择的结果，没有外部妨碍，如政府或立法的干预"③。契约自由一经产生，便以其巨大的力量影响着整个世界，对人们摆脱身份的束缚、自由地参与市场竞争、发展人文主义伦理观和促进经济的迅速发展都起到了不可替代的作用。④ 像任何事物一样，契约自由也具有两面性。"它给了当事人充分展示并运用自己意志的空间"⑤，但"在合同当事人的地位显著不平等和没有互换性时，实质自由与形式自由就有可能背离"⑥。实践中，民事主体经常利用契约自由，滥用民事行为的形成可能性，实施虚伪行为与脱法行为，导致合同的大量扭曲，从而达到规避税收之企图。此种场合下，契约自由不只是单纯的民事经济活动的精神底蕴，它也相机成为税收规避的可能工具。因为"避税是纳税人实施的一种税的节省类型，通过商业或民事上有效的行为或法律交易的扭曲或不正常使用，尽管形式上符合税收规则或法定征税行为要件，但实质上不符合相关规则的立法目的，从而导致一项不正当的税收利益，纳税人取得该税收利益将违背量能课税原则。"⑦ 毕竟，"量能课税原则强调依据纳税人经济上的给付能力平等课税。"⑧

然而，避税活动侵蚀了国家税基，危及了税法的财政职能。避税造成的

---

① 参见王爱琳《民事义务的构成分析》，《政治与法律》2007年第5期。
② 参见于立深《权利义务的发展与法治国家的建构》，《法制与社会发展》2008年第3期。
③ [英] P·S. 阿狄亚：《合同法导论》，赵旭东、何帅领、邓晓霞译，法律出版社2002年版，第9页。
④ 参见苏号朋《论契约自由兴起的历史背景及其价值》，《法律科学》1999年第5期。
⑤ 朱勇：《私法原则与中国民法近代化》，《法学研究》2005年第6期。
⑥ 柯华庆：《格式合同的经济分析》，《比较法研究》2004年第5期。
⑦ 翁武耀：《避税概念的法律分析》，《中外法学》2015年第3期。
⑧ 叶姗：《房地产税法建制中的量能课税考量》，《法学家》2019年第1期。

财政收入损失，将降低政府支出和人民福利，可能导致巨大的经济和政治困难。① 不仅如此，避税还破坏了一国税制的公平和效率。造成纳税人之间的税负不公，危及税法的遵从度，更为重要的是，避税还扭曲了市场资源配置，破坏公平竞争的市场秩序。② 对这类避税行为进行规制是为必然。也因如此，反避税规则得以产生与运行。避税与反避税的"猫鼠游戏"始终在世界各地循环往复。不可否认，滞后性是法律的固有特点，为防止避税行为发生，立法者在早期不断通过"打补丁"的方式设立各类特殊反避税条款。为"一劳永逸"地解决避税问题，一般反避税规则逐渐在法律实践中产生。一般反避税规则诞生于税法实践，其本质是防止纳税人滥用税收筹划权。③ 如学者所言："反避税是对私法交易秩序的调整，是对契约自由、意思自治的矫正与限制。"④

只是，国民纵有承认国家具有目的理性，但对其目的的达成，国民并不当然负有法律上义务，不论文化传承、经济成长、社会责任或忠恕爱人等，均仅属道德伦理领域的要求。因此，纳税人所为之租税规划，完全无须顾及整体财政需求或国家当前政策，而有权针对如何减少税收负担而设计规划。⑤ 此时，国家和法律治理陷于两难境地：人民的契约自由不得不尊重，因为"自由是任何权利都不可缺少的部分，区别仅在于自由的比重在其中的多或少"⑥。出于量能课税和税法之财政收入职能考虑，法律形式之滥用又不得不管制；一厢是意思自治，一厢是税收法定、量能课税，两者间很难有可以调和的余地。根本而言，私法的自治和公法的强制，有着先天的矛盾，当国家的干预，不仅领域上早已无所不在，而且方式上从强制、半强制到"遁入私法"可谓不遗余力时，即使仍然坚守自治与强制间的原则例外关系，要想通过周延的立法，预先排除公私法的紧张关系，已无可能。⑦

---

① M. Boyle, Cross-Border Tax Arbitrage -Policy Choices and Political Motivations, 5 British Tax Review, 2005, pp. 527-531.

② J. Bankman, "An Academic´s View of the Tax Shelter Battle", in H. Aaron and J. Slemrod (eds), Crisis in Tax Administration, Washington DC: Brookings Institutions Press, 2004, p. 31.

③ 参见欧阳天健《比较法视阈下的一般反避税规则再造》，《法律科学》2018年第1期。

④ 王宗涛：《税法一般反避税条款的合宪性审查及改进》，《中外法学》2018年第3期。

⑤ 参见葛克昌《税法基本问题（财政宪法篇）》，北京大学出版社2004年版，第4页。

⑥ 马岭：《宪法权利解读》，中国人民大学出版社2010年版，第27页。

⑦ 参见苏永钦《寻找新民法》，北京大学出版社2012年版，自序第2—3页。

在此语境下，蕴含浓厚公法色彩的税法所必须面对的问题根本不在于如何调和两者间的冲突，而在于怎样将两者的冲突减少，并寻求冲突解决之道，从而"努力做到既要保障市场的自由又不使国家权力过度扩张"[①]。因为任何税收法治国家都会承认"纳税人拥有以最小化税收负担的方式来安排自身经营活动的自由"[②]。对这种税收筹划安排自由的承认，既是民商法契约自由的必然延伸，也是税收法定的应有之义，还是纳税人基本权保障的根本要求。概因如此，有学者认为：随着我国法治进程的推进，税收筹划权利必将作为一项纳税人的基本权利得到法律的认可。[③]透过这种被承认的税收筹划自由，自然人方可在税收法治场域中的权利与义务之间寻得平衡，也才能逐渐摸索出税法的权利限度和义务强度，进而孕育出"自律"之花。

二 组织的主体"尊严"与"自律"：以法人为中心

"法人制度是法律体系的基础，源起于中古世纪欧洲大陆，历经数百年发展演进，可谓历久弥新。当初法人仅是法教（释）义学的抽象概念，今日与自然人同受法律的保障，已是各国法制普遍的做法，也是约定俗成的社会通念。尽管如此，法人概念的内涵与外延究竟为何？是否应制订放诸四海皆准的法人规则（如法典）？此外，如将法人纳入法典时又应如何分类方为适切？是复杂难解的议题"[④]。也为此，有学者认为："法人问题的确是深奥的，它和任何其他法律制度一样，依赖于立法者的态度。法人概念的设定，意味着在一定的法律思维框架对团体人格化。"[⑤]《民法通则》第三十六条第一款规定："法人是具有民事权利能力和民事行为能力，依法独立享有民事权利和承担民事义务的组织。"这一法律款直接为《民法总则》第五十七条所承继，奠定了法人的法律地位。

从成立的法定程序看，法人有它的法定性，且依法成立的法人当然应该

[①] 石金平：《经济法责任研究——以"国家调节说"为视角》，法律出版社2013年版，第97—98页。

[②] 翁武耀：《避税概念的法律分析》，《中外法学》2015年第3期。

[③] 参见梁云凤、逄振悦《税收筹划权分析》，《财政研究》2006年第9期。

[④] 王文宇：《揭开法人的神秘面纱——兼论民事主体的法典化》，《清华法学》2016年第5期。

[⑤] 江平、龙卫球：《法人本质及其基本构造研究——为拟制说辩护》，《中国法学》1998年第3期。

具有其法人的人格。① 因为只要是依法成立的法人皆符合"人格"在法律上的基本含义②：一是作为法律主体享有权利和承受义务的资格。二是指应受法律保护的精神利益，即是人格权所保护的对象。所以，在民法理论中，凡具有人格者即可成为民事意义上的人，凡成为民法上的人即可享有和行使权利。③ 据此，自然人与法人在法律上找到了共同的基点，即二者都具有独立的人格。这也是法人能够成为法律主体的关键性前提，因为"每一个法律主体都应该自由且理性的行事，而只有能够理性且自由地从事法律行为的人才应该成为法律（义务）主体"④。无怪有学者认为：就"人格"这一点来说，对法人而言，不存在什么特殊之处。其对另一人意志的归属，与亲权人意志归属于未成年人例子所发生的，具有完全精确的相同特性。⑤ 尽管自然人与法人的产生基础不同，但是自然人人格和法人人格在享有权利和承担义务，也即拥有权利能力这一点上实现了统一⑥，也使得法人成为与自然人并驾齐驱的重要法律主体。

---

① 依据《民法总则》第五十八条至第六十条规定：法人应当依法成立。法人应当有自己的名称、组织机构、住所、财产或者经费。法人成立的具体条件和程序，依照法律、行政法规的规定。设立法人，法律、行政法规规定须经有关机关批准的，依照其规定。法人的民事权利能力和民事行为能力，从法人成立时产生，到法人终止时消灭。法人以其全部财产独立承担民事责任。

② 也有学者认为，法律上的"人格"应该有四重意义：一是主体意义上的人格，即法律主体；二是成为主体的资格，即权利能力；三是受法律保护的利益，即人格权对象；四是包括伦理人格，即自然人的目的性价值，通常以宪法上的"人之尊严"出现。在人格的"四元"构造中，权利能力是个技术性概念，是生物人或团体成为权利主体的资格；法律主体与伦理人分离，是享有权利能力的自然人或团体；人格权则直接建构于伦理人，是受保护的人身利益；伦理人格作为私法基础，以人之尊严、人权等面目出现，为私权保护提供宪法上的价值依托，故其示人以间接作用、若隐若现的印象。参见张平华、曹相见《人格权的"上天"与"下凡"——兼论宪法权利与民事权利的关系》，《江淮论坛》2013年第2期；房绍坤、曹相见：《法人人格权的立法论分析》，《山东社会科学》2016年第12期。

③ 参见吴汉东《试论人格利益和无形财产利益的权利构造——以法人人格权为研究对象》，《法商研究》2012年第1期。

④ 毋国平：《法律主体的内涵》，《辽宁大学学报（哲学社会科学版）》2013年第2期。

⑤ 参见[美]约翰·齐普曼·格雷《法律主体》，龙卫球译，载《清华法学》2002年第1期。

⑥ 参见孙聪聪《人格作为法律主体的伦理与技术——基于历史进路的考察》，《广西大学学报（哲学社会科学版）》2015年第3期。

（一）法人"纷争"：从人格到人格权

依学界通说，法人"以其注册的经营范围为基础作为市场主体参与经济活动"①，是具有"法律人格"的团体。团体之所谓"法律人格"的赋予，是德国民法理论研究和制度设计中最富想象力和技术性的创造。但众所周知，团体之"人格"的赋予，完全是经济发展的需求导致法律技术运用的产物，其目的不过在于使具备一定条件的团体成为民事权利义务的承受者亦即交易主体，以便限制投资人风险，鼓励投资积极性。② 诚如学者所言："作为人的主观虚拟物，若说对于自然人外的所有法律主体都存在一种同样的拟制，即将一个人的意志拟制给他身外的某人或某物，在法人的情形下，则表现为一种双重的拟制：首先通过拟制以构造一个实体，第二次拟制则将个人的意志归属于它。"③ 借助法律拟制技术，法人与自然人得以被"同等对待"，顺利成为法律舞台中的重要主体。

根本而言，"法人概念所包含的人格化，首先表现为通过团体主体化找到一种自然的一体的展示，法律在此不去寻找具体的个人主体，而是拟制一个统一主体，使之不可能通过还原的方式把它逐一还原成成员的主张，将维系特定目的的必要条件在名义和技术上皆归于它，以保证特定目的不致分裂。同时，在行为和责任方面，法学也做这方面的思量，把问题构思成一个关于法人行为和责任的情形，即，假定团体是一个行为人和责任人，有思想有道德，把关于自然人的行为和责任的原则对它模拟处理"④。换言之，"人格"本为抽象思维之产物，只有表现在某些载体之上方能被人所认知，发生其社会意义和法律意义。如生命和身体是承载人格的物质形态，无此物质实体则人格不复存在。而姓名、肖像等则是表现人格的社会符号，借此符号主体方得与他人相区别。基于人格载体自然属性和社会属性的差别，不仅载体在法律上具有不同的地位，而且受法律调整的方式和程度亦应有所区别。⑤ 更为重要的是，因"人格"而生的"人格权"的法律命运则是大为不同。

---

① 侯利阳：《市场与政府关系的法学解构》，《中国法学》2019年第1期。
② 参见尹田《论人格权的本质——兼评我国民法草案关于人格权的规定》，《法学研究》2003年第4期。
③ 胡长兵：《法律主体考略——以近代以来法律人像为中心》，《东方法学》2015年第5期。
④ 江平、龙卫球：《法人本质及其基本构造研究——为拟制说辩护》，《中国法学》1998年第3期。
⑤ 参见韩强《人格权确认与构造的法律依据》，《中国法学》2015年第3期。

的确，法人与自然人虽然具有相同的主体人格，但是法人的权利能力与自然人的权利能力不同也是事实，且往往受到诸多限制，比如，法人目的的限制、法律上的限制以及法人性质的限制等。凡此种种决定了法人不可能享有以自然人生理或心理特性的存在为基础的一些人格利益。也因如此，有学者以为：人格为精神利益，其立法本意在于保护自然人的人格尊严、人格自由、人格平等和人格安全。在人格平等原则的指导下，自然人的人格权表现为专属性、平等性和一致性等特征。① 也有学者认为：法人毕竟不是自然人，因此，法人不应也很难享有某些属于自然人特有的权利能力，如继承权、接受抚养权、身体健康、生命等。② 法人的团体人格不过是对自然人人格在私法主体资格意义上的模仿，是一种纯粹法律抽象技术的产物。团体人格与体现人类自由、尊严和社会平等的自然人人格之间，在性质上毫无共通之处。所谓法人，不过是私法上之人格化的资本。法人人格离开民事财产活动领域，即毫无意义。为此，法人根本不可能享有与自然人人格权性质相同的所谓"人格权"。基于法人之主体资格而产生的名称权、名誉权等，本质上只能是财产权：法人的名称权应为无形财产权，此为有关工业产权保护之国际公约所明定；法人的名誉权应为法人的商业信用权，同样应置于无形财产权范围。简言之，法人的团体人格是对自然人人格在民事主体资格意义上的模仿，法人不享有人格权。③

与之类似，有学者认为："法人人格系无伦理性的纯法技术产物，人格权系立基于伦理人格而非法律人格，法人无人格权，法人享有的所谓人格权实质上只是财产权。"④ 除此之外，更有学者直言：赋予法人人格权，表面上看确实是保护了法人及其背后的自然人，但其将自然人情感嫁接于法人的做法，不仅违背了法人的本质与法人人格的目的，而且造成了自然人与法人的结构失衡；既加剧了法律主体事实上的不平等，又导致了法人权利保护的体系矛盾。因此，法人不能享有人格权。⑤

---

① 参见吴汉东《试论人格利益和无形财产利益的权利构造——以法人人格权为研究对象》，《法商研究》2012年第1期。

② 参见黄文熙《浅论自然人人格权及法人人格权的本质》，《中国政法大学学报》2012年第5期。

③ 参见尹田《论人格权的本质——兼评我国民法草案关于人格权的规定》，《法学研究》2003年第4期。

④ 郑永宽：《法人人格权否定论》，《现代法学》2005年第3期。

⑤ 参见房绍坤、曹相见《法人人格权的立法论分析》，《山东社会科学》2016年第12期。

不一样的是，赞同法人拥有人格权的也不在少数。譬如，有学者认为："法人人格权是与法人财产权同等重要的一项民事权利，它表现法人独立的主体资格，标志法人全部活动的总的评价，并体现一定社会评价的权益。确认并保护法人的人格权，是我国法律的一项重要的任务"①。也有学者认为：法人的人格权并不是完全如部分学者所想象的只与财产相联系，因为在现代社会中人们成立团体的目的在很多情况下已经不再是基于狭隘的经济性了，团体对于个人已经随着经济功利主义的消退而具有多重性的意义。反对法人人格权的多数学者是将他们的理论建立在对于人格和法人价值不正确的认识基础上，并且将法人狭隘地限制在经济领域，而忽视了法人功能的多样性。况且，自然人的人格权确立的过程本身就是一个技术化的价值考量，与自然人的伦理性基础并无密切的关联性。自然人人格权也是具有工具性价值的，所以，赋予法人人格权并不与人格权的本质特性相抵触。此外，由于承认法人人格权的工具性价值并不能被法人财产权所替代，所以承认法人人格权还具有实证法上的妥当性。②

与之相似，还有学者认为：法人人格权的存在目的是维护法人主体的独立性，是为法人成为民事主体之必备要素。法人人格权与财产权均是法人权利能力的具体表现和实现方式，而且法人的人格权是必然存在的和不可或缺的。抽象意义上统一和平等的权利能力在具体的权利形态上必定存在差异，法人人格权也不例外。因而，法人享有人格权既符合一般社会科学和法学的理论认知，又具有形式意义的工具价值和实质意义的伦理价值，还顺应了现实社会生活需求的立法选择。③ 与之暗合，不同学者鉴于不同理念起草的民法典草案建议稿，却都无一例外地将法人享有的名称权和名誉权表述为法人人格权，同质于自然人享有的人格权。④

---

① 马俊驹、余延满：《试论法人人格权及其民法保护》，《法制与社会发展》1995年第4期。
② 参见蒋学跃《法人人格权的理论预设——为法人人格权肯定论作辩护》，《求索》2006年第9期。
③ 参见李宗辉《法人人格权之理论辨析与立法构想》，《私法研究》2015年第2期。
④ 例如，学者王利明主持起草的《中国民法典草案建议稿》将人格权的主体表述为自然人和法人，故法人享有人格权，法人人格权包括法人的名称权、名誉权、信用权和荣誉权。学者梁慧星主持起草的《中国民法典草案建议稿》在"民法总则"中的自然人章节明文规定了自然人的一般人格权和具体人格权；在其后的法人一章中明文规定法人享有名称权和名誉权，在法人的名称权和名誉权同人格权之间没有技术上的规范联络，但立法理由仍然将法人的名称权和名誉权表述为人格权。参见邹海林《再论人格权的民法表达》，《比较法研究》2016年第4期。

(二) 法人"争鸣": 从人格权到人格尊严

不管是肯定法人人格权的学者,还是否定法人人格权的学者,多半都会承认法人所拥有的"人格""尊严",充其量只是予以承认的拥有"尊严"的人格要素的内容、幅度等大小差异而已。因为究其本体:"人格指人的尊严及价值,即以体现人的尊严价值的精神利益为其保护客体。"① 也即,有人格,当有人格"尊严"。很难想象,没有"尊严"的人格主体,可以在法律场域中自由活动。因而,从人格权法的发展趋势出发,现代人格权制度的核心便在于保护人格尊严。② 即便如此,仍应看到,人格尊严本是人的一种伦理地位,是指自然人能够被他人和国家作为法律主体并被赋予和保障自主决定私人事务的潜在能力。个人尊严既不应依赖于人的财产状况和社会地位,也不应依赖于人的工作性质和实际能力,而应以人的人格平等为前提,是通过人的自由意志来实现的自我肯定。③

易言之,人格尊严本为自然人所设,并未为法人预留足够的通道。但是,随着市场经济的发展和人文主义理念的勃兴,自然人人格权中的姓名、肖像、个人信息等人格利益授权使用等现象日益普遍,人格权中的经济价值日益凸显,也逐渐受到法律的肯定与保护。④ 也即,随着社会经济和法律技术的快速发展,人格权的客体——"人格要素",即人之所以为人所必须的一些要素,如生命、身体、健康、姓名、肖像、声音等之间的内在联系也相继发生了巨大的变动。按照传统的民法理论,人格要素内在于主体,与主体不能须臾分离。然而随着人格要素广泛运用到商业实践而引发"人格权的商品化"现象时,人们深刻意识到某些人格要素譬如姓名、肖像等,不同于诸如生命、身体、健康等内在的基础性人格要素,与主体的依附性似乎并没有那么紧密,可以"脱离"主体被使用到商品上,具有了区别商品或服务的功能,被赋予了符号系统的某些价值。⑤

毕竟,"人格诸要素的构成是基于一定社会条件下,人在物质和精神上

---

① 王泽鉴:《人格权保护的课题与展望——人格权的性质及构造:精神利益与财产利益的保护》,《人大法律评论》2009年卷(总第7辑),法律出版社2009年版,第51页。
② 参见王利明《人格权法的发展与完善——以人格尊严的保护为视角》,《法律科学》2012年第4期。
③ 参见马俊驹《我国人格权基础理论与立法建构的再思考》,《晋阳学刊》2014年第2期。
④ 参见王叶刚《人格权中经济价值法律保护模式探讨》,《比较法研究》2014年第1期。
⑤ 参见黄芬《人格要素的财产价值与人格权关系之辨》,《法律科学》2016年第4期。

的自然需要，法律对上述自然需求的确认和保护即构成人格权。所以，人格权与人格诸要素之间具有不可分割的内在联系，一方面人格诸要素是人格权人之自由意志赖以存在的基础，另一方面又是人格权人自由意志的对象。二是人的伦理价值即人格诸要素已非完全'内在于人'，其'外在于人'已成为社会发展的客观需要。人格诸要素的可支配性使其'外在化'的观念进一步形成，由此造成的结果是人格诸要素与人自身的分离，从而成为人格权的客体，人格权成为连接人格诸要素与人之间的纽带"①。这说明：第一，某些人格权尤其是标表性的人格权本身具有一定的可利用价值。第二，人格权的某些权能具有与人身的可分离性。第三，某些人格权的财产价值具有可继承性。第四，对可商品化的人格权的侵害可采用财产赔偿的方式予以补救。换言之，伴随着社会经济和法律技术的发展，人格权商品化是在市场经济语境中的必然发展，是人文主义理念和市场经济相结合的产物。②

从中不难发现，能够被商品化的多为姓名、肖像等带有财产属性或能带来潜在财产利益的人格要素。这些人格要素与自然人主体的分离，并未导致自然人人格的解体，更未导致自然人人格尊严的名存实亡。照此来看，人格要素是否健全，是否与法律主体紧密融合，并不是法律主体人格得以存在的关键，也不是主体人格尊严成立与否的前置条件。与自然人相比，法人的人格要素无疑是残缺的。比如，身体、健康、生命等都是自然人独有，而法人无法拥有的人格要素。但是，在兼容财产属性或财产利益的人格要素层面上，自然人与法人具有更多的交集和共同点。比如，自然人有姓名这一人格要素，法人亦有名称或商号与之对应的人格要素；再如，自然人有肖像的人格要素，法人也有 logo 或类似的人格要素与之呼应。即便是极力反对法人人格权的学者，也不会否认法人存在财产属性或财产利益的人格要素，甚至有些学者直接将法人人格或法人人格权定性为财产或财产权。

例如，有学者认为："对法人人格的理解，只能局限于财产支配与财产交换领域，绝对不能超越这一领域，认为法人人格在经济生活之外还具有其他更为重要的社会意义。对于法人的人格权的理解也应如此。"③ 更有学者进一步指出：无论如何，法人应当享有诸如名称、名誉、信用等某些人格利益，也即具有名称权与商号权、名誉权与商誉权、信用权与商业信用权等人

---

① 马俊驹：《我国人格权基础理论与立法建构的再思考》，《晋阳学刊》2014 年第 2 期。
② 参见王利明《论人格权商品化》，《法律科学》2013 年第 4 期。
③ 尹田：《论一般人格权》，《法律科学》2002 年第 4 期。

格权，这也是其作为法律主体所必须享有的权利。① 因此，对于法人拥有的这种残缺的、不健全人格要素的人格权，有学者将其称为"法人可以享有与其性质相适应的人格权"，也即法人人格权是一种依托于自然人人格权制度，用以保护特定形态的自然人人格利益的法律制度设计。法律上关于自然人人格权的规定，并非直接适用于法人，而是通过类推和准用的方式，在满足诸多前提条件的时候适用于法人。当我们在讨论法人人格权问题的时候，必须注意到我们并非在与自然人人格权的相同意义上使用人格权这一概念。②

统而言之，法人人格权不应被否认，但法人人格权与自然人人格权的确有所不同。这种不同并非如反对或否认人格权学者的"财产权"所能及，因为武断地将法人人格所及的权益划入财产权范畴，阻却法人人格权的存在。不仅割裂了自然人与法人在"人格"层面的内在联系，而且也不符合法人人格及其所属利益的技术逻辑。从《德国民法典》立法技术的角度来看，不仅法人人格权得到显著彰显，而且法人的一般人格权都得到承认，一个重要的原因就在于自然人和法人都被抽象为人的立法技术。既然法人和自然人都是"人"，人们往往就有一种将法人"拟自然人"化的倾向，将从自然人本身出发而发展出来的制度适用到法人之上。这一方面减轻了理论以及实践专门为法人设计特定制度并进行合理化论证的必要性，另一方面导致在论证的过程中，为了将法人和自然人置于同一概念之下，将特定概念所包含的和自然人有关的内涵逐渐慢慢地掏空；与这个过程相反的进程是法人的有关特性慢慢渗透到了该概念中。一般人格权制度就是此种现象的例证。即，自然人的特征——尊严——从该概念中退去，法人的特征——服务于经济生活——渗透到该概念之中的过程。③

可见，"尊严"不仅成为自然人与法人自由转换的关键性枢纽，而且也是两者最为重要的联结点。从法律制度设计和法律适用的角度看，法人是否可以享有自然人所享有的某种类型的人格权，取决于该种类型的为自然人所享有的人格法益，是否能够经受转变，从为自然人个体所享有的形态，转变为一个团体所享有的那种归属形态。如果相关的人格法益不能经受这样的转

---

① 参见吴汉东《试论人格利益和无形财产利益的权利构造——以法人人格权为研究对象》，《法商研究》2012年第1期。

② 参见薛军《法人人格权理论的展开》，《上海财经大学学报》2011年第6期。

③ 参见沈建峰《德国法上的法人一般人格权制度及其反思》，《政治与法律》2012年第1期。

变，那么该自然人所可以享有的人格权，就不可能以法人人格权的形态存在。"尊严"显然属于这种可以转变的人格法益，因为"尊严"的实质内容及其保护形态可以团体形态来存在和享有。①

（三）法人"归位"：不一样的"尊严"与"自律"

于人的尊严而言，"每个人都应当要求自己与他人，必须始终将自己视为目的自身，绝不能仅仅视为达到特定目的的手段。人，如果失去人格，就等于将他物化，任人宰割，使他沦为只是满足他人欲望、达成他人目的的手段。每一个人，因为自身的人格，不仅可以免予物化而来的非人待遇，更因此拥有无与伦比的尊严"②。自然人如此，法人亦如此。同理，民商法上如此，税法上亦如此。诚如学者所言：基于税法上竞争中立性原则的考量，法人的营业组织，也被提升为税收权利能力人，而与自然人具有同等地位。③因此，在税法上，只要符合税收构成要件，不仅是自然人的经济效果或经济行为可以使其成为纳税人，同样法人也会因其经济行为或经济效果成为纳税人。究其根本在于，法人具有与自然人同等性质的"人格"，也即同样是法律上的"人"。进入税法场域以后，民商事制度中的前置主体"人格"，原则上均会为税法所承继，也即税法一般会保持与民商法一致的判断。仅当在反避税场域，税法才会撕开法人面纱，径行实质课税。除此之外，即便偶有区别，也多只是适用规则差异而已。例如，同样是所得业务，自然人获取的应税所得须接受个人所得税法的评价，而法人获取的应税所得则要接受企业所得税法的规制。

即便如此，法人与自然人的区别依然存在，特别是在"人"的"尊严"导向"自律"过程中，法人与自然人的法治意识性格生成差异凸显。众所周知，自然人的财产、行为、意思表达等同属一体，高度统合。而法人则有法人本体与法人成员之分，这使得法人场合下的财产、行为、意思表达等更为复杂、更加多变。从法人的内部结构上看，法人人格的基本构成有二：一是获得法律上的独立财产，即拥有区别于法人成员、可独立处分、同时也构成对外担保的财产能力；二是具有完善的治理结构，即拥有形成独立意思并予以执行的机关。一旦具有了独立的财产、意思和行为，法人即可形成独立

---

① 参见薛军《法人人格权理论的展开》，《上海财经大学学报》2011年第6期。
② 江玉林：《人性尊严的移植与混生——台湾宪政秩序的价值格局》，《月旦法学杂志》总第255期，2016年8月，第71页。
③ 参见陈清秀《税法总论》（修订九版），元照出版有限公司2016年版，第283—285页。

的人格。但法人独立人格的首要目的,是获得法律认可的行为能力,这才是法人人格的目的公因式。① 这种内部结构,催化了法人人格与其成员人格的分离,进而演化为独立的法律"人",也使其丧失了自然人独有的、发端于生理与心理的部分"尊严"与"自律",但是这绝非意味着法人"尊严"与"自律"能力的丧失,而只是表明法人的"尊严"与"自律"不再附随自然人的"尊严"与"自律"。同时,意味着与自然人不完全一致的独立的法人"尊严"与"自律"渐次生成。

如学者所言:法人在其权利能力范围之内均具有自己的人格权。具体来说,法人人格权是以经营自由、平等与安全为中心确立的权利。它由人格决定权与人格发展权等权利组成:其一,人格决定权。法人得自我决定,并采取以何种方式发展自己的人格的权利。这些表现为名称权、信息权、商号权等。其二,人格发展权。法人得自由发展自己的人格。这些表现为信用权、商誉权等。② 不管是法人的人格决定权,还是人格发展权,都难与传统自然人的"尊严"与"自律"意识无缝对接,但都蕴含了自然人"尊严"与"自律"的诸多本源性特性。比如,自我决定、自由发展等。这些构成了法人"尊严"与"自律"的核心要义,也得到法律的明确保障。

概因如此,也有学者认为:在人格权的司法实践和学理上,人格权发展出了三项积极性意思:一是人格权请求权,二是对于人格精神性层面予以发展的自我决定权,三是对于人格财产性层面价值予以实现的人格商业化利用权。以此为基础,人格权作为一种主观权利的构造为:人格权请求权、发展精神性层面的自我决定权以及发展人格上财产性层面价值的人格商业化利用权等三项权能。这三项权能共同构成积极发展人格的主观权利。在人格权发展为主观权利后,人格权的自我决定权能和商业化利用权能被侵害或有侵害之虞的,权利人可以主张人格权请求权能,以排除妨害或者防止妨害;而被侵害并受有损害的,则可适用侵权损害赔偿的法律规则予以救济。③

无论是人格权请求权、发展精神性层面的自我决定权,还是发展人格上财产性层面价值的人格商业化利用权,都极大程度上展现了法人的"尊严"与"自律"特性。但这不意味着法人"尊严"与"自律"从此走上一条有

---

① 参见房绍坤、曹相见《法人人格权的立法论分析》,《山东社会科学》2016年第12期。
② 参见许中缘、颜克云《论法人名誉权、法人人格权与我国民法典》,《法学杂志》2016年第4期。
③ 参见刘召成《民事权利的双重属性:人格权权利地位的法理证成》,《政治与法律》2016年第3期。

别于自然人的"尊严"与"自律"之路，而只是展现或者说是凸显了"尊严"与"自律"的另一维度，从另一个角度诠释了自然人"尊严"与"自律"与法人"尊严"与"自律"的内在机制。从人的伦理价值上讲，法人成员的价值实现与法人的目的实现，并不是对立的，而是统一的。法人人格权制度的实施最终是为了保护自然人的财产利益和伦理价值。当法人组织遭受他人侵害时，其成员的总括性伦理价值要素必然受到损害或影响，但在法律关系上，这些成员无权请求救济，而只能由法人以自己的名义来承载和请求保护，否则法人的存在价值和目的就不能顺利实现，法人成员凝结在法人中的伦理价值要素就得不到法律的保护。因此，只有允许法人享有人格权，尊重和导引法人的"尊严"与"自律"意识，才能适应和满足伦理的基本要求和社会需要。①

一定程度上说，任一法人的"尊严"与"自律"都是其下所有法人成员，尤其是自然人成员的"尊严"与"自律"的集合延展，这种延展一定程度上补足和强化了自然人的"尊严"与"自律"，打通了法人成员的"尊严"与"自律"与法人整体的"尊严"与"自律"之间的通道。但也导致法人"尊严"与"自律"成分中的自我约束、自我节制等核心意识的弱化，甚至在一些场合下完全失控。比如，在企业税收策划情境中，不少法人滥用人格形式，行税收规避之实。此种情景下，启用法人格否认制度，既是维护国家税收利益和量能公平课税的必要行动，又是传递法人"自律"意识的关键举措，还是"自律"本有内涵的天然诉求。② 归根结底，自然人也好、

---

① 参见马俊驹《我国人格权基础理论与立法建构的再思考》，《晋阳学刊》2014 年第 2 期。
② 2009 年，税务总局在广泛调研的基础上形成了《税收征收管理法（征求意见稿）》，有意引入公司法人格否认规则。作为公司法规定的一项法律制度，在税收征管法中引入此项制度，是针对股东滥用公司法人人格逃避缴纳税款的行为进行的规制，期待从法律层面解决对所欠税款纳税人的股东追缴税款缺少法律依据的问题。的确，将公司法人格否认规则适用于税法有其正当性，不仅可以更有效地实现税收债权，维护公共利益，实现税收正义；而且可以敦促法人理性行为，养成"自律"意识。但也必须警惕，法人格否认意味着税法为实现税收职责而扩展责任范围，将本应只由公司承担的税负拓展至股东承担，稍有不慎则有践踏公司有限责任之危险，不仅是对法人制度的侵害，也是对私法交易安全和契约自由的破坏。更有可能殃及法人成员的"自律"意识。参见朱慈蕴《公司法人格否认：从法条跃入实践》，《清华法学》2007 年第 2 期；王保树、崔勤之：《中国公司法原理》，社会科学文献出版社 2006 年版，第 48 页。《〈中华人民共和国税收征管法〉修订说明》（http://www.ah-n-tax.gov.cn/publicfiles/business/htmlfiles/hfgsww/gztz_zsglcs_sjww/200908/864749.html）。

法人也罢,"自律"意识的养成都不是任由"人"的行为放纵的结果,任何脱离自我约束、不受任何节制的自由行为,不可能实现真正的"人"的自由发展,也不可能达至最终的人之尊严。从这个角度上说,法人的"尊严"与"自律"意识的养育,仰赖于法人格否认制度的功效。法人人格制度被否认的频率越低,昭示着法人"自律"意识越强。反之,则意味着法人"自律"意识的低位徘徊。

三 非营利法人的"尊严"与"自律"

税收法治场域中,纳税人多为自然人或法人组织。抽象层面的征税主体主要为税务机关或海关等机关法人,具体承担税收征管工作的则为自然人。相对这两类税收法治主体,用税主体则极为复杂。除开具体执行税款使用的主体确定为自然人以外,抽象层面的用税主体既可能是国家机关,也可能是事业单位,还可能是公益性组织等。即便是国家机关也是异常繁杂。以参与国家行政事务的组织为例,它主要包括行政机关和法律法规授权的组织。行政机关可以包括国务院、国务院的组成部门、国务院直属机构、国务院部委管理的国家局、地方各级人民政府、地方各级人民政府的职能部门;法律法规授权的组织主要包括经法律法规授权的国务院办事机构、法律法规授权的派出机关和派出机构、法律法规授权的行政机关内部机构和法律法规授权的其他组织。尽管这些国家机关或授权组织未必都具有行政主体资格,因为行政主体须为依法享有行政职权的组织、须能以自己的名义实施行政活动、须能够独立承担行政责任。[①] 但客观上,这些国家机关或授权组织都无一例外地、或多或少参与了国家税收的使用,也就实际上充当了用税人的角色。其实,抛却具体的自然人主体,在税收征收和税款使用的法治进程中,非营利法人是最为重要的、最为复杂的税收法治主体。不管是抽象意义上的征税主体,还是抽象意义上的用税主体,虽不可与非营利法人直接转换或画上等号,但也大体可以归入非营利法人范畴。此外,非营利法人一旦发生营利事项,也可能归入纳税人范畴,进而成为具体的纳税人。

(一)非营利法人的法治参与

"法人制度融入现今社会,已无法将其分离,其发展至今已经超越了所谓法律之概念,已经不能单纯用法条界定何者为法人何者非法人,因为法人

[①] 参见葛云松《法人与行政主体理论的再探讨——以公法人概念为重点》,《中国法学》2007年第3期。

已经是一种社会政治及社会存在。"① 非营利法人莫不如此，他们广泛地存在于社会的各个角落，与每个公民的日常生活亲密接触。甚至可以毫不夸张地说，离开了非营利法人的参与，几乎每个公民都寸步难行。尤其是 20 世纪以降，非营利法人制度开始走出逼仄的市场领域，它焕发了民法之生活法功能，修正了现代民法中"人"的形象摹本：一方面充分激励着人们的利他行为；另一方面又始终防范着法人内部控制者的自利行为。非营利法人制度蕴含着"经济人"和"道德人"之间的价值紧张，与其说正是人性二元论事实的本真反映，毋宁说揭示了一个深刻的现代性问题：在市场经济条件下，是否能够或是否应当将民法中"人"的利他行为与其利己行为完全分离开来？②

"从理论上来说，现有的营利法人有可能变更为非营利法人，而非营利法人也有可能变更为营利法人"③。但只要法人的"非营利性"目的尚在，非营利法人便会存在。诚如学者所言，非营利法人与营利法人的关键区别就在法人的目的上。但是，在法人目的究竟属于"营利"还是"非营利"的认定上，应该是以最终目的而言的。例如，有的营利法人虽然也从事公益事业，但是仍应视为营利法人；反之，有的非营利法人尽管也募捐或者开展览会收取费用等，但只要其没有将其所得利益分配给其成员，同样应认定为非营利法人。据此，非营利法人的"非营利性"的本体特性大致可以概括为：第一，从法人的目的上来说，是不以营利为目的，也就是非营利法人的宗旨并不是为了获取利润并在此基础上谋求自身的发展壮大，而是为了实现某种公益或者一定范围内的公益。当然，这一目的是从最终意义上来讲的；第二，不能进行剩余收入（利润）的分配。非营利法人可以开展一定形式的经营性业务而获得剩余收入，但是这些收入不能作为利润在成员之间进行分配。这一原则即"禁止分配"原则。第三，不得将非营利法人的资产以任何形式转变为私人财产。④ 需要明确的是，非营利法人视角下的"非营利性"并非意味着禁止赚取利润，而是意味着对所赚取利润的分配限制，这已成为两大法系普遍接受的法理。因此，可以将非营利法人定义为：不以营

---

① 王文宇：《揭开法人的神秘面纱——兼论民事主体的法典化》，《清华法学》2016 年第 5 期。
② 参见税兵《非营利法人解释》，《法学研究》2007 年第 5 期。
③ 周江洪：《日本非营利法人制度改革及其对我国的启示》，《浙江学刊》2008 年第 6 期。
④ 参见金锦萍《论非营利法人从事商事活动的现实及其特殊规则》，《法律科学》2007 年第 5 期。

利为目的，排斥利润分配请求权的法人组织体。这意味完整的非营利法人应包括两层相互层进的法律含义：首先，非营利法人是以不营利为目的的法人；其次，不以营利为目的体现为利润禁止在法人成员中分配。①

具体到税收法治场域，虽然诸多不同类型的非营利法人都会参与其中，成为税收法治主体，但是最为核心的还是国家机关。征税主体自不必说，不管是担负主体税种之征管大任的税务机关，还是承担特定税种之课征任务的海关部门、财政机关等，无不是国家机关的典型代表。在法律上，这些机关通常都被视为和归入机关法人范畴。与之不同，用税主体显然无法与机关法人完全对接。机关法人在代表国家，行使国家赋予的权力，履行国家配置的任务时，固然要有相应的财政支出，因此，这些国家机关自然会成为用税主体的核心组织。但是，除开机关法人以外，用税主体尚有以其他形态出现的非营利法人等组织。比如，在我国还存在着一些具有独立法律人格、享有国家权力、行使监管职能却不能被纳入"机关法人"范围的机构。这些机构在性质上多半不属于机关法人，而是事业单位。

典型如，《国务院关于将劳动教养场所列为特殊事业单位的通知》决定："将劳教场所列为特殊事业单位。生产上实行企业管理，在预算收入科目上单列劳教一项。劳教单位要加强财务管理工作，盈余上交地方财政，亏损由地方财政补贴。"据此可知，劳教场所虽然不是机关法人，但在财政配置与经费管理这一点上，显然与机关法人的用税主体并无不同。再如，中国证券监督管理委员会、中国银行业监督管理委员会、中国保险业监督管理委员会、国家电力监管委员会等"监管部门"同样具有行政级别、分担了相当政府行政监管职能，却不具有行政机关名分的"事业单位"。类似地，还有各地的"城市综合执法部门"（即"城管"）等。② 这些机构与劳教场所一样，不是机关法人，但实质上享受了用税主体的财政配给待遇。的确，并非所有的税收收入都由机关法人所支配，用税主体的范围也显然广于机关法人。但是，不能否认的事实是，机关法人仍然是最为重要的用税主体，它们参与的税收支出占据所有用税主体耗用支出的绝大多数。因此，在税收法治意识生成系统中，考量机关法人的"尊严"和"自律"，有着非同寻常的意义。

---

① 参见税兵《非营利法人概念疏议》，《安徽大学学报（哲学社会科学版）》，2010年第2期。

② 参见姜朋《从与机关法人的关系视角看事业单位改革》，《北方法学》2011年第5期。

(二) 税法上机关的"法人"重申

"机关"法人是否有"尊严",是否可以"自律",与其能否获得法律上的法人"人格"具有直接关联。而法人"人格"地位的获取,多半建立在法人地位的基础之上。虽然上文提及,参与税收法治事宜的国家机关"通常都被视为和归入机关法人范畴",但这绝非一个共识性结论,而只是学界的一个盖然性认识共识。比如,有学者就明确指出:在依法治国、建设社会主义法治国家的目标框架下,国家机关法人制度已丧失其制度基础和正当性,因而对国家机关法人制度,并非在肯定机关法人地位的前提下对机关法人制度的修补,而是从根本上否定国家机关的法人地位,在肯定国家机关法人地位的前提下对现行制度进行"完善"的方案并不可取。① 不过,这一观点显然未得到现行法律的认可。《民法总则》第九十七条和第九十八条即是明证。《民法总则》第九十七条规定:"有独立经费的机关和承担行政职能的法定机构从成立之日起,具有机关法人资格,可以从事为履行职能所需要的民事活动。"第九十八条规定:"有独立经费的机关和承担行政职能的法定机构从成立之日起,具有机关法人资格,可以从事为履行职能所需要的民事活动。"据此可知,国家机关拥有法人地位这一点并非学者们的一厢情愿,而是得到了立法的明示规定。

从解释论着眼,民法上的"'机关法人'概念被用来概括现实中的国家机关:它们依法享有国家赋予的行政权力,并因行使职权的需要而享有相应的民事权利能力和民事行为能力"②。进一步而言,《民法总则》规制的机关法人应具备以下要件:一是要有独立经费,二是其职能要求从事民事活动。基于现代国家治理的基本原理,此处的独立经费不是机关实际支配的经费,而应当是独立的预算经费。因为由哪些国家机关使用,如何使用经费只有由预算决定才符合人民主权原则的要求。换言之,在人民主权原则下,哪些国家机关、如何使用经费必须由通过的预算来决定。况且,国家机关的经费只有由预算决定才符合法人制度的基本要求,使其对外承担责任时有着法律保障的财产基础。③ 这些特性都使得国家机关既不同于一般的营利法人,也不同于其他形态的非营利法人,而进化为单独的一类法人,即机关法人。

即便如此,民法上的这种法律"人格"地位能否适用于税法场域,值

---

① 参见张彪《国家机关法人地位正当性分析》,博士学位论文,湖南大学,2015年。
② 姜朋:《从与机关法人的关系视角看事业单位改革》,《北方法学》2011年第5期。
③ 屈茂辉:《机关法人制度解释论》,《清华法学》2017年第5期。

得深思。毕竟，民法与税法有不同的立法目的，有不同的法律使命，这些都决定了税法可以移植民法中的概念术语、要件思维等，但绝不可能沦为民法的附庸，它有其自身的法律品格和运行规则。如何面对民法上的前置术语和思维模式，税法拥有自己的判断和识别规则。况且，同一国家机关在民商事场合中进行的民商事法律行为与在税收征管和税款使用过程中开展的税收法律行为并不具有同质性。相反，更多时候两者具有先后承继性，因为税法的本体工作即是对公民的民事经济效果和行为进行评价。因而，不同性质的法律行为，能否一体适用于机关法人的民法定位，并非不证自明的话题。

如学者所云："民法学上承认机关法人这样的依照公法而设立的法人是民事主体；但是，一般认为'法人'地位仅仅是针对这些组织参与民事关系时的主体地位而言，而并不认为它们在公法上的权利义务关系也是基于'法人'地位而承担的。"[①] 此种观点显然有失偏颇，因为并不是所有的法律行为都能在公法与私法之间找到对应的坐标。客观上说，规范国家与人民关系的公法，以及规范人民之间关系的私法，本来各有其领域，而且在理念的形成与概念、制度的发展上，各有其脉络，应该不会有规范冲突的问题才对。但现代化同时带动公领域和私领域的扩张，两者之间呈现的不只是反映左右意识形态的波段式拉锯，而且是越来越多的交错，应然面的法律体系，很自然的也从公私法的二元变成多元。作为管制与自治工具的公私法规范，还因为两种理念的辩证发展而相互工具化，乃至相互提供"避难所"。这都使得公法和私法间的接轨问题变得越来越复杂。[②]

此种情境下，确凿界分同一国家机关的法律行为属性并不容易，也很难清晰识别同一国家机关的不同法律行为到底是肇始于民法上的"法人"制度，还是内生于公法上的行政行为。况且，"纵观《民法总则》法人制度，尽管该法的起草者及许多参与其中深度讨论的学者无有言说，但可以肯定的一点是，我国立法没有将《民法总则》定位为纯粹的私法"[③]。因此，机关法人并非民法上的专属概念，也绝不意味着离开了民法疆域，机关法人便不复存在，因为它是"机关"，承担的是"行政职能"，这一点不管是立足于民法，还是跳出民法，皆不会改变。于此角度上说，"就本质而言，机关

---

① 葛云松：《法人与行政主体理论的再探讨——以公法人概念为重点》，《中国法学》2007年第3期。
② 苏永钦：《寻找新民法》，北京大学出版社2012年版，第249页。
③ 参见屈茂辉《机关法人制度解释论》，《清华法学》2017年第5期。

法人应当属于公法人，依照相应的公法规范设立、规范和调整，并应当以公共服务的提供和公共利益的实现与满足为目的"[1]。顾名思义，公法人即是依据公法上所成立的法人，它以具有法律上的人格来享受权力、履行与之匹配的义务。所以，公法人是比照私法上法人的制度由公法来创设的组织体，有强烈的立法目的，因此其"任务取向"较为浓厚。[2] 究其本源，自法人概念产生伊始，法人只与私法有关系，并只和私法中的财产有关系。但随着19世纪公法理论的发展，法人的概念逐渐扩张到行政法乃至宪法领域，"公法人"逐渐成为德国、法国、日本和我国台湾地区等大陆法系国家和地区公法中的重要概念，俨然成为这些国家和地区中"一个共通于所有法领域的基础概念"[3]。

学术史表明，法人概念由私法概念扩张至公法领域并进而产生公法人概念，始于公法理论上赋予国家公法上法人地位。将国家确立为法人，其目的显然并不是将国家确立为民法上的主体，而是公法上主权的归属主体。公法上借用民法上的法人概念，并非引入民法上法人的内涵，而是通过引入民法上法人的机理，将民法中的法人与其机关的相互关系的构造引入公法领域，并通过引入法人的归责机理，将法人机构的责任归属于法人。而这显然是在公法中实行了法人的有机体理论（在法人与机关的关系上的机构说）来描述国家的公法地位。就这样，国家在公法上法人地位的确立，导致了国家的两个不同的法律主体身份：一个是以国库为替代者的"营业实体"或私法人；另一个是实际的国家，即作为公法人的国家。这种区分并不仅仅是在名义上，它们各有其代理机构来处理不同的事务。[4]

形式上看，"各级各类国家机关，都是国家的'机关'，本身不具有法人资格。但是，不同的国家机关可以在自己的权限内代表国家，其行为视为国家的行为，不论是公法行为还是私法行为，其法律效果一律归属于国家。从法人机关来说，国家和私法人的不同在于，私法人中有代表权的人的范围很有限（我国的法定代表人制度意味着一个法人只有一个人有代表权），而

---

[1] 王春梅：《潮流与现实悖反：我国机关法人之定位与重构》，《北京行政学院学报》2016年第3期。

[2] 参见陈新民《行政法学总论》（新九版），三民书局2015年版，第138页。

[3] 参见盐野宏《行政法学上法人论的变迁》，肖军译，载《中国法学会行政法学研究会2010年会论文集》，山东泰安，2010年。

[4] 参见屈茂辉、张彪《法人概念的私法性申辩》，《法律科学》2015年第5期。

国家的代表人的范围则更广"①。国家的不同身份，需要不同的代表人予以全方位展示，以便公民知晓。同样，国家不同的功能，需要不同的代表机关将其激活以发挥功效，从而使国民受益。不同的国家身份与功能不一的国家角色交互推进，也就催生了不同任务取向的、形态各异的实质上的机关法人，它们"有其不同于其他社会组织的特定社会职能，这就是在政府的统一指挥下，代表政府或以政府的名义行使和担负着组织、领导和管理社会生活的职能和责任"②。

在这些特定社会职能的实践中，不同的机关法人代表不同的国家身份，肩负不同的国家使命，但它们都共同致力于国家行动，体现"公共性，所以在提升经营效率的同时，尚能兼顾公共利益"③。亦如学者所言：机关法人既系国家、地方自治团体之外具有公法性质之法人，其设立目的乃在于确保公共任务的实施，引进企业经营精神，使业务推行专业化，并提高行政效能，以免受现行有关人事、会计法令之限制，特别是基于人民基本生活需求的保障，此类任务仍应保留于公领域，但此类任务的执行往往需要较具弹性、效率的运作方式。④

以上观之，机关法人并非私法所专享，而是一个融贯公法与私法，甚至公私法之间的一个通识性的概念表达。只不过同一机关法人在不同的场合，可能会引发不同的法律效应，当然也可能会带来不同的权义结果。因此，当以机关法人身份示众的征税主体和用税主体出现在民商事场合时，它们可能触动的是民商事法律，主体行为涉猎的权义配置、责任归属等法律情事多依赖于民商事法律的整体运转，此时的征税主体和用税主体虽被冠以"机关法人"之名，但其与一般的私法人主体并无实质性差异。而当征税主体和用税主体出现在公法场域时，它们则又展示出机关法人的另一面向。即，代表国家，分别行使国家赋予的征税权和用税权，履行权力所及的税收征管和税款使用之国家任务。此时的征税主体和用税主体虽依然是以"机关法人"进入税收法治场域，但其与私法上的私法人主体却有实质性不同，可谓税法

---

① 葛云松：《法人与行政主体理论的再探讨——以公法人概念为重点》，《中国法学》2007年第3期。
② 马克勤：《法律赋予政府机关法人资格的特殊意义和作用》，《法律科学》1990年第2期。
③ 李天申：《部立医院行政法人化之刍议》，《台湾公共卫生杂志》2016年第3期。
④ 参见柯三吉、卫民、黄国成、李有容《从后新公共管理观点论析我国区域治理与行政法人：一个台湾地区的实证研究》，《国家与社会》第14卷（2013年6月）。

上的"机关法人"。

简言之,征税主体和用税主体既可以"机关法人"身份进入私法疆域,从事私法行为。又可借助同一"机关法人"实体进入税法场域,从事税收法律行为。两者虽介入的法域不同,从事的行为属性各异,但都可以拥有同样的"机关法人"身份。因此,当征税主体代表国家运用课税权、完成税收征管任务时,它可以仰仗"机关法人"面貌进入税收法治场域;同样,当用税主体代表国家行使用税权、履行用税使命时,它照样可以凭借"机关法人"角色行走于税收法治境域。

(三)机关法人的"尊严"与"自律"

税收法治实践中,当任何一个机关法人担负国家税收征纳之任务时,征税主体瞬即生成。征税主体是代表国家对纳税人的私有财产课征税收,自身并不具有独立的意思表示,也不能超出国家"授权"而径行税收征纳以及税务行政处罚等决定。因而,征税主体必须在税收法定主义的轨道上开展税收征管事宜。即,征税主体必须严格在法律限定的权力范围内从事税务行政活动,不得要求纳税人多缴纳税款,也不得擅自决定减免税。税收的开征、停征、减征、免征,税款的延期缴纳、税款的退还,都必须有明确的法律依据,征税主体无权擅自决定。即便赋予征税主体反避税的权力,权力行使仍然需要受到法律的限制。毫无指向的空白授权对纳税人来说意味着灾难。[1]

虽然在当前新型交易课税的法律规定存在大量空白或模糊不清的情况下,征税主体获得了实实在在的裁量权。但是,在新型交易尚未被市场广泛、普遍地接受的情况下,立法者仍应选择以标准的形式对这一征税事项作出规定。[2] 之所以如此坚持这种税收内在的形式正义,皆因国家职能的普遍膨胀化所引发的对于财政需求的扩大化,国家对于税收需求势必随之扩大,从而造成了国家不断扩大征税的内驱力。如果任其无限扩大,势必造成对纳税人的过度伤害,破坏纳税人的发展甚至生存的能力。长此以外,不仅主动的纳税法治意识难以生成,而且谦抑的征税法治意识也多半是镜花水月。[3] 同理,当不同的机关法人代表国家,行使不同的职权,履行不同的职责时,用税主体便会凸显。

与征税主体的相对单一化不同,即便是以机关法人面貌出现的用税主体

---

[1] 参见熊伟《重申税收法定主义》,《法学杂志》2014年第2期。
[2] 参见汤洁茵《税法续造与税收法定主义的实现机制》,《法学研究》2016年第5期。
[3] 参见王鸿貌《税收法定原则之再研究》,《法学评论》2004年第3期。

也可谓包罗万象。《宪法》确立的国家机关包括各级人大、人民政府、人民法院和人民检察院等部门。其中，人民政府分为中央（国务院）、省（含自治区、直辖市）、设区的市（含自治州或盟）、县（市辖区）、乡（镇）五级。各级人民政府之下又设有各个职能部门（中央为部、委、总局、总署，地方为厅、局、办）。在法院系统中，中央一级为最高人民法院，省级（含自治区和直辖市）为高级人民法院，设区的市（直辖市除外）设中级人民法院，县和市辖区设基层人民法院，乡镇一级则有派出的人民法庭。直辖市同时设有高级和中级两级人民法院。北京、上海等直辖市的中级人民法院还不只一个。检察院的情形与法院类似，所不同者在于直辖市只设市一级检察院，其下再设若干分院。这些政府职能部门和人民法院、人民检察院广义上都属于机关法人。① 各自在履行宪法赋予的权责时，也同时耗费了国家的财政收入，成为不折不扣的用税主体。这些主体的用税法治意识如何，不仅关系着机关法人权责的实现程度和效率，而且表征着用税主体的"尊严"和"自律"。更为重要的是，它还直接影响着纳税人之纳税法治意识的生成度和成熟度。因为税收作为最为重要的财政收入工具，因其来自国民，应本于国民意志处理，为国民全体利益与幸福进行营运。② 若不如此，纳税人的主动、积极的纳税意愿必然受损。长此以往，纳税人的纳税法治意识也定然难以形成。

　　客观上说，当征税主体和用税主体以机关法人出现时，与其他型态、领域的机关法人并无本质不同，它们的"尊严"与"自律"同样须仰赖于法律上的"人格"赋权。亦如前文多次言说，有人格者，未必有人格权。"就人格法律关系来说，虽然德国、日本、美国、英国等国法律或判例明确肯定法人享有人格权等基本权利，但并不支持国家和国家机关享有人格权"③。与之迥异，德国联邦宪法法院提出的实质性判断模式，却供给了一种全新的思路。即将"依基本权利之'本质'来判断基本权利是否、以及在何等范围内得适用于法人之上"推进为取决于法人之活动与任务功能，是否实质上可直接归属于"基本权利所保障的生活领域"而定，如为肯定，则法人在完成该等任务范围内，应视为独立国家，或至少是与国家距有一定安全距离以上之组织。国家公权力若触及其活动领域或功能，即使法人陷入如同自

---

① 参见姜朋《从与机关法人的关系视角看事业单位改革》，《北方法学》2011 年第 5 期。
② 参见陈清秀《现代财税法原理》（修订二版），元照出版有限公司 2016 年版，第 536 页。
③ 屈茂辉：《机关法人制度解释论》，《清华法学》2017 年第 5 期。

然人一般的"基本权利典型之受危害状态",也应该肯定其享有人格权等基本权利。如果该法人之活动无法纳入特定基本权利所保障之领域者,其即无基本权利保障之必要性,应即否定该法人的基本权利能力。① 这一判断方法与公法人的演进脉络和现代转向大体是吻合的。

作为一种组织类别,"公法人"由萌生至完备经历了漫长的过程。期间经历了从"公权力意志的人格化"到"公法人主体地位的明确化",再到"公法人的制度化"等演进脉络,最终成功地将公共目的与组织形态相结合,实现了公法的现代转向。演进至今,从目的的角度构建整个公法体系即是现代公法的特点,这种认识角度的变迁直接或间接地改变了公法从主权角度来界定、解读公法人的传统,并使得现代公法人概念得以成立,进而在公共目的的基础上形成、发展公法人制度,为公法人制度的完善发挥着承前启后、继往开来的作用。② 从公共目的上看,征税权和用税权的行使,均有赖于机关法人的权力运作。但这些权力并非自由之物,它们必须在国家设定的"公共目的"的轨道上运行,必须服务于国民"基本权利所保障的生活领域",这意味着它们不只是"权",更是"责"。同时,也意味着征税主体和用税主体在税收征管和税款使用中"携带"的并非自身意思,而是机关意思。因为根本上看,任何"团体的活动,是属于团体内人们的活动;团体的意思,亦即属于团体内人们的意思。不过其意思活动,不是为着这些人们个人的目的,而是为着团体的目的,作为团体的代表,所以在社会认识上,把他作为团体的意思活动。这些构成团体意思的人们,叫作团体的机关,团体机关,处于其机关地位,为团体所表示的意思,叫作机关意思。机关意思,在一方面看来,固是居于该机关地位的个人意思,但就遂行团体目的的关系看来,却不是个人意思,而是团体意思,或至少是构成团体意思之一分子"③。

机关意思的存在为机关法人的"人格"赋权提供了重要的技术支撑,因为这预示着机关法人能够独立地表达意思,独立地行使国家赋予的权力,并独自承担相应的权责,进而展现出独立于具体工作人员的"尊严"和"自律"。以征税主体为例,在税收征管实践中,征税主体代表国家行使征

---

① 参见王冠玺《我国法人的基本权利探索——法人得否主张精神损害赔偿的宪法上论证》,《浙江学刊》2010 年第 5 期。
② 参见李昕《公法人概念缘起的法哲学思考》,《哲学动态》2008 年第 12 期。
③ [日]美浓部达吉:《法之本质》,林纪东译,"台湾"商务印书馆 2012 年版,第 43 页。

税权，担负税收征管之国家大任。国家税收收入课征的顺利与否，仰赖于作为行政权的征税权的运作。而"行政权既是一种权力，也是一种职责，具有权力和义务的双重属性；在服务行政下，行政权还需提供服务。作为一种权力，其有能力、有义务承担维护社会秩序的职责。作为一种服务，其必须将积极主动地提供服务作为一种职责，否则其将承担相应的法律责任。这种责任上的要求促使行政主体积极履行其法定职责，从而使行政行为得以顺利实施"①。因此，在征税权的运作过程中，征税主体的"尊严"便集中体现在它的"职责"和"服务"上，职责行使越规范、越契合稽征经济原则，服务提供越先进，越便捷高效，社会公众的评价也就越高，相机累积的"尊严"感自然也就水涨船高。同理，征税主体越能主动控制征税权力，越能谨慎规范使用征税权力，其"自律"意识也就越强。与此同时，当征税主体的征税权受到侵犯时，征税主体如何抉择、怎样在国家税收利益与纳税人权益之间寻求妥当的平衡，同样表征着税法上之机关法人的"尊严"与"自律"。

其实，税法上机关法人的人格"尊严"与"自律"，并非无源之水，它同样具有坚实的法域土壤。恰如学者所言：20世纪80年代以前，我国法人所扮演者均为政府职能之角色，其性质只是"国家延长之手臂"，与国家之间具有行政一体性之关系，故未得肯定其基本权利主体之地位；然经过二十多年的市场经济洗礼后，我国的私法人在修正后的宪法与社会实践上都已经得到了充分的肯定，而许多公法人也扮演着越来越多元的角色，基于社会发展的实际需要，极有必要通过法律解释的方式确认，当适合于法人所得拥有的基本权利遭到侵害时，我国法人在宪法上的地位应与公民无异；《宪法》第二章所规定的公民之权利义务，得在新时代下解释为不仅限于公民，其在一定范围内亦应扩及适用于法人。② 客观上说，这一观点虽然是学者的一家之言，但是它的确符合公法人的发展趋势，也为德国联邦宪法法院所创设的实质性判断方法所验证。这一观点极好地诠释了税收法治意识中机关法人的"尊严"与"自律"，因为不管征税主体，还是用税主体，只要他们的征税行为和用税行为最终服务于国民"基本权利所保障的生活领域"，定为税收法治各方主体所肯认，而这正是主体"尊严"和"自律"的基础。

---

① 周伟：《论行政权是行政行为成立的唯一一般要件》，《政治与法律》2016年第7期。
② 参见王冠玺《我国法人的基本权利探索——法人得否主张精神损害赔偿的宪法上论证》，《浙江学刊》2010年第5期。

第三节　税收法治主体间的相互承认
——以征纳双方主体为观照

当今世界，任一国家与社会都应该为人民而存在，所有的法益都是"人的法益"。宪法的人类图像是人格者，兼具个体性与社会性，所以法益包括以个体身份享有的个人法益，和以社会一员的身份与他人分享的集体法益（即超个人法益，又分社会与国家法益）。[①] 然不同法益之间，冲突不可避免，且时有发生。在税收法治实践中，国家利益、公共利益与纳税人的个体利益之间的冲突更是司空见惯。这些法益冲突又可大体区分为税收征纳过程中的利益冲突和税款使用过程中的利益冲突。前者集中体现为征税主体和纳税人之间的利益冲突，后者则主要表现为用税主体和征税主体、用税主体与纳税人之间的利益冲突。如果说税收征纳过程中征纳双方的利益冲突是显性冲突的话，则税款使用过程中的利益冲突无疑要隐蔽很多，也复杂许多。税收征纳过程中，征纳双方已然具体化，发生的大体都是具体化的利益冲突。比如，纳税人的交易课税与否，应纳税额的多寡，税收优惠的享受与否等等，凡此类问题都易滋生矛盾和冲突。与之不同，税收收入进入国库以后，大都通过预算技术转化为实际的税款支出，不再聚焦单一的、具体的征税主体和纳税人，而是面对作为整体的、抽象的征税主体和纳税人群体。此种情境下的利益冲突，带有高度的抽象性和整体化。

两类利益冲突形态，有不同的生成诱因和解决方式，也会带来不一样的社会效应。但是，不管是税收征纳过程中的显性利益冲突，还是税款使用过程中的隐性冲突，对于税收法治意识的生成却并无太多不同。因为法益冲突的解决效率和质量，一方面，既受制于冲突各方的"尊严"与"自律"，又取决于冲突各方的"相互承认"和"相互尊重"。另一方面，法益冲突的解决又会间接影响和调整冲突各方的税收法治意识形态与结构。从这个角度上说，或许最佳的税收法治意识状态便是在没有利益冲突的情境下，税收法治场域中的各方主体均自带"尊严"与"自律"，进而"相互承认""彼此尊重"。这不仅是税收法治意识的终极建构目标，而且是税收法治意识的理想生成通途，更是税收法治意识的有效度衡器具。只是现实中，完全阻却税收

[①] 参见钟宏彬《法益理论的宪法基础》，春风煦日学术基金 2012 年版，第 299—300 页。

利益冲突的发生，实现没有利益冲突的税收法治实践实在是难度不小。因此，税收法治场域中的利益格局又会呈现两种不同的演进方向：一是"零冲突营造"。即，税收法治主体各方竭力消除税收法治实践中的不确定因素和利益冲突的本源性问题，最终实现各方主体之间的和平共处。二是"高效解决冲突"。即，税收法治各方主体在利益冲突无法避免之场合，努力寻求最佳的、最为高效的冲突解决办法，恢复各方利益冲突之前的原生性和谐状态。如果说前者属于利益冲突的事前预防的话，后者则可谓利益冲突的事后救济机制。

税收法治实践中，利益冲突实属常见，因此"高效解决冲突"向来都是事后救济机制的期待目标，其不仅折射出各方主体的税收法治意识概貌，而且直接影响各方主体的税收法治意识进化，可谓税收法治意识培育的重要一极。只是税收纠纷解决机制发展至今，任何一种纠纷解决机制之法益衡量的结果，都并非取其一，而排除其他；而经常是调和各方利益，兼顾国家利益、公共利益、关系人利益及纳税者个人利益，期待实现征纳双方以及其他有关各方关系人之利益公平兼顾，达到公共利益、关系人利益与个人利益兼顾，征纳双方权利义务统一及整体平衡，最终营造各方都赢的局面。换言之，有关各方利益之冲突的调整，其利益衡量应采取中庸之道，使各方利益均衡，不偏重于一方（如国库），而以牺牲他方（如纳税人）之利益为代价，如此不仅可以避免冤屈，抒情解民怨，构建和谐社会；也可以使全体纳税人永续生存发展，培育国家长治久安的税收来源，征纳双方共存共荣，最终达成福国利民、利益天下苍生的目标。①

理想虽好，但实现并不容易。为此，相较于"高效解决冲突"的事后救济机制，事前预防型的"零冲突营造"因"确定性"而日渐兴盛。从纳税人对政策确定性的需求看，"税法规则应具有稳定性，能有助于国家实施宏观调控和产业结构调整，为产业升级和商业交易提供稳定的税法预期，不能朝令夕改或繁杂多变，从而解决税法'不确定性'和'复杂性'的全球性难题"②。根本而言，"法律的稳定性是法律的生命之源，没有法律的稳定

---

① 参见陈清秀《现代财税法原理》（修订二版），元照出版有限公司 2016 年版，第 87—88 页。

② 滕祥志：《税法确定性问题及其政策建议》，《税务研究》2013 年第 3 期。

性法治不能实现。"① 基于规则的稳定性诉求,税法也始终在寻求稳定性与易变性之间的调和策略。税务契约便是典型。当契约照进税收法治场域、演化为税务契约时,各方因税法不确定性或复杂性而可能产生的利益冲突,大都被直接化解或扼杀在摇篮之中。与此同时,税收法治意识中最为坚固的"权力"本位将得到极大程度的"软化",而这恰恰是税收法治意识终极闭环之"相互承认"的关键所在。基于这一点,本部分选择以税收法治场域中的征纳双方的"合意"为切入点,描述税收法治意识中的"相互承认"图景。

一 "相互承认"与主体地位

税法向来以法定主义为准则,不管是税收主体、税收客体、客体归属,还是计税依据、税率,乃至税收特别措施、税收征纳程序等事项一般都须事先由法律明确予以规定。在市场经济条件下,为了有效地实现国家的职能,国家只能合理、合法、合宪地向纳税人征税,这已成为当今社会的基本共识。税法既是国家财政收入取得的授权规则,又是纳税人财产权实现的保护法律。随着社会专业化分工日益细化,如何实现对纳税人纷繁复杂、形式各异的经济活动的平等课税,是各国税法规则设计的重点所在。税收公平要求实现对纳税人各类经济活动的税收负担能力的无差异衡量,然而,在全球化视野下,由于各个行业和产业自身的特殊性、发展的阶段性,人们对税法的平等提出了更多的质疑。② 更为棘手的是,现代社会交易形式创新无限、交易类型日渐复杂和深化,多数时候税法无法预知或前瞻商业交易的类型和环节,成文税法对商事交易的规制也时常挂一漏万。面对层出不穷的商业交易,税法的不严密性和漏洞日益凸显,欠缺始终存在。如此一来,有限的税法总是无力应对复杂多变的交易类型,在千奇百怪的交易类型面前,整齐划一的制定法规制难免落空。商人总是行走在法律之前,也即税法规制永远落后于商人创造的商务交易类型,反避税领域尤其如此。③ 长此以往,不仅公平难以实现,就连基本税款征缴、税企争议都无从解决,更别谈税收主体法治意识的建构了。

---

① 陈金钊:《法律如何调整变化的社会——对"持法达变"思维模式的诠释》,《清华法学》2018 年第 6 期。
② 参见汤洁茵《金融创新的税法规制》,法律出版社 2010 年版,序。
③ 参见滕祥志《税法的交易定性理论》,《法学家》2012 年第 1 期。

根本上说，税收法治意识的最终形塑，仰赖于各方主体"尊严"与"自律"基础上的最终的"相互承认"。一旦离开"相互承认"，主体的"尊严"与"自律"将失去方向，也极有可能被扼杀在税收法治意识建设的摇篮之中。然而，不同主体之间"相互承认"的实然态度和实现难度显然是天差地别。一般来说，税收法治主体"尊严"与"自律"的"相互承认"更易发生在同一性质的主体，即"同质主体"之间，因为"同质主体"之间属性相同，法律地位基本平等，更容易滋生"相互承认"所需要的合意与尊重基础。比如，征税主体与征税主体，用税主体与用税主体之间相对容易实现彼此之间的"相互承认"和"相互尊重"格局，因为他们绝大多数都是机关法人，皆代表国家行使国家赋予的部分权力，负责完成国家派发的特定任务的实现，更多只是权力分工和任务配置不同而已。即便是征税主体和用税主体的性质虽不完全相同，但大体也都属于国家权力的行使者和国家任务的履行者，故可以视为广义上的"同质主体"，所以彼此之间的"相互承认"也无太大障碍。归而言之，不管是理论上的法律地位，还是社会中的法律地位，"同质主体"之间的"对等"地位都是既成事实，这恰是"相互承认"的重要前提。因此，"相互承认"和"相互尊重"更易获得"对等"主体的认可。

相反，不同性质的税收法治主体，即"异质主体"之间的"相互承认"则要艰难许多。因为与"同质主体"相比，"异质主体"之间的法律地位，尤其是社会地位未必"对等"，甚至很多时候肯定是难以"对等"或完全"不对等"。在税收法治主体不对等的情境下，主体税收法治意识所苛求的"相互承认"即失去了先天基础，而缺乏其他"异质主体"的"相互承认"，纵其自身拥有完备的精神"尊严"和"自律"意识，法治意识也难以最终确定。要想在"异质主体"之间同步营造彼此的税收法治意识，则需要借助更多的制度或措施予以纠偏、调适和补足，将各"异质主体"之间的天然失衡的法律或社会地位逐步调整，使"异质主体"双方地位趋于平等。即便无法实现绝对的平等，也至少要归位至大致的对等。否则，即便每一"异质主体"都拥有"尊严"和"自律"，彼此间的"相互承认"依然不易实现。倘若如此，个体的税收法治意识自然无从形成，也就更谈不上作为整体社会的税收法治意识建构和进阶了。从此角度上说，与"同质主体"间的"相互承认"之于税收法治意识衡量价值相比，"异质主体"之间的"相互承认"不仅更能代表一个社会中各税收法治主体的即时状态，而且更为精准地展示一个社会中整体税收法治意识的发达程度。

税收法治实践中，不同形态的"异质主体"，以不同的面貌和身份进入税收法治领地，滋生不同的主体关系。在这其中，征税主体和纳税人这对"异质主体"[①] 交互生成的税收征纳法律关系图景，始终处于税收法治场域的中心，也为社会最为关注。然而，"长期以来，由于泛'国库主义'和强调税收的强制性、义务性、无偿性，征税权过度被强化，纳税人作为纳税主体所享有的权利一度'折扣'，相应的法律制度也曾被质疑为'确保征税之法'、'征税权力之法'和'纳税人义务之法'。"[②] 尤其长久以来，我国"税收基本法"的缺位使得"税收征管法"实质上充当了"税收基本法"的角色，形塑了税收征纳关系各方主体之间的权义结构。而《税收征管法》的整体制度设计又是以税务机关为主导，以税务机关的职权设置和纳税人的义务承担为主线，此种立法导向和框架设计致使纳税人享有的权利十分有限，税务机关在税收征纳实践中实质上处于主导和强势地位。[③]

典型便是《税收征管法》产生以来，它在赋予税务机关的行政强制、财产保全、税收核定、特别纳税调整等既有特权的同时，一直力主引进一系列新的税收征管手段，诸如统一纳税人识别号制度、税收信息情报协助制度即税收义务人涉税信息报告制度、税额确认即税收评定制度，等等，这些针对征税主体的权力扩围和配置构造的征管措施，一方面，习惯性地被视为适应未来税制改革，构建现代税收管理体系的前提和重要举措。另一方面，又强烈地传递着征税主体强势地位的巩固和税收治理能力的强化趋势等敏感信

---

① 实际上，在税收征纳法律实践中，远不止征税主体和纳税人这一对法律主体存在。根据征纳法律关系中各类主体有无直接介入公法之债，可以将其抽象为征纳关系参加主体和参与主体两大类。一类是介入税收之债，享有实体权利、承担实体义务和程序性义务的主体，这类主体叫"征纳关系参加人"，或称"参加主体"。这类主体有：①税务机关；②纳税人；③扣缴义务人（代扣代缴义务人、代征代缴义务人）、受托代征人；④代缴人（纳税担保代缴人、被行使税收代位权代缴人、商事交易安排的代缴人）；⑤涉税交易相对人（承包人、承租人、名义借用人、资质借用人等）。另一类主体不加入税收之债，但承担实体或程序义务，在税收征管法上，其负有提供涉税信息情报的义务，违反该义务或导致财产罚。比如，行政机关和银行等。这六类主体，合称为"征纳关系参与人"。可见，"征纳关系参与人"概念涵盖"征纳关系参加人"的概念。但追根溯源，上述主体大体可归因于征税主体和纳税人，其他主体多因这两者而形成。处于这一点考虑，下文将聚焦于征税主体和纳税人这一核心主体结构展开讨论。更多论述可参见滕祥志《论〈税收征管法〉的修改》，《清华法学》2016 年第 3 期。

② 谭金可、陈春生：《纳税人权利保护视角下的〈税收征管法〉修改考量》，《东南学术》2012 年第 2 期。

③ 参见樊勇《税收征收管理制度》，清华大学出版社 2009 年版，第 3 页。

号。只是"治理",向来都不只是意味着国家强势介入社会,它还包含更为重要的制约国家权力不当扩张、防范国家强权侵犯纳税人利益、保护纳税人权利等制度性安排。①

事实上,自1986年国务院发布《税收征收管理暂行条例》以来,历经1993年《税收征收管理法》的颁布实施和2001年《税收征收管理法》的系统修订,征税主体在税收征收管理中的征管权力不断得到扩展和得以持续巩固。这一点从三十年来三部标志性法案中"税务检查"部分规定的税务检查权的变迁脉络便可见一斑。1986年《税收征收管理暂行条例》第三十二条明确赋予的税务机关检查权限非常有限,检查范围也较为局限,基本只赋予税务机关在"车站、码头、机场以及交通要道等处"的检查权,且增设诸多限制性语词。比如,条文中多次出现"根据需要""报经省级人民政府批准""可以""如果确有必要"等柔性语词。演进到1993年《税收征收管理法》,不仅税务机关的检查权限大为扩展,而且检查范围也得到极大的扩围。前者最为明显的即是,该法第三十二条规定的只要"经县以上税务局(分局)局长批准,凭全国统一格式的检查存款账户许可证明",税务机关便可"查核从事生产、经营的纳税人、扣缴义务人在银行或者其他金融机构的存款账户。"后者的典型是,该法第三十二条将税务机关的检查场所进一步扩展到"纳税人的生产、经营场所和货物存放地,邮政企业及其分支机构等。"与之相配,该法第三十二条中出现更多的是"有权""检查""责成""询问"等"权力"性语词。更为重要的是,该条规定到纳税人的生产、经营场所和货物存放地以及到车站、码头、机场,邮政企业及其分支机构检查已然删除了《税收征收管理暂行条例》第三十二条明示的"税务机关根据需要,报经省级人民政府批准"等类似字眼。即便连"查核从事生产、经营的纳税人、扣缴义务人在银行或者其他金融机构的存款账户",也只需"经县以上税务局(分局)局长批准。"2001年修订、沿用至今的《税收征收管理法》第五十四条(一)至(五)规定与《税收征收管理法》第三十二条保持一致,但在(六)部分重点增设了"税务机关在调查税收违法案件时,经设区的市、自治州以上税务局(分局)局长批准,可以查询案件涉嫌人员的储蓄存款"规定,税务机关的检查权限得到进一步扩张。除此之外,较之1986年《税收征收管理暂行条例》和1993年《税收征收

---

① 参见滕祥志《论〈税收征管法〉的修改》,《清华法学》2016年第3期。

管理法》，2001年《税收征收管理法》中的税收代位权和税收撤销权等权力的引入，又再次扩大了税务机关的征管权限。

伴随征税主体之征管权力的大肆扩张，也不可否认法案中的纳税人权利也的确日渐丰硕起来。与1986年《税收征收管理暂行条例》和1993年《税收征收管理法》中仅列及检举揭发等极少数边缘性权利[①]的立法例不同，2001年《税收征收管理法》第八条一改之前的立法体例，专设纳税人权利条款，明确规定：纳税人、扣缴义务人有权向税务机关了解国家税收法律、行政法规的规定以及与纳税程序有关的情况；有权要求税务机关为纳税人、扣缴义务人的情况保密；依法享有申请减税、免税、退税的权利；对税务机关所作出的决定，享有陈述权、申辩权；依法享有申请行政复议、提起行政诉讼、请求国家赔偿等权利；有权控告和检举税务机关、税务人员的违法违纪行为。仅从三部一脉相承的法案所规定的纳税人权利数量上看，较之1986年《税收征收管理暂行条例》和1993年《税收征收管理法》，2001年《税收征收管理法》无疑实现了纳税人权利保护立法的惊天一跃。而且，从法案规定的纳税人权利内容上看，2001年《税收征收管理法》列及的具体权利无疑更贴近纳税人的切身利益，也更符合纳税人的内在需求。但是，也必须正视如下事实：这些来之不易的法律赋权，不仅各自的内涵和外延不甚清晰，时常给人以"云山雾罩"之惑；而且，这些身处高位的法定权利多无明确指向的保障机制护航，已然给人以宣示性权利之感。这些法定权利设计上的先天缺憾，既使得权利的实施效率大为减损，又使得法定权利有向"纸面权利"下滑的潜在风险。

比如，根据2001年《税收征收管理法》第八条规定，"纳税人、扣缴义务人有权要求税务机关为纳税人、扣缴义务人的情况保密。税务机关应当依法为纳税人、扣缴义务人的情况保密"。如何理解此处提及的"情况保密"，直接关乎保密权的实施。按照《税收征收管理法实施细则》第五条的法律解释，"纳税人、扣缴义务人保密的情况，是指纳税人、扣缴义务人的商业秘密及个人隐私。纳税人、扣缴义务人的税收违法行为不属于保密范围"。问题看似解决，实则不然。结合上述条文可见，保密权的核心由"情

[①] 《税收征收管理暂行条例》（1986）第四条规定："对违反税收法规的行为，任何单位和个人都有权检举揭发。税务机关应当为检举者保密，并按照规定给予奖励。"《税收征收管理法》（1993）第七条规定："任何单位和个人都有权检举违反税收法律、行政法规的行为。税务机关应当为检举人保密，并按照规定给予奖励。"

况保密"这一关键语词转化为"商业秘密"及"个人隐私"和"税收违法行为"这三个依然无法明确的法律语词。究竟何为纳税人、扣缴义务人的"商业秘密"及"个人隐私",是直接遵从前置法律的通常理解,还是保有税法的终极判断。毕竟,即便是在各部门法律内部,"商业秘密"的理解也未必一致。更进一步,纳税人、扣缴义务人的"税收违法行为"又指向何处,其内涵和外延怎样界定?究竟是指违反税法的"税收违法行为",还是指广义上的违反一切法律的"税收违法行为"?理解不同,保密权的范围大有迳庭。不难看出,看似清晰的权利条文,面临诸多不确定的理解风险,而这些权利条款的解释权却又实质上掌控在征税主体手中。因而,虽然纳税人权利立法在征税主体的权力扩围之中得到了较大的发展,但难言是同步进位。现实是,征税主体处于强势地位,纳税人处于弱势地位仍是不争的事实,"征纳平衡"依然是税收法治社会极度期待的理想与目标,也是税收法治意识亟须突破的基础保障。

二 "征纳平衡"的理论依托

自现代意义上的税法在德国产生以来,征税主体与纳税人之间的法律地位就引起不小的争议,这种争议时至今日依然存在。争议背后,隐藏着公法与私法的内在纠葛。一般而言,因税收法律关系中的征税主体为税务机关或代表国家行使征税权的其他行政机关,且维护的国家税收利益属于公共利益范畴,故多将税法纳入到公法领域,将税法作为行政法的一个子部门法予以对待。与之相称,不管是在税法理论,还是在税法实践中,征纳双方的税法地位难言对等。然则,税收债权债务关系学说的引入,实际上使得传统上被完全视为公法的税法规范中也不断植入某些私法精神,甚至部分私法规范还得以融入税法规范体系之中。[①] 与此同时,行政法上平衡论的导入,特别是自从 20 世纪 80 年代中期以来,许多国家公共部门的管理都发生了巨大变化,以致公共行政僵死的、等级制的官僚制组织形式曾经支配了整个 20 世纪漫长的时期,正迅速转变为弹性的、以市场为基础的公共管理形式。[②] 接踵而至的新公共管理和新合同主义的广而告之,又进一步使得传统的、刚性的以税务行政为典型的传统行政逐渐"柔化"。这些都为税收"征纳平衡"

---

① 参见周刚志《财政转型的宪法原理》,中国人民大学出版社 2014 年版,第 96 页。
② 参见[澳]欧文·E. 休斯《公共管理导论》,彭和平、周明德、金竹青等译,中国人民大学出版社 2001 年版,第 1 页。

的实现提供了充足的理论素养，为不对等的征纳双方主体之间达成"合意"创造了广阔的空间和良好的氛围。而这种合意的制度空间，反过来又促成了"征纳平衡"的渐次形成，最终以税务契约的方式展现税收法治主体之间的"相互承认"和"相互尊重"。

（一）税收债权债务理论："征纳平衡"的本体机制

如何看待税收法律关系，既关乎于税法实务的整体开展，又关系着税法理论的立体建构，还影响着征纳双方主体，乃至社会公众之于税法的认知习惯和思维模式，因而长久以来都是税法领域中的争议话题。其中，又以权力关系说和债权债务关系说为集中代表。即税收法律关系究竟是税收权力关系，或是税收债权债务关系之争论，曾经是税法领域的焦点话题。历经1919 年的《德国租税基本法》和 1926 年 3 月 29—30 日的德国明斯塔大会争辩，税收债权债务关系说逐渐深入人心，成为学界通说。但这绝不意味着"税收权力关系说"就失去意义，完全退出税法舞台。相反，即便是高举税收债权债务关系说大旗的 Hensel，也并未主张在税法领域上，绝对不承认税收权力关系的层面。同样，坚守税收权力关系说的 Bühler 也并非完全否认税收债权债务关系的存在。相反，它也承认实体的税收债权债务关系。可见，在争论源头的德国学界，税收债务并非"税收权力关系说"和"税收债权债务关系"的根本区别，其关键区分在于税收债务的成立条件，即前者强调税收债务的发生以行政行为为依据，而后者主张税收债务以法定的构成要件满足时实现。值得注意的是，两大学说的立足点并不一致。Bühler 为代表的"税收权力关系说"聚焦的是税收程序法，Hensel 为代表的"税收债权债务关系说"着眼的是税收实体法。[①] 德国学界对税收法律关系定性的争辩立场和论证角度影响深远，以至于不少学者在定性税收法律关系、解剖征纳双方主体地位时，自觉不自觉地落入"税收实体法↔税收程序法"这一二元思维禁锢。

比如，有学者认为，当用法技术观点来看实定税法时，则可发现很难把税的法律关系一元性地归为税收权力关系和税收债权债务关系，因在税的法律关系中包括各种法律关系。即不得不承认有些关系是债权债务关系，有些关系是权力关系。但他同时也指出，不可否认税的法律关系最基本的最中心的关系是在于债权债务关系上，即税的关系在其原理上是由债权债务关系所

[①] 参见［日］村井正《现代租税法之课题》，陈清秀译，"财政部"财税人员训练所 1989 年版，第 73—86 页。

构成的。① 也有学者认为："就租税之课征手续观之，租税法律关系虽有'权力关系'之形式，惟就纳税人对国家之租税债务内容观之，则有'债务关系'之实质。"② 这些观点看似毫无破绽，但在现实的解释力和回应力等方面还是存在缺陷。因为从实证的角度看，税收法律关系的二元结构是客观存在的，即税收实体法律关系属于税收债权债务关系，而税收程序法律关系更接近税收权力关系。权力关系说和债权债务关系说的区别与其说是体现在实证层面，不如说是体现在观念层面，即，在观察整个税收法律关系的性质时，究竟应该站在税收实体法的角度，还是应该站在税收程序法的角度？权力关系说强调税收实体法对税收程序法的依附性，因此主张权力关系是税收法律关系的基本属性。而债权债务关系说则强调税收程序法对税收实体法的依附性，强调税收实体法在税法中的基础地位，因此主张债权债务关系才是税收法律关系的基本属性。③

税收债权债务关系说导入税法值域后，借助税收构成要件理论，"征纳平衡"日渐成为税法的本体机制，支撑起全新的税法理论体系。在这一体系中，"税收债权债务"并非税收实体法与税收程序法的分野，也绝非税收权力关系说和税收债权债务关系说的分界。客观上说，税收实体法固然有债之共性，税收程序法也确有权力关系秉性。但是，两者绝非绝缘阻隔的独立部分，相反，两者在相互依存中得以发展。交错运行是两者更为常见的形态。基于此，对两者关系以及与税收构成要件内在机制的认识不仅需要从实践中予以把握，而且更要从观念上进行分析。诚如学者北野弘久所言：只有从法实践论出发，将税收法律关系统一地理解为税收债权债务关系，从法认识论角度出发，则在整体上将税收法律关系把握成税收权力关系才是正确的。因为税法中法认识论的研究是科学的问题，但作为法实践论的税法解释论的研究（包括根据其展开的税收立法论）其本身不是科学的问题，它只不过是一种以法学为基础而应用于实践的理论。但它至少科学地构成了法实践论的法解释论，法实践论应以认识论的研究成果为基础。税收构成要件不仅以"法定"为税收债权债务的确立依据，实际上它本身就是一种实践性工具，即以法认识论的研究成果为基础而展开的税法解释论。从这个意义上说，就税法学来讲，税收构成要件理论实质上应当被认为是沟通法认识论

---

① 参见［日］金子宏《日本税法》，战宪斌、郑林根等译，法律出版社2004年版，第21页。
② 康炎村：《租税法原理》，凯仑出版社1987年版，第120页。
③ 参见刘剑文、熊伟《税法基础理论》，北京大学出版社2004年版，第65页。

（权力关系）和法实践论（债权债务关系），也即联结税收实体法和税收程序法的实践性基本理论。①

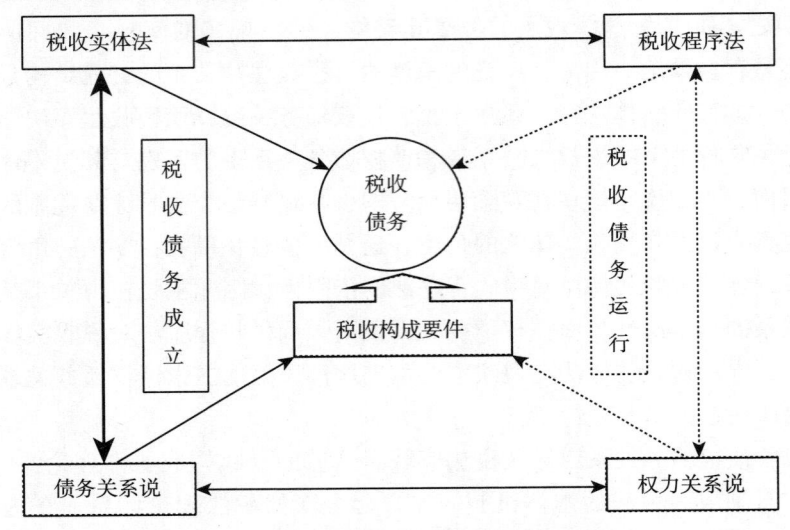

图 3-2 税收债务、构成要件与税法场域

得益于税收构成要件理论，税收债权债务理论大厦得以建构起来，"征纳平衡"理念也逐渐从理想迈向现实。概而言之，税收债权债务（"征纳平衡"的根基）、税收构成要件与税法场域的内在关系以及运行机制，远非广为共识的"税收债法＝税收实体法→税收债务↔税收构成要件≠税收程序法"这般简单。税收债权债务与税收构成要件的存在，使得税收实体法与税收程序法以及税收债权债务关系与税收权力关系之间，不仅难有"楚河汉界"，而且纵然竭力界分也更多是"藕断丝连"。毕竟，它们有一套内在的运行机制（如图 3-2 所示）。在这其中，税收债权债务是"征纳平衡"的根基，是税法理论建造与实务推进的内核和基点，是税收实体法与税收程序法的联结点和转换器。这种连接和转换借由税收构成要件而实现。即，税收实体法领域，聚焦的是税收债权债务的发生、变更与消灭的实体规则，识别工具为税收构成要件理论。税收程序法领域，关注的是税收债权债务的实现程序与保障机制，依赖的同样是税收构成要件理论。归根结底，税收构成要件理论不只是税收实体法的建造基础，同样也是税收程序法的设计准据。税

---

① 参见［日］北野弘久《税法学原论》（第四版），陈刚、杨建广等译，中国检察出版社 2001 年版，第 163—164 页。

收实体法有税收构成要件理论的适用空间，税收程序法照样有税收构成要件理论作用的场所，只不过税收构成要件理论在税收实体法和税收程序法中担负的使命不同而已。况且，纵使是分工不同，但两者的目标并无太大区别。两者都是在努力践行宪法的一般判断价值为具体的判断价值，只不过在一般的法律价值判断上，可能会有不同的偏好与选择。比如，税收实体法考虑更多的是税收的实体正义，而税收程序法关注更多的是税收的程序正义。这种不同的偏好与选择，可能带来不同的立场，也可能形成不同的视野，看待法律问题也可能有不同的意见。这些不同恰好凸显了税收构成要件的机能价值和理论定位，即贯通税收实体法和税收程序法，推动税收债权债务从静态的事实描述向动态的税法评价转化。

正因为税收构成要件理论的前置存在，税收债权债务才能从税收实体法面向的抽象概念转化为税收程序法所追求的具体税收，"征纳平衡"才能从规划的理论臆想变为可操作的具体模型，税收实体法与税收程序法才能畅通自如，无缝对接，而不至于沦为两个完全独立的税法法域。可见，借助税收构成要件理论，以"征纳平衡"为根基的税收债权债务理论得以落地生根，最终使得税收债权债务理论成为税法理论建造与实务推进的价值工具。亦如学者所言：税收债权债务关系说照亮了迄今为止的法律学上一直被忽视的"公法上的债务"这一法律领域；使运用税收构成要件的观念就可对公法上的债务——"税收债务"进行理论上的研究和体系化成为可能。因此，税收债权债务关系说对税法的概念给了全新的界定和独立的体系。即，当税法作为权力关系来提倡时，则税法不是独立的法学科而是行政法的一种罢了。只有把"税收债务"作为税法的中心，税法才能成为有别于行政法的独立学科。[①] 在公法领域，只有税法领域里把国家和纳税人之间的关系作为一种债权债务关系来看待。也只有在税收债权债务理论视域下，"征纳平衡"才能成为一种理论与实务的基础事实，也才能为更多的社会公众认知和接受，进而对刚性的征税主体和征税行为形成外在压力，使其逐渐"软化"，不断接近纳税人，最终使"征纳平衡"跃出理想，成为一切税法理论进步与实务推进的常识。

（二）行政法中的平衡论："征纳平衡"的内生思维

如果说税收债权债务理论主要奠定了税收实体法中的"征纳平衡"的

---

① 参见［日］金子宏《日本税法》，战宪斌、郑林根等译，法律出版社2004年版，第21页。

话，则平衡论的导入无疑为税收程序法上的"征纳平衡"起到了关键性的催化作用。因为不管对税收法律关系作何解读，税务行政中的权力关系都无从抹去。这种权力径路和运行思维不是单纯的税收债权债务关系所能克服的，其必须求助于现代行政法理念的驰援。在这其中，行政法上的"平衡论"之于税收法治场域中"征纳平衡"的实现，无疑贡献最多，价值最大。因为在法治国家保障人权、正义与法律安定性的要求下，想要妥当地调整利益冲突，必须以下述之利益衡量为前提：行政机关在做成行政行为之际，对于该行为所涉及的各种公益与私益，均应作出平衡的考虑，并依实际的情况，客观地衡量取舍。如此所为之公益与私益、公益与公益间之调整，方能够具有妥当性。透过此种利益衡量，人民对于国家权力的作用产生了预测的可能性，同时其私益亦不会只在政策、效益单方的考量之下遭到侵害。换言之，行政机关不仅要基于政策面的、实践面的考虑，对于有限的资源，作出合符效益的分配，也必须考虑到对于人权保障的平衡。此一利益衡量要求，在法治国理念之下成为"应尽力实现的诫命"，即具备了一般法律原则的特性而成为"应予衡量原则"。此一原则不仅对于日益扩大的行政机能提供了司法控制的可能，也充分地提供了行政自我监控的法律依据。[①]

基于此，有学者认为：尽管在不同的行政法律关系中，行政主体各自的法律地位相去甚远，行政法的失衡现象也因此千差万别，但概而言之，行政法的失衡类型主要有两种：一是行政权过于强大、相对方权利过于弱小。当行政法被定位为治民之法时，就决定了行政法的主要特征是行政权过于强大、相对方权利过于弱小，从而导致行政法的失衡。二是行政权过于弱小、相对方权利过于强大。如果行政法被视作就是制约行政权或者行政官员之法，就决定了行政法失衡的主要特征是行政权被过分制约、相对方权利过分膨胀。这两种失衡类型只是平衡论者对复杂的行政法失衡现象所作的理论概括，并不意味着现实中的行政法失衡纯粹地非此即彼，事实上，现实中的行政法失衡现象往往归结于上述两种失衡类型的交叉。诚然，依据不同的准据，也可以对行政法上的失衡现象作出不同的形态归纳，但传统行政法上的行政权与相对方权利的失衡结构和状态是毋庸证明之通常事实。而行政法的失衡严重地制约着行政法公平与效率价值目标的全面实现，阻碍了行政法资源的最优配置以及社会利益的最大化。唯此，平衡论者主张现代行政法应是

---

① 参见城仲模主编《行政法之一般法律原则（二）》，三民书局股份有限公司1997年版，第503页。

平衡法，它主要通过围绕着行政法制约与激励机制而构建的、内部和谐一致的行政法律制度体系来实现，而这种制度体系的形成，必然要依赖于行政法主体的多方博弈。亦即，行政法的平衡是一种对策均衡①，一种"结构性均衡"②。

与之类似，也有学者明确提及：平衡是现代行政法的基本精神，实质上是一种使各种对峙或冲突因素处于相互协调之中的和谐状态。它可以分解为以下几个方面的要求，即行政法上权利义务的总体平衡、行政主体与相对人之间关系的平衡、公共利益与个体利益之间的平衡以及效率与公正的平衡等。也即，平衡作为行政法的内在精神，既是一种状态，也是一个过程。作为一种状态的平衡，表现在法律上是权利义务的总体相应和协调，行政主体与相对人之间的和谐，公民服从国家就同时是服从自己，为公共利益让步就等于为自己根本利益储蓄。由于社会的不断发展，理想的平衡是一个永无止境的过程。行政法对这一状态的不懈追求也就是行政法不断发展的过程。因此，行政法中的平衡更重要的是作为过程的平衡。③

不同的是，有学者认为："平衡论大体上经过了平衡论的提出、平衡的机制归纳、平衡论的功能扩张、平衡论的实证化四个阶段。将平衡引进为整体意义上的方法论，丰富了行政法学的知识体系。平衡论理解的平衡点左右摆动，牺牲了其应该具有的概念硬度。平衡论对管理论的批判，要么靶心错位，要么制造假想敌；对控权论的批判稍显'以偏概全'，间或以想象替代论证。管理论着眼于事实，控权论着眼于规范，平衡论着眼于价值，分处于不同的论域，不构成对立。在宏观意义上，行政机关的权力来自行政相对人的权利，两者不能平衡；在具体的法律关系中，行政机关的权力优位，两者

---

① 罗豪才、宋功德：《行政法的失衡与平衡》，《中国法学》2001年第2期。

② 有学者认为："平衡"是指行政法的行政权与相对方权利配置格局达到了结构性均衡。它主要包括以下四层含义：其一，就权力（利）格局的外观而言，结构性均衡是指行政权与相对方权利形成对峙的均势。其二，就权力（利）格局的实质而言，均衡性结构中的行政主体与相对方的法律地位总体平等。其三，就权力（利）格局与社会结构之间的关系而言，行政法的权力（利）供给与社会的权力（利）需求之间实现了供求均衡。其四，就权力（利）格局内部诸要素配置效率而言，结构性均衡意味着立法预期的社会利益达至最大，行政法资源以及行政法所配置的其他社会资源实现了制度上的最优配置，行政权与相对方权利、行政主体法律地位与相对方法律地位、公平与效率、公益与私益呈现为最优均衡。参见彭澎《传承与超越：行政法平衡论之检视》，《云南大学学报》（法学版）2009年第2期。

③ 参见王锡锌《再论现代行政法的平衡精神》，《法商研究》1995年第2期。

也不能平衡。两种不平衡无法冲抵而达至总量平衡。平衡论不能放大为整个行政法的理论基础。"①

学者的反思性观点并非毫无道理。因为作为至今为止最能清晰展现现代行政法逻辑关系的理论架构，平衡论的确存在对"平衡"内涵界定的模糊性、论证方法的粗糙性和实证意义的欠缺性等诸多尚未完全形成共识之难题。比如，"平衡"是平衡论的基本概念，它的内涵应该是明晰确定的，不能在此处是这样理解，在彼处又是那样理解。然而令人始料不及的是学界中对"平衡"的界定大相径庭，甚至平衡论的拥护者对"平衡"的理解也不尽相同。虽然如此，仍不能否认平衡论是一个博大精深的理论体系，在转型时期提出平衡论契合了世界行政法发展的趋势和我国现实发展需要，其作为现代行政法理论基础具有积极的理论意义与实践价值，它有助于防止和纠正只把征税主体等行政机关看作权力主体，而把纳税人看成义务主体的观念，也有助于在税收行政立法、执法和司法中注重对征税主体与纳税人之间权利义务的公正对待。②

其实，找寻平衡论之"平衡"范畴脉络，可以发现"平衡"作为一个法学范畴，较多地见于法理学和民商法学的论著。"平衡"范畴从私法领域进入行政法领域，并不是一个范畴借用的问题。一方面，这标志着人们正逐步接纳行政法理论的一种新的观念：无限度地控制行政权力或过于强调管理者的权力都是失之偏颇而与现代法制相悖的。另一方面，这也反映了世界各国行政法在近几十年里发生的变革：消极行政的萎缩和积极行政的拓展；行政合同和行政指导逐步兴起；行政程序立法不断加强；立法、法律解释及适用中更多地考虑平衡因素；利益平衡逐步成为弥补制定法和判例法缺陷的重要方法等。③"虽然'平衡论'没有明确提出行政机关与行政相对人的法律地位平等，也就是政府与人民法律地位平等的命题，但它所主张的平衡权利与义务以及兼顾公正与效率，实际效果必然是'政府与人民法律地位平等'。为了实现权利与义务的平衡以及公正与效率的兼顾这两个目标，就需要在其理论指导下，以各种法律手段作为其存在基础和实现保障，其中最具

---

① 刘连泰：《斜坡上的跷跷板游戏：平衡论述评》，《清华法学》2015年第1期。

② 参见彭澎《传承与超越：行政法平衡论之检视》，《云南大学学报》（法学版）2009年第2期。

③ 参见罗豪才、甘雯《行政法的"平衡"及"平衡论"范畴》，《中国法学》1996年第4期。

现实性的基本途径就是通过行政立法和行政执法这两个阶段来实现其目标。"① 亦如学者所云:"平衡"范畴被不同国家的不同学者用于不同的场合,其具体含义是不相同的,公法的"平衡"范畴和私法的"平衡"范畴也不一致。究其根本,行政法的"平衡"范畴主要有两方面的含义:状态和方法。行政法的平衡状态是行政机关与相对方之间形成的兼容非对等性的权利抗衡状态,是行政法的最优化状态。平衡同时是实现行政法最优化状态的一种方法,在行政法的立法、解释及适用领域具有重要意义。②

由上观之,不管是作为状态的"平衡",还是鉴于方法的"平衡",都是以行政主体与行政相对人权义的不对等性为条件的。这种不对等性存在着三个不同的阶段:第一,在行政实体法律关系中,权义的不对等性明显地表现为行政主体处在优越的地位上;第二,在行政程序法律关系中,主体间的权义也是不对等的,但与实体法律关系相比,则恰好是一种"倒置"的不对等,表现为行政主体行使权力必须履行一系列程序上的义务,而相对一方在程序中则主要享有权利;第三,在司法审查的诉讼法律关系中,同样是权义"倒置"的不对等。正是行政主体与行政相对人权义的"不对等→不对等倒置→总体平衡"的过程,才使得行政法既肯定行政权的作用,又控制行政权的作用,从而实现总体上权力(利)、义务的平衡,因此权义的不对等性,既是平衡的前提,又是平衡的手段:正是由于存在着不平衡,才需要实现平衡;实现总体平衡,又是以对行政权设定相应的控制手段来进行的。这种通过控制行政权而实现权义总体平衡的手段,也就意味着把落脚点放在对相对人权利的公正保护之上,这恰恰体现了行政法的精髓。可谓"平衡模型"。③

作为平衡论的精髓,"平衡模型"之于税法理论与实务的指导价值较之于其他部门行政更大,也远未引起学界的足够重视。客观上说,"平衡论"不仅可以为税法的理论建构和实务操作提供了充足养分和全新思路,而且可以为"征纳平衡"的制度设计供给普适性的认知思维和可操作的方法论。因为与诸多部门行政中的管制不力与管制过度并存不同④,税务行政中征税

---

① 杨海坤:《"平衡论"与"政府法治论"的同构性——以政府与人民法律地位平等为视角》,《法学家》2013 年第 4 期。
② 罗豪才、甘雯:《行政法的"平衡"及"平衡论"范畴》,《中国法学》1996 年第 4 期。
③ 参见王锡锌《再论现代行政法的平衡精神》,《法商研究》1995 年第 2 期。
④ 参见罗豪才、宋功德《行政法的失衡与平衡》,《中国法学》2001 年第 2 期。

主体与纳税人之间的征纳失衡现象相对清晰，主要呈现"征税主体的权力过于强大、而纳税人的权利过于弱小"之不对等现象。此种境况正是"平衡论"意图解决的经典难题，因为它非常吻合"平衡模型"的运作机理，即征税主体与纳税人之间不仅有清晰的、可触摸的权义不对等的前提，而且有体系完备的可供调整的税收实体法、税收程序法和税收救济法之制度架构。因此，只要认真评估税收实体法中征税主体与纳税人的不对等状态，在税收程序法和税收救济法中有针对性调整和部署"倒置的权义结构"，便可期待税收实体法中征税主体优势地位的减损和纳税人劣势地位的相对提升，最终实现税收法治场域中的"征纳平衡"。

三 "相互承认"的契约度衡

税收债权债务理论、行政法上的平衡论和公共管理场域的理论变革，无一例外都蕴含着对传统税务行政中"征纳失衡"理念和格局的"声讨"，且都为"征纳平衡"的实现提供了丰硕的理论支撑和技术支持。不管是基于税收债权债务的本体机制，还是处于征纳双方主体的平衡考虑，乃至是鉴于公共管理变革的外生路径，征税主体与纳税人之间的"征纳平衡"不仅可以自圆其说、相互证成，而且可以得到实践的充分验证。税务契约即是这种实证的典型表征。众所周知，契约本属于私权的运行方式，禁止公权契约化被传统理论奉为圭臬。这一信条源于人类社会"公私相分"观念以及由此产生的公私权的二元对立和公私法的二元划分的传统。但二战以后，伴随着民主思潮的激荡，福利国家、给付行政等新型国家目的观的出现，诸多国家开始改变由来已久的以支配与服从为特征的高权行政管理模式，行政权的行使开始出现契约化趋向，行政契约应运而生。[①]

受此影响，税法也不断受到私法理念的侵蚀，一些原本属于私法的制度也相继被引入税法。更为重要的是，税法上征税主体与纳税人之间的协商与合意的制度空间被不断营造出来，"征纳平衡"的土壤也被相机开辟出来。这些因素综合发力，最终促成税务契约破茧而出，进入税务征管实践。税务契约打破了建基于"征纳失衡"基础上的"命令性"税务行政，走向立足于"征纳平衡"基础上的"合意性"税务行政。从税务契约与"征纳平衡"的生成逻辑上看，税务契约固然是"征纳平衡"理念的现实

---

① 参见殷继国《论公权契约化——兼论国家干预契约化》，《行政法学研究》2013 年第 1 期。

产物,但它又反过来促成"征纳平衡"理念的进化。因此,税务契约可以说是税收法治意识最好的试金石,因为在税务契约中可以洞察出征税主体和纳税人之间"相互承认"的幅度和容度,而这又植根于彼此前奏的"尊严"与"自律"。

(一)权义结构:"相互承认"的根基

税务契约是否蕴含了"相互承认"的度衡根基,可以预约定价安排、税务和解协议和税收遵从协议三类典型的税务契约为解剖对象。因为三者虽然聚焦不同的内容和客体,但是都具有十分明显的契约特质。契约是三者的最大公约数,也是契约使得三者在严格法定主义的税法领域,掀起一丝自由、合意之风。观测三者的立法脉络和实务进展,可以发现三者在逻辑前提、对价关系、价值追求、外在表现形式、遵循的原则等方面存在诸多共性。这些共性践行着税务契约的共同因子,最终通过双方的权义配置展现出来。作为执法机关,征税主体拥有来自不同层级法律授予的种种权力,也受制于这些法律而课加的义务。同理,纳税人也因诸多法律而生权利,又因这些法律而负义务。一旦征税主体与纳税人因税务契约而交织在一起时,原有的权利与义务也相机而变。揭示这些蕴含在典型契约中的权义结构,不仅有助于探测税务契约的基本要件,为税务契约的制度构建奠定基础,而且也有益于发觉税务契约与法定主义的调和方法,使得税法领域的契约主义与法定主义兼容并蓄,相得益彰。而这些要件和方法的系统化,既是各方主体"尊严"和"自律"的集中展示,又是"相互承认"的度衡基准,还是税收法治意识的孕育方略。从这个角度上说,税务契约中征税主体与纳税人之间的权义配置,便是征纳主体"相互承认"的关键。如果双方权义配置吻合"征纳平衡"的要求,则"相互承认"大体可以实现。反之,则知易行难。

1. 纳税人的权义配置

透析预约定价安排、税务和解协议和税收遵从协议的立法与实践,大体可以将税务契约中纳税人的权利义务归结为知情权、申请权、自由选择权和平等协商权、监督权、求偿权和信息披露义务及全面履行义务。

①知情权。知情权是纳税人进行各项涉税活动的前提,不同的税务制度中纳税人知情的范围是不同的。《税收征收管理法》第八条第一款规定:"纳税人、扣缴义务人有权向税务机关了解国家税收法律、行政法规的规定以及与纳税程序有关的情况。"这为纳税人享有知情权提供了法律上的依据并设定了知情权的范围。从道德权利角度看,知情权包括两部分:信息自由

和信息请求权。法律层面的知情权相应也可以分为"知情自由"和"知情权利"。前者是根据法律规定公民、法人及其他组织不受妨害地获得信息的自由;后者是根据法律规定公民、法人及其他组织向特定的国家机关、公共机构,以及其他公民、法人及其他组织请求公开信息的权利。[①] 具体至税务契约而言,知情权即纳税人有权了解税务契约制度的内容和程序等,包括:建构税务契约制度的目的、税务契约的运行机制(协商、订立、履约、救济)、其他可能影响自身的利益内容等。只有知晓这些内容,纳税人才能在信息对称的情况下做出正确的选择,监督税务机关,更好地维护自身的利益。

②申请权。申请权是指纳税人可以通过向税务机关申请来启动税务契约,其实质在于赋予纳税人获取运用税务契约维护自身利益的机会。比如,《税务行政复议规则》第八十六条规定了申请人和被申请人可以就列明的行政复议事项在行政复议机关作出行政复议决定达成和解,由此意味着作为申请人的纳税人可以主动向税务机关提出达成和解的提议;类似的规定也发生在税收遵从协议中,《大企业税收服务和管理规程(试行)》第十八条规定:"税务机关根据企业内控体系状况及税法遵从能力,经与企业协商,确定是否与企业签订税收遵从协议。"仅从本条规定来看,似乎只赋予税务机关启动税收遵从协议的权力,纳税人不能主动申请。如何结合该规程第十七条的规定,便不难得出只要企业的内控体系状况及税法遵从能力达到税务机关的要求,达到和税务机关互信的程度,且自愿接受税收遵从协议的约束,就有申请签订税收遵从协议的权利。况且,仅赋权税务机关缔结税收遵从协议的权利,而否认纳税人的申请权,原本就不符合自愿协商之契约法根基。

③自由选择权和平等协商权。自由选择权和平等协商权可以保障纳税人根据自己的意愿,在平等对话的前提下与税务机关进行协商,维护其合法权益。这两项权利是保障税务契约能够有效运行的关键。是否订立税务契约,纳税人可以自由选择,税务机关不得强制纳税人与其订立税务契约。税务契约中约定的内容是双方相互磋商的结果,税务机关不得利用其优势地位强迫纳税人接受税务机关单方面提供的条款。税务契约虽然是一种公法契约,但其本质是契约,而契约的秉性就决定了当事人双方都享有平等协商的权利。

---

① 参见刘杰《知情权与信息公开法》,清华大学出版社 2005 年版,第 40、47 页。

体现这一权利的立法,例如,《特别纳税调整实施办法(试行)》第六十二条:"在预约定价安排执行期间,如果税务机关与企业发生分歧,双方应进行协商。协商不能解决的,可报上一级税务机关协调;涉及双边或多边预约定价安排的,须层报国家税务总局协调。对上一级税务机关或国家税务总局的协调结果或决定,下一级税务机关应当予以执行。但企业仍不能接受的,应当终止安排的执行。"平等协商是贯彻于税务契约谈签和履行过程中最重要的原则,只有在这一原则指引下,纳税人才能充分阐述意见,做出真实的意思表示。再者,赋予纳税人平等协商权,也有利于税务机关与纳税人之间形成良性的征纳关系。

④监督权。在税务契约中,监督权是纳税人的核心权利,因为税务机关和纳税人权义的整体配置都是紧紧围绕着监督权力这一功能定位而展开的。税法中传统的监督权是指纳税人对税收违法行为,如税务人员索贿受贿、徇私舞弊、玩忽职守、不征或少征应征税款、滥用职权多征税款或者故意刁难等行为,可以进行检举和控告;对其他纳税人的税收违法行为也有权进行检举。[①] 而在税务契约中,监督权不仅包括对税收违法行为的监督,更重要的是对约定事项执行情况的监督,以便约束税务机关的权力行使,进而规范其管理和服务。行使监督权的主体包括协议企业和其他纳税人,但两者可以行使监督权的范围有所差异。一般来说,协议企业既可以对违法事项进行监督,也可以对约定事项进行监督。其他纳税人除协议涉及其利益外,只能对税收违法行为行使监督权。之所以如此界分,是因为协议企业是协议的相对人,对协议的内容以及与之相关的信息较为熟悉。但是,在监督体系中,其他纳税人的监督也是不可或缺的。特别是当协议企业和税务机关有较大的利益关涉,有可能存在恶意串通等共同损害国家税收利益等非正常情形时,其他纳税人便可以通过公开有关税务契约的内容等,实现对税务机关和协议企业的监督。

⑤求偿权。求偿权可以使纳税人在利益受损时获得一定的赔偿或补偿,避免让纳税人遭受巨大的利益损失。在订立和履行税务契约的过程中,因税务机关的原因造成纳税人利益的损失,纳税人有权请求税务机关赔偿。在税务机关存在过错的情况下,纳税人请求税务机关赔偿,理所应当。但当税务机关不存在过错,而以公共利益的名义与纳税人协商变更或解除合同,纳税人当然可以选择不予变更或要求继续履行。纳税人同意变更、解除税务契

---

① 参见张守文《税法原理》(第六版),北京大学出版社 2012 年版,第 84 页。

约，且已造成损失的，纳税人是否享有请求税务机关给予赔偿或者补偿的权利，有必要进一步分析。理论上说，任何制度的运行的确不能损害公共利益，但也不能因为公共利益的优先而置纳税人权益于不顾，任由公共利益侵夺纳税人权益，否则，将有可能诱发"集体暴政"。因此，只要纳税人不存在过错，税务机关即使为了公共利益而变更或解除合同，纳税人也有权获得一定的赔偿或补偿。

⑥信息披露义务。当今社会是一个信息社会，信息不仅关乎企业的生死存亡，对税务机关来说，只有获得了必要的信息，才能更好地履行职能，保证整个税收系统的有效运转，为各种税收法律、法规的制定提供基础资料。正因如此，《税收征收管理法》第六条第二款规定了纳税人、扣缴义务人和其他有关单位如实向税务机关提供与纳税和代扣代缴、代收代缴税款有关的信息的义务，而且在税务登记、纳税申报等过程中纳税人需要向税务机关披露相关信息。与传统涉税信息披露相比，税务契约中纳税人要向税务机关披露的信息范围更广。比如，《特别纳税调整实施办法（试行）》第五十一条规定了预约定价安排书面申请报告应包括相关的集团组织架构、公司内部结构、关联关系、关联交易情况；企业近三年财务、会计报表资料、产品功能和资产（包括无形资产和有形资产）的资料；安排所涉及的关联交易类别和纳税年度；关联方之间功能和风险划分，包括划分所依据的机构、人员、费用、资产等；安排适用的转让定价原则和计算方法，以及支持这一原则和方法的功能风险分析、可比性分析和假设条件等；市场情况的说明，包括行业发展趋势和竞争环境；安排预约期间的年度经营规模、经营效益预测以及经营规划等；与安排有关的关联交易、经营安排及利润水平等财务方面的信息等内容。信息披露使得税务机关和纳税人的联系更加紧密，但也加重了纳税人的披露负担。长远来看，信息披露义务不能毫无限制地扩大，至少不能影响纳税人的正常经营，且不得与上位法相抵触。

⑦全面履行义务。税务契约生效后，对税务机关和纳税人都具有约束力。税务机关和纳税人都应当按照税务契约的约定，全面适当地履行各自所应承担的义务。比如，在税务和解协议中，和解协议所确定的事实内容具有拘束征纳双方的效力，非有信赖不值得保护或发现新事实、新证据，应核实课税外，不得任意推翻，税务和解协议发生确定事实之效力。契约当事人之间就合意确定的课税事实或法律状态履约，原则上不得再行争执，但就课税的法律要件及其他适用税法规定所衍生的法律争议，即非该税务上和解契约效力所涵盖的范围，故当事人仍得依合意确定的事实或法律状态作为进一步

争执的基础。① 与之关联，在税务契约的履约过程中，税务机关和纳税人都应当遵循诚实守信原则，善意履行税务契约规定的各项内容。亦如《上海市税务行政复议和解调解实施办法》第六条（基本原则）第五项所言："对行政复议的和解的结果，争议各方应当诚实守信、自觉履行。"

2. 税务机关的权义配置

相较于税务契约中纳税人的权利与义务配置，征税主体在税务契约中的权力与义务相对简单。预约定价安排、税务和解协议和税收遵从协议三种典型税务契约的立法与实践，都毫无例外地揭示了税务契约中征税主体的建议权和监督权以及保密义务和切实履约义务。

①建议权。行政契约理论认为，行政契约作为一种行政工具，一般都承载一定的行政目的，为了更好地实现这些特定的目的，赋予税务机关一定的指导权是必要的。但在行政机关和行政相对人力量对比悬殊的情况下，这种指导权极易异化成一种变相的行政命令。如果在税务契约中依然赋予税务机关同样的权力，也会陷入行政契约中指导权异化的怪圈。所以，在税务契约立法实践中，多数只为税务机关配置了建议权。建议权和指导权具有异质性。指导权在于指挥和引导，而建议权在于提出一种可供选择的方案，最终是否采纳取决于被建议人的意愿。比如，《税收遵从合作协议（范本）》第三条第一项列示："税务机关应积极引导和帮助甲方建立健全税务风险内控体系，并对其有效性进行评估，及时向甲方反馈评估结果，提出改进建议。"此处赋权税务机关的只是建议权，而非指导权，更非命令。与之相呼应，《大企业税收服务和管理规程（试行）》多处出现"建议"二字。既为建议，则缔结契约便可以采纳也可以不采纳。

②监督权。在逃避税现象依然普遍、税收法治意识总体偏弱的当下中国，赋予税务机关以监督权，实属必要。以预约定价安排为例，《税收征收管理法实施细则》第五十三条规定："纳税人可以向主管税务机关提出与其关联企业之间业务往来的定价原则和计算方法，主管税务机关审核、批准后，与纳税人预先约定有关定价事项，监督纳税人执行。"《特别纳税调整实施办法（试行）》第五十六条进一步规定："税务机关应建立监控管理制度，监控预约定价安排的执行情况。"不同层级的法律，税务机关监督（监控）预约定价安排的执行被反复强调。其实，早在2004年，税务总局颁布

---

① 参见葛克昌《行政程序与纳税人基本权》，北京大学出版社2005年版，第191、210页。

《关联企业间业务往来预约定价实施规则（试行）》（国税发〔2004〕118号）（已为《特别纳税调整实施办法（试行）》所取代）便设专章，即第七章"监控执行"，重点规制预约定价的监督问题。《关联企业间业务往来预约定价实施规则（试行）》正文总共33条，第七章整整用了5个条文，阐释预约定价安排的监控执行。《特别纳税调整实施办法（试行）》虽然不再专设"监控执行"，但第五十六条近千字的篇幅，近乎涵盖了《关联企业间业务往来预约定价实施规则（试行）》第七章的核心内容。此种立法处理，足以印证税务机关的监督在税务契约中的重要作用。

③保密义务。在税务契约运行过程中，基于信息披露义务，纳税人会将自己的涉税信息，甚至个人隐私，向税务机关披露。这些信息中有不少关系商业秘密，一旦泄露，足以使纳税人致命。所以，税务机关能否切实保守税务契约中的涉税信息，关系到纳税人是否有意愿选择适用税务契约，对税务契约的运行起着至关重要的作用。《税收征收管理法》第八条第二款规定："纳税人、扣缴义务人有权要求税务机关为纳税人、扣缴义务人的情况保密。税务机关应当依法为纳税人、扣缴义务人的情况保密。"这既是纳税人享有保密权的法律依据，也是税务机关负有保密义务的当然规定。《特别纳税调整实施办法（试行）》第六十条针对预约定价安排中的涉税信息，明确规定："税务机关与企业在预约定价安排预备会谈、正式谈签、审核、分析等全过程中所获取或得到的所有信息资料，双方均负有保密义务。税务机关和企业每次会谈，均应对会谈内容进行书面记录，同时载明每次会谈时相互提供资料的份数和内容，并由双方主谈人员签字或盖章。"尽管《特别纳税调整实施办法（试行）》第六十条将保密义务的主体界定为税企双方，但对于纳税人而言，故意泄密的可能有但应该不大，所以，该条最大的价值还是确立了税务机关的保密义务。

④切实履约义务。在税务契约中，由于契约双方的不对等地位，相对于纳税人而言，税务机关不履行税务契约的概率更大，为此，税务契约立法都明确要求税务机关负有履约义务。比如，《特别纳税调整实施办法（试行）》第五十九条规定："税务机关与企业达成的预约定价安排，只要企业遵守了安排的全部条款及其要求，各地国家税务局、地方税务局均应执行。"类似的规定还出现在税收遵从协议立法中，譬如，《大企业税收服务和管理规程（试行）》第十九条规定："税企双方签订税收遵从协议后，由国家税务总局负责通报有关税务机关。各级税务机关应当积极贯彻落实税收遵从协议。"诸如此类的规定，意在督促税务机关切实履行税务契约的内容。

3. 从权义配置到"相互承认"

通观税务契约中征税主体和纳税人的权义配置，不难发现这些针对征纳双方的权义设置都意图确保征纳双方协商与合意的达成。如此设计，可谓税务契约精髓的必然展现。因为税务契约中，双方意思表示能否自愿，不仅关系到契约的达成与否，而且也与契约能否顺利实施有关。进一步，还会直接影响纳税人对契约解决涉税问题的积极性。倘若，契约自愿容易实现，则纳税人参与税务契约的主动性便会大为提高，"相互承认"的幅度和容度也必然得到提升。反之，税务契约将会形同鸡肋，渐次沦为一厢情愿，征税主体与纳税人之间的"相互承认"也就难以达至。形式上观测，契约自愿看似并非征税主体和纳税人权义配置的关键和灵魂，但深究起来，征纳双方的每一项权利（权力）与义务的设置都直接或间接与契约自愿相关联。

从立法上看，契约自愿也是现行税务契约制度设计的重要起点和关键着力点。比如，《大企业税收服务和管理规程（试行）》第十七条直接将"自愿、平等、公开、互信"作为征纳双方签订税收遵从协议的基础，而且第十八条进一步明确"税务机关……经与企业协商，确定是否与企业签订税收遵从协议"。与之相比，《税务行政复议规则》第八十六条更是直接将"自愿"提至与"合法"并列的原则地位。与税收遵从协议和税务和解协议不同，《特别纳税调整实施办法（试行）》第六章"预约定价安排管理"虽未直接将自愿列入其中，但该章有8处提及"协商"、6处言及"磋商"、6处提到"谈判"，如此术语深度践行了预约定价安排自愿理念。尽管如此，这些税务契约的立法规定，均未明确何为自愿、如何才能自愿，换言之，仅规定缔约应该自愿，但自愿的内涵是什么，如何才能保证自愿的实现均只字未提。而界定契约自愿的内涵，保障自愿的实现，是税务契约能否达成的前提。

与这些税务契约的立法例不同，地方出台的规范性文件更为细致和深入。例如，《上海市税务行政复议和解调解实施办法》第六条（基本原则）规定："（二）自愿平等原则。行政复议的和解、调解应当充分尊重争议各方的意愿，不得强迫争议各方接受和解、调解方案或条件；在和解、调解过程中，争议各方应平等协商，真诚交换意见。"《北京市地方税务局税务行政复议和解调解办法（试行）》第五条规定："进行税务行政复议和解、调解应当遵循以下原则：（一）自愿原则。复议申请人与被申请人应当自愿达成和解。行政复议机关不得强迫各方当事人接受和解或调解。"《安徽省地方税务系统税务行政复议和解调解办法（暂行）》第七条规定："税务行政复议和解、调解应当遵循以下原则：（一）自愿平等原则。申请人与被申请人应当自愿达成和解、调解协议。复议机构不得强迫各方当事人采取和解或调解方式，也不得强迫各方当事人接受调解结果。"

结合这些规定，大致可以提炼出税务契约立法中的"自愿"意涵。自愿首先意味着真实意思的表达，不应有强迫之意；其次，自愿既包括是否缔约的自愿，也包括缔约方案和条件，即内容的自愿。理论上，自愿还应包括契约实施后修正契约等的自愿。按照契约法的观点，契约自愿"意指当事人有权按照自己的选择而决定订立或不订立契约、以何人为缔约当事人以及何为内容而订立契约。这里的'自由选择'十分重要，它是指在其意志不受非法限制的情况下所作的选择。"① 只有这样，才能体现契约自愿的本来意义。而只有契约自愿的真正实现，税务契约中征税主体与纳税人之间的"相互承认"才有可能顺利得以实现，毕竟，"相互承认"尊重每一个税收法治主体的"尊严"与"自律"，而这也恰恰是税务契约的制度根基。鉴此，契约自愿的实现与否，以及实现程度，便一定程度上决定了征税主体与纳税人"相互承认"的难度和幅度，最终彰显着税收法治主体的税收法治意识进度。

（二）契约要件："相互承认"的保证

税务契约适用范围是税务契约的核心问题，如果契约范围漫无边际、不受节制，必然会架空税收法定主义的根基，从而遭受法定主义的彻底抵制。反之，如果契约范围过窄，又会限制税务契约效用的发挥，违背构建税务契约制度的初衷，也会失去其存在的制度价值。因此，必须认真对待税务契约的适用范围，不可过宽，但绝不应太过限制，简言之，契约有度。问题是，度并不容易测算。而是，现实中多通过设定契约的条件，来阐述适用范围。比如，在刑事和解中，一般要考虑以下几个关键要素：一是能够迅速有效地解决涉税问题，实现社会和谐；二是要兼顾国家和纳税人利益的平衡；三是适当考虑我国的实际情况和实际需要。② 这些要素也大体适用于税务契约，只是因刑法与税法关注的对象并不完全相同，在择取税务契约的适用条件、开展税务契约实践时，税法会保有自己的判断。透过税务契约中征税主体与纳税人之间的权义结构，不难发现税务契约立法与实践中特别强调以下要件。这些要件的坚守，保证了征税主体与纳税人权义的真正落实，进而确保征税主体与纳税人"相互承认"的实现。

---

① 李永军：《合同法》（第二版），法律出版社 2005 年版，第 45 页。
② 参见陈晓明《刑事和解原论》，法律出版社 2011 年版，第 227—228 页。

1. 契约订立具有必要性

即出现涉税事实认定或信息获取存在困难，或者认定或获取成本过于高昂。比如，在预约定价安排协议中，税务机关面对关联企业间的交易，如果想查清关联企业间的集团组织架构、公司内部结构、关联关系、每一笔关联交易情况，必将耗时费力，甚至很多时候即便耗费大量人力、物力、财力，也不见得能掌握有价值的涉税信息。尤其是在纳税人若想隐瞒相关事实的情况下，面对浩瀚和复杂的关联交易，税务机关时常不堪重负。此种情况下，通过与关联企业就企业未来年度关联交易的定价原则和计算方法达成预约定价安排，既可节省资源，又可营造税企核心信任关系。类似的困境也发生在税务行政复议和税收征管和服务中，税务和解协议与税收遵从协议的出现，化问题于无形之中。是以，是否需要设定税务契约，首先要看是否存在涉税事实认定或信息获取困难。如果通过常规征管手段，便可认定事实、获取信息，则不宜启动税务契约。

2. 契约不得改变法定税收要素

税收法定贵为税法根基。法定之下，课税主体、课税对象、归属、课税标准、税率必须明定，是为法定主义之灵魂。如果税务机关与纳税人之间的一纸契约便可直接决定纳税人是谁、税负多寡，则法定主义必将名存实亡。为此，对这类税制核心要素，原则上当无契约空间。征纳双方能够约定的只能是非税收法定要素内容，比如，涉税事实、证据认定行为、行政处罚额度、行政奖励额度、征纳管理等。需要注意的是，即便非税收法定要素可以约定，也绝不意味着就是没有法律约束的纯粹自由空间，它同样也受到可能范围、手段方式、幅度框架规则的约束，受到法律原则，如合理原则、比例原则等的规范，这是法治的要求。[①] 况且，这些非税收法定要素，最终也可以影响到税负的多少。比如，在税务和解协议中，税务机关与纳税人一旦依据《税务行政复议规则》第八十六条就核定税额或应税所得率达成和解协议，便可最终确定具体的应纳税额。

3. 契约不与现行法律、法规相抵触

法律法规明示不得采用税务契约的领域或情形，税务机关不得采用税务契约的形式处理涉税事务。同理，税务契约的内容不得违反现行的法律法规的强制性规定，否则，税务契约自始无效。此处所言的法律、法规主要是税

[①] 参见张永忠、张春梅《行政裁量权限缩论——以税收和解适用为例》，《政治与法律》2011年第10期。

收法律、法规，但不限于税收法律、法规。比如，涉税犯罪，即便存在涉税事实认定或信息获取困难等情由，也不应采用契约方式处理，除非刑法明文规定可以采取契约方式结案。与合法性要件相通的是，在设定税务契约的要件时，还需深究契约的内容与社会利益、第三人利益之间的衡平，不能因征纳双方签订的协议而损及社会利益和他人利益。比如，《税务行政复议规则》第八十七条就明确规定："申请人和被申请人达成和解的，应当向行政复议机构提交书面和解协议。和解内容不损害社会公共利益和他人合法权益的，行政复议机构应当准许。"该条便暗含契约内容不得有违社会公共利益和他人合法权益之要件内容。

4. 契约情由必须由法律明确规定

尽管可以从理论上描述税务契约的种种要件，也可以从中寻求税务契约的诸多共性。但要想真正创设一些具体的税务契约类型，还必须仰仗法律的明示规定。从税务契约的价值角度看，税务契约的核心价值在于通过征纳双方的对话、协商，在合意的基础上谋求双方都能满意的结果。它并不受传统税收法定原则的刚性理念的约束，它不一定是，也不必是明确的、精确的，而是有弹性的，它在维持税收法定、公平原则底线的框架内，尽可能让对立的利益诉求双方有更多的发言权，相互之间减少不必要的对抗，增加更多的对话与合作机会，力争把双方的价值目标吸收到税收征纳程序中来，实现税收效率。[①] 尽管如此，仍应坚持在法定框架下开展税务契约。否则，税务契约将有可能沦为税务机关任性的工具。果真如此的话，于纳税人而言，自由合意能否真正达成悬疑；于国家而言，税收保障能否实现存有危险；于其他纳税人而言，税收公平与正义能否确保并无答案。基于此，即便税务契约是征纳双方之间的自由空间，也必须由法律设定契约的框架。否则，契约将有可能异化成一种难以掌控的恶权力。

5. 契约必须由征纳双方自由合意而达成

税务契约即便经由法律明定，仍要强调双方之间的真实意思表达。终归而言，税务契约不同于普通民事契约，税务契约中征纳双方地位不对等是既成事实，必须正视。在双方不对等的情境下达成协议，原本就有风险。为降低这种合意风险，确保自由的真实表达，在税务契约规则设计时，必须格外向纳税人倾斜，以确保合意的真实性。正因如此，不

---

① 参见赵德芳、匡爱民《税法基本理念转变之浅见——以税收契约为中心》，载刘剑文主编：《财税法论丛》第 7 卷，法律出版社 2005 年版，第 49—50 页。

管是《特别纳税调整实施办法（试行）》中的预约定价安排规定，还是《大企业税收服务和管理规程（试行）》中的税收遵从协议规定，乃至《税务行政复议规则》中的税务和解规定，频繁展现"自愿""合法""磋商""协商"等语词。就连税务总局公布的《税收遵从协议范本》开篇都明确列示"为不断提高税务机关纳税服务水平，提高大企业税法遵从度，降低税收征纳成本，税企双方本着法律地位平等、自愿合作、互信诚信的原则，共同签订税收遵从合作协议"。类似的规定，一方面向纳税人宣告在缔约过程中，其所拥有的权利；另一方面也警示税务机关，自由的合意才是税务契约达成的灵魂。

（三）契约定位："相互承认"的识别

税收法治主体之间的"相互承认"不仅是个体税收法治意识构造的关键一环，而且是社会整体税收法治意识塑造的重要端点。尽管不论是何种形态的法治主体之间的"相互承认"，其都建立在法治个体的"尊严"与"自律"之上。但税务行政毕竟有别于一般的部门行政，国库主义的内在使命和天然追求，时常使得在一般财政收入目的规范的情形，立法上容易偏向于提升稽征行政效能，确保税收债权的实现，而对于纳税人权益保护，乃至于税收正义的实现，则常有忽略未加以规定的情形。[①] 税收立法中此种倾向，固然与我国位处转型期所带来的财政压力有关，但更为重要的是税务行政主导理念的全方位、多渠道渗透。在传统法治思维中，立法机关和司法机关的能力总能给人以信心，但"行政国家的权能扩张已经使立法机关的事前控制和司法审查的事后控制力不从心"[②]，究其根源在于社会现代化，而行政权的执行性特征又迎合了社会现代化对权力形式的要求[③]。

尤其是迈入20世纪中期，随着科学技术和经济的快速发展，"行政国家"理念逐步凸显并得以普遍实施[④]，行政权也就借机脱颖而出，在整个权力系统中成为最为敏感、最为强势的权力形态[⑤]。为了更好、更多地为公民

[①] 参见葛克昌《纳税人权利保护：税捐稽征法第一章之逐条释义》，元照出版有限公司2010年版，第4页。

[②] 崔卓兰、于立深：《行政自制与中国行政法治发展》，《法学研究》2010年第1期。

[③] 参见季涛《行政权的扩张与控制——行政法核心理念的新阐释》，《中国法学》1997年第2期。

[④] 参见关保英《社会变迁中行政授权的法理基础》，《中国社会科学》2013年第10期。

[⑤] 参见关保英《行政法的价值定位》，中国政法大学出版社1997年版，第14页。

的利益服务，行政权的范围与强度大肆扩展①，"与此同时，国家权力结构也发生了革命性变化，出现了公权力之间相互交织和公权力协同运作解决某一社会问题的双重现象。"② 公权力的相互交织使得原本属于立法机关和司法机关的专有权力不断遭到行政权的侵蚀，权力界限逐渐淡化。行政权扩权现象近二十年来一直在税法领域发生着，且有继续扩权的态势。典型例证是，现行《税收征收管理法》修订草案中行政机关扩权条款增多，而纳税人权利保护制度阙如，相互之间并未形成合理的制度均衡。③ 在此境况下开展税务契约，并不容易。虽然税收债权债务理论与平衡论等理论为"征纳平衡"提供了有力佐证，且部分原本属于私法上的制度写进税收法律文本也十年有余，但是这些制度功效至今仍未完全发挥出来，制度创设之初的"征纳平衡"预期更是遥不可及。

比如，2001 年 5 月 1 日起施行的《税收征收管理法》第五十条第一款明确规定，欠缴税款的纳税人因怠于行使到期债权，或者放弃到期债权，或者无偿转让财产，或者以明显不合理的低价转让财产而受让人知道该情形，对国家税收造成损害的，税务机关可以依照合同法第七十三条、第七十四条的规定行使代位权、撤销权。立法显然对税收之债的特殊性未做充分的估量，而只是简单地套用"合同法第七十三条、第七十四条的规定"，此种做法至少带来两个方面的执行困局与风险。一方面，不适当地降低了税法的权威性、稳定性和独立性。《合同法》第七十三条、第七十四条并未明确代位权和撤销权的实践技术问题，比如适用条件、管辖权、举证责任、抗辩权等。技术难题的解决依附于最高人民法院《关于适用〈合同法〉若干问题的解释（一）》专门用 16 个条文（第 11—26 条），如何解决此等尴尬？或为改变税收立法，采取设立技术，或为扩大适用司法解释，后一种更为可行，但无形中降低了税法规范的位阶，将税收立法演化为一种司法解释的闹剧。另外，税法不加区分地直接准用合同法代位权与撤销权规范，形式上属对私法秩序的尊重，维护债之代位权和撤销权的统一性，实质上将损害私法秩序，影响税收代位权和撤销权的实效。更为致命的风险在于，是否为税法

---

① 参见郭道晖《法治行政与行政权的发展》，《现代法学》1999 年第 1 期。

② 袁曙宏、宋功德：《统一公法学原论——公法学总论的一种模式》（上册），中国人民大学出版社 2005 年版，第 6 页。

③ 参见滕祥志《税法行政解释的中国实践与法律规制——开放税收司法的逻辑证成》，《北方法学》2017 年第 6 期。

入侵民法，国家利益入侵私人利益打开方便之门？当税法可以不加修改直接准用民法规范时，实际上使税法具有外张的法律性质，公权力借此不断扩张其在民法领域的力量的风险急剧加大。

尽管在契约实践中，主体双方地位的对等与否并非契约达成的根本因素，但毋庸置疑的是，双方地位的对等显然更利于合意的充分实现。鉴于我国税务行政主导的征纳实践，如果任由其蔓延至税务契约领域，势必危及契约真实合意的达成，果真如此的话，税务契约的制度价值将大打折扣。为此，不管是预约定价安排，还是税务和解协议，乃至于税收遵从协议，抑或是其他的税务契约形态，各自所依托的税收法律、法规、规章以及规范性文件，都不约而同地将监督税务行政权和保障纳税人权益厘定为税务契约的核心权能，相应的制度设计也多围绕这两个核心权能而展开。并且，都在此理念指引下，积极探索建立事前预防、事中控制、事后应对的执法监督机制，将执法风险降到最低[1]，确保税务契约中主体双方"自愿"和合意"自由"的广度和深度，进而力保契约真实意思表示的真正实现。这一点已经为税务契约立法所采纳，在各自的立法实践中都已或直接或间接确立了此种理念。比如，在预约定价安排中，《特别纳税调整实施办法（试行）》第五十三条、第五十九条、第六十条、第六十一条分别确立了"国家税务总局审定义务""税务机关守约义务""保密义务"以及"非事实性信息排除税务调查义务"等。这些语词条款虽然并未出现"监督税务行政权"和"保障纳税人权利"等字眼，但是已基本明确了保护纳税人权益，监督、约束预约定价安排主管税务机关职权行使的理念。综上分析，将监督税务机关权力行使、保护纳税人权益确立为税务契约的核心权能，不仅有理论和现实的必要，又有法律明示规定的验证。正是这种独特的契约定位，才使得税务契约与民事契约及行政契约相区分，进化为一种独立的契约形态。而这种契约形态又蕴含着税收法治意识中"相互承认"的重要识别和评估基准，故它可以充当税收法治意识的度衡器。

毋庸讳言，税务契约并非生长在平等主体的私法土壤之上，但它切合了契约"合意"的本质。因此，税务契约的达成与实现难以依靠征税主体和纳税人地位的平衡，而主要依赖于征税主体和纳税人双方所竭力维护和营造的"自由"与"自愿"之限度。即，税务契约并非征纳地位平等的表征，但却是

---

[1] 参见彭志华《实施税收柔性执法的思考》，《中国税务》2013年第6期。

"征纳平衡"程度的集中展示。之于税收法治意识而言，税务契约立足的"自由"与"自愿"，与税收法治意识中的个体"尊严"与"自律"不谋而合，前者最终导向税务契约场域、进入税收法治理论与实践，而后者终将汇入"相互承认"范畴、成为税收法治意识的闭环。从这个角度上说，税务契约从缔结到实现的整体过程，便是税收法治意识的孕育过程。透过契约双方主体间的"自愿"与"自由"限度，便大体可识别征税主体和纳税人彼此的税收法治意识成熟度。而税务契约中双方主体之间的"自愿"与"自由"限度，大多意含在具体的税务契约文本，尤其是契约文本中的具体条款之中。故理论上说，征税主体与纳税人最终缔结的、彼此遵循的具体契约文本条款，是观测征税主体与纳税人各自税收法治意识的最佳对象。但是，也必须考虑到契约条款的"言行不一致"情境出现。从研究角度上看，契约文本中主体权义的设计与构造固然是重要的维度，也是一种有益和经典的研究进路，但如果过分迷恋和崇尚纸面上的权义条款，对权义的实现置若罔闻，法学研究也就失去了发现问题与解决问题的科学价值和应有立场，长此以往极易沦为不切实际的玄学。于是，我们极有必要转换一种思考的视角，即从规则论走向实践论，将契约文本放置到生活世界中去思考规则的实现问题。[1] "尽管作为法实践论的税法解释论的研究其本身不是科学的问题，它只不过是一种以法学为基础而应用于实践的理论，但它却至少科学地构成了法实践论的法解释论。"[2] 在此指引下，契约文本条款能否得到实现，如何才能实现，实现受阻的因素何在，可否予以破解等问题甚为重要。事实上，除开契约文本之外，这些文本条款的实施以及环绕在事实背后的综合因由，同样是税收法治意识的测度指标。因此，透过税务契约度衡税收法治意识，也就不能仅仅只是聚焦于税务契约的文本条款，而且还需要系统跟进契约文本的综合实施。

  问题是，税务契约并非税收法治之常态，税收法治意识也不可能完全仰赖于税收法治主体之间的税务契约。因为不管税务契约未来如何发展，它都无法取代税收法定主义主导的税收法治场景，也不太可能呈现出民事契约之于民商事法治的主导性格局。更为可能的是，税务契约会充当税收法定的调和剂角色，与税收法定兼容并蓄于一体化的税收法治理论与实践之中。当严格法定主义可能催生或已然导致征税主体和纳税人之间的税收法治失灵时，税务契约可以提前规划或事后补救，解决僵化的税收法定主义所带来的问

---

[1] 参见武建敏、张振国《当代法治视域下的民法实现》，中国检察出版社2006年版，第3页。
[2] 魏俊：《税权效力论》，法律出版社2012年版，第5页。

题。但是，作为税收法治根本的依然是税收法定，税务契约只可能是补充。同时，必须正视这种补充并非可有可无，而是不可或缺的、能促进税收法定真正落地的补充。亦如政府与市场之"双向互动"关系，就资源配置而言，通常都应交由市场配置，市场的"无形之手"具有优先性、决定性地位。但其范围、领域并非无处不至、无远弗届，在其内在不足所导致的市场失灵领域，更需要政府配置，因为其中不仅涉及效率，更涉及公平和正义的价值实现。因此，市场与政府在现实的经济和社会生活中存在"双向运动"，需要在资源配置方面"双手并用"。即，市场和政府应各尽所能，以确保国家在经济治理中"辩证施治"，既充分发挥市场机制的重要作用，又要弥补市场失灵，并基于市场和政府的"两个失灵"，实施有效的治理和动态的调整。在此过程中，既要像中医那样先辨其"证"，找到市场配置和政府配置各自的不足，又要"辩证"审视和有效施治，明晰两种配置各自的优势，扬长避短，各尽其用。[①] 以此类比，税务契约更似"政府"，而税收法定则更像"市场"。只有遵循税收法定与税务契约的"双向互动"机制，税收法治社会建设方可事半功倍。

由此，税务契约虽难成为税收法治社会的主导行为模式，但这并不能否认税务契约之于税收法治意识识别和建构的普适价值和方法。从征税主体和纳税人之间的和谐度来看，税务契约可算得上是税收法治社会中最为和谐的标志性征纳行为与事件了。其自身蕴含的税收法治意识价值与方法无须赘述，但它对于其他税收法律行为与事件中税收法治意识的测度价值与方法值得提及。已如上述，税务与税收法定犹如税收法治社会中的"双轮马车"，相互弥补，彼此促进。因此，比对税收法定"失灵"后的税务契约运行，不仅可观测到税收法定场景下各税收法治主体的"尊严"与"自律"概貌，而且可以度衡出征税主体与纳税人之间"相互承认"的税收法治意识图景。简言之，税务契约可以为一般场域下的税收法治意识供给出了一套普适性的识别与度衡工具，即以"主体平衡"为参照标尺，以个体"自由"与"自愿"为界分限度，以"相互承认"难度与容度为根本归依。

---

① 参见张守文《政府与市场关系的法律调整》，《中国法学》2014年第5期。

第四章

税收法治意识的生成环境

"法律是人类构造秩序的符号体系。它既承载着人类所认知到的事物的法的规定性，也表达着主体的法的需求。因此，它并不像人们常讲的那样，是一种'冰冷的理性'或者'无情的规则'。在机械的规则背后，法律既装载着理——事物的法的规定性；又表达着情——主体的法的需要。因此，它的运行，既要维护事物结构的秩序，又要满足人类生活的需要。"[1] 如果说法律规则是法治社会必备的"硬件"的话，则规则背后的"理"与"情"即是法治社会建造的"软件"。任何一个法治社会的建立绝不仅限于其物质层面的制度建设，也绝不仅限于其技术性"硬件"系统的完备周详；法治社会的构筑，最为基础，也最为关键的，乃是作为其基础以支撑整个法治大厦的精神层面的意识与观念的确立，是作为其内在灵魂的"软件"系统的开发。法治所表达的真实意义在于：它既是社会公众普遍具有的一种精神、信仰、意识和观念，又是一种典型的社会民情与社会心态；它既是个人的一种思想方式与行为方式，又是社会公众的一种普遍的生存方式与生活方式。因此，法治绝对不是，也不能是由国家或政府自编、自导、自演的独幕剧，而社会公众只能当观众和群众演员；相反，法治是，也应当是以社会公众为主体并由他们与国家或政府共同编导和演出的多幕剧。在这种演出中，所有的参与者都既是观众又是剧中人，剧情的发展与演出的效果都与他们直接相关。如若没有社会公众自觉的主动参与，没有社会公众对法的真诚的信仰，法治何以能够建立！从这个角度上说，法治意识的内核和意蕴都在于信仰。[2]

然而，法治信仰社会化不可能一蹴而就[3]，因为它既是社会治理的经验

---

[1] 谢晖：《法律的意义追问——诠释学视野中的法哲学》，商务印书馆 2003 年版，第 35 页。
[2] 参见姚建宗《法治的生态环境》，山东人民出版社 2003 年版，第 353—354 页。
[3] 参见汪岳《法治信仰社会化：一个长期而艰难的过程》，《社会科学研究》2016 年第 5 期。

凝结和理性选择，又是法治方面的思想情感和精神寄托，还是法治方面的观念意识和行为取向。① 而这些不仅是构造法治中国的关键和策略，而且是法治中国实现的难点和瓶颈。亦如学者所言：其实，法治在中国的最大问题不在于法治本身，而在于有没有健全的法治。健全的法治十分依赖于社会法治信仰的确立，当法治不再成为社会公众的信仰时，法治将变得特别虚弱，随时沦为人治的奴婢。② 从这个角度上说，内置法治信仰的税收法治意识不仅可以左右税收法治蓝图的实现与否，而且也可以决定税收蓝图的毁灭与否。而规范税收法治意识的生成向来都不只是受制于法律意识的运行机制，它还受控于税收法治的社会共识。比如，当前学者们不约而同地将税收秩序的主要问题归咎为税收立法、预算监督过程中民意的缺失以及公民权利的缺位。但是，他们忽视了一个具体而重要的认知，即现代社会的税收共识，其实就是政府通过限制自身权力来换取纳税人自觉纳税的一种集体潜意识。这种共识实现的根本之道，在于纳税人的权利得到应有的保障，在于税收基本逻辑的深刻转变。当然，这一转变更是"公权力"与"私权利"之间边界明确化的过程。③ 这一转变能否成功，直接影响税收法治意识的孕育，进而间接影响税收法治的实现。毕竟，税收权力制约与纳税人权利保障始终是税收法治的核心价值。④

由此可见，税收法治意识的生成，关键在于寻求国家税权与纳税人私权之间的平衡点，借以制衡税权，进而保障纳税人权利。这种平衡固然不能回避对税收立法文本的形式观测，但也绝对不能只是停留在规范文本的表层观察。毕竟，"纸上得来终觉浅，绝知此事要躬行"。故而，这种形式面向的应然解剖还须迸发至实践层面的实然考究。也即，这种平衡既需要税收立法予以明确，又需要税法解释给予通透，还需要税法适用予以贯彻实施。基于法治的此种逻辑，评估税收法治意识的生成环境，首先就得解剖税收法律文

---

① 参见季金华《法治信仰的意义阐释》，《金陵法律评论》2015年第1期（春季卷）。

② 该学者在全国范围内发放了3500份调查问卷，调查对象覆盖我国各个区域、行业、阶层、年龄、学历，聚焦中国社会法治信仰调查，调查显示法治在中国的问题具体表现为：第一，潜规则横行与肆虐社会。第二，违法收益大于守法收益。第三，政府带头违法。第四，社会不以守法为荣。第五，法治日益被人们当作是无用之物。参见吕承文《中国社会法治信仰的问卷调查分析》，《宁波大学学报（人文科学版）》2017年第1期。

③ 参见武靖国《税收治理秩序变迁的逻辑——论依法治税与任务治税》，《财政研究》2016年第9期。

④ 参见郑江平《税收法治论纲》，博士学位论文，厦门大学，2002年。

本，探究其之于税收法治意识的生成关联。比如，税收法律文本是否弱化了税收法治各方主体对税法知识获取的欲望，是否拉大了税收法治主体之间的距离，等等。在此基础上，需要进一步评估税收法律文本中征纳权利与义务的配置结构，特别是纳税人权利与义务配置的结构状态，进而观测税收法治意识期待的"平衡"是否得到体现。凡此种种，都会影响税收法治意识的生成与实现，也可谓税收法治意识的生成环境。

第一节　税收法治意识生成的法源环境

"'法源'为借用自'水源'的画像性用语。属于一种利用生活上之具象存在，比喻概念上之抽象存在的表达方式。虽然因为是比喻难免有误导，但是其比喻还是蛮贴切的。"① 在法学上，一般将法源理解为实定法的认识基础。所谓实定法，即在特定地区，及在特定时间内，以国家的权威确保其拘束力及执行力的法规范。在此意义下，法规范所以成立及表现形式，即为法源②。简而言之，法源即"有效力的法律表现形式"③，也即法规范所产生的形式或法规范所表现的形式，乃是认识法的来源，从此来源可以直接认知现行法。④ 法源与法规范二者互为表里，法规范系就其内容而言；法源则是就其形式而言。因此，法规范即为法源中所表现的规定。⑤ 这些规定汇聚而成税法文本，奠定税法解释的基础。⑥ 按照通常理解，我国法源主要是各种制定法，主要包括宪法、法律、行政法规、地方性法规、自治条例和单行条例、国务院部门规章和地方政府规章。

与一般部门法的法源不同，在税法领域狭义上的宪法条款、税收法律和税收行政法规甚为罕见，税务规章也相对较少，绝大部分税法规范以税收规

---

① 黄茂荣：《法学方法与现代税法》，北京大学出版社 2011 年版，第 325 页。

② 对法源的理解，并非只有形式法源一说。通常还有历史渊源、本质渊源、思想理论渊源、效力渊源以及文件渊源等。当然，最常使用的确实为形式法源，即一定的国家机关依照法定职权和程序制定或认可的具有不同法律效力和地位的法律的不同的表现形式，即根据法律的效力来源不同，而划分的法律的不同形式。除非特指，下文所述的法源均为法的形式渊源。

③ 刘作翔：《"法源"的误用——关于法律渊源的理性思考》，《法律科学》2019 年第 3 期。

④ 参见杨小强《税法总论》，湖南人民出版社 2002 年版，第 59—60 页。

⑤ 参见陈敏《行政法总论》，神州图书出版有限公司 2003 年版，第 59 页。

⑥ 参见［美］杰里米·沃尔德伦《法律与分歧》，王柱国译，法律出版社 2009 年版，第 110 页。

范性文件的形式而存在。此种布局使得税法长久处于低位阶运行状态，不仅给纳税人带来困惑，也徒增税收执法、司法等的混乱。以税收规范性文件为例，如何识别规范性文件？规范性文件的效力怎样界定？规范性文件可以规定何类内容？整体又该如何实现与税收法律、法规及规章的衔接？可否使其接受法源一般理念的规制？此等问题值得深究，因为《立法法》重点规制的是法律、法规及规章，并未涉及规范性文件的调整。然而，税收领域实际发生规范作用的恰恰就是《立法法》所无力顾及的税收规范性文件。再如，在税收法治场域中，"实施条例"与"实施细则"究竟意欲何为？"实施"跟"解释"是否完全一致？是否还包含行政立法权？既有税收法治实践中，立法机关十分偏好这种法制中的"实施"方式，宜粗不宜细，总想把细节丢给下位法，极少深究解释权和立法权的界分与配置。

　　上述问题表面看虽不尽相同，但其根源都可追溯至税法法源的形式与权责配置。有些可能属于对上位法的解释范畴，大致可归入税法"解释性规则"问题；有些可能已经跨入税收行政立法疆域，大体可称为税法"立法性规则"问题；还有些或许二者兼而有之。诚然，归入何种类型并非问题之关键，澄清税法领域中各位阶法源之间的关系，厘清各类法源的权责边界，准确把控税收规范性文件的形式和实质，使其更加规范、有序才是正道。因为只有各个位阶的法源分工清晰与明确，税收法律体系才有可能井然有序、高效运转，形式法治也才有通达的希望。尽管形式法治不能保证实质法治的绝对实现，因为形式法治之下，倘若不能有效控制和规范国家税权，不能有效保障纳税人权益，则形式法治并不必然向实质法治过渡。但仍不能否认形式法治之于税法法治的重要价值。毕竟，井然有序的税收法律体系有助于税收法治各方主体知晓税法、学习税法，并在掌握税法知识的基础上做到"学以致用"。久而久之，便犹如"随风潜入夜，润物细无声"般，在税收法治主体内心形成主动获知税法，亲近税法的习惯和欲望，进而使税收法治意识落地生根、茁壮成长。相反，"进入税收国家之后，整齐划一的税收法律制度无法适应日新月异的经济变化，于是，'什一税''人头税'等单一税逐渐没入历史长河，取而代之的是诸税并立的时代"[①]。诸税并立本就导致税制相较复杂，再加上混乱不堪、一盘散沙般的税法规范景象，税收法治

---

① 吕铖钢：《税收构成要件理论的类型化重塑》，《地方财政研究》2018年第10期。

主体多半都会竭力避免与税法的亲密接触，疏远与税法规范的距离。特别是对于纳税人而言，"烦琐的税制增加纳税人理解、执行税法的时间和精力"①。此种境况如若不加以改变，则税法规范生产越多，税收法治主体与之距离也就更远，税收法治意识的生成也就更难。

鉴此，理性面对作为税法规范重要生产工具的税法解释权，甚为关键。从税法行政解释权的实际行使出发，讨论税法法源问题，需要厘清以下问题脉络，一是税收立法的不完备性，导致税法行政解释扩张和税法不确定性；二是随着交易结构愈益复杂，实践呼唤税务机关提供税法确定性服务，税法确定性服务的法理基础是税法解释权共享原理；三是根据税法解释权共享原理，税法解释权不能由行政机关独享，规制税法行政解释权的逻辑归宿和制度选项是激活税收司法，以落实税收法定。②既然税法行政解释不可避免，则规范和厘清税法行政解释权运行而致的税收规范性文件的法源地位和位序，不管是立足于税收法治建设，还是着眼于税收法治意识培育，意义都十分重大。同理，借助税收规范性文件这一大量行为与规范，观测税法法源的运行实况，便可大体测评出税收法治意识生成的法律规范环境。

一 税法法源的宏观形貌

长久以来，我国税法一直以一种不为多数学者所肯认的"税收规范性文件"形式高频运行，以致现行税法高位阶法源极为罕见，低位阶法源已然成为税收法治实践的主力和常态，是为税收法治的典型样态。单纯从法律位阶的形式上看，税法的低位阶运行不管是滥权所致，还是形式所迫，都会侵蚀税法的威严，威胁纳税人的财产与权利。究其根本，法律位阶虽然从静态的角度而言只是一种法律规范的结构安排，但其中心则是以"人民主权"的理念来彰明人民意志的至高无上。③在统一的法律体系内部，作为确立不

---

① 单飞跃：《纳税便利原则研究》，《中国法学》2019年第1期。
② 参见滕祥志《税法行政解释的中国实践与法律规制——开放税收司法的逻辑证成》，《北方法学》2017年第6期。
③ 法律位阶的主旨是要将所有调整人们行为与社会事务的法律规范置于人民意志的控制之下，从而以人民的意志来作为判断法律规范的标尺。正因为宪法在理论上是人民意志的直接和完整的表述，因而它高居于法律位阶的顶端，"合宪性"成为在其之下的法律规范的基本要求，法律、法规、规章均不得与之相抗衡。同样，法律因为是人民通过其代表来行使国家立法权的产物，因而其地位高于行政法规及地方法规。参见胡玉鸿、吴萍《试论法律位阶制度的适用对象》，《华东政法学院学报》2003年第1期。

同类别规范性法律文件效力等级与适用顺序的法律位阶,不管是以制定主体的地位、制定程序的繁简与利益的层次与范围为界分标准,还是基于权力的等级性、事项的包容性与权力的同质性①而架构,法律位阶的高低与人民意志的体现多半成正比关系。法律位阶越高,制定主体级别也就越高,制定程序也就越复杂,名称相应也就越规范,相对而言,也就越能代表和体现人民意志。反之,人民意志就越难得到践行。当然,也必须警惕的是,法源终归只是规范的形式外衣。要想真正掌握、理解当下的税法运行状况,更为重要的是挖掘法源形式背后的实质,深究各个位阶税法法源的规范质量,切不可简单以法律位阶的高低作为观测和评价标准。从立法上看,一国法律体系以纵横交错的若干部门法和众多法源而构成。为了维护法律体系的内在统一,横向上各法律部门相互衔接、彼此相依。不同的法律部门虽负载不同的使命,也会有不同的价值追求,但所有的法律部门都统摄在宪法之下,遵循宪法的一般价值观。在各法律部门内部,法律位阶为每一部规范性法律文本设定其在本体系中的纵向等级,从法律至下,"低位阶的法律规范是高位阶法律规范的展开、具体化"②。

  形式上看,不同位阶税法规范数量不同也属正常现象,下一层级的税法规范数量多于上一级的数量本身就是法律体系的内在要求,也只有如此,金字塔状的法律体系才会生成。只是这种上下位阶的"法律"布局,不只是简单的数字增减,更多体现的是上下位阶法律之间的照应关系,即"展开和被展开""抽象与具体化"之间的关系。然事实并非如此,以税收优惠为例,多个部门分享优惠制定权,随意制定税收优惠政策,致使税收优惠一片乱象。有由立法机关直接规定的,也有由行政机关越权解释而致的;有由中央统一部署的,更有为招商引资目的而由地方政府主导、争相扩大税收优惠范围、延长优惠期限、变相或滥用税收优惠规定,制造"税收洼地"等的。比如,"长期以来,地方政府为了吸引外资,促进本地区经济和社会发展,均不同程度上制定了有针对性的税收优惠政策,并辅以相对宽松的税收征管

---

  ① 按照学者观点,可以通过三个准则来对法律位阶进行上、下位的确定:(1)权力的等级性,是指法律位阶的高低以权力的不同等级为确立基准。(2)事项的包容性,是指法律位阶关系以立法事项的包容性为标准,由此形成法律与法律之间的层层递进关系。(3)权力的同质性,指法律位阶的划分以权力的同质性为基础。参见胡玉鸿《试论法律位阶划分的标准—兼及行政法规与地方性法规之间的位阶问题》,《中国法学》2004年第3期。

  ② 邓世豹:《法律位阶与法律效力等级应当区分开》,《法商研究》1999年第2期。

环境。在实际操作中，地方政府主要采用两种手段实现税收竞争，一是通过降税率；二是降低税收征管强度，如实施较为宽松的税收审计和稽查等"①。诸如此类的举措，极有可能导致大量的税收流失，造成税收负担分配的不公平和全国统一的税收优惠政策的割裂，忽视税收优惠存在的根基，并扭曲经济运行。②

与此同时，即便是同一部门制定的针对同一类对象或行为的优惠政策，也缺乏整体观和协调性，使得本为一体的税法规则支离破碎。营改增之前，以个人无偿赠与不动产优惠为例，个人无偿赠与不动产直接关联个人所得税、契税、印花税、土地增值税、营业税和城市维护建设税及教育费附加，尤其契税、个人所得税和营业税与不动产的赠与息息相关，赋予此类行为以税收优惠最简捷的办法莫过于以一个条文统一规制，然事实并不如此。1999年至2014年，财税主管部门主要共发布6份③直接赋权个人无偿赠与不动产以税收优惠的实体规范性文件④，直指契税、个人所得税和营业税三大核心税种。除国税函〔1999〕391号、财税〔2011〕82号和财税〔2014〕4号规定夫妻之间房产变动的契税优惠外，国税函〔2004〕1036号、财税〔2009〕78号和财税〔2009〕111号分别从契税、个人所得税和营业税角度规定房屋产权无偿赠与时的免税规定，具体内容的表述也十分雷同，都区分为对法定继承人的赠送和非法定继承人的赠送，以此给予不同的税法待遇，体现了税法对婚姻继承法财产规则的尊重。既然都发端于婚姻继承法的财产规则，税收优惠的原理和最终待遇也一样，为何不能将它们融入统一规则体系，而是分别规制在不同的税收优惠文件之中。根源或许在于规则设计者的路径依赖和现实的无奈。但恰是这种思维路径，不仅形式上与法律体系、法律位阶的理想建构和基本理念背道而驰，而且也使得税收优惠法律规范日渐复杂。

从生成模式⑤上看，绝大多数税收优惠规范性文件只是涵摄单一税种的

---

① 孙刚：《税收征管与上市企业资本性投资效率研究——来自地方政府违规税收优惠或返还的初步证据》，《中央财经大学学报》2017年第11期。

② 参见王玮《税收优惠的公共治理：制度框架与我国的选择》，《当代财经》2017年第10期。

③ 《关于加强房地产交易个人无偿赠与不动产税收管理有关问题的通知》（国税发〔2006〕144号）与个人无偿赠与不动产也具有很大的关联性，但该通知主要侧重于税收管理层面。

④ 分别为国税函〔1999〕391号、国税函〔2004〕1036号、财税〔2009〕78号、财税〔2009〕111号、财税〔2011〕82号（已失效）及财税〔2014〕4号。

⑤ 此部分重点对现行税收优惠规范性文件进行实证考察，因现行文件并非典型的税收立法行为所致，姑且称为"生成模式"，也便于与文章主旨以及后文的立法模式所界分。

政策优惠，即一份税收优惠规范性文件仅规定某一个税种优惠，属典型的"一税一优惠"，本文将此种模式称之为"单一模式"。例如，《关于干玉米酒糟进口环节增值税政策有关问题的通知》（财关税〔2017〕32号）仅涉及进口环节增值税，规定："自2017年12月20日起，对干玉米酒糟（ex23033000）免征进口环节增值税。"与之不同的是，也有不少税收优惠规范性文件涵盖两个以上的税种，即一份税收优惠规范性文件同时规定两个以上的税种优惠，本文称之为"复合模式"。譬如，《关于北京2022年冬奥会和冬残奥会税收政策的通知》（财税〔2017〕60号）便集中就北京2022年冬奥会和冬残奥会组织委员会、国际奥委会、中国奥委会、国际残疾人奥林匹克委员会、中国残奥委员会、北京冬奥会测试赛赛事组委会以及北京2022年冬奥会、冬残奥会、测试赛参与者所涉的增值税、关税和进口环节增值税、消费税和土地增值税、印花税、车辆购置税、企业所得税、耕地占用税、个人所得税、水资源税等税收优惠进行了详细规定。总体来看，从20世纪80年代演进至今，各级财税主管部门都倾向于使用"单一模式"规定税收优惠政策，渐成以各税优惠的"单一模式"为主导、兼顾"复合模式"的生成模式，此种模式成为改革开放至今税收优惠规范性文件生成的独特镜像。

比照两类不同的生成模式，税收优惠的"单一模式"以"一事一议"的方式规定单一税收优惠，虽具有便捷、高效的独特优势，因为它通过对严苛与烦琐的立法程序的规避，使得文件起草的难度和文件出台的阻力悄然降低，迎合了日益变迁的交易事实。但是，这种"一事一议"的快速、单一的文件生成模式，同时容易造成税制不公，致使税收优惠税制日趋庞杂。而税收优惠的"复合模式"将诸多税种的优惠内容融合到一个规则之中，的确简化了税收优惠税制，减少了税收优惠的文件数量，但也无形之中增添了税收优惠规则设计的难度，使得税收优惠的灵活性和机动性大为降低，因为"制定税法，是与一定经济基础相适应的，税法一旦制定，在一定阶段内就要保持其稳定性，不能朝令夕改，变化不定。如果税法经常变动，不仅会破坏税法的权威和严肃性，而且会给国家经济生活造成非常不利的影响。"[①]纵然如此，较之"单一模式"而言，"复合模式"仍值得期待和追求，这也是税收优惠法治化的基础性步骤。从20世纪80年代以来，依法治税以"税收的

---

① 刘剑文主编：《中国税收立法基本问题》，中国税务出版社2006年版，第144页。

灵魂"的地位,成为中国税法领域中的依据中最响亮的口号。受此影响,税法理念与制度陷于迷失之惑。在税法理念上,税法遭遇正当性危机、义务本位主义膨胀、税法功能失调。直接的表征便是税收法律制度呈现三大主要特征:其一,税收立法的膨胀;其二,税收执法监督制度的缺失;其三,税收司法制度的软化。① 比照而言,"复合模式"显然更有助于扭转税收优惠陷于迷失的沼泽地,实现税收优惠从"依法治税"到"税收法治"的过渡。当然,要真正实现税收优惠的法治化,克服当下"单一模式"为主导、兼顾"复合模式"的生成模式的顽疾,绝非将其改为"复合模式"那般简单。目前的"复合模式"并不能保证法治化在税收优惠领域自动生成,税收优惠统一由专门税收法律法规规定,进行税收优惠的统一立法是未来的方向。②

　　剖析至此,不管是税收优惠的"单一模式",还是"复合模式",其大都须仰赖于税收优惠的"政策之治",而非"法律主治"。这种"政策之治"的优惠制定模式,稍有不慎便易造成税收法治主体之间的隔阂,延缓或阻却税收法治意识的生成。因为税收优惠原本就属于宏观调控规范,直接或间接影响税收法治主体的行为抉择,在国家经济、社会发展中起到重要的导引作用。然而,"税之优惠措施从税负的承担力这一点来看,尽管是纳税义务者都处在同一状况下,但税之优惠措施在税负的承担力上是给予特定者以特别利益的。故,税之优惠措施是同税之公平主义相抵触的"③。由此可见,国家利用税收负担上的差别待遇,给予特定纳税人以税收利益,是以牺牲税收公平④为代价的。正因如此,任何一项税收优惠政策的制定都应该慎而又慎,断不可肆意而为。从税法建制原则上看,量能课税原则、比例原则(稽征经济原则)、税收法定原则已经形成了稳定的建制体系,可以成为制定和规范税收优惠政策的基准。具体而言,量能课税是公平税负最基本的保

---

　　① 参见谭志哲《当代中国税法理念转型研究——从依法治税到税收法治》,法律出版社2013年版,第25、83—111页。

　　② 关于税收优惠统一立法的论述,可参见叶金育《税收优惠统一立法的证成与展开——以税收优惠生成模式为分析起点》,《江西财经大学学报》2016年第2期。

　　③ [日]金子宏:《日本税法》,战宪斌、郑林根等译,法律出版社2004年版,第69页。

　　④ 其实并非所有的税收优惠都有违税收公平、违背量能课税原则,比如对残疾人、下岗职工等特定人群的税收优惠更多属于政策性照顾,也符合宪法上公民基本权利的规定,但整体而言,此类税收优惠数量极少,其存在不足以改变绝对多数的税收优惠属性,基于优惠文件的数量权重和文章主旨,本文不做更为细致的界分。

障，是促进公平竞争的内在要求。据此，税法应当尽可能统一适用，除非有足够的正当性，否则不应该提供税收优惠。即便基于照顾性或政策性目的的需要，确实有必要偏离量能课税原则，为特定纳税人提供税收优惠，其合法性也必须接受比例原则的审查，保证目的与手段之间的合比例性。更进一步而言，无论是哪种税收优惠，都必须满足税收法定原则的要求，不得越权设立。因此，仅仅用专门税法规定税收优惠仍显不够，还必须考虑各种税收优惠文件的效力依据，构建一个兼具实质合理性和形式合法性的税收优惠法律体系。①

据此，较为理想的做法是，将税收优惠的政策制定权与执行权严格分离，通过权力掣肘以调和量能课税原则、比例原则和税收法定原则在税收优惠政策制定和运行上的冲突。这也是税权控制和分权理论的应有之义。目前我国税收优惠规定多由行政机关，尤其是财税部门主导。从规范数量上看，财税部门，主要是税务总局及财政部，颁发的税收优惠文件数量远超立法机关或国务院制定的税收优惠条款数量。分权制衡理念在税收优惠领域几无体现，其结果从形式上看，带来不同位阶的税收优惠法律规范分布不合理，数量比例严重失调。按照不同法律位阶法律制度在法律体系中的功能，合理的法律制度体系应该呈现出金字塔式的结构，位阶越高的法律制度数量越少，从上至下按比例逐渐增加。然而，在我国税收优惠法律体系中，除了法律、行政法规之外，税法法源中的"地方性法规"和"规章"几乎出现断层。真正具有"地方性法规"和"规章"性质的税收优惠规范在制度体系中几近空白。②从实质上看，税收优惠规范之间冲突时有发生，诸多税收优惠对不同地区、不同群体起到的更多是一种逆向调节，既不符合量能课税原则和比例原则，又违反了税收法定主义和税收中性原则。越来越多的立法，使得审查与遵循越来越难。当一项新的法律通过，来处理新的环境问题时，立法者并没有时间重新考虑旧的法规之问题，或评估不同的法规所可能产生的风险。由于立法者无法全盘地检视与协调他们所通过的大量法律，因此，也使得法院、税务机关、纳税人对于大量的法律感到混乱。③立法尚且如此，税收规范性文件如不及时治理，可能引发的混乱只会更为严重。为此，有学者认为：税收优

---

① 参见熊伟《法治视野下清理规范税收优惠政策研究》，《中国法学》2014年第6期。

② 参见王霞《税收优惠法律制度研究——以法律的规范性及正当性为视角》，法律出版社2012年版，第29—30页。

③ 参见廖义铭《行政法基本理论之改革》，元照出版有限公司2002年版，第310页。

惠的治理，是整个国家治理中的一个重要环节，其主要目的在于控制税收收入的流失，减轻税收优惠带来的不公平，降低税收优惠导致的经济扭曲。① 因此，仅仅用专门税法规定税收优惠仍显不够，还必须考虑各种税收优惠文件的效力依据，构建一个兼具实质合理性和形式合法性的税收优惠法律体系。税收优惠只是法律体系中的一个支点，整个税收法律体系的构建也不应如此。

与此同时，也要看到我国税法的初步形成是近20年改革经验的累积，在对税收立法问题有更深入的了解、认识与试验以前，最好不要以剧烈的制度变革来轻易改变20年累积的经验与制度。从这个意义上归纳：税收法律体系的整体构建，宁肯慢些，但要好些。② 因为"体系毕竟只是一种具有认识规范意义的思维产物，它不是对现实的法律规范的客观描述，因而，不可以将体系观点执着化。如果由体系观点进一步演变为一种严密的逻辑体系，成为不顾法律规范的价值、目的、历史等纯粹体系，就主次颠倒了"③。由此观之，阐释、考察税收法治运行中的税法法源，不仅要关注税法位阶高度实况，摸清各个位阶上税法规范数量的多寡与比例，从形式上为税收法律体系的各个层级把脉问诊；还要深入规范的实质层次，检测各位阶税法规范是否"各司其职、各尽其责"，下一级税法规范对上一级税法规范是否只是"展开和具体化"，有无越位与错位，有无越权与滥权等现象存在。毕竟，税法适用过程中需要回应和解答的更多的是具体税法规范之间的冲突问题。④ 唯有形式一体，实质合理，融贯形式与实体的税收法律体系才能催生出成熟、发达的税收法治意识。而目前形式层面的税法规范体系显然未能做到这一点。因为当下税收法律建构中，不仅各个位阶上规范之间的数量不合比例，而且各个位阶上规范之间的"照应关系"也缺乏应有的匹配度。其中，又以税收规范性文件为甚。

二 部颁税法的微观检视

部颁税法规则是指国家财税主管机关颁发的大量税收规范性文件⑤。作

---

① 参见王玮《税收优惠的公共治理：制度框架与我国的选择》，《当代财经》2017年第10期。
② 参见周汉华《变法模式与中国立法法》，《中国社会科学》2000年第1期。
③ 李旭东：《法律规范理论之重述——司法阐释的角度》，山东人民出版社2007年版，第226页。
④ 参见马英娟《再论全国人大法律与全国人大常委会法律的位阶判断——从刘家海诉交警部门行政处罚案切入》，《华东政法大学学报》2013年第3期。
⑤ 本文言及的部颁税法规则主要是指税务总局、财政部或两部门联合制定的税收规范性文件，但不含其所制定的税务部门规章。特此说明。

为"税务行政主导主义"的标志性产品,部颁税法规则导引着征纳双方的税收法律行为,避免高位阶的税法规范沦为纯粹"纸面税法"的尴尬。此种税法规范格局之于税收法定行动或许并非理想,也的确不太吻合经典的税收法定主义的建构规律,但它之于税收法源理论的丰富和完善,却着实具有重大价值①。这也是税收法治意识培育过程中,评估税法法源环境时,较为理性的态度和更为务实的观测立场。毕竟,部颁税法规则的广为存在,且真正建构、支撑着作为整体的税法架构的系统运行,已成为当下中国极为重要的税收法治实践生态,短期也无其他位阶的税法规范可以取而代之。即便不谈"存在即合理"之说,也确实不宜"睁着眼睛说瞎话"。

(一) 税收法治的部颁规则需求

严苛税收法定原则,"国家权力机关的立法活动构成了法律供给的重要组成部分"②。"通过它的运作,可使得有关国家机关、政策或特定事项获得在宪法秩序内最高程度的正当性支持。"③ 也因如此,财税主管部门制定的部颁税法规则通常被认为不具有税法法源地位。然正是不被学界所认可的部颁税法规则,却持续支撑了高位税法规范的实施。落实上位税法规范内容,补足高位阶税法规范遗缺,支撑税法体系构造和税法运行,是部颁税法规则存在的重要逻辑,但这种逻辑不足以掩盖和抵消它存在的危险。危险之源在于制定者就是执法者。客观上看,部颁税法规则的存在确实违背了分权原则。而分权是法治的基础,缺乏分权就易产生专制。④ 为此,三权分立一直被视为权力配置的经典。从三权分立的原意上讲,立法机关行使的是立法权,是向社会输出法律文本,然后这些文本由行政机关去贯彻实施,最后由司法机关根据法律文本对各种纠纷作出最终的裁决。⑤ 这种主要由洛克和孟德斯鸠阐述

---

① 因为与一般部门法的法源实践不同,在我国税法领域,狭义上的宪法条款、税收法律和行政法规极为罕见,税务部门规章也为数不多,支撑税法运行的多数时候是成千累万的税收规范性文件。客观上说,以部颁税法规则为核心的规范性文件的存在,极大地弥补了立法缺位所带来的规则真空,澄清和细化了立法质量不高所带来的模糊规则。毫不夸张地说,当下税法领域真正起作用的依然是这些不为传统法源所认可的部颁税法规则。离开了部颁税法规则,传统法源层面的税法规范便难以实现从法条到实践的跨越。简而言之,税法规范中最大的实践就是,部颁税法规则主导税收征纳行为的开展。为此,在税法领域关注部颁税法规则的法源地位较之其他法域,更具理论与实践意义。

② 金梦:《立法性决定的界定与效力》,《中国法学》2018年第3期。

③ 黄明涛:《"最高国家权力机关"的权力边界》,《中国法学》2019年第1期。

④ 参见曾祥华《行政立法的正当性研究》,中国人民公安大学出版社2007年版,第65页。

⑤ 参见魏胜强《法律解释权研究》,法律出版社2009年版,第39—40页。

的三权分立与制衡理论在诞生之后的数百年时间里,一直都是以西方政治哲学和法哲学之理论基石的面目,以"理性主义""分权主义"的名义出现在世人的眼前,饱受学界与官方的推崇。① 运用至税法领域甚为理想,立法机关制定税法,行政机关执行税法,司法机关保留对税务争议的最终裁决权,三权相互制衡,税收法治图景便可期待。正因如此,国内法学界多将论证矛头对准部颁税法规则,以形式主义的"法治理论"及代议机构"立法至上论"对其进行批判。

从严格法定主义立场观测,部颁税法规则的确难言"合法"。因而,为符合税收法定主义,应当尽可能多地提高税收规范层级,解决我国税收立法"层级不高"的问题,便成了学界的多数观点。② 比如,有学者认为:"税收法定原则在我国已不再仅仅是抽象的学理概念或理想的价值诉求,更成为实实在在的法治实践与制度建构。"③ 更有学者认为:"税收法定主义并非一个简单的理论追求,世界各国的税收法治实践基本上都遵循此项原则。因此,提升中国税收法律体系的效力级位就是我国税收法律体系完善的一个主要方向。"④ 近几年高层的系列举措间接认可了这一思路。十八届三中全会决定"落实税收法定原则";十八届四中全会决定"全面推进依法治国";2015年3月15日,税收法定原则明确写进《立法法》;中央审议通过《贯彻落实税收法定原则的实施意见》,十二届全国人大常委会调整立法规划、进一步细化税收法定路线图。凡此种种,都昭示税收法定原则逐渐从学界内部呼吁发展为社会普遍关心的热点,并得到了国家机关的积极回应。⑤ 如学者所言:这些决议虽未能直接引发修宪,但它强调的"落实税收法定原则"早已成为学界共识,且在2004年修宪时亦曾受到关注。作为税法的基石性原则,税收法定原则无论以后能否直接"入宪",其真正被遵从才最重要。作为典型的"政府主导型"的新税改,必须从"重税收政策"转为"重税收法律",并严格落实税收法定原则。在国家高度重视法治的背景下,解决最基本的税收法定问题,应当是新税改比以往税改最大的进步。⑥

---

① 参见喻中《法律文化视野中的权力》(第二版),法律出版社2013年版,第138—139页。
② 参见滕祥志《部颁税法规则正义:从形式到实质》,《公法研究》2011年第2期。
③ 苗连营:《税收法定视域中的地方税收立法权》,《中国法学》2016年第4期。
④ 刘剑文主编:《中国税收立法基本问题》,中国税务出版社2006年版,第193页。
⑤ 参见刘剑文《落实税收法定原则的现实路径》,《政法论坛》2015年第3期。
⑥ 参见张守文《税制变迁与税收法治现代化》,《中国社会科学》2015年第2期。

欣喜之余，更值警惕、提防"落实税收法定原则"在我国陷于口号化、形式化的尴尬和危险。① 税收立法不是文字的堆砌，而是税法理念、税制规则的建构。税法理念也好，税制规则也罢，均需要借助语言的传递。如果立法语言是明晰的、智慧的，经过深思熟虑且组织严密的话，税法实施效率将大大提高。反之，薄弱的税收立法经常使得新法在实施中问题丛生。按照Victor Thuronyi 的观点，一部优秀法案的标准是易懂、结构合理、有效性和整体性。② 照此标准，五年之内完成 15 部税收暂行条例的法律化（还不包括新设税法）无疑是一项十分艰巨的任务。③ 其实，纵观税收法治建构模式，一种法治的理想图景，除了严格形式主义和规则主义的论证外，还可以有一种实质主义的和协调主义的论证模式。鉴于这种态度，就不应该简单质疑或者否定财税主管部门批发生产的部颁税法规则，而应进行中肯的、精雕细刻式的规则分析④，探求其与税法内在法理的契合度，观测其与一般法源理论的兼容度，进而区分对待。毕竟，我国政治之生态环境不同于税制发达国家，税收立法者的规范能力严重不足，被规范对象的事物本身又高度专业，时代与社会变迁的脚步又非常迅速，所以强求税法规范应完全交由立法机关制定，至少对于现阶段我国税收立法者而言，并不完全切合实际。⑤

倘若只是为了落实税收法定任务，简单平移原有税收条例中的规定，而不进行实质性改造，则形式意义远大于实质价值。况且，即便是所有税收条例都能顺利升格为税收法律，短期恐怕也难以完全阻却国务院及其财税主管部门在税收立法，尤其是税法解释中的主导作用。税收法定之下，较为理想的镜像是，权力机关的立法主导权渐次增强，行政机关主导税收立法现象逐步得到抑制，财税主管部门的税法解释不断得到规范，进而根本上实现税收领域的权力制衡，而非简单、机械植入三权分立理念。因为社会的变迁、各国政治体制的差异性等变量使得在大多数国家严苛三权分立只能是理想，更

---

① 参见刘佐《税收法定原则存在的六大误读》（http://finance.ifeng.com/a/20151008/14007493_0.shtml）。

② Victor Thuronyi, Drafting Tax Legislation. In Victor Thuronyi (eds.), Tax Law Design and Drafting (volume 1), International Monetary Fund：1996.

③ 《贯彻落实税收法定原则的实施意见》明确要求，开征新税的，应当通过全国人大及其常委会制定相应的税收法律。现行 15 个税收条例修改上升为法律或者废止的任务，力争在 2020 年前完成。

④ 参见滕祥志《部颁税法规则正义：从形式到实质》，《公法研究》2011 年第 2 期。

⑤ 参见柯格钟《租税之立法界限及其宪法上的当为要求——以德国税捐法之理论为基础》，《宪法解释之理论与实务》2010 年第 7 辑。

多时候在立法、行政、司法之间没有税法解释无法前行。借助于解释，不仅能更深入、更全面地理解规范性法律文件及所含规范，而且还能为更完全、更有效地适用它们创造前提条件。①

况且，因税收之专业性、复杂性，各国都无法实现绝对的税收法定主义，几乎都无一例外地允许行政机关在法律的范围内制定税收行政法规、规章，同时允许财税主管部门通过税收规范性文件来解释税收法律、法规、规章。从这角度上说，承认部颁税法规则的合理性，并加以引导、规范其制定和管理方为明智之举，也是中国落实税收法定原则的务实之路。其实，任何现代法治国家都没有纯粹的民主，也没有完全不受民主约束的专业理性，各国对税收法定理念的践行，都是结合自身经济发展和税制改革的客观现实、都在民主与专业的平衡中循序渐进，进而寻得民主与专业之间的合理平衡。② 这种立法进程中的民主与专业竞争的背后，同样蕴含着政治权力与人民自由的博弈，亦如学者所言："税收问题，不管是直接的还是间接的，从来就是政治权力和人民自由的交集之点。"③ 但是，不管是税收立法中民主与专业之间的平衡追求，还是政治权力与人民自由之间的交织进化，都绝非一朝一夕所能达至。

是以，在税收法治意识总体淡薄的当下中国，要想真正落实税收法定原则，除开提高形式上的税收法律规范的位阶，强调立法机关制定税法规范之外，尚需要科学谋划、整体权衡以规范使用税收授权立法技术，进而解决中央专属税权原则与地方主动性、积极性充分发挥原则之间的调和难题。"众所周知，在通过宪法和法律规定中央与地方的权限范围之前，中央与地方管理事项的划分主要依靠中央的政策单方面予以确定。即使有了宪法和法律的相关规定，中央的政策在中央与地方的权力配置和事务划分实践中依然发挥着重要的作用。分税制改革就是通过政策而非法律来确立中央专属税权的最好例证。"④《国务院关于实行分税制财政管理体制的决定》（国发〔1993〕85号）虽然不在税法规范体系内，却有着高于任何税法规范的约束力，其

---

① 参见［俄］M.H·马尔琴科《国家与法的理论》，徐晓晴译，中国政法大学出版社2010年版，第446—447页。

② 参见徐阳光《民主与专业的平衡：税收法定原则的中国进路》，《中国人民大学学报》2016年第3期。

③ 李炜光：《财政何以为国家治理的基础和支柱》，《法学评论》2014年第2期。

④ 徐清飞：《地方治理中的权力真空及其防范》，《法学》2015年第3期。

所确立的基本原则得到税收立法的遵循和细化。① 任何税权的配置都不能不考虑这一权力配置的原点。② 这也决定了仅有授权立法技术还远远不够,还需要合理配置税法解释权,以弥补严格税收立法所致的制度僵化。同时,也需要认真评估部颁税法规则的法源地位,并着力将其置于规范性文件监督之下,进而推进从部颁税法规则制定到运行,再到监督的全过程、立体化的规范化管理。

考虑到这些因素,未来一段时间内,更可能的税收法治格局是,立法机关制定税收法律与国务院授权制定税收行政法规并驾,财税主管部门颁发税务部门规章与生产部颁税法规则齐驱。即,宪法税收条款之下,当有税收法律支撑。税收法律之后应有税收行政法规相衬。税收行政法规下位定有税务部门规章相随。税务部门规章上下,便有部颁税法规则出入左右。此种格局虽不是税收法定主义的理想产物,也难言是依法治国的标准配置,但却是更可能实现的税收法治之路。唯有此种法源布局,才能在较短的时间内,实现形式法定主义与实质法定主义的无缝融合,进而建造较为完备的税收法律体系。而这恰是税收法治意识生成的基础环境,因为它不仅有助于拉近税收法治主体与税法规范的距离,而且有益于实现各方主体主动"亲近税法"的理想状态,进而激发税收法治主体内在的法治意识。

(二) 部颁税法规则的本体识别

改革开放,尤其是分税制实施以来,我国绝大部分税种都由国务院借助授权立法制定"暂行条例"直接开征,尔后由税务总局或税务总局联合财政部实质上行使税法解释权制定"实施细则"。此外,还时常出现对"实施细则的解释",该种解释一般由财税主管部门作出。在一些特殊情况下,此类解释权还会下移至下级主管部门。③ 根据2015年《立法法》第八十条

---

① 参见叶姗《税权集中的形成及其强化——考察近20年的税收规范性文件》,《中外法学》2012年第4期。

② 《宪法》第三条第四款规定:"中央和地方的国家机构职权的划分,遵循在中央的统一领导下,充分发挥地方的主动性、积极性的原则。"《国务院关于实行分税制财政管理体制的决定》(国发〔1993〕85号)规定:"中央税、共享税以及地方税的立法权都要集中在中央,以保证中央政令统一,维护全国统一市场和企业平等竞争。"

③ 比如,国务院依照立法授权制定《增值税暂行条例》,财政部和税务总局又依据《增值税暂行条例》制定《增值税暂行条例实施细则》,省级税务部门再依据《增值税暂行条例实施细则》中的一些具体解释性条文,作出更为细致的解释性规定,在当地适用。实例俯首即是,如《增值税暂行条例实施细则》(财政部 国家税务总局第50号令)第一条规定:"根据《中华人民共和国增值

(2000年《立法法》第七十一条)规定,财政部作为国务院的部委,税务总局作为国务院的直属机构,均可以根据法律和国务院的行政法规、决定、命令,制定税收领域的部门规章,但这并不意味着这两个部门制定的税收规范性文件都属于税务部门规章。以税务总局制定的税收规范性文件为例,它既可能是税务部门规章,也可能只是一般性的部颁税法规则。部颁税法规则作为影响最大、适用范围最广、制定最为繁杂的一类税收规范性文件,有其独特的形式特质和实质秉性。度测部颁税法规则的法源地位之前,实有必要厘清其与税务部门规章的边界,以凸显更为具体而精准的研究对象。

1. 部颁税法规则的形式特质

根据《税务部门规章制定实施办法》(国家税务总局令第45号,下文简称"《总局45号令》")第二条规定,税务部门规章也是广义税收规范性文件的一种。结合《税收规范性文件制定管理办法》(国家税务总局令第41号,下文简称"《总局41号令》"①)第二条第二款之规定,可以发现,税务部门规章不属于《总局41号令》所规制的税收规范性文件,但该款也没有明确排斥税务总局制定的非税务部门规章的税收规范性文件。② 从规范

税暂行条例》(以下简称条例),制定本细则。"《广东省财政厅广东省国家税务局广东省地方税务局关于调整增值税和营业税起征点的通知》(粤财法〔2011〕109号)规定:"……根据财政部令第65号及《中华人民共和国增值税暂行条例实施细则》、《中华人民共和国营业税暂行条例实施细则》的规定,结合我省实际,现将我省增值税和营业税适用的起征点调整如下……"

① 2010年2月10日,《税收规范性文件制定管理办法》(国家税务总局令第20号,下文简称"《总局20号令》")正式发布,自2010年7月1日起施行。2017年5月16日,新修订的《税收规范性文件制定管理办法》(国家税务总局令第41号,下文简称"《总局41号令》")正式发布,自2017年7月1日起施行。《税收规范性文件制定管理办法》(国家税务总局令第20号公布)同时废止。

② 问题由此而生,税务总局制定的税务部门规章和税务总局的部颁税法规则究竟如何识别?联系《总局41号令》第二条第一款("本办法所称税收规范性文件,是指县以上税务机关依照法定职权和规定程序制定并发布的,影响税务行政相对人权利、义务,在本辖区内具有普遍约束力并反复适用的文件")税收规范性文件的解释,值得深思和讨论的问题至少有以下几个:第一个问题,部颁税法规则依照"法定职权"和"规定程序"制定并公布。如何理解"法定职权"、职权源自何处?职权的范围有多大?何为"规定程序"?仅指《总局41号令》中规定的程序,还是包括其他相关规则中的"规定程序"?第二个问题,部颁税法规则是在本辖区内具有普遍约束力并反复适用的"文件",该解释属于典型的循环解释。即文件是……"文件"。该款最后的"文件"二字意欲何为?能否理解为赋予法律效力的功能条款,即赋予部颁税法规则以法律效力?如果可以,随之而来的第三个问题是,这种法律效力能否给部颁税法规则在税法法源中谋得一席之地?如果能,它在税法法源中的地位又该如何厘清?上下层级的法源效力作何配置?如果不能,问题四则是,既然部颁

文本出发，不同类型的税收规范性文件有不同的形式表达，也有不同的适用范围，还会有不同的规范要求，所起到的作用不一样，在运用时一般都会有所区分。税务部门规章和部颁税法规则的界分也会遵循这些规范性文件的基本要求。

从形式上看，税务部门规章和部颁税法规则一般可以从制定主体、制定程序、公布形式、公布媒体及名称等加以区分。根据《总局45号令》第六条规定，税务部门规章名称一般称为"办法""规定""规程""规则""决定"或者"实施细则"，不得称为"条例"。而根据税务总局的文件发布习惯来看，"办法"最受青睐，占到税务部门规章名称的75.68%。当然，仅仅通过规范的外在名称尚不能将两者完全界分开来，因为根据《总局41号令》第七条第一款规定，部颁税法规则同样也可以使用"办法""规定""规程""规则"等名称，只是不得称为"条例""实施细则""通知""批复"等而已。

与名称类似的是税务部门规章须经局长签署，而部颁税法规则照样要由局领导签发。不一样的是，税务部门规章以税务总局"令"的形式发布，且应当及时在《国家税务总局公报》和《中国税务报》上刊登。部颁税法规则以"公告"的形式公布，除开在本级政府公报、税务部门公报、本辖区范围内公开发行的报纸刊登以外，还可以在政府网站、税务机关网站上刊登。且，不具备发布条件的税务机关，只需通过公告栏或者宣传材料等形式，在办税服务厅等公共场所及时发布税收规范性文件即可。② 可见，《总局45号令》和《总局41号令》为税务部门规章和部颁税法规则的界分提供了多种标准，但这些标准基本都属于税收规范性文件的外观形式表征。通过规范的表达形式并不总能将部颁税法规则和税务部门规章界分开来，两者的属性边界并不如形式概观展示的那般清晰。一旦形式标准无助于税收规范性文件的区分时，则须深入甄别税收规范性文件的制定权限、制定事项与内容归属等实体事由。

税法规则没有法律效力，能否以没有法律效力的文件设定税务行政相对人的权利与义务，尤其是义务，因为义务某种程度上意味着责任。延伸的第五个问题是，既然部颁税法规则没有法律效力，"本辖区内具有普遍约束力并反复适用"作何解读？上述问题归总到一起便是，部颁税法规则有无法源地位，如果答案是肯定的，那么如何定位部颁税法规则在税收法律体系中的角色。问题的解答，均须以对税务总局制定的税务部门规章和部颁税法规则的清晰界分为前提。

② 参见《税收规范性文件制定管理办法》（国家税务总局令第41号）第二十八条、第二十九条。

2. 部颁税法规则的实质秉性

根据2015年《立法法》第八十条的规定，部门规章的制定根据为"法律和国务院的行政法规、决定、命令"，规定的事项仅限于"执行法律或者国务院的行政法规、决定、命令的事项"。《总局45号令》第二条落实了2000年《立法法》第七十一条（2015年《立法法》第八十条）的规章制定依据条款，但对规章规定的事项和内容无明确规定，取而代之的是"在权限范围内"的模糊规定。根据法律位阶原理，税务部门规章可以规定的事项和内容不应违背2015年《立法法》第八十条之明确规定。

与《总局45号令》不完全一致的是，《总局41号令》第五条通过排外规定限定了税收规范性文件的制定事项和内容。① 第四条却将制定根据变通为"应当……符合法律、法规、规章以及上级税收规范性文件的规定"，有别于"根据法律、法规、规章及上级税收规范性文件规定"的制定依据之立法惯例。两者内容虽无实质性差异，但行政机关的扩权动机和意图不言而喻。整体来说，如果能将上述标准贯通起来考察，即使不能使税务部门规章和部颁税法规则泾渭分明，两者的大致边界还是可以厘清的。特别是《总局20号令》实施以后，税收规范性文件制定中的"三乱现象"② 大为改观。发展至今，税务部门规章与部颁税法规则分别依据《总局45号令》和《总局41号令》规范独自运行，犹如两条平行铁轨，一般不会形成交叉运行之态势。③

---

① 《税收规范性文件制定管理办法》（国家税务总局令第41号）第五条规定："税收规范性文件不得设定税收开征、停征、减税、免税、退税、补税事项，不得设定行政许可、行政处罚、行政强制、行政事业性收费以及其他不得由税收规范性文件设定的事项。经国务院批准的设定减税、免税等事项除外。"

② 学者在论及"违法行政规范性文件之责任追究"时，指出行政规范性文件的制定中存在"三乱"现象。一是制定主体乱。二是规范的事项乱。三是制定程序乱。参见刘松山《"红头文件"冲突法律的责任归属——兼评福州王凯锋案》，《法学》2002年第3期；刘松山：《违法行政规范性文件之责任追究》，《法学研究》2002年第4期。

③ 《总局20号令》实施以后，部颁税法规则多以"公告"形式发布，但现实中以"函""发"等形式发布的部颁税法规则仍然存在。根据《全国税务机关公文处理办法》（国税发〔2012〕92号）第二十九条规定，税务总局行政公文发文字号包括：税总发〔公元年份〕×号、税总函〔公元年份〕×号、税总任〔公元年份〕×号、税总办发〔公元年份〕×号、税总办函〔公元年份〕×号。尽管如此，依据《总局1号令》和《总局20号令》《总局41号令》确立的标准，从形式上基本还是可以将部颁税法规则与税务部门规章区分开来。

较为麻烦的是,《总局 20 号令》出台之前,税收规范性文件制定实践中除开以"公告"形式发布的税收规范性文件以外,尚存大量有效的以"函""发"等形式发布的税收规范性文件。① 因为《总局 1 号令》实施以前,税务部门规章与部颁税法规则的制定均无独自适用的规则,所以识别这些税收规范性文件并不容易。比如,《关于印发〈税务稽查案件复查暂行办法〉的通知》(国税发〔2000〕54 号)究竟只是部颁税法规则,还是可以视为税务部门规章,答案并不容易得出。如果按照《总局 1 号令》和《总局 20 号令》的相关规定,多半只能将"国税发〔2000〕54 号"纳入部颁税法规则之列。但在《总局 1 号令》和《总局 20 号令》出台之前,仅从形式上尚不能简单断言"国税发〔2000〕54 号"属于税务部门规章,还是属于部颁税法规则。事实上,按照上述言及的实体标准,"国税发〔2000〕54 号"的性质无疑更接近税务部门规章。

由此也说明,制定、发布于《总局 1 号令》实施之前,至今仍然有效的部颁税法规则,对其性质的界定需要更多从实体标准上着手,比如,制定主体、制定程序、规制事项和内容等。唯有统筹运用各种实体标准,方可撇开税收规范性文件的表达形式,看到形式背后的规则实质,才不至于出现识别偏差。借助税收规范性文件的形式与实质的双重标准,倘若一些形式上属于部颁税法规则,但实质上已构成税务部门规章的税收规范性文件,自当直接划入法源范畴,归入税务部门规章序列。也即,仅当依据税收规范性文件的形式和实质双重标准,均无法导入税务部门规整的部颁税法规则,才有检思其法源地位的必要性。

(三) 部颁税法规则的地位证成

直观看来,税务部门规章和部颁税法规则并不总能轻易区分。这恰恰说明了部颁税法规则与税务部门规章紧密相依的关系。此种关系能否理解为税收法律体系中的上下位阶关系,即部颁税法规则能否作为税务部门规章的下位法源而独立存在,值得深思,而非简单否定。回答这一问题,须正视更为前置的话题,即部颁税法规则究竟有无法源地位?此即为法源的定性问题。而定性问题的解决,仰赖于法源核心标准的检验。从法源理论上看,法的普遍性、国家强制性和司法可操作性向来都是检验和评判某类法规范是否为法

---

① 根据《关于公布现行有效的税收规范性文件目录的公告》(国家税务总局公告 2010 年第 26 号)规定,截至 2010 年 12 月 13 日,税务总局发布的部颁税法规则依然有效的有 1482 个,其中以"公告"形式发布的仅占 25 个。

源的关键尺度。借助法源的核心标尺,可以发现部颁税法规则虽与纯正的、最为经典的法源有些许出入,但与传统法源的核心标准基本还是契合的。

1. 法源度衡的关键标准

从规则论上看,部颁税法规则的法律地位在我国的《行政诉讼法》、《行政复议法》和《立法法》等中都没有明确加以规定,学界的主流观点也一直拒绝承认它们的法源地位。一般认为,"'规范性文件'是在法律体系中数量可观、对公民权利和义务具有重大影响但其性质和地位却又不甚明确的一类法律文件。"① 与之迥异的是,这些规范性文件燎原了整体中国的税法实践,它们之于高位税法实施的价值毋庸置疑。从实践论上看,即便没有法源外衣,未被学界认可,法治也并不一概排除规范性文件在实践中的适用效力。②

换言之,虽部颁税法规则的法源地位既未获得法律的确认,又未得到学界多数观点的认可,但这丝毫不影响它之于税收法治建设的独特价值。也许这种价值不足以为部颁税法规则谋得法源地位,但它至少告诉我们单纯地将研究的视角局限于规则论是有问题的。我们必须转换一种思考的视角,即从规则论走向实践论,将规范文本放置到生活世界中去思考规则的实现问题。③ 税法实践论本身虽不是科学,但它照样是以具体地、系统地展开宪法所追求的纳税人权利论为目的的法学。④ 鉴于此,能否赋予部颁税法规则以法源地位,就需要更多从法源的实践意蕴和本源标准上考虑,而非一味强调税收规范性文件的外观形式。

从税法实践论角度上看,税法研究就是将税法当作一种社会现象进行的综合性研究,把税法学看成具有法社会学意义的税法学。⑤ 而从法社会学视域下观测,实践论意义上的法学功能主要包含三个要素,分别是:律师功能;法律行为;司法功能。⑥ 法学功能虽无法与法源标准一一对应,但它也从实践论上对法源界定提出了另一种思考,即观察一类规范,要从多个角度尽可能客观、公正地予以评价。如果通过税法实践论的观察,部颁税法规则与一般

---

① 黄金荣:《"规范性文件"的法律界定及其效力》,《法学》2014 年第 7 期。
② 参见顾建亚《行政法律规范冲突的适用规则研究》,浙江大学出版社 2010 年版,第 10 页。
③ 参见武建敏、张振国《当代法治视域下的民法实现》,中国检察出版社 2006 年版,第 3 页。
④ 参见 [日] 北野弘久《税法学原论》(第四版),陈刚、杨建广等译,中国检察出版社 2001 年版,第 11—12 页。
⑤ 参见魏俊《税权效力论》,法律出版社 2012 年版,第 4 页。
⑥ 参见 [奥] 尤根·埃利希《法律社会学基本原理》,中国社会科学出版社 2009 年版,第 261 页。

法源层面的税法规范具有相当的功能效果，则要斟酌给予该类规则的法源地位。

结合规则论与实践论的核心要义，可以将法源标准从三个角度进行解分：其一，从立法意义上理解，法源为法律规范产生的原因。凡是能够成为法律规范或者能够成为法律规范产生根据的规范，都可以成为法源。其二，从司法上来看，凡是可以成为裁判依据的规范，即能够作为法官判案的依据，不论是否为法律规范，都应当成为法源。其三，从行为规范角度认识，不仅仅能够作为裁判规范而且能够成为行为规范的规范才能成为法源。[1] 立法上的标准可以认定为法的一般性标准，只要具备法的本质特征便可认定为具有法源地位。司法上的标准则可转化为判案依据，只要能作为判案依据的规范，便可视为法源。行为规范标准兼顾立法和司法标准，缺一不可。部颁税法规则要想取得法源地位，就既要证实它满足法的一般要件和本质特征，又要观测它作为司法裁判依据的可行性。

从法的一般要件和本质特征来看，"虽然法律的专门化可能一如既往地深入发展，但在任何程度上，法律面前平等和法律规范的一般性都是法律的本质"[2]。此种本质通过法的普遍性得以实现，人们"对法治及法治条件下公平的追求，一定意义上就是建立在法具有普遍性这一确信基础上的"[3]。而法的普遍性的实现又须仰仗于法的国家强制力存在与震慑，在这一意义上，法律就是一种强制性的行为规则。[4] 因此，国家强制性也可视为法律的本质特征。[5] 尽管不同时代、不同国家的法存在巨大差别，但"在相反行为时通过强制措施的威胁来促使人们实现社会所希望有的行为"[6] 这一点上却基本是相同的。结合起来，便可将法的一般要件和本质特征归总为普遍性与国家强制性。诚如哈特所言：凡是存在法律的地方，就必定有以威胁为后盾、被普遍遵从的普遍命令；而且，也必定有一种普遍的确信，即确信如果

---

[1] 参见高其才《法理学》，清华大学出版社2007年版，第72页。

[2] [德] 拉德布鲁赫：《法学导论》，米健、朱林译，中国大百科全书出版社1997年版，第7页。

[3] 葛洪义、陈年冰：《法的普遍性、确定性、合理性辩析——兼论当代中国立法和法理学的使命》，《法学研究》1997年第5期。

[4] 参见陈婉玲《经济法调整：从"权力干预"到"法律治理"》，《政法论坛》2014年第1期。

[5] 参见王水明：《强制性乃法律的本质特征——评霍贝尔〈原始人的法〉》，《检察日报》2006年7月30日，第003版。

[6] [奥] 凯尔森：《法与国家的一般理论》，沈宗灵译，中国大百科全书出版社1996年版，第20页。

拒不服从，这些作为后盾的威胁就可能被付诸施行。①

概言之，是否具备普遍性和国家强制性，是否具备司法可操作性，是法源定性的关键性标准。部颁税法规则地位要想获得法源地位，就必须接受这三大关键性标准的逐一检测。否则，它就只能混迹于形形色色的税收规范性文件的乱石堆中，无法登入税法法源的大雅之堂，也就无法实现从"非法"到"法"的惊人跳跃。

2. 法的普遍性审查

自从亚里士多德提出著名的法律是制定良好的并被普遍遵守的法治定义以来，法的普遍性就成为法治的一个基本要素。对法治及法治条件下公平的追求，一定意义上就是建立在法具有普遍性这一确信基础上的。法的普遍性的基本含义是，在一定的国家或区域范围内，法应该是普遍有效的，对每个人都一视同仁，它不会也不应受个别人琢磨不定的感情因素的支配。在这个意义上，法治所包含的法的普遍性与法的统一性及公平性相联系。② 以此检视部颁税法规则，大致可以区分为以下三种情况：

第一种，直接以"公告"形式发布，或者虽未以"公告"形式，但主送单位直接面向全国，惯用表达方式为"各省、自治区、直辖市和计划单列市国家税务局、地方税务局"。例如，《关于印发〈企业所得税核定征收办法〉（试行）的通知》（国税发〔2008〕30号），主送单位为"各省、自治区、直辖市和计划单列市国家税务局、地方税务局"，上承主送单位，直接规定"为加强和规范企业所得税核定征收工作，税务总局制定了《企业所得税核定征收办法（试行）》，现印发给你们，请遵照执行……"又如，《关于进一步深化税务系统"放管服"改革 优化税收环境的若干意见》（税总发〔2017〕101号），主送单位为"各省、自治区、直辖市和计划单列市国家税务局、地方税务局，局内各单位"，上承主送单位，开门见山即明示："为深入贯彻落实党中央、国务院关于优化营商环境和推进'放管服'改革的系列部署，进一步深化税务系统'放管服'改革，优化税收环境，激发市场主体创业创新活力，制定本意见。"此类部颁税法规则直接适用全国，效力及于全国所有行政区划（港澳台地区除外）。

---

① ［英］哈特：《法律的概念》，张文显、郑成良、杜景义、宋金娜译，中国大百科全书出版社1996年版，第27页。

② 参见葛洪义、陈年冰《法的普遍性、确定性、合理性辩析——兼论当代中国立法和法理学的使命》，《法学研究》1997年第5期。

第二种，主送单位为具体对象，但抄送单位辐射全国。比如，《关于黑龙江垦区国有农场土地承包费缴纳企业所得税问题的批复》（国税函〔2009〕779号），主送单位为"黑龙江省国家税务局"，抄送单位为"各省、自治区、直辖市和计划单列市国家税务局、地方税务局"。该类部颁税法规则因抄送单位辐射全国，也会实质上产生全国普遍适用的效力。最常用的方式是各地方省局下发配套规范性文件，转发部颁税法规则，使规范性文件在该地域具有普遍适用的效力。例如，针对"国税函〔2009〕779号"，《广东省地方税务局转发国家税务总局关于黑龙江垦区国有农场土地承包费缴纳企业所得税问题的批复的通知》（粤地税函〔2010〕49号）明确规定"各市地方税务局，顺德区地方税务局，省局直属税务分局：现将《国家税务总局关于黑龙江垦区国有农场土地承包费缴纳企业所得税问题的批复》（国税函〔2009〕779号）转发给你们，请遵照执行。""粤地税函〔2010〕49号"最为核心的是"请遵照执行"，区区五个字便将"国税函〔2009〕779号"的效力通达广东省。

第三种，主送单位为具体对象，且无抄送对象或抄送对象仅限于特定单位①。在这其中，有的主送单位为具体的税务机关，有的主送单位也可能是具体的人民政府。前者如，《关于内蒙古自治区呼准鄂铁路防火隔离带适用耕地占用税优惠政策的批复》（税总函〔2017〕332号），主送单位仅为"内蒙古自治区地方税务局"，无抄送单位。② 后者如，《关于印发〈扩大水资源税改革试点实施办法〉的通知》（财税〔2017〕80号），主送单位为"北京市、天津市、山西省、内蒙古自治区、山东省、河南省、四川省、陕西省、宁夏回族自治区人民政府"，紧承主送单位，明确规定"为全面贯彻落实党的十九大精神，推进资源全面节约和循环利用，推动形成绿色发展方式和生活方式，按照党中央、国务院决策部署，自2017年12月1日起在北京、天津、山西、内蒙古、山东、河

---

① 值得注意的是，这样导致的结果是：规范性文件在未抄送地区的适用权在税务机关，即执行与不执行规范性文件的选择权力在税务机关。也就有可能出现对纳税人有利的规范性文件，未抄送地区的税务机关选择不执行，而对纳税人不利的税务机关选择参照执行。姑且不谈是否合宪合法，但就实践而言，规范性文件因抄送而否，成为税务机关的执行裁量，其仅不利于营造全国统一的税政，也不利于纳税人之间的公平竞争，因为在市场经济条件下，从事生产经营的纳税人不可能总是蜗居某一固定地方，跨地区生产经营是常有之事。

② 部颁税法规则制定实践中，主送单位为特定的、单一税务机关的有之，但多个特定的税务机关同时为主送单位的部颁税法规则也频繁出现。例如，《关于中国江南航天工业集团公司缴纳企业所得税问题的通知》（国税函〔2000〕1012号），主送单位即为"北京、上海、江苏、贵州省（直辖市）国家税务局"。

南、四川、陕西、宁夏等9个省（自治区、直辖市）扩大水资源税改革试点。现将《扩大水资源税改革试点实施办法》印发给你们，请遵照执行。"这类部颁税法规则只在主送单位的特定地区发生法律效力。

相比而言，部颁税法规则以第一、二种居多，第三种相对较少。但不管是哪一种部颁税法规则，各自都具有时间、空间和对人上的普遍约束力，且可反复适用。即便是第三种类型，也不能否认其普遍适用的效力，因为法的普遍性并不意味着所有的法都要在全国范围内适用。法的普遍性只是强调法应在自己的效力范围内对所有规制对象平等适用，这即为《总局41号令》第二条之"本辖区内具有普遍约束力并反复适用"的真实内涵。因而，不管是属于哪一类型的部颁税法规则，只要能够在规则所属的时间、空间内对规制对象产生具有约束力的规则效力，则应视为具有法的普遍性效力。就此而言，部颁税法规则具有法的普遍性，这一点是毋庸置疑的。

3. 法的强制性检验

与法的普遍性不完全相同，法的强制性因必要性而产生、发展，至今犹存。[1] 通常认为，法具有强制性，但强制性不为法律所独有。法的强制性本源上表现为国家强制性。即，国家对违法行为要做出否定性评价，并施以不同程度的制裁；同时，国家对合法行为要给予肯定和保护。国家强制性主要是一种威慑，具有间接性和潜在性。当人们的行为合符法律规定时，强制性并不为人们所感知，无须启动。仅当人们的行为触犯法律规定时，国家强制性才会发生作用，以确保法的顺利实施。法的强制性运用并非纯粹的暴力惩罚，其必须受法律规范的约束、依法动用强制力工具和手段。且国家强制力在什么情况下、由哪些机关按照什么样的程序以及如何制裁各种违法行为等，都必须由法律明确规定。[2] 如此规定，既可以限制强制力的恣意[3]，又可以检验、衡量"法定"程序是否"合法"[4]。

可见，不管从何种角度阐释，国家强制性要想得以实现，都必须借助国家强制力的行使。换句话说，国家强制性的直接表现就是国家强制力工具和手段[5]

---

[1] 参见倪正茂《法的强制性新探》，《法学》1995年第12期。
[2] 参见高其才《法理学》，清华大学出版社2007年版，第17—18页。
[3] 参见季卫东《法律程序的意义——对中国法制建设的另一种思考》，《中国社会科学》1993年第1期。
[4] 参见刘东亮《什么是正当法律程序》，《中国法学》2010年第4期。
[5] 参见尤俊意《国家强制性、强制性规范与制裁——也论法的强制性问题》，《法学》1996年第3期。

的配置。在立法上，这种强制力工具和手段又往往以法律责任条款表现出来，因为法律责任条款的设计本身就是"合法保护，违法制裁"之强制性理念的落实。亦如学者所言："法律责任条款，简单而论，就是在法律文本中表述责任内容的法律条文。究其实质而言，法律责任条款是指在法律文本中表述由不法行为侵犯权利或法益而产生的体现制裁规范效果的救济权法律关系内容的条文。"① 因此，如果部颁税法规则设有配套的法律责任等类似条款，则可以认定它配置了基本的强制力工具和手段，也就可以认定其满足了法的强制性要件。以此判定，部颁税法规则无外乎以下三种类型：

第一类，部颁税法规则内置法律责任条款，直接彰显国家强制力。比如，《关于发布〈税收减免管理办法〉的公告》（国家税务总局公告 2015 年第 43 号）第四章"减免税的监督管理"详细规定了税务机关和纳税人违法所致的法律责任。这类部颁税法规则形式较为规范，比较接近税务部门规章，可以直接认定具有国家强制力，合符法的强制性要求。

第二类，部颁税法规则自身未配置法律责任条款，但通过"导引技术"，直接铺设"管道条款"、通往配有法律责任条款的规范性文件或法律、法规及规章。比如，《关于印发〈特别纳税调整实施办法（试行）〉的通知》（国税发〔2009〕2 号）自身未设置法律责任条款，但第十三章"附则"第一百一十二条将税务机关及其工作人员在特别纳税调整中的保密、适用企业信息等最为重要的事项通过"导引技术"，直接通向《纳税人涉税保密信息管理暂行办法》（国税发〔2008〕93 号）。而《纳税人涉税保密信息管理暂行办法》第四章专设"责任追究"。此类部颁税法规则虽未内置法律责任条款，但铺有通向法律责任条款的法律规范，实质上也满足了法的强制性要件。

第三类，部颁税法规则既未设置法律责任条款，又没有通往配有法律责任条款的法律规范。比如，《关于贯彻落实企业所得税法若干税收问题的通知》（国税函〔2010〕79 号）。该类部颁税法规则严格上说不具有国家强制力，但如果从法的强制力整体上考察，也可认为具有更为宽广意义上的强制力。因为即使是第三类部颁税法规则，也是依据法定职权和规定程序制定并公布的，此处的法定职权也好，规定程序也罢，理当包括所有税收法律、法规、规章及上级税收规范性文件中授予的职权和规定的程序，这也为《总局 41 号令》第四条"应当……符合法律、法规、规章以及上级税收规范性

---

① 李亮：《法律责任条款规范化设置研究》，博士学位论文，山东大学，2015 年，第 37 页。

文件的规定"所蕴含。如果这种理解能够成立的话，则第三类部颁税法规则犹如铺设一条看不见的管道，通向规则可以适用的税法规范。

概括起来，第一类至第三类部颁税法规则，随着法律责任条款这一国家强制力工具和手段的逐步弱化，国家强制力属性也逐渐减弱，但大体上仍可以将部颁税法规则纳入法的强制性范畴。虽然与第一、二类部颁税法规则相比，第三类部颁税法规则具有"较弱"的强制力，看似有悖于经典的强制性特质。但在法律规则实践中，并非所有的法律规范都有较强的强制性也是事实。① 尤其是考虑到自20世纪50年代末开始，法理学各种理论在推进各自观点的同时却不约而同地对"强制力"观念予以弱化（有时甚至是消解）这一现象，部颁税法规则所具有的强制性元素更是无可置疑。②

4. 司法可操作性评估

根据2015年《立法法》"第五章 适用与备案审查"和《行政诉讼法》第六十三条、第六十四条规定，法院审理行政案件时，只能以法律、行政法规、地方性法规、自治条例和单行条例为依据。规章只能作为判案的参照。规范性文件被排除在判案依据范围之外。此举看似厘清了裁判依据的范围，但其对法源基本理论，对宪法、组织法关于赋权制定"其他规范性文件"的规定的违反也显而易见。更为重要的是，此举将本应完整的法律体系割裂开来。实际上，法律规则的存在，一定是体系化的存在，不存在孤立的法律规则。凡是规则，皆以群体形式存在。③ 亦如奥斯丁所言：法律必然以体系而存在，任何一法律规范都是法律整体中的一个组成部分④，都是纵横交错、有序排列的规则体系的一部分。《立法法》和《行政诉讼法》只承认法律、法规和规章的法源地位，将其他规范性文件予以排除，使得原本内外和谐有序的法律统一体被人为拆分为"法"和"非法"两块。理论的武断直接造成与实践的冲突、脱节，致使法律和实践、行政与司法割裂开来。⑤

与《立法法》和《行政诉讼法》的武断不同，《关于执行〈中华人民

---

① 参见周永坤《论法律的强制性与正当性》，《法学》1998年第7期。
② 参见刘星《法律"强制力"观念的弱化——当代西方法理学的本体论变革》，《外国法译评》1995年第3期。
③ 参见夏勇主编《法理讲义——关于法律的道理与学问》（上），北京大学出版社2010年版，第60页。
④ 参见［英］约瑟夫·拉兹《法律体系的概念》，吴玉章译，中国法制出版社2003年版，第19页。
⑤ 参见吴鹏《论"其他规范性文件"的行政法法源地位》，《首都师范大学学报》（社会科学版）2006年第3期。

共和国行政诉讼法〉若干问题的解释》（法释〔2000〕8号）第六十二条明确规定"……人民法院审理行政案件，可以在裁判文书中引用合法有效的规章及其他规范性文件。"该条规定耐人寻味，其中"引用""合法有效"这两个词，体现了司法部门为应对裁判现实，迫切希望打破法源理论和立法桎梏，又不敢过于僭越立法、恪守本分的矛盾态度。客观上说，该条规定并非直接确定规范性文件的法源地位，但至少"给予其介于依据和证据之间的法律地位"。① 司法部门的此种纠结心态在《关于印发〈关于审理行政案件适用法律规范问题的座谈会纪要〉的通知》（法〔2004〕96号）再次得到体现，"法〔2004〕96号"第一条"关于行政案件的审判依据"一方面认为规范性文件不是正式的法源，对法院不具有法律规范意义上的约束力。另一方面又强调法院经审查认为被诉具体行政行为依据的规范性文件合法、有效并合理、适当的，在认定被诉具体行政行为合法性时应承认其效力。与之相比，《最高人民法院关于适用〈中华人民共和国行政诉讼法〉的解释》（法释〔2018〕1号）的态度更为鲜明。该"解释"第一百四十九条直接明示："人民法院经审查认为行政行为所依据的规范性文件合法的，应当作为认定行政行为合法的依据……"

从"法释〔2000〕8号"到"法〔2004〕96号"，再到"法释〔2018〕1号"，司法部门对规范性文件的定性虽未实质上改变，但实务做法使得"规范性文件不为法源"的传统观点不再牢不可摧。其实，法院在审判中给予行政规范性文件以效力，有着丰富的域外经验。比如，美国1984年Chevron案例确立的强尊重规则②，便是典型例证。根据该规则，如果行政机关的抽象行政行为不能被判断为武断或者任意的话，即使这个行为不是对法律最好的解释，司法部门仍然要给予其效力。之所以如此规定，无外乎两个理由：其一，行政机关的权力本为国会所授予，司法部门无权干预。其二，行政部门应对行政行为有更多的经验，就行政领域的抽象行为处置来说，行政部门比司法部门更具权威性。③ Chevron规则体现的正是"司法尊重"理念。"法释〔2000〕8号"和"法〔2004〕96号"虽无明示规定

---

① 叶必丰：《行政规范法律地位的制度论证》，《中国法学》2003年第5期。

② Chevron U. S. A., Inc. v. Natural Resources Defense Council, Inc. (No. 82-1005), 467 U. S. 837, 1984。

③ 参见崔威《中美税法实践中的一些行政法问题》（http：//law.china.cn/txt/2012-05/08/content_ 4993045. htm）。

"司法尊重"理念,但文件中的"司法尊重"意蕴十分明显,这一点与 Chevron 规则有极大的相似性。

由上可知,尽管按照《立法法》和《行政诉讼法》的规定,部颁税法规则不易成为裁判依据,也就难以具备司法可操作性。但是透析"法释〔2000〕8号"和"法〔2004〕96号",司法实践的态度显然不如《立法法》和《行政诉讼法》那般强硬和僵化。不管是"法释〔2000〕8号"第六十二条明确列及的"引用""合法有效",还是"法〔2004〕96号"直接书写的"承认其效力"等语词,内涵和外延都极其丰富和发散。这些语词不仅折射出司法实践中法院找寻裁判依据的困惑,而且强烈地表达出司法对行政规范性文件的尊重理念。税法作为强技术法,部颁税法规则的创设数量和适用空间远胜于传统税法法源。一旦司法面对税务争议时,假若只是一味排除部颁税法规则,裁判限于困境的概率较之其他行政诉讼更大。因此,一方面确有必要"改造原《税收征管法》第 88 条,取消复议前置条款、取消诉讼缴税前置程序"[①],大力推动税务行政诉讼的开展。但更为重要的是认真对待部颁税法规则的法源地位,将其纳入司法裁判依据的选择范围。否则,即便税务行政诉讼的闸口洞开,税收司法也极有可能限于"裁判无据"的尴尬境地。

三 法源镜像的意识影响

经过税法法源的宏观考究,大体可以判断出完备的、理想的税收法律体系在我国还远未生成,充当税收法治运行器具的更多是不被理论和实务界认可的税收规范性文件。而在恒河沙数的税收规范性文件中,部颁税法规则的地位和作用又远胜于其他税收规范性文件,可谓税收法治运行的基石底座。部颁税法规则与税务部门规章虽都发端于财税主管部门,但两者的法源待遇却简直是云泥之别。形式上看,不管是依据传统的法源理论,还是鉴于现实中的立法与司法实践,规章向来都被视为重要的法源之一。《行政诉讼法》第六十三条第三款"人民法院审理行政案件,参照规章"之规定,即是例证。与之不同,部颁税法规则直接被阻却在法源之外,不具任何司法可操作性,可谓金科玉律,既是为学界所遵从,又为立法所认可。

然而,逐一剖析各类典型部颁税法规则文本的内容与技术细节可知,已经有相当数量的部颁税法规则按照"法律"的规范要求制颁,形式上也日渐接近

---

① 滕祥志:《论〈税收征管法〉的修改》,《清华法学》2016 年第 3 期。

于税务部门规章,此种情境下确有必要将部颁税法规则与一般的税收规范性文件差别对待。实质上看,也确有不少部颁税法规则总体满足了法源的关键基准,与税务部门规章相差无几,确有必要赋予其法源地位。换言之,将部颁税法规则与一般的税收规范性文件界分,选择性赋予其法源地位,不仅有形式上的外在需求,而且有实质上的内生期待。问题是,税收法治理论与实践均未展露出此种趋向,固守着传统的税收法律、法规和规章之法源路径,依然是更为常见的多数决。受制于此种思维禁锢,部颁税法规则依然游荡在传统的税法法源之外,以致真正发生功效的税法规范长久不被认可,而握有共识性税法规范者却又无力处置税法事务。此种法源的处置方式,在形式和实质上都深度影响着税收法治主体的法治抉择,决定了整体社会的税收法治意识样态。

从传统法源理论出发,税收法律、法规与规章导入税法法源序列,以部颁税法规则为内核的税收规范性文件排斥在税法法源范畴之外,已然是长期以来的税收法治实践与制度选择。随之而来的结果是,被学界和立法所明确厘定为法源的税法规范屈指可数,含糊不清、模棱两可等的抽象性规范条文云屯雾集,不得不求助于专门机关予以解释答疑。多数场景中,所谓的法源型"税法",往往只是规定一些原则性的框架。即便是全国人大及其常委会制定的税收法律,这个问题同样存在,而且有些时候还相当严重。兜底条款便是重要例证。比如,原《个人所得税法》第二条(十一)规定的"经国务院财政部门确定征税的其他所得",不管是基于文义解释方法分析,还是处于体系解释方法解剖,乃至是根据其他解释方法解读,都无法直接导出"其他所得"的立法真意和具体指向,因为这一条款不仅语词极度模糊,而且内涵和外延的延展性也极强,它以"其他……"方式对列举事项作总括性的规定,理论上被称为兜底条款。

兜底条款表现为堵截构成要件,具有堵截功能和补充法规则,在解释论中得到不断的挖掘,才能自我丰富和完善,并因应现实的需要。同时,兜底条款的可预测性程度相对较低。因此,学界一般基于其堵漏的规范逻辑及补充法规则,采用不同方法对其进行全面解释,使之更明确。[①] 但不管鉴于何种解释方法,考察兜底条款的生成机制与结构特征都会发现,在同一构成要件中,列举性规定所描述的行为和可涵摄于兜底条款中的行为具有同质性,依据列举性规定可以推断兜底条款的大致含义,并预测行为的法律效果。所以,

---

① 参见王安异《对刑法兜底条款的解释》,《环球法律评论》2016年第5期。

兜底条款的内容和适用范围并非漫无边际的，它必须符合"最大可能的明确性"要求。也只有这样，它才可以保障法的社会适应性、稳定性和简洁性。①兜底条款的存在一定程度上增加了财税主管部门的解释难度，但同时也借机扩大了其解释权限，以致时常招致"借解释之名，行立法之实"之嫌疑。

亦如上例，究竟何为"经国务院财政部门确定征税的其他所得"，原《个人所得税法》及其实施条例均无明确规定。此时，税法法源规则的精细化缺位和成文法规制的空挡凸显，由此，过往税制实践中，部颁税法规则应运而生。通览财税主管部门的制颁实践，这一条款中的"其他所得"弹性空间极大，致使既有解释实践中它既可以指向"银行部门以超过国家规定利率和保值贴补率支付给储户的揽储奖金"，也可以意指"中国科学院院士的荣誉奖金"，还可以涵摄"保险公司按投保金额，以银行同期储蓄存款利率支付给在保期内未出险的人寿保险保户的利息（或以其他名义支付的类似收入）"；它不仅可以指"个人因任职单位缴纳有关保险费用而取得的无赔款优待收入"，而且可以是"股民个人从证券公司取得的此类回扣收入或交易手续费返还收入"，还可以指"个人提供担保取得的收入"；此外，它既可能是"购房个人因房地产公司的原因难以继续履行房屋买卖合同而从房地产公司取得的违约金收入"，又可能是"特定亲属以外的其他人因无偿受赠房屋取得的受赠所得"，还可能是"企业在业务宣传、广告等活动中，随机向本单位以外的个人赠送礼品，对个人取得的礼品所得"，同样也可能是"企业在年会、座谈会、庆典以及其他活动中向本单位以外的个人赠送礼品，对个人取得的礼品所得"②财税主管部门凭借对兜底条款的解释技术，借助"其他所得"这一管道，使得本不为个人所得税法所规制的"所得"形态迅即进入课税范畴，演化为"应税所得"。

从形式上看，这些部颁税法规则的运行，极大地扩围了个人所得税的征

---

① 参见张建军《论刑法中兜底条款的明确性》，《法律科学》2014 年第 2 期。
② 参见《关于银行部门以超过国家利率支付给储户的揽储奖金征收个人所得税问题的批复》（财税字〔1995〕064 号）、《关于对中国科学院院士荣誉奖金征收个人所得税问题的复函》（国税函发〔1995〕351 号）、《关于未分配的投资者收益和个人人寿保险收入征收个人所得税问题的批复》（国税函发〔1998〕546 号）、《关于个人所得税有关政策问题的通知》（国税发〔1999〕058 号）、《关于股民从证券公司取得的回扣收入征收个人所得税问题的批复》（国税函〔1999〕627 号）、《关于个人所得税有关问题的批复》（财税〔2005〕94 号）、《关于个人取得解除商品房买卖合同违约金征收个人所得税问题的批复》（国税函〔2006〕865 号）、《关于个人无偿受赠房屋有关个人所得税问题的通知》（财税〔2009〕78 号）、《关于企业促销展业赠送礼品有关个人所得税问题的通知》（财税〔2011〕50 号）等。

税范围，拓展了"所得"的税法内涵和外延，但实质上未必有明显违法之处。毕竟原《个人所得税法》第二条将"其他所得"的解释权已然授权给了"国务院财政部门"。尽管新《个人所得税法》第二条已经去掉了"其他所得"这一所得类型，但隐忧依然存在。比如，既有部颁税法规则中创制的上述具体"其他所得"类型何去何从？直接排除在课税范围之外，还是分类归入九类具体所得类型中去？不仅现行《个人所得税法》找不到确凿答案，《个人所得税法实施条例》也难言有确切定论。再如，《个人所得税法实施条例》第六条中"个人取得的所得，难以界定应纳税所得项目的，由国务院税务主管部门确定"规定会不会成为形式上并非兜底条款，却具有兜底条款实质性功能的规定？它会不会成为新瓶装旧酒的另类"其他所得"？此类问题都需要实践予以校验。倘若这些隐忧转化为现实，则仍应特别警惕财税主管部门的解释欲望，谨慎动用税法解释权。因为不管是基于授权还是自作主张，不管出于滥权还是形势所迫，合规解释与越权解释、违法解释都只有一步之遥，一旦步入越权解释、违法解释等轨道，则不仅会侵蚀税法本应具有的权威，而且对纳税人的财产权也会构成严重威胁。

　　更为重要的是，"在实践层面，商事交易日益复杂和深化，法律层级的税收成文法无法预知或前瞻商业交易的类型和环节，故成文法对商事交易的税法规制只能挂一漏万，税法的不严密性和漏洞日益凸显，税法缺欠将长期存在。部颁税法规则存在的合理性在于，有限的制定法无法应对复杂多变的交易类型，在千奇百怪的交易类型面前，整齐划一的制定法规制难免落空。税法规制永远落后于商人创造的商务交易类型，反避税领域尤其如此"[①]。"而部颁税法规则可以对具体的交易类型进行定性。在此意义上，税收规范性文件无疑在发挥创制税法规则的作用。"[②] 因为大量部颁税法规则的出现客观上起到了细化抽象的、法源型税法规范的目的，避免了上位税法规范沦为海市蜃楼的笑谈，尤其是在成文税法阙如的情境中，部颁税法规则至少可以起到定纷止争的显著效果。但也必须意识到，无"名"无"分"、却又实质上执掌税收法治理论与实践的非"法源"型部颁税法规则的高频产出，同时也消解了法源型税法的公众基础，使得税收法治主体不再盲从成文税

---

① 滕祥志：《从赠与视角看构建部颁税法规则审议机制——以财税〔2001〕28号、财税〔2011〕82号等为例》，《政法论丛》2012年第5期。

② 滕祥志：《可用部颁税法规则应对交易类型的复杂多变》，《中国税务报》2011年12月7日，第006版。

法，而更加迷信部颁税法规则的终局答案。尤其是随着我国市场经济的逐步深化，经济日渐繁荣发达，交易愈加复杂多变，税收法治主体各方的税务风险也随之成倍放大。为应对可能的税务风险、准确识别交易性质和测度应纳税款，让税法规则走向实践，易于征纳双方理解和运用，自然成为税收法治主体各方共同关注的焦点。

由此，破除和解决法源型税法规范的理解难题，成为税法解释非常重要的一个导向。此种导向虽不能说是当前部颁税法规则制颁模式形成的决定性因素，但眼下的解释路径、方式与这种导向有着千丝万缕的关联容不得否认。在这种导向下，财税主管部门更多习惯于问题的解决、答案的制造，注重部颁税法规则的现实可操作性。征纳双方在解释者的牵引下，也渐渐习惯并依赖于这种"以问题为出发点，以答案为依归"的实践性的部颁税法规则生成模式。结果便是，成文税法规则增进有限，而部颁税法规则却被批量生成出来。年深日久，税法规范循依两大方向演进、发展，已实际上形成了如下税法架构体系，即法源层级的税收法律、法规和规章如蜗牛般进场，而法源之外以部颁税法规则为内核的税收规范性文件如疾风骤雨般批量产出，最终两大规则序列应有的因应、映射关系如断线风筝，愈加难以控制。若不做任何改变，任由这一税法架构体系自然演化，极有可能导致欲识任一税收情事之庐山真面目，都须探寻这些难登大雅之堂、却有如喋血封喉之功效的庞杂部颁税法规则群。这种名为正统、合法的法源型税法规范，实际上却多数时候、多数情境中均无法直接适用；而名为非"法"、非主流的海量部颁税法规则，却实质上供给了法源型税法规范的落地细则，确保了税法规范的体系循环。此可谓典型的"形实不符法源"现象。

面对如此税法法源境况，任何一个税收法治主体皆限于两难境地：穷尽时间和精力，洞悉法源型税法规范，却犹如雾里看花，不知所为何物。看似掌握了法源型税法规定，却每每到实践处却又无所适从。诸如此类的感悟，不胜枚举。抽象的、高位阶的税法规范文本通向现实的道路并不畅通，日渐复杂的交易架构与经济情事、盘根错节的税法疑难，都非狭义的税收法律、法规和规章知识系统所能应对。"徒法不足以自行"在"形实不符法源"情境中格外灵验。因为既有的税法法源建设实践中，高位阶的税法规范文本犹如单行税之宏伟蓝图，形塑的大多只是总括性的课税基准规则，因而多数规定都无法直接适用于现实场景，但它们却是税法规范的正统。而这些正统税法规范的运行，却时常需要借助大量的部颁税法规则，甚至是一般性的税收规范性文件的辅助与配合，但这些支撑性的税收规范性文件却被传统法源排除在外。这种建立在"答案"之上的"形实不符法源"模式，以提供"答案"深得征纳双方"喜爱"，毕竟只有"答案"才能够为征纳实践提供明确性指引和稳定性预期，才能为征税与否提供最基本，却又最重要的操作标准。承认这种法源配置模式价值的同时，也必须清醒地意识到，如果"问题→答案"成为税收法治建设的唯一模式，主宰税法解释和税收规范性文件的制定，那么，税收法治主体尤其是纳税人对税法规则的理解力和反思力只可能不增反减。长此以往，"无声的中国纳税人"将会进一步失语，沦为税法规则的被动接受者，进而逐步丧失对税收立法和税法实施及横贯其中的税法解释等涉税活动的合法性、合理性及适当性进行监察和督察的能力和意识，更谈不上税收法治意识的进位了。

从税法实施和税收法治建设层面考察，税法解释而致的税收规范性文件固然要面向实践，但若只是盯着实践将会迷失航道，减损税法解释的规范功效。一言以蔽之，税法解释应当立足于在税法规则与规则实践之间寻求妥当的平衡，打通和建构"规则——实践——规则"的循环链条。一旦该链条得以贯通，规则便可通过解释顺利进入实践，实践中的疑难问题又可通过解释形成税收规范性文件，最终为规则提供素养。不难发现，税法解释成为该链条运转和维系的关键。要想真正实现"规则——实践——规则"的循环，谨慎解释税法、科学起草税收规范性文件甚为关键，而这些都离不开税收法治主体，尤其是纳税人的监督与制衡，也只有在纳税人的积极监督与主动参与中，高质量的税收规范性文件才可能不断被制造出来，纳税人主义也就在税收规范性文件的不断流转中生根发芽、深入人心，逐步成为税法解释的基本立场。而这都要求解释者在起草税收规范性文件时，不能停留在简单的答案层面，而应格外关注答案产生的说理。既要做到答案无误，又要实现说理透彻，还要创设答案与说理的审议监督机制。

正如学者所言：法源型税法规范的不完备性和交易类型的层出不穷，使得税法适用中的解释工作具有填补法律漏洞和创制税法规则的作用，而税法适用中的解释职责和权限在实务中已经被税务机关充任和履行，部颁税法规则是其主要表现形式。久而久之，财税执法机关已经实际变成税法规则和知识的生产者、传播者、解释者和垄断者。此种格局不是税收法治的理想状态，却是税收法治意识生成的法源基础。客观上，必须承认税收执法和税法的独特性，承认税法知识的专业性、复杂性和变动不居的事实。由此，我们有必要从观念上破除绝对税收法定主义理念，正视部颁税法规则存在的合理性，并适度将其纳入法源范畴予以承认①。究其本体特质和功效来看，部颁税法规则往往一事一议，大都具有判例法的形式、实质和功能，其提供具体交易类型之交易定性的判定规则，揭示出中国税法的内在结构、判例属性和未来格局，理当成为我国税法的法源之一。同时，为确保部颁税法规则在法源轨道和系统中有序运行，而不致变成脱缰的野马，则必须建立部颁税法规则的研究和审议机制。鉴此，学界、实务界、税收争议解决机制中的复议机关、人民法院，即所有的广义上的税收法治主体都可以有所作为，有所贡献。在学术累积和中国本土税法实践的基础上，梳理出税法法理和税法原则，以之达成共识并共同遵循，中国税法共同体将由此逐渐形成。从而为税收立法、执法和司法等渐渐累积法理支撑。客观上，这将是一个缓慢的过程，却是税收法治意识生成与进位必须经历的过程。舍此，冀图很快在立法上突然打开税收法治的新局面，在税收执法上瞬间提升税收法治的新品位，在税收司法上猛然洞开税收法治的新路径，从而在税收法治意识上骤然铺就税收法治的新基础，未免急切而事与愿违。②

---

① 客观上说，粗略、武断地将所有部颁税法规则排除在税法法源之外，与一般的税收规范性文件等同处理，并未精准把握住税收规范性文件的差异化特质，也不利于税收规范性文件的综合治理。况且，通过对部颁税法规则的结构体系、法源定性等的逐层解剖已知，为数众多的部颁税法规则与传统法源的核心标准总体都是吻合的。从这个角度上说，适度承认部颁税法规则的法源地位，扩容税法法源的传统链条，使被法源理论和立法割裂的税收法律体系"破镜重圆"，与其说是总体吻合法的普遍性、强制性和司法可操作性的结果，不如说是回应税收法治现实、正视税收法律体系建构规律的必然趋势。但是，考虑到目前部颁税法规则的整体质量和过于庞杂的规则数量，特别是鉴于传统法源理论的根深蒂固，在尚未对部颁税法规则进行系统化清理、整合之前，法源地位的授予还是要谨慎为好，切切勿囫囵吞枣，将所有部颁税法规则一次性地吸纳至税法法源之中。较为稳妥的做法是，参照部颁税法规则的普遍性和强制性考察结果，选择性地、有条件地逐步赋予不同形态的部颁税法规则以税法法源地位，即采取分类、分步推进的策略，类别化赋予部颁税法规则的法源地位。具体来说，第一类部颁税法规则可以考虑直接赋予法源地位；第二类部颁税法规则可以有选择性地整合，赋予法源地位；第三类则需要逐个甄别，在清理、整合的基础上，严格把控，适度纳入法源范畴。如此处置，既有利于部颁税法规则的规范治理，又有利于税收法律体系的稳健建构，还有益于税收法治主体对部颁税法规则的可接受度。

② 参见滕祥志《从赠与视角看构建部颁税法规则审议机制——以财税〔2001〕28 号、财税〔2011〕82 号等为例》，《政法论丛》2012 年第 5 期；滕祥志：《中国税法突围之路：部颁税法规则正义》（http：//www.chinataxlaw.org/xueshuluntan/2012991.html）。

第二节　税收法治意识生成的权义环境

众所周知，法律是把权利义务的规定作为自己内容的，权利义务规定的合乎权利义务"事实要求"是衡量善法与恶法的标准之一。[①] 所谓法律规范，不过是确认、规定权利或义务的准则，因为法律规范与权利和义务的这种内在联系，使之构成法哲学范畴体系的逻辑始项。首先，权利和义务是法律规范的基本粒子，是对法律现象的最简单的抽象和规定。其次，权利和义务的对立统一使法律规范蕴含法律现象内部一切矛盾和胚芽。最后，法律规范所确认、所规定的权利和义务是法产生的显著标志和根本标志。从法律实践看，全部法律行为和活动都是围绕权利和义务而进行的，权利和义务通贯法律运行和操作的全部过程。从法的本体上看，法在本体上是以权利和义务为基本粒子构成的。所有法的部门都表现为权利和义务或其实现方式的规定，权利和义务贯穿于法的一切部门。[②] 可见，"法律规范尽管是统治阶级运用国家权力制定或认可的，但这只是问题的形式方面，只说明法律规范以及法律上的权利、义务的成立，离不开国家权力的参与；而问题的内容方面——权利义务的内容，却不是统治阶级可以任意规定的，因为人们能做的和需做的行为、人们把什么确定为权利，什么确定为义务、人们的正义观念、价值取向，归根结底受他们赖以生成的物质生活条件的制约。这与法是社会的上层建筑，归根到底决定于其经济基础并反作用其基础的原理是完全一致的"[③]。为此，方有学者认为："在我国传统法理学中，强调权利的法律根据和法律意义，主张主体的权利要得到法律规范的支持，从而把现行法看成权利的基础。"[④]

实际上，古往今来，权利都是人类文明社会所具有的一种实质性要素。它既是人的基本价值追求，也是社会文明演化进取的不可少的力量。仅此而言，任何权利的探寻也都是人作为主体自我需求与满足的探寻。[⑤] 至于究竟何为权利，向来是众说纷纭。在中外法学论著中，产生过重要且长期影响的

---

① 参见孙笑侠《法的现象与观念》，山东人民出版社2001年版，第113页。
② 参见张文显《法哲学范畴研究》（修订版），中国政法大学出版社2001年版，第327—328页。
③ 孙国华主编：《法的形成与运作原理》，法律出版社2003年版，第11页。
④ 公丕祥：《权利现象的逻辑》，山东人民出版社2002年版，第7页。
⑤ 参见程燎原、王人博《权利及其救济》，山东人民出版社1998年版，第1页。

释义有：资格说、主张说、自由说、利益说、法力说、可能说、规范说、选择说。① 尽管人们对权利的概念存有多种殊见，但透过权利现象可发现构成权利的各个要素或细胞。在这些要素中，最重要的有意志、利益和行为。② 究其实质，权利就是意志、利益和行为的有机组合体，即就是由自由意志支配的，以某种利益为目的的一定的行为自由。这种自由作为一种价值形态，当它为国家权力所承认、支持时就成为一种法定权利。在这一层面上，权利直接与法定的义务发生关联，构成了权利的法律形态。在这一形态中，法定的义务并不是独立于权利之外的一种异在之物，而是法定权利的一种特殊形态，是对象化了的权利，是主体和内容发生了转化的权利。在法定权利中，每一权利主体只有尽其合法的义务才有条件实现其权利。义务作为一种法律设定的行为模式与权利存在着相关性，即合理的法定义务规则只能是针对某一法定权利而设定。换言之，一种行为模式若与权利没有相关性，法律就不能强行为之设定义务。从这个角度上说，权利最深层的问题并不是与"义务"的问题，而是权利与国家权力的关系问题。③ 但若从行政主体和行政相对人两个方面一起来分析时，行政主体和行政相对人都既享有权利又承担义务。行政权力对于相对人来讲是一种义务，即服从的义务；相对人的权利对行政主体来讲也是一种义务，即保障的义务。所以，权利和权力的关系实质上就是权利和义务关系的另一种表现形式。④

由此，权利和义务才被誉为法哲学中心范畴的依据，成为一切部门法的核心框架和精髓，更是法治社会建构的核心范式。只是权利与义务之间的关系可谓是众说纷纭，时常给人云山雾罩之感。比如，有学者认为：权利与义务两者之间并非均等。恰相反，只要权利与义务是两种不同的价值形态，两者就有主次之分。在一个民主社会里，对一种自由的法律而言，社会主体只能从权利的意义上去把握义务的法律规则，义务只能从权利中派生出来。对于一种真实而

---

① 参见张文显《法哲学范畴研究》（修订版），中国政法大学出版社2001年版，第300—309页。

② 不过，也有学者认为："一旦权利被表达为个体的利益、资格、主张等，接下来，在权利理论中就会发生一种改变，即权利主体迷失在自己对于客体的追求之中。一旦着眼点从个体自身转移，在现实生活中个体的具体利益、资格、主张等就成为关注的重点，对权利客体的兴趣就超出了对权利主体的兴趣。"参见黄涛《主体性时代的权利理论——改革开放以来中国权利理论的逻辑演进》，《法制与社会发展》2019年第1期。

③ 参见程燎原、王人博《权利及其救济》，山东人民出版社1998年版，第22—37页。

④ 参见孙笑侠《法律对行政的控制——现代行政法的法理解释》，山东人民出版社1999年版，第46—47页。

有价值的权利而言，义务只能作为权利的相应代价而存在。① 另有学者则认为：权利与义务对应而生。只有当人们从内心深处承认并尊重他人的权利，权利才能真正获得并得以实现。从这个意义上说，尊重他人的权利亦是尊重自己的权利。一个尊重权利的社会，必然不能只是一部分人享受权利，享受从法律中所得到的能够实现自身发展的利益，而另一部分人只能履行义务却享受不到相关的利益。否则，这样的社会必然失衡，权利的保障终究难以持久。②

诸如此类的分歧只是法哲学权义争论的冰山一角。从不同的角度观测权利与义务，结论的确大相径庭。但不管何种见解，权利主导或至少权义并重都是这一问题的基础共识。不过，之于税收法治意识的整体测度而言，结论又可能会大有不同。因为对权利规范，税收法治主体一般可以做到自觉运用，所以权利规范以及权利自觉运用行为并不是判断税收法治意识的唯一标准；而对义务规范，人们做到自觉履行则较难，因此，义务规范和自觉履行法律义务才是更为理想的税收法治意识校验标准。当一个国家的税收法治主体普遍具有遵守法律的良好风尚时，其税收法治意识亦会蔚然成风。反之，当整体的税收法治主体只认同权利规范，而对相应的义务规范则尽规避之能事，则不可能有真正的税收法治意识。③ 因为"纯粹的个体道德自主，一旦被贴上'权利'的标签，便倾向于对国家持一种警惕的态度。这种态度，既忽视了国家经由民主机制对个体道德意识的呼应，以及国家对个体道德意识的必要过滤和理性整合，也忽视了个体在社会中经由社会道德传染机制所为的道德化和集体意识的塑造逻辑。经由此种互动形成的集体意识，恰恰是国家的道德根基所在；而这种互动，也正是任何个体无从逃避的社会化过程"④。

一 征纳主体的权义体系

"权利义务既是分析法律问题的逻辑线索，也是分析社会关系的基本线索。无论法治国家还是和谐社会，均须厘定什么是公民的权利，什么是公民的义务，并健全权利—义务文化观念。"⑤ 虽然人们可以提出"自然权利""自然义务""天赋人权"等口号，用以主张新的权利或应有权利；虽然法学研究不

---

① 参见程燎原、王人博《权利及其救济》，山东人民出版社1998年版，第37页。
② 戴菁：《论作为发展权主体的个人》，《现代法学》2019年第2期。
③ 参见谢晖《法律信仰的理念与基础》，山东人民出版社1997年版，第17—18页。
④ 秦小建：《精神文明的宪法叙事：规范内涵与宪制结构》，《中国法学》2018年第4期。
⑤ 于立深：《权利义务的发展与法治国家的建构》，《法制与社会发展》2008年第3期。

应局限于罗列或赞美已由法律加以确认或规定的权利，不能对应由法律承认和保护的权利不管不问，但在没有得到法律或法律机关承认、确认之前，法外的权利主张只是一种主观要求，没有客观的法律效力。从这个角度上说，真正对税收法治意识产生功效的是由法律规范明文规定的，或包含在法律规范逻辑中的，或至少可以从法律精神中推定出来的作为法哲学研究对象的权利和义务，也即法律权利和法律义务。简单地说，法律权利是规定或隐含在法律规范中，实现于法律关系中的，主体以相对自由的作为或不作为的方式获得利益的一种手段。法律义务是设定或隐含在法律规范中，实现于法律关系中的，主体以相对抑制的作为或不作为的方式保障权利主体获得利益的一种约束手段。① 税收法治实践中，各方主体之间的权利与义务犬牙相错，交织而成税收法治场域中的权义体系。众多权义体系中，又以征纳双方之间的权义体系最为显赫，其对社会整体的税收法治意识的生产影响最为深远。

　　征纳权利义务作为税法理论思维的成果和工具，在税法整个理论体系中居于核心范畴和逻辑中介的地位。而在征纳权利和义务的关系中，征纳权利具有根本性，征纳权利范畴的提出和证成，是税法理论体系形成和理论创新的标志。将征纳权利特别是纳税人程序性权利作为税法的本位，使我们得以摆脱传统的"国家和法的理论"及其在税法中表现的"国家分配论"的羁绊，是现代税法区别与传统税法的根本，有助于实现税法学范畴从"固守规则模式论"向"权利本位论"研究范式的转换。② 实事求是地说，"由于诸多方面的原因，我国税法更加侧重于对税法义务，特别是纳税主体的税法义务作出规定。在征税机关的税收征管实践中，也非常强调纳税人的纳税义务的履行"③。典型例证便是引起学界纷争的《宪法》第五十六条，该条明确规定："中华人民共和国公民有依照法律纳税的义务。"不管争论如何④，

---

① 参见张文显《法哲学范畴研究》（修订版），中国政法大学出版社 2001 年版，第 309 页。
② 参见施正文《论征纳权利——兼论税权问题》，《中国法学》2002 年第 6 期。
③ 张守文：《略论纳税主体的纳税义务》，《税务研究》2000 年第 8 期。
④ 围绕《宪法》第五十六条，学界论争的焦点在于该条是否可以理解为我国《宪法》中的税收法定主义条款。针对这一争点，学界主要产生了两类结论相左的观点，一类可视为肯定说，另一类则为否定说。前者典型如，刘剑文、熊伟认为：《宪法》第五十六条可以作为税收法定主义的最高法律依据，而《立法法》和《税收征收管理法》不过是从各自不同的角度体现税收法定主义的要求。后者典型如，李刚、周俊琪认为：《宪法》第五十六条只是规定公民的纳税义务，没有解决税收构成要件由谁创设的问题，不足以成为税收法定主义的宪法依据。参见刘剑文、熊伟《税法基础理论》，北京大学出版社 2004 年版，第 108—109 页；李刚、周俊琪：《从法解释的角度看我国〈宪法〉第五十六条与税收法定主义——与刘剑文、熊伟二学者商榷》，《税务研究》2006 年第 9 期。

经典的法定主义并未在我国《宪法》上得到明确性规定，而是以一种更为刚性的宪法"义务"模式塑造了公民依法纳税之义务规范，这一点当无疑义。除此之外，《宪法》别无其他涉税条款。因此，规制征纳双方权利与义务的重任责无旁贷地落到"税收基本法"上。但是，因为我国"税收基本法"的长期缺位，所以最终充当征纳双方权义体系建造者的实质上还是《税收征收管理法》及其实施细则。

改革开放以来，历经1986年《税收征收管理暂行条例》的初创实施、1993年《税收征收管理法》及其实施细则对《税收征收管理暂行条例》的升级改造和2001年对《税收征收管理法》及其实施细则的全新修补，现行征纳双方的权义体系架构大体形成，最终以《总局09年1号公告》的形式公之于众。需要注意的是，《总局09年1号公告》只是以纳税人或扣缴义务人，即广义的纳税人（以下统称"纳税人"）为规制对象，勾画的也只是纳税人的权利与义务，并未直接公示税务机关或税务人员（以下统称"征税主体"）的权利与义务。但鉴于行政权力与相对人权利原本就是一对在结构上相关的问题，它们正如权利和义务的关系一样也是对立统一的关系。[1] 而在税收征纳过程中，征纳双方的关系具有浓郁的行政法特质，因此，征纳双方的主体权义配置不可避免地受制于行政法上主体权义建造的法理制约。况且，如同一般法律一样，行政法也是以创造一个客观的法律秩序为目的的部门法体系。行政法除了拘束行政权力的运作以达成行政目的外，同时也保障了人民的权益。前者可产生人民的公法义务，后者可产生所谓的"公法"权利。正如私法的权利可以针对权利之相对人主张其权利一样，人民的公法权利同样可以针对公权力主体，主张其权利。即，可以要求行政主体为某种作为、忍受或不作为，也即承担相应的义务。[2]

是以，纵然从形式上看，《总局09年1号公告》只是型构了纳税人的权义体系，但它在实质上也同样筑就了征税主体的权义体系。其实，如果深究《总局09年1号公告》的主体内容，即可发现它原本就不是创制性规范，而只是《税收征收管理法》及其实施细则和相关税收法律、行政法规中关于纳税人权利与义务的相同或相似规范的汇编而已，它所公告的"纳税人权利与义务"早已为既有法律、法规所明定，《总局09年1号公告》

---

[1] 参见孙笑侠《法律对行政的控制——现代行政法的法理解释》，山东人民出版社1999年版，第47页。

[2] 参见陈新民《行政法学总论》（新九版），三民书局2015年版，第66页。

只是将散落在各处的纳税人权利与义务规范汇聚在一起罢了,其目的不在于创设既有法律、法规中尚未明晰的权利与义务类别,而只是为了便于纳税人全面了解纳税过程中所享有的权利和应尽的义务,帮助纳税人及时、准确地完成纳税事宜,促进纳税人与征税主体在税收征纳过程中的合作。更值注意的是,作为《总局09年1号公告》汇编依据的《税收征收管理法》及其实施细则和相关税收法律、行政法规并非只是纳税人权利与义务的专属性规范,它们同样一体确立了征税主体的权利与义务。原始法律、法规本就是征税主体权义与纳税人权义相配的产物。因此,从这个角度上说,的确不宜简单地根据《总局09年1号公告》的框架内容,而武断地阻却、排除,甚至否认征税主体权义体系业已建立的事实。透过作为汇编性规范的《总局09年1号公告》中的"纳税人权利与义务",同样可以勾勒出征税主体的权义结构体系,进而展示税收征纳双方的权义体系图景。

根据《税收征收管理法》及其实施细则和相关税收法律、行政法规的规定,《总局09年1号公告》将纳税人的权利和义务告知如下:其一,纳税人拥有的权利。纳税人在履行纳税义务过程中,依法享有下列十四种权利:知情权;保密权;税收监督权;纳税申报方式选择权;申请延期申报权;申请延期缴纳税款权;申请退还多缴税款权;依法享受税收优惠权;委托税务代理权;陈述与申辩权;对未出示税务检查证和税务检查通知书的拒绝检查权;税收法律救济权;依法要求听证的权利;索取有关税收凭证的权利。其二,纳税人负担的义务。依照宪法、税收法律和行政法规的规定,纳税人在纳税过程中主要负有以下十项义务:依法进行税务登记的义务;依法设置账簿、保管账簿和有关资料以及依法开具、使用、取得和保管发票的义务;财务会计制度和会计核算软件备案的义务;按照规定安装、使用税控装置的义务;按时、如实申报的义务;按时缴纳税款的义务;代扣、代收税款的义务;接受依法检查的义务;及时提供信息的义务;报告其他涉税信息的义务[①]。

鉴于权利与义务的相关性原理[②],"权利、义务是人们在调整人与人的关系当中、人们意志行为中产生并使用的一对紧密联系的范畴"[③]。纳税人与征税主体作为税收征纳法律关系的双方当事人,缺一不可。各自的权利与

[①] 参见《关于纳税人权利与义务的公告》(国家税务总局公告2009年第1号)。
[②] 参见陈景辉《权利和义务是对应的吗?》,《法制与社会发展》2014年第3期。
[③] 孙国华主编:《法的形成与运作原理》,法律出版社2003年版,第8页。

义务借助税收法律关系得以产生和运转，彼此在税收征纳过程中相互映射而存生，相互依存而运转。借助纳税人的权利与义务，征税主体的权利与义务也大体可以被照射出来。因为纳税人的权利照应的即是征税主体的义务，而征税主体的权利对应的则是纳税人的义务。离开对方权利与义务的运行，己方权利与义务的行使无异于纸上谈兵。基于此，有税务局在其门户网站的"税收宣传"栏目—"税收知识"中专门列及"税务机关和税务人员的权利和义务"词条以公告：根据《税收征收管理法》及其实施细则和相关税收法律、行政法规的规定，征税主体代表国家行使国家征税权力，主要权利有：①税务管理权；②税款征收权；③核定税款权；④税收保全和强制执行权；⑤追征税款权；⑥依法批准税收减免、退税及延期缴纳税款权；⑦税务检查权；⑧税务行政处罚权；⑨委托代征权；⑩国家法律、行政法规赋予的其他权利。在行使税法赋予权力的同时，征税主体应当履行的主要义务有：①保护纳税人合法权益的义务；②宣传贯彻税收政策，辅导纳税人依法纳税的义务；③为纳税人、检举人保密的义务；④为纳税人办理税务登记、发给税务登记证的义务；⑤受理纳税人减免、退税及延期缴纳税款申请的义务；⑥受理税务行政复议的义务；⑦应诉的义务；⑧举证责任的义务；⑨国家法律、行政法规规定的其他义务。①

也有税务局在其门户网站的"公众参与"栏目中列及"税务机关权力"和"税务机关义务"词条，将"税务机关权力"归纳为四大类共二十项具体权力形态。即，（一）税务管理权。具体包括四项子权力：税务登记管理权；账簿、凭证管理权；纳税申报管理权；发票管理权。（二）征收管理权。进一步细化为七项子权力：税款征收权；税务检查权；应纳税额的核定权；责令限期纳税权；加收滞纳金权；责令提供纳税担保权；责令提交纳税保证金权。（三）强制执行权。主要涵指三项子权力：实施查封、扣押财产权；实施税收保全措施权；实施强制执行措施权。（四）税务行政处罚权。具体又分为六项子权力：对违反税务管理行为的处罚；对违反发票管理行为的处罚；对偷税行为的处罚；对抗税行为的处罚；对逃避追缴欠税行为处罚；对税务代理人违法行为的处罚。与之相配的"税务机关义务"则被提炼为以下九类具体的义务形态：①宣传、贯彻、执行税收法规，辅导纳税人依法纳税的义务。②为

---

① 参见《税务机关和税务人员的权利和义务》（http：//www.jx-n-tax.gov.cn/art/2012/8/8/art_53_11695.html）。

检举人保密的义务。③为纳税人办理税务登记、发给税务登记证件的义务。④受理减、免、退税及延期缴纳税款申请的义务。⑤受理税务行政复议的义务。⑥举行听证的义务。⑦受理行政赔偿申请的义务。⑧保护纳税人合法权益的义务。⑨国家规定的其他义务。[1]

比对征纳双方主体的权利与义务，立体化的税收征纳权义体系至少在形式上可以认为是基本得以生成了，因为征纳双方之间的权义体系架构总体上吻合了权利与义务内在的普适性的二重关系原理，即一种是一个人的权利与他人的义务的关系：一个人的权利，必然是他人的义务；反之亦然。这是一个人的权利与他人的义务的必然的、客观的、事实如何的关系，亦即所谓"权利与义务的逻辑相关性"。另一种则是基于这种逻辑相关性的"权利义务的道德相关性"，亦即一个人的权利应该是对他自己的义务的交换：一个人所享有的权利应该等于他所负有的义务；而他所行使的权利则应该至多等于他所履行的义务。权利义务的这种复合的二重关系简化即为：一方面是一个人的权利与他人的义务的关系，遵循"权利与义务的逻辑相关性"机制；另一方面是一个人的权利与他自己的义务的关系，依循"权利义务的道德相关性"原理。[2] 不管是从"权利与义务的逻辑相关性"角度检验，还是从"权利义务的道德相关性"视角观测，征纳双方的权义体系在现行法律、法规中都得到了基本的遵从，也有较为清晰的权义配置实例验证。

前者的例证如，策应纳税人的"知情权"，征税主体的"保护纳税人合法权益的义务"和"宣传贯彻税收政策，辅导纳税人依法纳税的义务"等义务内应而生。再如，为保证纳税人"保密权"的实施，征税主体的"为纳税人、检举人保密的义务"相机设立。还如，纳税人的"申请延期申报权""申请延期缴纳税款权"和"申请退还多缴税款权"，照应于征税主体的"受理纳税人减免、退税及延期缴纳税款申请的义务"；征税主体的"受理税务行政复议的义务""受理行政赔偿申请的义务""应诉的义务"和"举证责任的义务"等义务支撑着纳税人的"陈述与申辩权""税收法律救济权""依法要求听证的权利"等权利的顺利运行。同理，策动征税主体的"税务检查权"，纳税人的"接受依法检查的义务"同步确立。纳税人的

---

[1] 参见《税务机关权力》（http：//www.ahtz-l-tax.gov.cn/chuzhou/tsjb/swjgql/1340139305154501.htm）；《税务机关义务》（http：//www.ahtz-l-tax.gov.cn/chuzhou/tsjb/swjgql/1340139305065318.htm）。

[2] 参见王海明《论权利与义务的关系》，《伦理学研究》2005年第6期。

"依法进行税务登记的义务""依法设置账簿、保管账簿和有关资料以及依法开具、使用、取得和保管发票的义务""财务会计制度和会计核算软件备案的义务""按照规定安装、使用税控装置的义务"等义务的设置，保障着征税主体"税务管理权""税款征收权""税收保全和强制执行权"及"追征税款权"等权力的实施。凡此种种，都证实了"权利与义务的逻辑相关性"在征纳权义体系中的机制作用。

后者的例证如，纳税人"依法进行税务登记的义务""依法设置账簿、保管账簿和有关资料以及依法开具、使用、取得和保管发票的义务""财务会计制度和会计核算软件备案的义务"及"按照规定安装、使用税控装置的义务"等义务的设立，可谓纳税人享有"纳税申报方式选择权""申请延期申报权""申请延期缴纳税款权""申请退还多缴税款权"和"依法享受税收优惠权"等权利的必要"对价"。同样，征税主体"税务管理权""税款征收权""税收保全和强制执行权""追征税款权""依法批准税收减免、退税及延期缴纳税款权""税务检查权"及"税务行政处罚权"等权力的享有，也是建立在征税主体"保护纳税人合法权益的义务""宣传贯彻税收政策，辅导纳税人依法纳税的义务""为纳税人办理税务登记、发给税务登记证的义务"及"受理纳税人减免、退税及延期缴纳税款申请的义务"等义务的履行基础之上。

二 权义体系的结构失衡——以纳税主体权义为视角

《总局09年1号公告》的发布，不仅在纳税人和税务机关中间，而且在政府部门、党政机关事业单位、社会团体甚至更大范围、更广领域，唤起了人们对纳税人种种权利的关注和实践。它既具有重要的现实意义，又将对我国税政管理产生深远的影响。对征税主体而言，《总局09年1号公告》对纳税服务质量提出了明确要求，已成为下一步完善法律制度、优化服务程序、降低纳税成本、保护纳税人利益的指南。对纳税人而言，在维护自己各项权利的同时，需要提高纳税遵从度，积极与征税主体合作，履行纳税义务，成为新时期权利义务高度统一的纳税人。[①] 与此同时，《总局09年1号公告》折射出《税收征收管理法》及其实施细则和相关税收法律、行政法

---

① 参见温来成《解读纳税人权利义务公告》，《中国税务》2010年第4期；何晓蓉：《论纳税人权利的保障机制》，《求索》2010年第6期。

规中确立的征纳双方主体权义结构的体系失衡更值重视。① 毕竟，权利与义务都内含个体性与社会性二重规定。历史地看，彰显权利的个体性之维，往往引向突出"我的权利"；注重义务的社会性维度，则每每导向强化"你的义务"。长久以来，义务先导的税收法治思维并未从根本上得到扭转，致使税收法治实践中"你的义务"向来都是优先于"我的权利"而存在。而要扬弃这种偏向，以视域的转换和交融为前提，则意味着不仅要从抽象形态的"我的权利"转向现实关系中的"你的权利"，而且要从外在赋予（他律）意义上的"你的义务"转向自觉和自愿承担（自律）层面的"我的义务"。②

（一）纳税人权利的建造缺位

从纳税人拥有的具体权利数量上看，《总局09年1号公告》汇总、公告了《税收征收管理法》及其实施细则和相关税收法律、行政法规中纳税人所拥有的十四种具体权利形态，数量不可谓不多。但客观而言，这些权利基本上都属于程序性权利，即在纳税人纳税过程中方可行使的具体权利，却并未涉及纳税人在纳税前、纳税过程中和纳税后同样拥有并可以行使的实体性权利。③ 税收实体性权利与税收程序性权利作为纳税人权利的两极，彼此

---

① 比如，作为整体的纳税人大多受制于权利不足与义务实足的权义配置困局，而征税主体则依然保有权力强化与义务弱化的惯性立场。与之呼应，征纳主体之间的权义失衡与责任失当现象亦是司空见惯。在这其中，又以纳税人权义结构的多维失衡现象最为明显，也最为严重。这一失衡格局主要表现为以下三个方面：其一，权利内涵和外延过于局限，具体权利形态和内容严重不足。纳税人既有权利的界定仅限于税收征管领域，这是狭义的纳税人权利阐释。广义的纳税人权利远不止这些。各国纳税人权利的描述，基本接近于公民权利。其二，权利救济渠道并不通畅，保障机制设计不尽完善。照理说，陈述与申辩权、依法要求听证的权利、税收法律救济权等救济性权利的存在，纳税人申请行政复议、提起行政诉讼、请求国家赔偿等的权利保障通道应该大为畅通才是，然现实并非如此。诸多制度设计与实施中的障碍，致使纳税人的权利救济空间大大削减。其三，相较于权利不足，纳税义务可谓实足。纳税人权利的增进，不仅未能在实质上软化义务的刚性特质，而且环绕纳税义务这一核心，还催生了诸多延伸义务，协力义务即是典型。除此以外，"税收债务在特定情况下也会出现扩张。无论是连带责任还是补充责任，都会使税收债务本身的安全性更有保障，相对而言增强了税收债务的效力。"但也从另一个角度加重了作为整体的纳税人的义务。参见温来成《解读纳税人权利义务公告》，《中国税务》2010年第4期；刘剑文、熊伟：《税法基础理论》，北京大学出版社2004年版，第263页。

② 参见杨国荣《你的权利，我的义务——权利与义务问题上的视域转换与视域交融》，《哲学研究》2015年第4期。

③ 参见张富强《纳税权入宪入法的逻辑进路》，《政法论坛》2017年第4期。

相依，相互映照。一般来说，实体性权利是状态（静态）意义上的权利，它是纳税人具有的受法律保护的获得某种实体利益的资格。这种利益主要是经济利益，即纳税人的收入和财产不被非法征收。实体性权利（如法定限额内纳税权、税负从轻权等）反映和保护的目的或结果正是这种实体经济利益，它表明的是纳税主体对社会资源的合法拥有状态。从动态过程的角度讲，为了实现和保障某个实体结果，纳税人必须拥有通过一定的方式、步骤、手续等来实现和保护这种实体利益的权利。任何一种利益或实体权利都必须通过程序来实现或获得保障，这种从权利的行使和实现的角度来看待权利观念的另一方面，即为程序性权利。显然，这种视域下观测的程序性权利具有浓郁的"工具价值"，即实体性权利是目的，程序性权利是手段。程序性权利在"工具价值"之外，尚有程序正义理念下的税收程序的"内在价值"，如参与、个人尊严、理性、程序公平等。这些价值催生的程序性权利并不一定与某种实体结果有直接联系，但它对纳税人在程序活动中个人尊严的维护，对程序理性价值的实现等提供了重要保障。这些权利往往成为控制征税权力滥用，保护纳税人基本人权和其他合法权益的重要法律手段。[①] 照此理解，税收程序性权利亦可区分为两类：

第一类是，体现权利"工具价值"、支撑相应实体性权利运行的程序性权利，可谓"工具型程序权利"。典型如，纳税申报方式选择权、申请延期申报权、申请延期缴纳税款权、申请退还多缴税款权、依法享受税收优惠权、委托税务代理权、对未出示税务检查证和税务检查通知书的拒绝检查权、索取有关税收凭证的权利，等等。工具型程序权利大多由相应的实体性权利派生而来，不仅服务于一定的实体性权利，而且还会制约相应实体性权利的实现。众人周知，当纳税人拥有某种实体性权利时，意味着他有某种受法律保护的利益，以及为实现这种利益而享有的主张请求权。但是，这些实体性权利一般都需要通过对应的工具型程序权利供给的途径、方式、手段、步骤、行为、过程等保障，否则，明示规定的实体性权利也有不能兑现的风险。从这个角度上看，实体性权利依赖于工具型程序权利的保障。如果法律赋予纳税人某种实体性权利，但对这种实体性权利的行使、实现和保障程序不做规定，或者限制过多，则所规定的实体性权利极有可能形同虚设，无异于一般性的号召。

---

① 参见施正文《略论税收程序性权利》，《税务与经济》2003年第1期。

第二类是，发端于税收程序本体的"内在价值"，可相对独立于实体性权利的程序性权利，可誉为"价值型程序权利"。比如，知情权、保密权、税收监督权、陈述与申辩权、依法要求听证的权、税收法律救济权等。价值型程序权利虽不说是与所有的实体性权利完全脱钩，但也绝不只是单纯为促进实体性权利的实现而存在，它既有保障税收程序的公正性，又有护佑纳税人受到富有尊严对待的功能。这些特性使得这类程序性权利已不仅仅作为手段来实现实体法的内容及其实体性权利，也不只是抽象地保障程序正义的实现，而在一定程度上可以说是在不断地形成乃至创造实体性权利了。正所谓，税收程序性权利同样可以产生实体性权利，而非简单、机械地与实体性权利如影相随。①

以此观测，《税收征收管理法》及其实施细则和相关税收法律、行政法规中纳税人权利的缺位已彰明较著。

1. 实体性权利的距离

纳税人所享有的实体性权利一般规定于宪法、"税收基本法"和一般单行法等实体税法之中，以呼应于税收程序法所专门规制的程序性权利。问题是，我国《宪法》第五十六条对纳税人拥有的税收基本权和实体性权利只字未提，再加上我国至今尚未制定出"税收基本法"这一类别的基础性实体法，因而导致纳税人本应享有的实体性权利多数游荡于法律之外。即便以《税收征收管理法》及其实施细则为主的现行税收法律、法规偶有涉猎纳税人的实体性权利，但权利之内容也时常被肢解或选择性入法，而使其更多具有程序性权利特质。

譬如，纳税人的"隐私与信息保密权"被《总局09年1号公告》明示为"保密权"，这一权利形态原本更为接近实体性权利，OECD起草的《纳税人权利示范宪章》将其分拆为"纳税人的隐私的权利"和"纳税人的保持秘密的权利"两种具体权利形态，且被分别解释为：原则上稽征机关将做到：①仅在被要求查询纳税人是否遵守其税法上义务时才做此查询。②仅搜集与该次查询有关的纳税人资料。③将所获得、所收到、所持有的纳税人信息以密件处理。并原则上稽征机关将做到：①除非获得纳税人的书面授权或在法律许可的情形之下，否则不使用或泄露纳税人的个人或财务信息。②仅在稽征作业或规定制订上有所需要时，允许那些依法有所权限的稽征机

---

① 参见施正文《略论税收程序性权利》，《税务与经济》2003年第1期。

关人员使用纳税人的信息。①

反观《总局09年1号公告》,"保密权"被其解释为:纳税人有权要求税务机关或税务人员为纳税人的情况保密。税务机关或税务人员将依法为纳税人的商业秘密和个人隐私保密,主要包括纳税人的技术信息、经营信息和纳税人、主要投资人以及经营者不愿公开的个人事项。上述事项,如无法律、行政法规明确规定或者纳税人的许可,税务机关或税务人员将不会对外部门、社会公众和其他个人提供。但根据法律规定,税收违法行为信息不属于保密范围。比照两者对隐私与信息保密权的规定,《总局09年1号公告》的选择性立法思路见微知著。

是故,剖析工具型程序权利的前置基础,现行税收法律、法规对纳税人实体性权利规制的整体缺位是不容争辩的事实。从现代法治国家的实际情况来看,纳税人的实体性权利主要包括以下几种:①税收公平权;②法定税额内纳税权;③减免退税权;④诚实纳税推定权;⑤公共产品选择权;⑥参与税收立法权;⑦征税与用税监督权;⑧隐私和信息保密权;⑨法律确定性;⑩法不溯及既往;等等。② 这些实体性权利样态不仅获得学界共识,而且为国际组织立法建议所涵摄。

前者如,2005年,台湾地区民间团体曾针对税务行政缺失列出纳税者宣言方向草稿,进行数次(2005年1月27日;2月17日;3月2日)修正而定稿《纳税者之权利宣言》,专门列示全体纳税者本有的十项权利:最低生活费不受课税之权利、受平等课税之权利、仅依法律纳税之权利、要求稽征机关严守正当法律程序之权利、请求适当救济之权利、不受过度执行之权利、不受重复处罚之权利、预测及规划税负之权利、提起纳税者诉讼之权利与要求财政公开透明之权利。③

后者如,欧洲"世界纳税人协会"1996年6月15日于匈牙利布达佩斯集会,会中决议对于欧盟及其成员国提出八点关于纳税人权益的宪法层次的

---

① The Taxpayers' Charter of OECD Introduction,参见潘英芳:《纳税人权利保障之建构与评析——从司法保障到立法保障》,翰芦图书出版有限公司2009年版,第72—73、276—277页。

② 参见但不限于下列文献:施正文:《论征纳权利——兼论税权问题》,《中国法学》2002年第6期;馨元:《论纳税人宪法权利之享有》,《华东政法学院学报》2003年第2期;张富强:《论税权二元结构及其价值逻辑》,《法学家》2011年第2期;Pushpender Pal, Taxpayers' Rights and Obligations(http://www.accountingnotes.net/international-taxation/taxpayers-rights-and-obligations/4520)。

③ 参见黄俊杰《税捐基本权》,元照出版有限公司2010年版,第80—81页。

要求，即《纳税人宪法权利宣言》。该"宣言"内容为：①于宪法层次上制定关于纳税人的负担上限；②于宪法层次上制定政府支出的上限；③于宪法层次要求政府应对于政府支出、预算过程、审计过程提供完整而正确的数据与纳税人知悉；④于宪法层次上要求政府明定公债上限；⑤于宪法层次上要求明定足以维持生活水平的免税额；⑥于宪法层次上要求明定财货、劳务、各种收入来源应最大限度地由私人或私部门提供；⑦于宪法层次上要求明定相对应机制，以避免因通货膨胀导致隐藏性的税捐增加；⑧于宪法层次上要求避免不同国家间对收入重复课税。①

不管是比照学界的总体共识，还是参考立法建议，尤其是比对域外相关立法经验，便可发现纳税人本应享有的实体性权利极少出现在我国现行税收法律、法规之中，可谓纳税人实体性权利的整体性失语。这一现象已然成为纳税人权利建设的关键性障碍，不能不引起重视。

2. 程序性权利的缺失

相较于纳税人实体性权利的整体缺位，程序性权利的法制建设得到了长足进步，但也面临两个层面的关键性缺失。

其一，权利内容的选择性立法，即程序性权利的肢解立法，这是纳税人程序性权利建造的最大问题。既有税收立法实践中，立法者偏好和习惯将本应圆满的程序性权利进行拆分，或者增加限制，或者缩小权利范围和内容，从而导致整体性的权利以不圆满的形式呈现出来。

比如，《总局09年1号公告》将"知情权"解释为：纳税人有权向税务机关或税务人员了解国家税收法律、行政法规的规定以及与纳税程序有关的情况，包括：现行税收法律、行政法规和税收政策规定；办理税收事项的时间、方式、步骤以及需要提交的资料；应纳税额核定及其他税务行政处理决定的法律依据、事实依据和计算方法；与税务机关或税务人员在纳税、处罚和采取强制执行措施时发生争议或纠纷时，纳税人可以采取的法律救济途径及需要满足的条件。与之相关的"陈述与申辩权"被解释为：纳税人对税务机关或税务人员作出的决定，享有陈述权、申辩权。如果纳税人有充分的证据证明自己的行为合法，税务机关或税务人员就不得对纳税人实施行政处罚；即使纳税人的陈述或申辩不充分合理，税务机关或税务人员也会向纳税人解释实施行政处罚的原因。税务机关或税务人员不会因纳税人的申辩而

---

① Constitutional Declaration of the Rights of Taxpayers，参见潘英芳《纳税人权利保障之建构与评析——从司法保障到立法保障》，翰芦图书出版有限公司2009年版，第75—76、280页。

加重处罚。

这两项权利大体与OECD《纳税人权利示范宪章》中的"纳税人的被告知、被协助,以及意见被听从的权利"相近,基于此项权利:稽征机关将始终以礼貌与体贴待人,原则上稽征机关将做到:①帮助纳税人了解并遵守税法上义务;②向纳税人解释关于其案件所做成的决定及其理由;③在一定日数之内(或者在尽可能短的期间之内)退还溢付税额,并且在法律允许的情形下,就该数额加计利息退还;④在一定日数之内(或者在尽可能短的期间之内)回复纳税人的书面询问;⑤在尽可能短的期间之内回应紧急的需求;⑥即刻回复纳税人的电话询问,不得有必要的转接;⑦在尽可能短的期间之内回应(未能当场解决的)电话询问;⑧最小化纳税人对于税法的遵守成本;⑨在关于税捐案件的调查过程当中,让纳税人有机会偕同其经认证的法律或税务咨询在场;⑩在税务调查程序结束的一定日数之内(或者在尽可能短的期间之内)提供纳税人该程序之详尽记录及其他书面资料并告知稽征机关据以做成决定之理由;⑪在牵涉推计资料的情形的时候,告知纳税人推计过程的资料细节。①

比照两个规范文本对同一权利的内涵和外延,以及各自对权利映照的征税主体的要求,《总局09年1号公告》以及源头确定知情权和陈述与申辩权的税收法律、法规对该项权利的肢解性立法不证自明。

其二,权利属性的交叉混同,部分关键性权利的缺位依然存在。虽然《总局09年1号公告》公告的程序性权利不管是在具体权利的数量上,还是在权利的具体种类上都具有极大的丰富性,堪称我国纳税人权利的中心构造。但是,这种权利配置架构的缺憾也不可忽略。

一方面,因为《宪法》和"税收基本法"中实体性权利的整体缺位,致使《税收征收管理法》及其实施细则一定程度上担负起"税收基本法"的职能,从而导致既有权利属性的混乱。比如,既存在实体性权利与程序性权利交叉混合的问题,又存在实体性权利程序化与程序性权利实体化并存的镜像,还存有工具型程序权利弱化与价值型程序权利强化的悖论。另一方面,一些关键性程序权利的缺位依然存在。比如,纳税人的正当程序保障权利向来都是各国纳税人权利保护立法的核心,也是价值型程序权利的题中应有之义和其功效的集中展现。尽管要找到一种普适性的、绝对的标准来衡量

---

① The Taxpayers' Charter of OECD Introduction,参见潘英芳《纳税人权利保障之建构与评析——从司法保障到立法保障》,翰芦图书出版有限公司2009年版,第70—71、274—275页。

正当程序几乎是不可能的。但是，我们可以根据人类的共同心理需求，提出一种可适用于所有现代文明社会的最低限度的程序正义要求。① 其中，参与治理、程序合法、程序和平、人道和尊重个人尊严、保护隐私、自愿、程序公正、程序理性、及时性和终局性等②，都具有重要的参考价值。根据这些要求，正当程序可以界分为两个基本原则，即"政府必须遵从可适用的规则"，以及"提供不同情况下的最低限度的程序保障"③。透析前述要求和原则，正当程序主要有以下几项指标：程序的参与性、程序的中立性、程序的及时性、程序的确定性等④。

虽《总局09年1号公告》中的"陈述与申辩权""对未出示税务检查证和税务检查通知书的拒绝检查权"和"依法要求听证的权利"等具体权利已经蕴含了正当程序保障权利的部分内涵，但作为一项总括性的权利样态，纳税人的正当程序保障权利至今尚未被立法所明确。即便是基于权利子项立法模式考虑，正当程序保障权利的缺位也较为明显。比如，要求说明理由的权利作为正当程序下的子权利，它不仅可以制约征税权的恣意行使，促进权力以富有理性的方式行使；而且有助于纳税人理解已经作出的决定并对决定的合理性作出评价。当纳税人对决定不服而申诉时，征税主体所给出的理由可以作为申诉或审查的基础。如此重要的一项正当程序权利，同样未直接出现在现有税收法律、法规之中⑤。与之类似的还有请求回避权、要求程序主持者中立的权利等。⑥ 概而言之，《总局09年1号公告》虽汇整了《税

---

① 参见陈瑞华《程序正义论——从刑事审判角度的分析》，《中外法学》1997年第2期。

② Robert S. Summers, Evaluating and Improving Legal Processes——A Plea for "Process Values", 60 Cornell Law Review (1974), pp. 20–27.

③ Edward L. Rubin, Due Process and the Administrative State, 72 California Law Review (1984), p. 1131.

④ 参见郑春燕《程序的价值视角——对季卫东先生〈法律程序的意义〉一文的质疑》，《法学》2002年第3期。

⑤ 值得注意的是，税务总局已经关注到了纳税人"要求说明理由的权利"这一具体权利形态，且通过嵌入征税主体"义务"模式间接助推和确保这项具体权利的实施。典型例证是，《关于全面推进依法治税的指导意见》（税总发〔2015〕32号）"六、坚持严格规范公正文明执法"之"（四）加强规范文明执法"明确规定："完善执法程序，建立执法全过程记录制度。规范税务行政裁量权，完善税务行政裁量权基准制度，制定全国统一的规范税务行政处罚裁量权行使规则。稳步推行重大税收执法行为说明理由制度，积极探索税务行政执法案例指导制度。积极探索运用柔性指导、疏导等方式，促进税收共治，提升税法遵从度。"

⑥ 参见施正文《略论税收程序性权利》，《税务与经济》2003年第1期。

收征收管理法》及其实施细则和相关税收法律、行政法规中的纳税人权利与义务，开启了我国纳税人权利保护立法的全新时代，但它形塑的权利建造模式不管是基于权利属性与形态，还是出于权利内涵和外延都有一定的局限性。特别是伴随着纳税人权利保护专门立法的出现，现行的纳税人权利结构与配置模式弊端更为明显。

以加拿大《纳税人权利法案》为例，加拿大于1983年颁布《情报自由查询和隐私权》，1985年和2002年两度公布《纳税人权利法案》，赋予纳税人广泛的权利。根据该"法案"第三条规定：纳税人有如下权利：①纳税人可要求税收局提供关于加拿大所得税法中任一条款的英文版或法文版的以平易用语叙述的说明；②纳税人有权在税务稽查前就与自己之税捐债务有关的事项向政府官员做一通案的说明，或是要求就该等稽查过程出具字据或其他可资记录之凭证；③纳税人就与税捐债务有关的估税过程、救济过程有请求考虑权宜为之的权利；④若税收局掌握纳税人确定有或可能有退税权利或税捐债务缩减的数据时，纳税人有权获悉相关信息；⑤与纳税人有关或由纳税人所提供给税收局的数据，原则上均应保密，除非为加拿大所得税法之稽征所必需，且有法律依据时，始得例外；⑥纳税人得就税收局内任何职员之行为或言语不当之处提出申诉，并由该职员之上级官员获得说明，必要时得进一步向纳税人权利代言官提出申诉；⑦纳税人有权拒绝非依加拿大所得税法或其他法令所做成之请求提供信息；⑧纳税人不需举证证明税捐债务不存在之消极事实；⑨在纳税人依加拿大所得税法可能负担税捐债务的场合，纳税人有权指定顾问或代理人出席任何相关的会议，并且可以记录该等会议进行过程，且毋庸事先告知将为记录之事；⑩除非纳税人故意逃漏税捐，否则在发现短漏税款时，不得对纳税人就该等短漏之税款计算利息或处以罚金；⑪在纳税人已尽善良管理人注意义务之前提下，为免造成纳税人过重负担，纳税人有协调税款支付方案之权利；⑫在纳税人已尽善良管理人注意义务之前提下，为免造成纳税人、依赖纳税人提供生活给养之人及纳税人之员工的过重负担，纳税人有接受保护署援助，以协调税款支付方案之权利；⑬仅在初步证据显示税捐债务之执行有此必要的时候，纳税人才有义务接受诸如扣押财产或冻结资产等保全处分，该等处分必须同时注意到依赖纳税人提供生活给养之人及纳税人之员工的利益；⑭纳税人为保障前①—⑬所列举之权利，有权接受纳税人权利代言官的协助。①

---

① Taxpayers' Bill of Rights of Canada，参见潘英芳《纳税人权利保障之建构与评析——从司法保障到立法保障》，翰芦图书出版有限公司2009年版，第60—62，266—267页。

以此观测《总局09年1号公告》中列示的纳税人具体权利及其解释,我国税收立法中纳税人具体权利形态和内容的"宣示性"色彩和"选择性"立法一览无余,致使多数具体权利难以从规则走向实践,久而久之,便有沦为纸面上权利的危险。与此同时,关联性权利之间的"断裂"与"老死不相往来",致使各种权利之间的组合配置效应难以实现。事实上说,每种权利都力图确保纳税人某一方面的权益,也必然具有权利的局限和短板,相互之间合力运行,方可建构有力的权利保障链条。不管是主动选择,还是被动陷于这些立法陷阱,最终都会延缓或阻碍纳税人权利的保障。如此来看,《总局09年1号公告》充其量只是公告了纳税人现有的,且更多还只是部分程序性权利而已。

从国际经验上看,纳税人权利多半都会从两个层面进行理解和建构:第一个层面,是宪法意义上的、宏观的纳税人权利,主要以公民权的形式存在,同时附加有关国家机关的义务性规定,如依法纳税的权利、参与权和监督权。第二个层面,是税法意义上的、微观的纳税人权利,即在具体的纳税人与征税主体的关系中产生的权利,如知情权、陈述与申辩权、诚实推定权等,其中还可以分为实体性权利、程序性和救济性权利。一个完善的纳税人权利体系,应当是以宪法性权利为统领,以实体性权利为核心,以程序性权利为基础,以救济性权利为保障的体系。比照《税收征收管理法》及其实施细则和相关税收法律、行政法规中的纳税人权利,不难发觉,纳税人权利保护的理念仍未融贯于现行税收法律、法规之中,纳税人实体性权利、程序性权利,尤其是救济性权利还很薄弱和不周全,理想中的纳税人权利体系构造任重道远。[①]

(二)纳税人权利的保障失当

"衡量一个国家法治程度的最好指标就是公民的权利有没有得到法律的保障,在个人的权利受到侵犯的时候能否获得救济。"[②] 如法谚所云:"有权利,必有救济。"凡权利受侵害时应有法律救济之方法,此为权利之本质。现代法治国家之所谓法律救济方法,是指请求法院救济之途径,亦即人民之诉讼权。人民之权利有无受侵害,是属于法律上之争议,应由法院审理。私

[①] 参见刘剑文《纳税人权利保护:机遇与挑战》,《涉外税务》2010年第5期;刘剑文:《税收征管制度的一般经验与中国问题——兼论〈税收征收管理法〉的修改》,《行政法学研究》2014年第1期。

[②] 张富强、卢沛华:《纳税人权利的概念及现状》,《学术研究》2009年第3期。

法上的权利争讼如此，公法上之权利亦然，故实质意义的法治国家，就是司法国家，任何法律（公法与私法）上之争讼，皆应由法院裁判，人民亦都有请求法院裁判之权利，此种权利，不可轻予剥夺。[①] 据此，纳税人具体权利受到侵害时，不仅享有诉请法院裁判之形式上权利，而且享有实际上有效的法院审查之实质的请求权。其法律救济方法既不得被排除，且人民对于法院之利用，亦不得以无期待可能性而基于事物之理由复无法正当化之方式予以妨碍，亦即不应使人民之诉讼权行使，在事实上或法律上遭受不可期待之妨碍。[②]《行政诉讼法》第二条第一款规定："公民、法人或者其他组织认为行政机关和行政机关工作人员的行政行为侵犯其合法权益，有权依照本法向人民法院提起诉讼。"按理说，"行政诉讼法既已规定公民、法人和其他组织对行政机关和行政机关工作人员的具体行政行为侵犯其合法权益的行为有权依法向人民法院提起诉讼，就不应当在法律上设置不必要的特权与豁免权，阻碍人民的诉讼权利的行使，使其合法的权益得不到保障。"[③]

然而，现行《税收征收管理法》却一改《行政诉讼法》第二条第一款确立的诉权配置格局，对纳税主体的诉权进行了限制性规定。该法第八十八条第一款明确规定："纳税人、扣缴义务人、纳税担保人同税务机关在纳税上发生争议时，必须先依照税务机关的纳税决定缴纳或者解缴税款及滞纳金或者提供相应的担保，然后可以依法申请行政复议；对行政复议决定不服的，可以依法向人民法院起诉。"该款规定的"纳税争议"是指纳税人、扣缴义务人、纳税担保人对税务机关确定纳税主体、征税对象、征税范围、减税、免税及退税、适用税率、计税依据、纳税环节、纳税期限、纳税地点以及税款征收方式等具体行政行为有异议而发生的争议。[④] 该款规定即为学界所谓的"双重前置程序"。

这一制度并非 1993 年《税收征收管理法》中的空降之物，而有其明晰、且前后承继的演进脉络。早在 1986 年，国务院颁发的《税收征收管理暂行条例》第四十条便明文规定："纳税人、代征人或其他当事人同税务机关在纳税或者违章处理问题上发生争议时，必须首先按照税务机关的决定缴

---

① 参见翁岳生《行政诉讼制度现代化之研究》，《"国立"台湾大学法学论丛》第 4 卷第 1 期（1974 年 12 月）。

② 参见陈清秀《行政诉讼法》（修订七版），元照出版有限公司 2015 年版，第 7 页。

③ 王雪梅：《司法最终原则——从行政最终裁决谈起》，《行政法学研究》2001 年第 4 期。

④ 参见《税收征收管理法实施细则》第一百条。

纳税款、滞纳金、罚款，然后在十日内向上级税务机关申请复议。上级税务机关应当在接到申诉人的申请之日起三十日内作出答复。申诉人对答复不服的，可以在接到答复之日起三十日内向人民法院起诉。"《税收征收管理法》创立之时，有关"纳税争议"的解决机制未作调整，依然奉行《税收征收管理暂行条例》构造的税务复议前置模式，即将缴纳或者解缴税款及滞纳金作为税务行政复议的前提。但是，对于"纳税争议"之外其他类型的税务争议改复议前置制度为自由选择复议制度，而且对罚款的争讼也不再要求先行缴纳罚款。现行规定是2001年《税收征收管理法》全面修订的产物。其与既往立法的不同之处在于，允许纳税人、扣缴义务人、纳税担保人（以下统称"纳税人"），在提供担保后申请行政复议。

"双重前置程序"的存在，对纳税人而言意味着，一旦与征税主体发生纳税争议，则不仅税务行政复议是税务行政诉讼的前置程序，而且税务行政复议本身也需要满足法定的条件。倘若纳税人不能足额缴纳或者解缴税款及滞纳金，或者提供相应的担保，同样不得申请税务行政复议。尽管增加纳税担保的内容之后，税务复议的条件已经有所缓和，但迄今为止，这仍然是一个饱受诟病的条款。一般认为，法律之所以如此强硬地要求，当事人只有在缴纳税款及滞纳金后才能申请复议，主要是考虑税款的及时安全入库。如果当事人直接申请复议，按照现行的税务争讼程序，从复议到诉讼，从一审到二审，至少要经历半年以上的时间。在这段时期内，国家税款可能面临各种各样的风险，对国家利益可能会构成损害。不仅如此，如果当期的税收不能当期入库，必须等争讼程序结束才能实现，这还会增加税收管理的难度。[1] 同时，因为涉税纠纷及其解决都涉及一些专业技术知识，由熟悉业务的行政机关先行处理，既有利于及时解决纠纷、提高行政效率，又有利于减轻法院的工作压力。一旦取消复议前置程序，大量的税务行政争议案件就会涌入法院，不但"必定增加法院的工作量和工作强度"，而且也会增加税务行政机关的工作量。况且，对于纳税人而言，直接提起行政诉讼需要花费大量的时间、人力和费用，而且由于法院本身的问题同样可能会导致纳税人无法得到权利救济的结果。如此看来，双重复议前置似乎是一个对各方都非常好的制度安排。[2]

---

[1] 参见熊伟《税务争讼制度的反思与重构》，《中南民族大学学报（人文社会科学版）》2004年第5期。

[2] 参见王鸿貌《我国税务行政诉讼制度的缺陷分析》，《税务研究》2009年第7期。

看似无懈可击的解释，深究起来实在是漏洞百出。亦如学者所言：根据《行政复议法》和《行政诉讼法》之规定，在行政复议和行政诉讼期间，原则上不停止具体行政行为的执行。税务机关在税务行政诉讼期间只要认为纳税人有转移资产等行为、可能会造成日后国家税款无法追缴的情况时，照样可以执行所作出的具体行政决定。即使法院认为应该停止执行的，也必须要在公共利益与当事人之间进行谨慎的衡量与选择，而不会贸然行事。因此，设置先行纳税与保障税款安全、减少国家税收风险之间，实质上并无必然的联系。与此同时，先行纳税的规定，会导致那些无力缴纳或者解缴税款及滞纳金的纳税人丧失寻求司法救济的机会，结果上不但剥夺了这部分纳税人所应享有宪法规定的诉讼权利，而且还会破坏纳税人所应享有宪法所规定的平等权利，造成对纳税人权利的重度侵害。①

虽然2001年《税收征收管理法》修订时，第八十八条增补规定纳税人提供担保即可取得提起行政复议的权利，看似化解和缓和了"双重前置程序"对纳税人权利造成危害的可能和程度。但问题是，由于《税收征收管理法实施细则》第七十三条规定的提供担保的时间过短，且在没有明确规定是提供担保物或者担保人即可还是必须办理完担保手续才行的前提下，税务行政复议机关将其解释为办理完担保手续。加上行政复议机关对纳税人提供的担保物有不合理甚至不合法的衡量标准，导致这个选择项对纳税人来讲形同虚设，纳税人除非有足额现金储备，否则行政复议权将被剥夺，诉权也将随之丧失。实践中，由于纳税人很难在税务机关指定的时间内筹集到足够的现金或者提供相应担保，导致实际能提起税务行政复议的纳税人很少，借助"双重前置程序"配置的诉权而实现纳税人权利保障的更是凤毛麟角。②

况且，纳税人即便能够如期足额缴纳或者解缴税款及滞纳金或者提供相应的担保，提起税务行政复议，但行政复议制度若不做针对性的制度调适，较之于直接提起行政诉讼，纳税争议未必能够得到更高效的解决，被损害的纳税人权利也未必能够得到更圆满的救济。实践中，行政复议的制度优势和理想功能并非得到充分展现。相反，立法者奉行对"行政复议司法化刻意反其道而行之"的思路缺陷反而得到较大程度的印证。行政复议立法与实践中，超脱性、中立性和独立性的多重缺失，致使行政复议公信力低下。与

---

① 参见王鸿貌《我国税务行政诉讼制度的缺陷分析》，《税务研究》2009年第7期。
② 参见廖仕梅《废除税务行政救济前置条件的必要性与可行性》，《行政法学研究》2017年第1期。

之不同，多数国家选择复议前置模式的前提是税务行政复议机关本身不论在机构设置还是人员组成上都是独立的，能够给税收相对人提供充分有效的行政救济。而我国受理税务行政复议事项的机构是税务机关的内设机构，难以超脱税务机关整体利益关系，税务行政复议机关缺乏独立性和超脱性。而这种独立性、中立性和超脱性的欠缺，必然导致其公正性和正当性的不足，复议前置的实践效果会大打折扣。[①]

例如，一向被视为行政复议制度核心竞争力的"方便快捷、方式灵活、成本低廉"，实践中并未能得到充足的验证。根据现行《行政复议法》与《行政诉讼法》相关规定，不仅行政复议和行政诉讼在接受申请人申请与处理纠纷时间上大致相同或者相近，行政复议制度在便民、效率等方面并没有显示出特色和优势；而且两者的受理和审查方式也没有大的区别，实践中也难以看出行政复议方式究竟灵活在什么地方。至于"成本低廉"同样欠缺足够的说服力。如果只是从费用角度比较的话，实际上目前行政诉讼收取费用也很低，一般的案件往往只有几十元的受理费用，对当事人来说，实在不能说是"成本高昂"。但除开费用之外，"成本低廉"还能通过什么形式表现出来呢？相较于行政诉讼，行政复议这方面的制度优势事实上已近丧失殆尽了。可见，不管是从法律文本处观测，还是从制度运行上勘察，行政复议的制度优势都不再明显。再加上长期以来，许多地方政府行政复议机构由于多种原因，不能严格依法办理行政复议案件，有案不受、有错不纠现象相当突出。而行政复议上位监督的严重缺位，又进一步导致复议机关法律责任担当的缺失。[②] 凡此种种，都无法让人对"双重前置程序"充满乐观和信心。

其实，深入探究的话，"双重前置程序"中的"先行纳税"或曰"清税前置"和"复议法定前置"的问题还不完全一样。虽然从比例原则上观测，两者最终都难以通过适当性、必要性和均衡性的审查。但在前奏的目的正当性方面，两者却有着天壤之别。恰如学者所言："清税前置"之形式上目的基于这样一个逻辑基础：当单个纳税人的权利与国家税收权相抵牾时，优先保护国家税收权以保障公共财政的充盈，否则会导致由于财政资金匮乏而无法供给公共产品和服务，最终受损的是全体社会公众。从根本上讲，"清税

---

① 参见刘剑文《税收征管制度的一般经验与中国问题——兼论〈税收征收管理法〉的修改》，《行政法学研究》2014 年第 1 期。

② 参见杨海坤、朱恒顺《行政复议的理念调整与制度完善——事关我国〈行政复议法〉及相关法律的重要修改》，《法学评论》2014 年第 4 期。

前置"实质目的（或真正目的）是减少复议或诉讼的发生。即使减少复议或诉讼的发生可能不是立法者的原初目的，但也被税务机关推演为首要行政目的。从应然角度看，税务争议处理程序的目标不应是为了限制复议、诉讼的发生，而应是充分赋予和保障纳税人进行复议、诉讼的权利。因此，尽管"清税前置"形式上目的能通过目的正当性审查，但其实质目的仍可能受到诟病。

与之不同，"复议法定前置"的目的在于提高争议解决效率，减轻法院负担。不管这一目的最终能否顺利实现，但最起码其目的定位还是正当的。因此，纳税人对"清税前置"和"复议法定前置"的容忍度也是不一样的。在征纳双方的"纳税争议"没有查清并得到公正裁决之前，强行植入"清税前置"更似一种"有罪推定"，不仅手段和目的之间缺乏必要的平衡，更为重要的是其本身的目的也不具有最起码的正当性，与纳税人本有的诚信推定权背道而驰①，因而可以认为是对法治国家所要求的比例原则的严重违反，将其废止并无异议。"复议法定前置"则不同，其目的至少具有正当性，只是手段与目的之间不成比例而已。对于此种制度弊端，除开彻底废弃之外或许还有改进和完善之路。比如，可以考虑调整现行"复议法定前置"为"复议诱导前置"，即赋予纳税人自由选择权的同时，采取正负激励手段引导纳税人优先选择复议程序处理税务争议。法律对于优先选择税务行政复议的纳税人进行权利救济成本的补偿，相反，对于为拖延纳税的恶意诉讼等行为进行处罚。② 因为无论对于国家抑或纳税人自身，其税法上的权利均属目的而不是手段。但行政权却只能以纳税人的权利利益，乃至整个社会、国家利益的维护保障为目的，将行政权行使之本身视为实现这一宗旨之手段。故若围绕纳税人权利的需求、发展、保障来设立行政职权和救济机制理所应当，反之则不然。③

综上所述，虽然《行政诉讼法》第二条明确了纳税人的诉权，但《税收征收管理法》第八十八条无端嵌入"双重前置程序"，对纳税人的诉权进行了极大的限制。这一限制也为《总局09年1号公告》所广而告之。该"公告"虽明确了纳税人的"税收法律救济权"，但终究只是《税收征收管理法》及其实施细则和相关税收法律、行政法规的翻版和重申而已，纳税

---

① 参见张富强《论纳税人诚实纳税推定权立法的完善》，《学术研究》2011年第2期。
② 参见付大学《比例原则视角下税务诉讼"双重前置"之审视》，《政治与法律》2016年第1期。
③ 参见罗豪才、崔卓兰《论行政权、行政相对方权利及相互关系》，《中国法学》1998年第3期。

人权利保障机制的运行并未因《总局09年1号公告》中"税收法律救济权"的明确而得到实质性改观。相反，即便不论"双重前置程序"的制度缺憾，《总局09年1号公告》列示的"税收法律救济权"并无更多的操作对策，致使原本已被限制的"税收法律救济权"犹如原地踏步，与期待中的权利救济制度仍有距离。

比照 OECD《纳税人权利示范宪章》，这种距离清晰可见。该"宪章"对应于"税收法律救济权"的是"纳税人的救济的权利"。该权利被解释为：原则上稽征机关将做到：①在纳税人有疑问或需要澄清的时候，充分解释纳税人的请求再次审阅、抗议或救济的权利；②在纳税人认为稽征机关事实认定错误、法律适用错误或个案处理不当时重新审阅该个案；③确保税务案件的再次审阅是由与第一次处分无所牵涉的稽征机关代表以全面、专业公正的态度为之；④除非该案件需要进一步的资讯或者该案件是异常复杂的案件，稽征机关应该在一定日数之内（或者在尽可能短的期间之内）做出决定；⑤在纳税人的抗议被全部或部分否定的时候给予理由；⑥仅在系争案件需要时才要求纳税人提供进一步的资料。① 该"宪章"中"纳税人的救济的权利"的确权路径有别于《总局09年1号公告》中"权利宣示"的思维模式，取而代之的是"义务明定"的思维径路，即通过课加、明确征税主体的义务进而保障纳税人权利不受侵害，此种救济性权利的设计路径无疑更有利于纳税人权利的保障，更有助于避免或降低纳税人权利保障失当的风险和概率。这一路径既映照了我国纳税人权利保障失当的制度现实，也提供了可以进阶的改进方向。

（三）纳税人义务的刚性扩张

法学研究中常常会碰到这样一种现象：一些为人们特别熟悉的问题一旦形成定论，人们便很容易习惯地对此予以接受，但如果对这些观点加以细究，则会发现这些定论并非那么科学和合理。纳税人权利与义务的问题便是如此。② 相较于纳税人权利，纳税人义务并不是一个受人待见的话题。尤其是在20世纪90年代以后，权利本位论逐渐成为法理学界的主流学说理论。占据主流地位的权利本位理论，成为部门法学界欣然模仿的对象，并根据权利本位论的观点改造和重建了各自的学科理论体系。税法学界也是如此。纳

---

① The Taxpayers' Charter of OECD Introduction，参见潘英芳：《纳税人权利保障之建构与评析——从司法保障到立法保障》，翰芦图书出版有限公司2009年版，第71—72、275—276页。

② 参见马岭《公民义务的相对性——一个新的分析视角》，《法律科学》1993年第6期。

税人权利也顺势成为学界的中心话题,而纳税人义务的探究远未引起学界的重视。与之不一的是,纳税人义务并未就此退出税收立法的前沿阵地。相反,它始终处于税收立法的中心,惯常出现在税收执法,乃至于税收司法的聚光灯下。究其本源在于,权利本位论绝非要割裂权利与义务的内在联系,也并非意味着义务不再重要,更不意味着就此放弃义务或忽视义务,而只是主张在法律制度设计、法律体系的构造中,都应当从权利出发来制定法律行为规范,配置法律权利义务。

易言之,在权利本位论映射下的法律部门,依赖权利本位构造的法律部门,虽然是以权利为基点构造成逻辑严密的体系,但是义务依然是权利本位论中的当然内容,也是权利义务配置的逻辑要求。权利本位论中的规范构造不仅可以以权利规范的形式呈现,而且可以以义务规范、法律责任的条文形式等出现。也就是说,作为法律精神和理念的权利本位理论,可以在法律规范上以权利或者义务的面目出现,或者说权利或者义务是表现形式。[①] 就税收征纳主体和各自的权义配置运行而言,无论是秉持义务本位论视角,还是以权利本位论观察,纳税人义务无论在理论阐释中,还是在实际运作中都具有决定性的意义。这既是因为征纳主体权利不能离开义务而成为独立的存在物,也是因为征纳主体权利本身若脱离了义务便无法进一步推演。尤其是纳税人义务对于税收法律关系、税收法治乃至于税收法治意识的走向都有着决定性的作用。[②]

如学者所言:"法律义务是为保障权利和权力的有效运行或实现,而由法律设定或当事人约定并通过预设一定的法律责任来保障的、相关主体在一定条件下必须作或不能作的某种行为。它有四大表现形态:即权利对权利的义务,权利对权力的义务,权力对权利的义务和权力对权力的义务;其中每一形态又包含若干亚类。人们之所以履行义务,有多种原因,但归根结底是为了自我权利的实现。"[③] 这也是设置义务的合理性之所在,因为义务是在社会资源有限的情况下为解决社会成员的两种或两种以上需要的互损性或冲突性而形成的。一般说来,那种在价值上具有优先性,在群体中具有共同性

[①] 参见钱大军《环境法应当以权利为本位——以义务本位论对权利本位论的批评为讨论对象》,《法制与社会发展》2014年第5期。

[②] 参见关保英《论行政主体义务的法律意义》,《现代法学》2009年第3期。

[③] 胡平仁:《法律义务新论——兼评张恒山教授〈义务先定论〉中的义务观》,《法制与社会发展》2004年第6期。

的需要的满足度，就是义务确定的依据。为了保证在价值层次上比个体自由价值更高的包含着个体需要的社会共同性需要得到先行满足，而减少个体自由这种义务承担的适度性在于这种社会共同性需要得以满足的充分性。实践中，立法者习惯于将与包括着个体自我需要的共同性优先需要相冲突的那部分行为从个体自由中排除出去并以义务的形式加以确定（做或不做）。这种"排除冲突"的义务设定方法便是以社会共同性优先需要的充分满足度作为个体义务承担的度量限制。概言之，义务的合理性在于义务所指向的社会共同性需要得以满足的必要性和适度性。①

换句话说，任何一项具体法律义务的创设都不能任性而为，必须遵循义务本体的必要性和适度性，从而达至义务本应具备的合理性、正当性和谦抑性。纳税人义务的设置更应如此，毕竟不管税法针对纳税人创设或追加何种义务，都会直接或间接驰援和强化国家的征税权。而"国家征税实际上是对私有财产行使支配权，是对私有财产的一种'侵犯'"②。然而，《税收征收管理法》及其实施细则和相关税收法律、行政法规显然未能充分顾及到纳税人义务创制中理当遵循的合理性、正当性与谦抑性等理念。现有的纳税人义务结构与发展趋向也远非《总局09年1号公告》中纳税人权利与相应义务的表层数量比例显示的那般乐观。仅从纳税人权利与义务数量的配比度处初略观察，税收立法者貌似恪守着权利本位理论，也更青睐于纳税人权利之于税收法治的价值。

通常的例证即为，《总局09年1号公告》明确列示的纳税人权利多达十四项，而列明规定的纳税人义务却只有十项。实则不然，因为《总局09年1号公告》中"十、报告其他涉税信息的义务"的制定技术与之前的九项纳税人义务的设置技术完全不同。之前九项义务总体尚可归入单一的、具体的义务形态，而第十项义务则属典型的、类型化的义务形态，即它实质上包含有四项更为具体的纳税人义务形态："关联企业之间的业务往来资料报告义务""企业合并、分立的报告义务""报告全部账号的义务"和"处分大额财产报告的义务"。如此深究的话，即便从纳税人权利与义务的数量比例处精算，比分也远非"14比10"，而至少是"14比13"。如果再考虑到诸如"六、按时缴纳税款的义务"中蕴含着惩罚性的"滞纳金义务"等复合性的义务形态等因素，纳税人权利与义务的显性比例还会进一步变化，乃

---

① 参见北岳：《法律义务的合理性依据》，《法学研究》1996年第5期。
② 陈少英：《宪法框架下我国财产税法的变革》，《交大法学》2014年第1期。

至于出现颠覆性格局。事实上，新型纳税人义务形态的渐次增设，既有纳税人义务内涵和外延的大肆扩围，与纳税人义务相匹比的责任类型、幅度与范围等的整体扩展，都极大地延缓和弱化了权利本位理论在税收立法中的真切实现，以至于学术文献中的纳税人权利优位与法律文本中的纳税人义务强化形成独特的风景线。这种理论上权利优位，实践中义务当先的权义悖论，既是税收法治的基础环境，也是权义结构的另类失衡。

于纳税人具体义务形态的增设而言，三十年来这一现象虽不常见但也偶有为之。纳税人新型义务的增设既可能应因于技术革新，也可能催生于税收征管体制变革，还可能发端于权义配置的内生规律。从义务设置的合理性、正当性与谦抑性上看，应因于技术革新和税收征管体制变革的义务增设应该遵循比例原则，最大限度地实现稽征经济。发端于权义配置规律的义务新设理当坚守控权的基本理论，竭力实现权义之间的平衡格局。但观测既有新生纳税人义务的增设，多数都未能贯彻这些义务设置背后的法理。比如，不管是 1986 年首创的《税收征收管理暂行条例》，还是 1993 年全新实施的《税收征收管理法》，均无明令要求纳税人安装、使用税控装置的强行规定。演进至 2001 年时，《税收征收管理法》全面修订，随之《税收征收管理法实施细则》也同步修订。借助这两次修订，不仅"按照规定安装、使用税控装置的义务"一跃而为纳税人的新增义务，而且税控装置的电子报税等有关数据和资料也随即成为纳税人应予履行的附随义务。更为重要的是，该项义务同步配置了可供操作的责任条款。未按照规定安装、使用税控装置，或者损毁或者擅自改动税控装置的纳税人，将由税务机关责令限期改正，可以处二千元以下的罚款；情节严重的，处二千元以上一万元以下的罚款。[①] 同时，这项义务的新设，还会诱发《计量法》与《行政处罚法》等相关法律责任的可能。[②] 责任条款的导入，使得这项新增义务并非只是形式上的宣示

---

① 参见《税收征收管理法》第二十三条、第六十条；《税收征收管理法实施细则》第二十三条、第二十八条、第三十四条。

② 《关于加油机安装税控装置和生产使用税控加油机有关问题的通知》（国税发〔1999〕110号）第四条"违反规定的处罚"规定："（一）凡加装税控装置后的加油机或新安装的税控加油机未实施计量强制检定的，由质量技术监督部门对加油机实施查封，依照《中华人民共和国计量法实施细则》第四十六条给予处罚。（二）加油站销售的成品油，其实际量与销售结算量不符，给用户或消费者造成损失的，由质量技术监督部门按照《商品量计量违法行为处罚规定》进行处罚。（三）凡破坏或擅自改动、拆卸加油机和税控加油机的，质量技术监督部门依据《中华人民共和国计量法》的有关规定进行处罚。（四）凡未按本通知的规定加装税控装置或使用税控加油机的，以及未进行税

性义务，而成为实质上的刚性义务。

照理说，税控装置作为重要的技术推进，嵌入至现行税收征管之中，也算是稽征经济的具体运用。毕竟，在兼顾平等课税的同时，简化税法，降低征纳成本，原本就是稽征经济的实质目的。② 但是，依循义务创设的配套文件，不难发现这一目的并非决策者所力图实现的主导性目的。取而代之的是加强税收管理、堵塞税收漏洞③以及确保营业税改征增值税的全面推进④等非稽征经济所意图实现的目标。尽管这一新设义务相随的目的客观上可能会实现或至少是部分实现稽征经济的目标，但终究不是义务创设时应予恪守和追寻的主导性目标，尤其是当稽征经济追求与税收政治发生冲突时，义务创设理应遵循的稽征经济等本体理念将难以确保。基于此种认识，纳税人的新增义务难言是合理性、正当性与谦抑性的运转产物，更多是国库主义和征管便利的交织结果。

相较于具体义务形态的增设而言，既有税收立法对纳税人同一义务内涵和外延的扩围更为隐蔽。这种义务内容上的扩围虽然未曾增设纳税人的义务种类，也未能扩大纳税人应予履行的义务数量，但是它同样增加了纳税人的本有义务和负担。与显性的义务形态增设不同，这种隐性的义务内容扩展更值得关注。因为这种义务内容上的扩展不仅形式上不会引起纳税人义务种类与结构的变化，而且实质上也不致颠覆纳税人既存的权义配置体系。毕竟，

控初始化的加油机，由税务机关对加油机实施查封，停止其使用。（五）凡破坏或擅自改动、拆卸税控装置的，以及未经税务机关批准，使用非税控方式销售成品油的，根据《中华人民共和国行政处罚法》的处罚授权规定，税务机关可处以 10000 元以下罚款。（六）凡采取本条第三、四、五款所列违反规定的行为造成加油站成品油销售数据不实，并以此进行纳税申报的，按偷税处理。（七）对有本条上述行为，经处罚后仍不改正的，可提请工商行政管理部门取消其经营资格。"

② 参见黄茂荣《税法总论》（第一册增订三版），植根法学丛书编辑室 2012 年版，第 593 页。

③ 典型如，《关于加油机安装税控装置和生产使用税控加油机有关问题的通知》（国税发〔1999〕110 号）文首部分即明示："……为了加强加油站的税收管理，堵塞税收漏洞，打击成品油流通领域的违法活动，维护消费者的合法权益，同时配合国家实施道路和车辆收费改革，做好成品油市场的清理整顿工作……"类似的规定还出现在《关于加油机安装税控装置的通告》（国税发〔2000〕76 号）之中，该"通告"同样在文首部分明定："为了……加强加油站的税收管理，堵塞税收漏洞，国家税务总局决定对全国的加油站加油机安装税控装置……"

④ 《关于进一步做好营改增税控装置安装服务和监督管理工作有关问题的通知》（税总函〔2016〕170 号）文首部分明确规定："为加强营业税改征增值税（以下简称营改增）纳税人税控装置安装服务的管理，确保 2016 年 5 月 1 日如期顺利开出增值税发票……"

所有的纳税人义务其核心都在于纳税义务。税收征纳活动主要也是围绕纳税义务的履行而展开的。① 只要这一前提不变，任何具体义务的内容扩围都不太可能置整体的纳税人义务于血雨腥风之中。况且，"与基本权利的客观法性质决定国家义务一样，基本权利内在结构的不同也决着国家义务的结构"②。同理，稳定的纳税人权利体系，亦会加强对义务体系变动的掣肘。凡此种种，都使得纳税人同一义务的内容扩围现象远未引起社会各界的重视，也使其成为国家税权扩围的重要手段。

以纳税人"接受依法检查的义务"为例，在《税收征收管理暂行条例》时代，立法仅课以纳税人"接受税务机关的监督检查，如实反映情况，提供有关资料，不得隐瞒、阻挠、刁难"以及"到外地从事生产、经营、提供劳务，必须持其原所在地税务机关填发的税收管理证明，向所到地税务机关报验登记，接受税务检查"之义务，而且义务的履行以有关机关的批准为前提，更被限制在极为有限的场所。③ 至1993年《税收征收管理法》时代，虽然"接受依法检查的义务"这一纳税人义务的具体型态未作任何调整，但是立法者既扩大了纳税人接受税务检查的场所和范围，又降低了税务检查的审批权限和难度④，还拓展了税务检查义务延伸的协力义务之履行主体⑤。这一针对纳税人"接受依法检查的义务"的内容扩展几乎都被2001年《税收征收管理法》所承继。有所不同的是，虽然从形式上看2001年《税收征收管理法》再无对纳税人的这一具体义务进行内容上的拓展，但事实上该法第五十五条授予的税务机关进行税务检查时对特定纳税人所享有的税收保全措施或强制执行措施之权力，实质上拓展了纳税人"接受依法检查的义务"内容。虽然每一标志性的立法更新，未必都会导致同一义务内涵和外延的扩围，但也并非孤案。

观测《税收征收管理暂行条例》以来的税收法律、法规，大体可以知晓这种具体义务内容的扩展主要出现在纳税人的协力义务形态之中。税法上之协力义务，系指在租税课征程序之中，课予纳税义务人协助机关探知课税

---

① 参见张守文《略论纳税主体的纳税义务》，《税务研究》2000年第8期。

② 杜承铭：《论基本权利之国家义务：理论基础、结构形式与中国实践》，《法学评论》2011年第2期。

③ 参见《税收征收管理暂行条例》第三十一条、第三十二条、第三十三条。

④ 参见《税收征收管理法》（1993年版）第三十二条。

⑤ 参见《税收征收管理法》（1993年版）第三十四条。

事实或阐明租税法律关系之义务。① 学理上,这种义务主要有五种类型:①申报及报告义务;②陈述及提示(文件)义务;③制作账簿及会计记录义务;④说明义务;⑤忍受(调查)义务。换言之,即提供税捐有关资讯之义务。② 这些义务基本都出现在《总局09年1号公告》之中。应注意的是,"所谓当事人之协力义务,虽有法律上之明文规定,然非谓稽征机关得任意课予纳税义务人协力义务。稽征机关课予纳税义务人协力义务之前,首应说明其何以命纳税义务人负担协力义务之理由。"③ 较之说明理由更为重要的是,谨防协力义务内容的悄然扩展,这已为既有税收立法所验证。

如果说纳税人具体义务形态的增设和同一义务内容的扩围只是纳税人义务的柔性扩展的话,则与纳税人义务相配的责任扩展可谓是实质上的刚性义务的扩张。因为究其本质,"法律义务是指主体应当采取的行为模式,是引起偏离模式行为者的法律责任的理由。"④ 责任,系义务主体违反义务,侵害他人权利或法益时应当承担的不利法律后果。责任与义务在法律上相互承接,违反义务即有责任之发生。因此,不论是在法律理念上,还是在法律规范中,为保证义务的履行,必有责任与之相对应。⑤ 故透过法律文本中的纳税人责任条款,同样可以看出纳税人义务的扩张趋向。从《税收征收管理暂行条例》至2001年《税收征收管理法》,可以发现纳税人责任制度主要呈现以下趋向:

其一,纳税人违反义务的责任条款日渐增多。例证是,《税收征收管理暂行条例》中的纳税人责任条款仅7条,且第三十九条还是专为代征人违反义务所涉。1993年和2001年《税收征收管理法》中直接针对纳税人的责任条款分别为14条和15条。

其二,纳税人违反义务之责任条款的具体实施措施日趋复杂和详尽。比如,《税收征收管理暂行条例》第三十七条对纳税人的漏税、欠税、偷税、

---

① 参见黄源浩《营业税法上协力义务及违反义务之法律效果》,《财税研究》第35卷第5期(2003年9月)。

② 参见葛克昌《税捐行政法:第四讲——协力义务与纳税人权益》,《月旦法学教室》第92期(2010年6月)。

③ 刘建宏:《当事人协力义务与税捐稽征机关举证责任之衡平》,《当代财政》第17期(2012年5月)。

④ 钱大军:《法律义务的逻辑分析》,《法制与社会发展》2003年第2期。

⑤ 参见杨解君《行政法的义务、责任之理念与制度创新——契约理念的融入》,《法商研究》2006年第3期。

抗税行为，更多只是设计较为抽象的责任条款，而 1993 年和 2001 年《税收征收管理法》则不仅将这些违规行为分别设置不同的责任条款，而且还进一步细化了具体违规行为的认定，大大提升了责任条款的可操作性。

其三，纳税人违反义务的追责力度有加重趋向。比如，《税收征收管理暂行条例》第三十七条针对纳税人的偷税行为直接设置的责任仅为"令其限期照章补缴所偷税款外，并处以所偷税款五倍以下的罚款"，而 1993 年《税收征收管理法》第四十条和 2001 年《税收征收管理法》第六十三条虽然都维持了《税收征收管理暂行条例》第三十七条中的"五倍以下的罚款"规定，但同时既提高了最低限额，又增加了刑事责任条框。以 2001 年《税收征收管理法》第六十三条第一款为例，它一方面规定"由税务机关追缴其不缴或者少缴的税款、滞纳金，并处不缴或者少缴的税款百分之五十以上五倍以下的罚款"，另一方面又规定："构成犯罪的，依法追究刑事责任。"

其四，同一类型的责任条款亦有扩大适用范围之情形。例如，1993 年《税收征收管理法》第三十七条设置的"由税务机关责令限期改正，逾期不改正的，可以处以 2000 元以下的罚款；情节严重的，处以 2000 元以上 1 万元以下的罚款"的纳税人违规情形仅三种[①]，而 2001 年《税收征收管理法》第六十条却将此项责任条款的适用范围扩展至五种情形[②]。

三　结构失衡的意识制约

通观《税收征收管理法》及其实施细则和相关税收法律、行政法规，形式上的征纳双方权义体系基本得以建立。但深究则不然，行政主导的税收法治格局仍未实质上得到改观，也为现行法律、法规的知识系统所验证。此

---

① 《税收征收管理法》（1993 年版）第三十七条规定："纳税人有下列行为之一的，由税务机关责令限期改正，逾期不改正的，可以处以 2000 元以下的罚款；情节严重的，处以 2000 元以上 1 万元以下的罚款：（一）未按照规定的期限申报办理税务登记、变更或者注销登记的；（二）未按照规定设置、保管账簿或者保管记账凭证和有关资料的；（三）未按照规定将财务、会计制度或者财务、会计处理办法报送税务机关备查的。"

② 《税收征收管理法》（2001 年版）第六十条规定："纳税人有下列行为之一的，由税务机关责令限期改正，可以处二千元以下的罚款；情节严重的，处二千元以上一万元以下的罚款：（一）未按照规定的期限申报办理税务登记、变更或者注销登记的；（二）未按照规定设置、保管账簿或者保管记账凭证和有关资料的；（三）未按照规定将财务、会计制度或者财务、会计处理办法和会计核算软件报送税务机关备查的；（四）未按照规定将其全部银行账号向税务机关报告的；（五）未按照规定安装、使用税控装置，或者损毁或者擅自改动税控装置的。"

种格局之下，征纳双方的权义配置处于实质上的失衡状态，是不容回避的现实。与征税主体强权力与弱义务现象形成鲜明比对的是，纳税人的权利不足与义务扩张同时并存，最终导致征纳主体权义体系形式建造背后的实质性失衡。这种权义间的结构性失衡不仅体现在征纳双方主体的权义配置之间，而且更集中展露在纳税人权利与义务的制度设计之中。一方面，纳税人既有的法定权利同时遭遇权利内容的选择性立法和权利属性的交叉混同等困局，偏离了纳税人权利的本体法理。另一方面，纳税人权利保障体系看似建立，实则阻碍重重，有效的保障性权利机制远未真正建造出来。这些因素的交互演化，致使《总局09年1号公告》纵然明确列示了十四项纳税人拥有的权利型态，依然难以掩盖纳税人权利缺位的权义配置事实。

截然不同的是，既有税收立法实践中，欠缺合理性、正当性与谦抑性的纳税人义务渐次被增列至纳税人义务家族，成为纳税人不可逃离的义务，可谓是纳税人义务刚性扩张的显性方略。与此同时，不改纳税人义务形态，却悄然扩大既有义务内涵和外延的实质性扩围，则开辟了纳税人义务刚性扩张的隐性进路。而且，伴随纳税人义务的二元扩张路径，违反纳税人义务而致的法律责任更是借助法定责任条款扩张、具体责任实施措施细化、追责力度强化和同类责任形态的隐性扩围等手段在过去三十余年中得到全面扩张和强化，实质上助推和支撑了纳税人义务的刚性扩张。一言以蔽之，纳税人权利的整体缺位与纳税人义务的全面扩张，远不只是波及全体纳税人，而是牵涉整体的税收法治主体。它不仅是征纳主体权义配置的熟悉景致，而且是税收法治推进的现实基础。值得探究的是，这种现象和基础是否吻合权义设置本有的正当性法理和发展趋向，因为这一问题既直接关乎纳税法治意识和征税法治意识的建构，又间接左右用税法治意识的生成，进而最终影响税收法治的整体推进。

要真正对权利与义务是否具有正当性作出合理性的评价与判定，唯有将权利与义务有机地联结起来，按照权利与义务相平衡的原则，才有可能。当然，权利也好，义务也好，都具有历史的性质，都不可能不受社会经济结构的性质及其演进的制约。但不管权利与义务的内容如何变化，保持权利与义务的相互平衡，则是保障公平实现的不变要求，也是评价与判定社会是否公平的根本性坐标与尺度。虽然对权利与义务相平衡原则的理解见仁见智，但最为根本的仍应恪守权利与义务的辩证统一。因为从法理上看，权利与义务在结构上是互相对应的，既相互区别、又相互联系；既是不可分的，又是可分的，权利与义务在功能上具有互补性，各以对方的存在作为自己存在的前提。更为重要的是，权利与义务在价值上具有主次关系，权利在这一矛盾统一体中占主导地位，法律应以权利本位为价值取向，而权利本位的内在要求是：坚持个人权利与社会权利的协调，强调个人权利本位与社会权利本位的统一，如此，才能实现法律保障纳税人权利、规范国家税权的终极目标。①

据此观察，当下征纳权义配置难言正当。纵然无须各个环节和场域都秉持权利本位优先，最起码应体现两者同等的价值位阶。因为"从权利和义务价值的权重关系上看，权利和义务具有同等重要的意义，两者是平衡并重的，而且是彼此互相促进的"②。反观既有税收法律文本，权义体系中征税主体强权力、弱义务与纳税人强义务、缺权利并存的权义结构性失衡格局显然背离了这些本有机制。这种格局的持续存在，既削减了纳税人的权利意识，又徒增了被动守法而致的守法成本，还可能增添纳税人之于税法的厌恶情绪。长此以往，成熟的纳税法治意识无法生成定在意料之中。更为麻烦的是，纳税人的集体"失语"，极有可能致使征税权的运行失去天然的制衡利器，亦有可能导致用税权的行使同样失去广泛的社会监督。假若如此，征税法治意识和用税法治意识的进化速度和进阶质量令人担忧同样是极为可能的必然性事实，而非或然性事件。

诚如学者所言："要厘清税务部门的服务和管理职能，必须从纳税人的权利和义务中寻源：在义务中谈管理，在权利中谈服务，这样才能有效防止对纳税服务理解上的偏颇。"③ 这种认识不仅对征税主体是必要的，而且对纳税人，尤其对用税主体同样是必要的。因为"权利和义务不仅是法律关系的内容，同时也是一种有价值、有意义的客观现象。从客观上看，法律关系的全部问题都可归结于权利和义务；从主观上看，人们的理想、目的、好恶等主观情感，自觉不自觉地受权利义务的影响，调整人们的思想、观念和对客观现象的看法，而这些个人的价值倾向和心理活动密切关系到人们行动的积极性和结果"④。虽然权利和义务归根结底都只是手段，而不是目的。但这种手段背后的工具性价值却无处不在，它既表现为权利与义务是国家分配利益和负担，从而维护和促成一定阶级（集团）的利益或社会的普遍利

---

① 参见李步云、杨松才《权利与义务的辩证统一》，《广东社会科学》2003 年第 4 期。
② 贺电、孙洪波：《法治：权利义务平衡之治》，《广东社会科学》2014 年第 6 期。
③ 李华、刘见：《权利义务相对应是准确把握纳税服务的重要理念》，《税务与经济》2014 年第 3 期。
④ 贺电、孙洪波：《法治：权利义务平衡之治》，《广东社会科学》2014 年第 6 期。

益,实现政治经济统治和公共管理(社会控制)的手段。又表现为权利与义务是社会成员或其集体实现主体自我利益的手段。不管权利的具体内容如何,权利的享有和行使都同主体获取一定的利益联系在一起。在这种意义上说,权利和义务可谓社会极其重要的资源。而资源的根基在于利益,故从更深层次上讲,没有对利益的关注,就不会产生对权义手段的需要,利益永远是权利、义务形成的动机。当然,作为权利、义务之基础的利益不能是纯粹个人的利益或仅仅与个人有关的利益,而是能够被人们普遍享有、获得广泛关注的利益,即可以和可能互相竞争的利益。[1]

认识到这种利益,才会导致立法意志和法律动机的形成。而认识和实现相应利益的过程,是以形成并最终达到立法目的而告终的。[2] 至于"政策或法律所追求之利益,能否达成,往往还在未定之天,亦即利益能不能成真,主要取决于政策或立法执行后,能否实现政策规划或立法制定当时预期之目的、成果,而不是可以纸上谈兵的方式,得出利益,衡量出利益。"[3] 它"需要严格遵循比例原则,进行利益衡量"[4]。由于立法过程本身就是一个利益衡量的过程,并且各种利益经综合衡量已较好地固定在了制度利益上。因此,在现行法律中寻求公平和正义,可以成为利益衡量的关键渠道和方法。[5] 我们知道,任何一部法律都有一个确定的立法目的,有明确需要法律保护的制度利益。同时,法律制度不仅与其生存环境、社会状况紧密联系在一起,而且与社会公共利益存在紧密关联。但是,制度利益与社会公共利益的矛盾、脱节问题是"法律成长中的烦恼",它们之间矛盾的深度与广度还可能直接影响着这一法律本身的效力裁量。若不能妥善解决,就会极大阻碍法律的"成长"与"成熟",也会阻碍法治主体的意识养育和法治的整体建设。基于这种考虑,利益衡量也是无法回避之论题。[6]

税法也不例外,不管如何进行利益衡量,都"应考虑国家资源的有限性;换言之,人民主张'既存权益的维护',不能不顾国家资源的极限与分

---

[1] 参见张文显《法哲学范畴研究》(修订版),中国政法大学出版社2001年版,第310页。
[2] 孙国华:《论法与利益之关系》,《中国法学》1994年第4期。
[3] 陈铭祥:《法政策学》,元照出版有限公司2011年版,第40页。
[4] 胡鸿高:《论公共利益的法律界定——从要素解释的路径》,《中国法学》2008年第4期。
[5] 参见梁上上《利益的层次结构与利益衡量的展开——兼评加藤一郎的利益衡量论》,《法学研究》2002年第1期。
[6] 参见梁上上《制度利益衡量的逻辑》,《中国法学》2012年第4期。

配的合理性，而提出不可能实现的要求。"① 因而，利益均衡便成为税收法治主体追逐利益而生冲突时最易被接受的衡平结果。利益均衡所要实现的并非均等分配，而是税法规定之"实质的合理性"（实质的税收正义），而不仅是税法单纯的"形式合理性"。亦即结果应当合乎情理（情理法兼顾），符合事件本质的合理性，达到各方利益平衡的结果。具体而言，主要是"个别纳税人"与"国家（税捐债权人）"二者间的利益状态之均衡，但有时不仅涉及征纳双方主体利益，也可能包括：（一）个别纳税义务人的利益（包括守法成本）；（二）利害关系人利益；（三）国家社会公共利益（包括稽征机关的执行效能利益，例如行政成本与行政效率），等三方间的利益状态之均衡。② 这些不同主体利益之间的均衡实现，以各方法定权利与义务的合理配置为基础，最终也仰赖于合理配置的法定权义体系的合目的性的运转。

以此观测，税收法治主体既有的法定权义配置显然无法支撑各方利益均衡目标的达至。因为权利与义务在税收法治主体之间的失衡配置，不仅未能营造利益均衡的深层诉求和基础，从而为其具体实现提供法律保障；而且未能建构利益失衡的调整机制和手段，进而为利益均衡的实现提供纠偏机会。如果这种植根和服务于利益失衡的权义失衡配置取向不做调整的话，终将危及税收法治主体各方利益的均衡实现。而各方均衡利益的实现与否，又会直接影响相应主体的自我价值确证，进而左右主体税收法治意识的生成。毕竟，任一形态的税收法治主体，最终都免不了要落实到具体的个体，也即其终极原子都是一个个的具体的人。而人作为主体，首先在于他能够在思维中把握住自己的存在，认识到自身的主体性价值，即具备自我确证的自我意识或人类意识。这种意识在人的理性生活中的表现，充分说明了人的主体性或自主性。它既意味着人的活动是自由的活动，又意味着作为主体的人的意志内部潜藏着由主观向客观转化的可能性，还意味着人能够通过自身的主体活动实现自我利益的满足，进而寻求人民之间的利益交换和利益均衡以及个体利益与社会利益等多元利益之间的调和。从人的自我意识的角度而言，人的主体性，实际上就是指人的意志由主观向客观的转化，就是人的自我利益享受向群体利益分享的进化。当存留于人的自我意识中的目的表现出来的时

---

① 林三钦：《法令变迁、信赖保护与法令溯及适应》，新学林出版股份有限公司2008年版，第33页。
② 参见陈清秀《现代财税法原理》（修订二版），元照出版有限公司2016年版，第88—89页。

候，人的主体自我意志本身就获得了客观性。① 而当主体期待的利益得到实现的时候，人的主体自我意识的生成也就获得了可能性。

如此可见，任何税收法治主体，不管是代表国家行使征税权的征税主体，还是代表国家履行用税权的用税主体，乃至于只是代表自己权益的万千纳税人群体，他们对自身利益的天性追逐绝不应简单地将其归入自私自利的势利小人行为，而应看到追逐行为背后的利益根由。正是有这种利益根由的在先博弈，主体间的权义结构才可能不断得到优化配置，进而达至各方主体权利与义务间的平衡格局。换言之，税收法治各方主体权利与义务之间的平衡程度和结构，一定程度上即表征了各方主体间利益博弈的结果。因此，透过税收法治主体间的权义配置结构，大体便可发觉立法者的利益分配倾向和偏好。改革开放以来，税收法治场域中，征税主体强权力与弱义务的权义配置结构之所以坚如磐石，恐怕还在于决策者对国库主义的无比青睐。而要确保国库主义的优先位序，纳税人的权义结构必定只能依循强义务与弱权利的路径演化。这种国库主义情结犹如洞若观火之见，既通过征税主体的实体性权义表达出来，也借助征税主体的程序性权义广而告之，还仰赖征税主体的救济性制度设计以保驾护航。浸透国库主义的实体性权义与程序性权义配置实例不胜枚举。

比如，税务检查权的持续扩围、税收代位权与撤销权等税收保障性权力的创设等，都无一例外地指向和驰援国库主义的实现。相较于这两类权义配置，现行税收法律、法规明定之救济性权义配置中的国库主义趋向看似不明显，实则不然。这种国库主义情结以一种更为明显、更易操作的方式，出现在税务行政应诉工作之中，进而借助规制税务行政应诉工作的《税务行政应诉工作规程》（税总发〔2017〕135号，以下简称"规程"）而横行天下。尤其是随着"为什么中国税务诉讼数量如此之低"问题②的日渐解决，

---

① 参见公丕祥《权利现象的逻辑》，山东人民出版社2002年版，第9页。
② 有学者认为假定"为什么中国税务诉讼数量如此之低"是一个合适的问题，可能的解释会有很多。第一种是，法律强制要求涉及征税的纠纷应首先经过行政复议程序，而且缴纳税款是复议的前置条件，这本身就不利于诉讼。第二种是，中国的税法本身就不利于纳税人。这体现在很多方面，最常见的就是法律、法规将大量自由裁量的权力授予基层税务机关，给予它们系统性的裁量权力。如果法律本身几无规定，又将立法的权力留给执法者，那么法院也无力约束行政机关的行为。第三种是，虽然中国税收征管系统过去二十年来整体上成功地汲取了财政收入，但纳税人可能大多处在"半守法"的状态。他们并不是按照法律要求纳税，而是依据地方税务征管人员的要求纳税；甚至很多在其他行政管理领域一向表现守法的主体（比如大型公司和来自高度守法地区的外商投资公司）也是如此。在这种大的征管环境下，即使发生纠纷，双方往往也不会选择通过法院适用法律的方式解决争议。参见崔威《中国税务行政诉讼实证研究》，《清华法学》2015年第3期。

税务机关成为被告，且最终败诉的案例已不再寥若星辰。基于此种现象的扭转，《税务行政应诉工作规程（试行）》（国税发〔1995〕9号，以下简称"试行规程"）迅即升级登台。比对"试行规程"和"规程"，即便不宜将该"规程"视为国家税权和国库主义的守护神，也很难将其誉为纳税人权利和纳税人主义的保护伞。这一见解已为两部规范性文件的制颁目的所印证。早在1995年，"试行规程"创设之初，"保护纳税人的合法权益"便被直接写入"试行规程"之中，与"保证税务机关依法行使职权"等一起，成为规范创制的重要目的。① 然而，进阶至2017年时，"试行规程"虽升格为"规程"，但除"保证税务机关依法行使职权"等规范目的被"规范税务机关行政应诉行为"和"促进依法行政"等目的表达所承继和意涵之外，最为明显的区别在于，"试行规程"第一条中"保护纳税人的合法权益"之目的表达销声匿迹，取而代之的是"规程"第一条中更为显赫的"维护国家税收利益"。

1995年至2017年，"试行规程"试行二十余年，终于剔除和摆脱"试行"身份，成为正式"规程"。伴随其中的却不是纳税人主义的"转正"，而是国库主义的空降，实在是令人啼笑皆非。从"保护纳税人的合法权益"到"维护国家税收利益"，固然有中国税务行政诉讼的情事变迁使然，也确有税务行政应诉工作的本体职能所为。或许还有一种貌似合理，看似更切实际的解释，即"保护纳税人的合法权益"目的条款的取消与"维护国家税收利益"目的条款的增设，绝不意味着纳税人权利在税务行政应诉中就不再受保护，也不可能意味着国库主义就此成为税务行政应诉工作的唯一目的。事实上，"规程"第一条除开"维护国家税收利益"之外，还同时还列示了"规范税务机关行政应诉行为""提高行政应诉水平"和"促进依法行政"三项规范目的。这三项目的的导入，未必就不能对"维护国家税收利益"形成制约，进而护佑纳税人权利。或许这也是无须验证的经验事实。但是，这些目的条款变迁幕后的原因搜寻，实在无法掩盖规则制定者内心的国库主义情结和天然趋向，更无法打消社会公众对目的条款转向的本体疑惑。否则，增设"维护国家税收利益"目的条款的同时，也大可不必删除既有的"保护纳税人的合法权益"之目的条款。难不成"维护国家税收利益"与"保护纳税人的合法权益"水火不容？果真如此的话，借助"规程"

---

① 参见《税务行政应诉工作规程（试行）》（国税发〔1995〕9号）第一条。

中其他三项规范目的而保护纳税人权利也只能是"水中捞月""镜里观花"。不管基于何种解释,实难得出两全结论。既然如此,更为合理的解释只能是文本最初的变迁目的,即明确和树立税务行政应诉工作中"维护国家税收利益"的关键性位置。

这一解释与征纳主体权义配置的考察结果不谋而合,也大体可以看出虽然整体中国的纳税人权利保护呼声日渐高涨,但隐藏在税收法治之后的国库主义情愫远未退去。如果只是观念上产生此种错位尚可理解,毕竟为权利而斗争向来都是权利获取的不二法宝。但是,在"保护纳税人的合法权益"目的已然写入"试行规程",成为二十余年来税务行政应诉工作的关键目的之后,"规程"却突然将其抹去,实在不是明智之举。因为在终端的救济程序中导入纳税人主义理念,本可调整和纠偏一直处于失衡状态的征纳权义结构,进而寻得征税主体和纳税人之间的"相互承认",铺就税收法治意识的关键基础。更何况,"保护纳税人的合法权益"这一目的条款嵌入"试行规程"已二十余年,虽说不上是根深蒂固,但也犹如重要的信赖利益之形成,值得认真保护。特别是在纳税人权利保护仍显稚嫩的当下中国,任何凝聚纳税人权利保护的共识都有必要精心呵护。本着良法善治之理念,"税收立法、税收征管应营造稳定的法律秩序,不得随意变更法律法规或在先征管行为,而致使纳税人的信赖利益遭受贬损,若因重大公共利益等事由不得已为之,也必须及时做出相应有效的补救安排"[1]。只有这样,税收法治各主体之间才能互相尊重,彼此承认,税收法治意识才能渐次生成。而税收法治主体间的既有权义配置实践显然未能做到这一点,税收法治意识的权义环境仍须优化。

---

[1] 张富强、许健聪:《税收宏观调控中纳税人信赖利益之保护》,《法学杂志》2016年第9期。

第五章

税收法治意识的生成方略

今天，我们的法律越来越被理解为一种具有普遍性的社会规则，其目的在于约束国家权力以保护个人的权利。① 至于规则运行之后，国家权力的约束效果如何，纳税人权利的保护成效又如何，同样可以通过法律"照射"出来。从这个意义上说，"法律是社会的一面镜子，它的主要作用就是维持社会秩序"②，进而奠定法治运行的文本基础。虽然亚里士多德的良法善治论③向来被誉为法治精髓的经典表达，但是究竟何谓"普遍的服从"、怎样理解"制定得良好"，绝非法治本身所能答疑的，而要由生活于具体的社会场合和文化背景下的人们通过他们的信念、制度和活动来赋予含义。④ 亦如苏珊·索比论述美国人之于美国法律的态度时所言：美国人敬畏法律，但又常常厌恶法律。他们害怕法律，但同时又要寻求法律的保护。这是因为美国人既把法律看作不遵守规则的律师们玩的游戏，又看作超越于个人行为之上的一个严肃的过程。他们对法治充满希望，但也知道在法律体系中"资源拥有者占据优势"这一事实。这些不满的和理想主义的观点作为法律意识的重要表征，共同支撑着美国法治。⑤ 有意思的是，对于这些不满与理想交织的法律，社会公众依然选择由其规制自己的生活情事。

对于这一现象，法社会学中存在着两种基本的解释视角：一种是工具性

---

① 强世功：《法制与治理——国家转型中的法律》，中国政法大学出版社2003年，自序第4页。

② ［美］布莱恩·Z.塔玛纳哈：《一般法理学：以法律与社会的关系为视角》，郑海平译，中国政法大学出版社2012年，第2页。

③ 亚里士多德认为：法治应包含两层含义：已成立的法律获得普遍的服从，而大家所服从的法律又应该本身是制定的良好的法律。参见［古希腊］亚里士多德《政治学》，吴寿彭译，商务印书馆1981年版，第148页。

④ 夏勇：《法治是什么？——渊源、规诫与价值》，《中国社会科学》1999年第4期。

⑤ 参见［美］苏珊·索比《为什么美国人相信法治》，郭星华、陆益龙等《法律与社会——社会学和法学的视角》，中国人民大学出版社2004年版，第143页。

视角,认为人们之所以服从法律,是基于实际利益的考虑。人们是否服从法律,取决于他们在法律服从过程中所获取的收益和所付出的代价。另一种是规范性视角,认为法律服从的动因是内在的价值取向。[①] 但不管基于何种解释,都潜藏着对法律的信任与否标准,而这种信任是长期和反复的经验积累,它是西方法治国家的经验样本,也是中国法治推进的重要参照。问题是徒有法律信任或许未必可行,依靠国家强控建立法律信仰,同样是法治中国推进的重要方略。亦如学者所言:两种模式也许都是不可或缺的——对于法律之中的某些原则或者底线,需要依靠信仰来遵守它;对于个别经验的法律条文,需要依靠相信来遵守它。离开了对法律底线的信仰,我们便无法确定自己所信任的法律是否符合自己的价值判断;离开了对经验法律的信任,我们对于法律底线之信仰也许只是空中楼阁而已,因为我们也许甚至都不知道应该怎样去行事才能符合自己的信仰。[②] 别论是基于法律信仰的法治模式,还是鉴于法律信任的法治方式,无不深度折射出法治主体的法治意识,诠释着法治意识之于法治建设的关键性作用。[③]

不应否认的是,"法律的运行并不是国家单方的行为,而是整个社会,包括个人、社会组织和国家机构按照各自对法律的理解和态度所进行的法律生活。法律的实践,不仅仅是国家强制力的结果,也不仅仅是对于较好的行为后果的期望的结果,而是这种法律为社会所接受,这种法律所体现的价值取向与社会的价值取向一致,从而使法律成为民情"[④]。当个人、社会组织

[①] 冯仕政:《北京市民的法律意识》,郭星华、陆益龙等《法律与社会——社会学和法学的视角》,中国人民大学出版社2004年版,第158页。

[②] 据该学者理解,一般而言,守法模式可以分为经验和超验两条路数:超验模式强调对法律的信仰,也就是将法律视为一种形而上学他者的教条予以服从;较之超验模式,经验模式强调对法律的信任,其哲学基础在于通过获取直观经验,逐步证明或者证伪法律本身的可靠性和可预测性。参见王瑜《信仰亦或信任——论守法模式的超验与经验》,《河北法学》2018年第1期。

[③] 如学者所言:一方面,法治意识是一种生命力,它既能把法的尊严同时也能把法在现实生活中发挥作用的可能性集于己身。另一方面,法治意识又是一种精神力量,是法的仓库和"源泉",所以,正是它的"权威性"意旨制约着法律规范的价值的"燃烧"和"熄灭"。正是通过法治意识,法律规范才能获得自己的意义,并以此获得自己的生活效率;也正是通过法治意识,法的力量才能获得对自己的认可,才能使自己"神圣化",才能摒弃自己不受欢迎的性格。此外,法治意识还是一种高尚的源泉,它能使没有法的力量和没有力量的法获得再生:法将成为高尚的力量,而力量则将成为正义的力量。因此,培育精神健康的法治意识之于人类,十分必要但又极其不易。参见[俄]伊·亚·伊林《法律意识的实质》,徐晓晴译,清华大学出版社2005年版,第231—233页。

[④] 柯卫:《当代中国法治的主体基础——公民法治意识研究》,法律出版社2007年版,第71页。

和国家机构等对法律的实然理解与法律的应然期待一致时，法治意识建设便可事半功倍。因为法治意识既集合了社会场域中各方主体生活的自发诉求，又蕴含了社会主体基于交往所形成的公共理性，还体现了社会群体对于美好生活的愿景追求。据此，理想图景下法治意识主要包含以下几个方面：首先，法治意识体现出鲜明的权利意识；其次，法治意识以主体意识作为基本要件；再次，法治意识意味着主体的责任意识；最后，法治意识应包括相应的规则意识。[1] 法治意识的普适规律与法理，当为税收法治意识所承继。只是作为生长于极度专业性法域之上的主体法治意识，税收法治意识除开保有法治意识的普适共性之外，尚有内生于税法的独特个性。这种共性之上的个性，使得税收法治意识的生成方略虽有千万选择，但最为核心的仍在于主体尊严、自律与相互承认的建构，这是税收法治意识优化策略的源头和归依。

第一节　法治财税与简约税法

"财政是连接政治、经济与社会三大子系统的媒介，只有把财政问题上升到这个综合性极强的理论高度，我国现代财政制度的建构和作为国家治理的基础才是现实的和可能的。"[2] 也只有立足于此种高度，方可诠释"财政是国家治理的基础和重要支柱"[3] 的论断。而要保障财政的这种基础和支柱地位，法治财税是较为有效的手段。从"财税法制"到"法治财税"，不仅是语词概念的置换，更是一系列理念和制度变迁的先声。法治财税立意于公共财产治理和社会利益平衡，格外强调静态意义上法的质量和动态意义上的法治精神在制度缺位时的补正。也只有法治财税的理论框架和制度建设，才能张扬财税制度在现代治理体系中的积极功用。[4]

究其本源，"法治财税的核心含义是良法善治，它在国家治理中发挥基础性作用。一方面，现代财税制度需要建立在法治理论基础上；另一方面，建立现代财税制度也会有助于推进法治中国建设。从形式法治的层面看，法律保留、法律优位、平等原则和不溯及既往在财税领域衍生出丰富的内容，让财税立足于规则之治，以此限制权力的恣意妄为，维护人民的基本权利。

---

[1] 参见周恒、庞正《法治社会的四维表征》，《河北法学》2018年第1期。
[2] 李炜光：《财政何以为国家治理的基础和支柱》，《法学评论》2014年第2期。
[3] 参见《中共中央关于全面深化改革若干重大问题的决定》第五部分"深化财税体制改革"。
[4] 参见侯卓《"法治财税"的理念阐发与制度实践》，《学术探索》2015年第5期。

然而，仅有规则之治远远不够，从实质法治的层面看，财税必须追求正义，通过限制元权力、提供目的指引、保障权利底线，实现宪法对财税的最高统治"①。

据此，法治财税可以提炼为四层核心范畴：首先，一切财税行为，都必须纳入法治轨道，易言之，涉及公共财产的收入、支出、管理等全过程的事项，都须缘法而治。其次，作为修饰"财税"的定语，"法治"之"法"是整全性概念，而非狭义财税"法"。再次，法治财税突出财税的基础地位，任何与财税相关的事项，理应纳入考虑范畴，接受法治检阅。最后，法治财税不仅涵盖静态的法律制度和动态的法律实践，而且要求财税领域的规范生成、运作、变迁，必须既在形式上符合法治要求，又在实质上体现法治的价值理念。②

从法治财税理念出发，不论是税收立法、税收执法，还是税收司法，乃至于税法解释；也不管是征税权的运行，还是用税权的行使，乃至于纳税人权利的维护等，凡是与税收有关的活动都应在法治的轨道上行进。如学者所言，税收法治国家，依法律规定纳税义务并在保障程序正义与基本权的前提之下，行使课征税收的公权力，概念当有别于单纯垄断公权力/暴力的政府组织，向财产持有者强制征收租税（或没收财产权），支付其财政需求。③也即，税收法治所要求和意欲实现的"法治"既要满足和践行形式法治的基本要求，又要体现和契合实质法治的根本要义。前者时常以税收法定主义以度衡，而后者则通常为量能课税原则所涵摄。麻烦在于，量能课税所涵摄的实质法治时常隐匿于支撑践行税收法定之形式法治的海量税法规范之中，因为实质法治自身不足以独立运行，它的达至更多时候需要不胜枚举的税法规范之间的精致配合。如此一来，无论是处于建设形式法治的考虑，还是鉴于实现实质法治的考量，税法规范都只会越来越多、越来越繁杂。

长此以往，不仅纳税人对税法规范越来越陌生，而且税收执法者与税收

---

① 熊伟：《法治财税：从理想图景到现实诉求》，《清华法学》2014年第5期。

② 该学者进一步指出：法治财税，对于财税事项的法律化，提出更高要求，不仅要求财税基本事项的有法可依或有法必依，还要求在运用法治思维和法治方式治国理政的过程中、全面地将法治化的财税制度作为根本性的立足点，进而要求在作为根本法的宪法中明确、直接地规定重大财税事项，比如财税法定（不仅是传统的税收法定、应当是包括公共财产收入、支出、管理全过程的法定要求）。参见侯卓《"法治财税"的理念阐发与制度实践》，《学术探索》2015年第5期。

③ 参见黄士洲《落实纳税者权利保护法的规范实效——从实体权利与程序保障谈起》，《月旦法学杂志》总第266期（2017年7月），第166页。

司法者，乃至于税收立法者本身都有可能无力驾驭日渐繁杂和臃肿的税法规范体系。因此，在形式法治和实质法治之外，极有必要嵌入一种技术正义的特别考量。基于这种税收技术正义的要求，税法必须在一定程度上进行简化，使之便于操作，从而发挥"简约法律的力量"，这原本就是稽征经济原则的事理基础。之所以提倡"简约法律的力量"，是因为法律总是面对复杂世界的，而复杂世界的关键在于信息是不完全的。为了节约信息成本，我们必须"剔去"那些无甚实效的细枝末节的规则，当然，时间也会"吞食"复杂规则之"繁文缛节"，使规则不断趋于"简约"并富有实效。简约是为了克服复杂，其在生活世界中的替代形式便是"信任"。"信任"已然成了一个社会复杂性的简化机制。[1] 由此，税收法治意识的生成和成熟度，很大程度上便取决于法治财税与简约税法两大理念的博弈。改革开放之初，税法规范如凤毛麟角，现在是车载斗量，无法计算。尤其是税收规范性文件的批量生产，可谓是"法治财税"快速进阶的衍生产物，却也是税收法治意识生成的天然阻碍。当然，也就成为简约税法的重要根由和场所了。究其根本，法治必须能够提供一套较为稳定和可传导的客观知识，也即达到"科学"的要求（法律科学）[2]，而非只是政策与文件的汇聚体。尤其在税法领域，如果立法不科学或执法不当，就会导致市场主体税费负担过重[3]，进而损及税法税法实施的效率。

一 从法治财税到简约税法

"法治国家和现代财政是我国新时代建设的两个基本目标，前者侧重于'法'，后者侧重于'财'，共同服务于国家现代化的'政'。"[4] 而法治作为治国理政的基本方式，从形式到实质均对财税提出诸多要求。从形式法治的层面看，税收法定、预算法定、财政法定是必然的要求，同时还要保证法律内部的效力统一，贯彻平等原则，坚持法律不溯及既往等。从实质法治的层面看，财税必须引入基本的正义和道德，通过限制国家元权力、提供目的指引、保障纳税人权利底线，实现宪法对财税的统治。为实现法治财税的理想

---

[1] 参见王勇《法理图志（Images of Jurisprudence）之六：简约法律的力量》，《人大研究》2008年第5期。

[2] 参见雷磊《法哲学在何种意义上有助于部门法学》，《中外法学》2018年第5期。

[3] 参见张守文《市场主体负担"轻重"的法律调整》，《法学评论》2019年第2期。

[4] 熊伟：《法治国家建设与现代财政改革》，《中国法律评论》2018年第6期。

图景，回应当代中国的现实诉求，必须充分利用本土资源，综合发挥政党、立法、行政和司法的作用，释放纳税人的主体意识，夯实制度进步的基础设施。① 基于法治财税的种种要求观察，税收宪法性条款欠缺、税收基本法缺位、税收实体法不足、税收程序法不良、税收救济法不畅等结论虽算不上是家喻户晓，但也绝对不是革故鼎新的原生性观点。这些现象的交互影响和广泛存在，使得支撑"法治财税"运行的基础设施严重不足已是无人不晓的社会共识。也为此，决策者直面税收法治场域中的基础设施建设，决定"擒贼先擒王"，首推"落实税收法定原则"②，因为税收法定原则与现代国家相伴而生，是民主法治理念在税收领域的体现，其核心在于控制和规范国家税权，保护纳税人权利。以此为切入点，可以由点及面、由面及体，逐渐延展至改革全局，从而成为盘活改革全局、推动法治建设的有效突破口。

从这个角度上说，"落实税收法定原则"的使命和意义不仅仅在于税收领域的法治化，更在于担当全面深化改革的急先锋和试金石。因此，"落实税收法定原则"确有必要设置明确的时间表和路线图，而非让其自然演化。况且，从方法论上说，全面深化改革关系复杂、牵涉面广、矛盾突出，一步到位几无可能，故找准突破口，分阶段、分层次、分步骤实现，实为明智之举。考虑到我国税收法律体系缺位较为严重、整体的税收法治意识亟待加强等税收法治现况，较为理想的落实路径或许可以分为三步：一是从"无法"到"有法"，在改革中全面加快税收法律化进程；二是从"有法"到"良法"，提高立法质量，并在适当时机推动该原则入宪；三是从"良法"到"善治"，将税收立法、执法、司法和守法全过程纳入法治框架，并在税收法定的基础上进一步实现财政法定。③

从"无法"到"有法"，再从"有法"到"良法"，直至从"良法"到"善治"，意味着税法规范不断走向"良法"，而优良的税法规范也将不断走向"善治"。但"'无法'→'有法'→'良法'→'善治'"的税收法治路径并非自动生成，各个阶段之间也绝非必然过渡。客观上看，各个阶段之间相互衔接，自然过渡是为税收法治之理想。但这一法治理想的实现，既需要各个阶段任务与目标之间的相互承接，又需要各个阶段任务与目标所依

---

① 参见熊伟《法治财税：从理想图景到现实诉求》，《清华法学》2014 年第 5 期。

② 《中共中央关于全面深化改革若干重大问题的决定》第八部分"加强社会主义民主政治制度建设"之"（27）推动人民代表大会制度与时俱进"提出：……落实税收法定原则……"。

③ 参见刘剑文《落实税收法定原则的现实路径》，《政法论坛》2015 年第 3 期。

赖的手段与方法之间的相互借鉴，还需要各个阶段成果之间的相互吸收。因为法治从来都不是一个革命式的突变产物，也很难超阶段、跨越式建设与发展，它更多是一个循序渐进的、由量变到质变的结果。中国的税收法治建设亦莫不如此，通向税收法治蓝图的征途依然遥远。

例证便是，20 世纪 90 年代以来，高速递增的税收收入增长，并非带来税收法治的同步发展。相反，税收活动的"政策"主导始终如挥之不去的梦魇飘荡在税收治理场域。这一阶段，虽算不上完全的"无法"治理，但也很难将其与"有法"完全对接，更为贴切的定性或许还是：从"无法"到"有法"之法治建设的基础阶段。这一阶段的核心任务和关键目标在于落实税收法定原则。因此，自决策者决议"落实税收法定原则"以来，立法机关借助《立法法》修改之机，将"税种的设立、税率的确定和税收征收管理等税收基本制度"单列为新《立法法》第八条第（六）项，旗帜鲜明地书写了税收法定原则。《贯彻落实税收法定原则的实施意见》则进一步细化了落实税收法定原则的时间表和路线图，明示：力争在 2020 年前完成落实税收法定原则的改革任务，将税收暂行条例上升为法律或者废止，并相应废止《全国人民代表大会关于授权国务院在经济体制改革和对外开放方面可以制定暂行的规定或者条例的决定》。①

皆因如此，新近几年，税收领域的立法与改革可谓是风起云涌。一厢以税制改革加速为线索，以全面推开营业税改征增值税试点、全面推进资源税改革、水资源税改革试点②等为标志性成果，最终催生了《营业税暂行条例》的废止和《增值税暂行条例》的修正，也带来了水资源税改革试点范围的扩大③。另一厢以《环境保护税法》的"横空出世"为起点，以《耕地占用税暂行条例》《烟叶税暂行条例》《船舶吨税暂行条例》《资源税暂行条例》《印花税暂行条例》等单行税制规则的位阶提升为核心，旨在推进税收暂行条例的法律化。虽然这些税收立法与改革事件和成果未必都能经受住严格税收法定原则的综合考究。比如，新修订的《增值税暂行条例》第二十七条规定："纳税人缴纳增值税的有关事项，国务院或者国务院财政、税务主管部门经国务院同意另有规定的，依照其规定。"该规定便有违反

---

① 参见《全国人大常委会法工委负责人就〈贯彻落实税收法定原则的实施意见〉答新华社记者问》（http://news.xinhuanet.com/legal/2015-03/25/c_1114763794.htm）。
② 参见《关于印发〈水资源税改革试点暂行办法〉的通知》（财税〔2016〕55 号）。
③ 参见《关于印发〈扩大水资源税改革试点实施办法〉的通知》（财税〔2017〕80 号）。

《立法法》第十二条禁止转授权规定之嫌疑。但若透过税收法定原则的形式之维，结论可能又大不相同。

恰如学者所言，"营业税改征增值税试点"作为我国近年来最大的减税措施，其影响覆盖方方面面，广泛而深远，世界上没有任何先例可循，因此不可能事先绘制出完整蓝图，只能边做边试，通过总结经验教训不断完善，并在税收法定理念的指导下，逐步提升法治规范化程度。鉴于中国经济社会的复杂情况，以及税制改革的长期性和艰巨性，有必要将税收法定理解为一个动态过程，而不是一蹴而就的结果。税收法定的过程既是凝聚民意、达成共识的过程，也是不断探索、总结规律的过程。一味追求税收规则的权威性、稳定性，不顾改革实践的动态调整需求，反而可能违背落实税收法定原则的初衷。故通过授权的方式，先试点再推广，先发布政策性文件，再修改相关上位法，这种路径无疑具有充分的现实合理性。从这个角度而言，在全国人大制定《增值税法》之前，由国务院总结改革经验，先修订《增值税暂行条例》，在更高的效力层级推进改革，本身也是落实税收法定原则的重要一环。[1]

只是即便可以如此理解税收立法与改革事件的法治嵌入度，也有必要正视快速推进税收法定任务落实而带来的规则丛林之殇。按照惯常的立法思维径路，至少有三种技术方案可供立法者选择：其一，"宜粗不宜细"；其二，"宜细不宜粗"；其三，"能细则细，不能细则粗"。以理想的标准看，"宜细不宜粗"应该是最佳选择。[2] 但长久以来，税收立法实践多受"宜粗不宜细"的惯性思维所累，结果便是每每新法出台，更为细致的"补丁式规定"接踵而至。如此做法，带来的结果是，我国拥有十分丰富的税收规范性文件的制定实践，也形成了极其丰硕的税收规范性文件知识系统。作为税务行政主导的标志性产品，税收规范性文件"横行天下"，实质上导引着税收法治主体各方的税收法律行为，避免高位阶税法规范沦为纯粹"纸面税法"的尴尬。这一做法并未因"税收法定原则"进入执政党的决议、写入《立法法》而根本改观。相反，因"税收法定原则"任务的快速落实，在一定程度上可能更趋严重。比如，自2016年3月23日财政部、税务总局发布《关于全面推开营业税改征增值税试点的通知（财税〔2016〕36号）》至2018年1月，不到两年的时间，累积出台的

---

[1] 参见熊伟《修改〈增值税暂行条例〉推进税收法治动态前行》（http://www.chinalaw.gov.cn/art/2017/12/1/art_13_206806.html）。

[2] 参见李林《关于立法权限划分的理论与实践》，《法学研究》1998年第5期。

配套性文件却高达 99 个①。而自 1993 年 12 月 13 日《增值税暂行条例》（国务院令第 134 号）发布至"财税〔2016〕36 号"之前，聚焦增值税的配套文件也不过 606 个，年均 25.25 个。②

看似不一的是，遵从严格税收法定原则，历经十余年论争，两度审议才得以通过的《环境保护税法》，自法案出台之后，相应的配套性文件貌似并未同步涌现。似乎这一问题得到有效缓解，实则不然。因为这一法案本身即存有诸多授权规定，财税主管部门的文件指定权实质上下移至地方权力机关。事实也说明了这一点。一个例证是，各地依据《环境保护税法》第六条第二款规定，陆续制定、发布了地方具体适用的环境保护税应税大气污染物和水污染物适用税额方案和标准。③ 另一个实例是，各地依据《环境保护税法》第十条第四项、第二十一条快速推进地方"环境保护税核定征收管理办法"的制定与出台。④ 除此之外，环境保护税创新性地导入了"纳税人自行申报、税务征收、环保协同、信息共享"体制，这一全新征管体制运行效果如何，是否会催生配套性文件的批量生产，尚需时间以验证。但几乎可以预见的是，以《环境保护税法实施条例》为中心，适量的配套性文件定会出现。不论是

---

① 参见段文涛《全面推开营改增试点政策文件汇集（至 2017 年底）》，载微信公众号："税海涛声"，2018 年 1 月 3 日。

② 检索工具：国家税务总局"税收法规库检索系统"（http://hd.chinatax.gov.cn/guoshui/main.jsp），检索日期：2017 年 12 月 20 日。

③ 据了解，目前已有近 30 个省（市、自治区）陆续公布了应税大气污染物和水污染物环保税具体使用税额及项目数。各省大气污染物和水污染物的环保税具体税额分别按每当量 1.2 元—12 元、每当量 1.4 元—14 元幅度征收。北京市收费标准全国最高，天津、河北、四川等省市环保税标准为最低标准的 3—5 倍；宁夏、甘肃、江西、吉林等地区环境承载力相对较强的地区平移原排污费标准；山西、湖北、福建、云南等部分省适当上调标准。北京市按《环境保护税税目税额表》的最高上限确定收费价格，即应税大气污染物适用标准为 12 元每当量，水污染物适用标准为 14 元每当量，均按税法规定上限执行，这也意味着北京市未来污染治理的力度将不断加大。其中，与北京相邻的河北省 13 个县（市、区）执行一档标准；石家庄、保定、廊坊和定州、辛集市（不含一档区域）执行二档标准，即大气主要污染物执行每污染当量 6 元，水主要污染物每污染当量 7 元，大气和水中的其他污染物分别执行每污染当量 4.8 元和 5.6 元。除执行一档、二档区域外，唐山、秦皇岛、沧州、张家口、承德、衡水、邢台、邯郸等市执行三档标准。参见丁锋《30 个省公布环保税使用税额 北京执行最高上限》，载微信公众号："税收风控视野"，2017 年 12 月 12 日。

④ 比如，2017 年 11 月 8 日，《广东省地方税务局环境保护税核定征收管理办法》公开征求意见。再如，2017 年 12 月 7 日，《海南省环境保护税核定征收管理办法（试行）》（海南省地方税务局 海南省生态环境保护厅公告 2017 年第 7 号）正式发布，自 2018 年 1 月 1 日起施行。

地方权力机关依据上位法制定的规范性文件,还是未来可以预见的财税主管部门制颁的配套性文件,都印证着"落实税收法定原则"不仅不会减损税收规范性文件的高频产生,甚至还可能会催生更多配套性文件的出台。

概言之,"落实税收法定原则"的强势推进,固然可以确保最短时间内各单行税的主"法律"到位,实现法律位阶的"有法",但也可能催生更大范围、更高频率的税收规范性文件的生成。这种"宜粗不宜细"的立法偏好和思维惯性遇到"落实税收法定原则"的刚性任务时,极有可能的规则局面是:法源层面的税法规则看似简单,但却时常无法付诸实施,而不得不仰仗税收规范性文件的底层支援。发端于税收法定原则的"法律"必须与不为学界所认可的规范性文件,甚至是财税主管部门的内部工作文件(以下统称为"税收规范性文件")结合起来,有时更是得直接求助于名为"解释性文件"、实为创制新规的规范性文件,方可应对创新不断、精彩纷呈的税收情事。面对税收治理的规则现实,不能不承认税收规范性文件的必要性,但是也必须正视它的危险性。危险之源在于制定者就是执法者,它的存在确实违背了分权原则。分权毕竟是法治的基础,缺乏分权就易产生专制。[①] 因此,当主法短期无力改良的情形下,规范文件的制定过程、提高文件的制定水准、设置行之有效的文件监督系统等是必然诉求,也是"有法"向"良法","良法"向"善治"转变的前提和基础。至于这一具体过程转变速度的快慢,不仅取决于税收立法者的立法偏好、思维习惯和技术水准,而且受制于以税收规范性文件为实质规则的税法规范的整合能力、简约技术,即能否实现实质税法规范的简约。毕竟,一个规范性文件丛生,高位阶法律虚化运行的税法规则系统实在难以给人以"良法"之感,也自然难以堪当"善治"之准。当然,也就更别谈税收法治了。

例如,《企业所得税法》施行之后,重组业务的所得税规则一直未能有效明确。不管是《企业所得税法》第二十条[②],还是《企业所得税法实施条例》第七十五条[③],都难以应对异常复杂的企业重组中的税收情事。为此,

---

① 参见曾祥华《行政立法的正当性研究》,中国人民公安大学出版社2007年版,第65页。

② 《企业所得税法》第二十条规定:"本章规定的收入、扣除的具体范围、标准和资产的税务处理的具体办法,由国务院财政、税务主管部门规定。"

③ 《企业所得税法实施条例》第七十五条规定:"除国务院财政、税务主管部门另有规定外,企业在重组过程中,应当在交易发生时确认有关资产的转让所得或者损失,相关资产应当按照交易价格重新确定计税基础。"

《关于企业重组业务企业所得税处理若干问题的通知》(财税〔2009〕59号)、《关于企业清算业务企业所得税处理若干问题的通知》(财税〔2009〕60号)、《关于执行企业所得税优惠政策若干问题的通知》(财税〔2009〕69号)、《关于加强非居民企业股权转让所得企业所得税管理的通知》(国税函〔2009〕698号)、《企业重组业务企业所得税管理办法》(国家税务总局公告2010年第4号)、《关于非居民企业股权转让适用特殊性税务处理有关问题的公告》(国家税务总局公告2013年第72号)、《关于中国(上海)自由贸易试验区内企业以非货币性资产对外投资等资产重组行为有关企业所得税政策问题的通知》(财税〔2013〕91号)、《关于促进企业重组有关企业所得税处理问题的通知》(财税〔2014〕109号)、《关于非货币性资产投资企业所得税政策问题的通知》(财税〔2014〕116号)、《关于非货币性资产投资企业所得税有关征管问题的公告》(国家税务总局公告2015年第33号)、《关于企业重组业务企业所得税征收管理若干问题的公告》(国家税务总局公告2015年第48号)、《关于企业改制上市资产评估增值企业所得税处理政策的通知》(财税〔2015〕65号)、《关于全民所有制企业公司制改制企业所得税处理问题的公告》(国家税务总局公告2017年第34号)等一系列配套性文件相机出台,从而形成了我国企业重组所得税制,基本解决了重组涉及的企业所得税中的主要难题。姑且不论这些配套性文件是否符合税收法定主义要求[①],单论这些文件与《企业所得税法》第二十条和《企业所得税法实施条例》第七十五条规定之间的照应关系,尤其是这些文件之间的承继关系,一般的税务工作人员甚或普通的财会人员都未必能够准确把握,更别说是普通的社会公众了。

  此种税收治理规则格局不做调整,远离税法、被动施法便有可能成为社会各方主体的理性选择。由此,法治财税和税收法定主义不是不可以扩大解释,"政策"主治也不是不可以容忍,但这些都必须控制在一定的限度之内。如果一味迁就和满足"税收法定原则"的形式落实,而丝毫不顾忌实际运行中的税法规则简约,对任何税收法治主体意识的培育都将是重大损害。在一个极度复杂的税制环境中,纳税人在遵从上必然花费大量、过多的时间和资源。而税制的简约可以让这些资源重新回到具有生产意义的建设

[①] 有学者认为我国企业重组所得税制并不符合税收法定原则要求。参见李刚《大陆地区企业并购重组所得税法律制度的现状与问题——基于税法基本原则角度的考察》,第八届税务实务问题研讨会论文集,台北:东吴大学,2017年12月18日。

中，并促进经济增长。① 同样，征税主体不仅可以从杂乱烦琐的税法规则丛林中解放出来，大量节约行政资源，提高行政效率，进而真正实现为纳税人服务，"而且还能减少腐败现象"②。

当然，简约税法最直接的目的还在于：使税法容易让一般的纳税人，而非只有专家、税务工作人员或税务法官始能了解，以便纳税人能够依照税法的规定，从事必要的税收规划。为增进税法的可了解性，不同立法例有不同的尝试。其遭遇的问题不外乎是：（1）措辞的平易化，使之接近于日常用语；（2）调整税法规定的抽象程度，使之适当的趋于具体。比如，关于税收债务之构成要件，征税主体倾向于喜欢立法从简，多使用不确定概念，多借助于法规命令、行政规则及行政函释，建立行政函释在实务上的权威性。而纳税人则不断尝试，借助于其法律事实之形成自由，利用抽象规定所提供之规划的可能性，以致时而趋近于被认定为滥用的程度。对于征税主体与纳税人，这是一个无止境的游戏，以及税法之合理化的形成过程。正由于其间之利益冲突所构成的张力，才使税法能够随其演进而趋于合理。为使该游戏可以圆满进行，其游戏规则的约束必须力促其平等，不应有玩输即怒，动辄作势辨人的情事。这样税法才能在漏洞的发现与立法填补中，臻于完善。③

二 简约税法中的规范汇整：以税收优惠统一立法为样本

无论是自然科学，还是社会科学，它们进行各种研究的最终目的是为人类服务，为了使人的生活变得更简单。就法律方面的现状而言，处于转型期的中国也好，处于稳定期的西方也罢，法律规则一直在不断的修补、完善。立法者们的意图似乎在表明，只有规则不断细化，才最能够保证人们在规则的运行中实现具体的真实的正义。创制越来越多的法律规则来规制我们的生活，似乎成为了一个不可避免的趋势。问题是，这些复杂的法规真的为我们生活带来了简便了吗？在面临纷繁复杂的社会，法律的事无巨细，能否真正实现我们为之追求的正义价值？④ 多数时候不仅不能，而且甚至可能更坏。

---

① 参见杨小强《中国税法：原理、实务与整体化》，山东人民出版社2008年版，第27页。
② 宋文军、李光辉：《依法治税的若干基本理论问题》，《中共中央党校学报》2001年第2期。
③ 参见黄茂荣《税法总论》（第一册增订三版），植根法学丛书编辑室2012年版，第600—603页。
④ 参见周佳《在法律简约中寻找力量——谈Epstein的简约规则》，硕士学位论文，西南政法大学，2008年，第1页。

这一问题在税法领域更趋严重。

从税收法治意识生成角度观察，假若再不考虑简约税法规则的话，各方主体的意识建设将会事倍功半。必须注意的是，简约绝不等于简单、朴素和无修饰，简约的关键在于政府管制成本与个人激励效果之间的良好平衡①，这种平衡最终应该可以导向"良法"。而判断税法是不是"良法"，一般有三个参照标准：税法的宪法和上位法依据，税法规范体系与客观经济规律的统一性，税法的合理性和可操作性。② 据此，简约税法意旨：税法规则必须在完备的基础上尽可能地简化并力求公平，同时应特别考量税收法治主体之间的权义平衡和各方主体内部权义间的平衡。唯有如此，才能满足纳税人寻求简单易行、追求公平待遇的基本纳税心理，鼓励纳税人自愿守法，提高税收遵从率③；这样才能迎合征税主体寻求高效便捷、追求行政便宜的职能诉求，进而导引征税主体节约行政资源，规范用权，提高征税主体法治意识。同理，一个简约易行、公平合理、利益衡平的税法规则系统，也有利于用税主体法治意识的孕育。

只是税法规则系统已然庞杂，简约规则实属不易，且措施万千，方法皆不尽一致。如学者所言：这些措施中，简约税法的规定含其用语之厘清，外部体系之建构的重新安排，以除去不必要的重复，并使其符合一定之事务发展的逻辑，而非只是偶然地被先后规定在一起。其可着力之处主要在于：体系化关于税收稽征程序之行为义务及其违反之行为罚的规定，以除去重复，避免矛盾。更进一步的努力为：废止重复课征的税收以降低或集中纳税人财务上的或程序法上的负担。例如，印花税、契税、增值税、消费税等之间便有重复课征之嫌疑。相对于在课征一般增值税之外，对于部分货物再课消费税，对于房屋再课契税，同时又课有印花税等。再如，在土地课征耕地占用税或城镇土地使用税之外，对不动产课征增值税与契税，对不动产增值课征土地增值税，对不动产投资与租赁课征房产税等，不仅造成税制的极度繁杂，而且极易滋生重复性课税。税制的重复性课征不是一个新问题，但却是一个无比棘手的难题。除开制度惯性和税收政治等外力以外，它的实现主要借助于税收构成要素的制度性安排。因此，简约税法规则，需要整体策动，

---

① 参见周佳《在法律简约中寻找力量——谈 Epstein 的简约规则》，硕士学位论文，西南政法大学，2008 年，第 3 页。

② 参见韩灵丽《论税收法治》，《税务研究》2006 年第 5 期。

③ 参见梁俊娇《纳税遵从意识的影响因素》，《税务研究》2006 年第 1 期。

综合权衡。其中，既要通盘考虑税种之间的衔接度，更要考虑各税尤其是关联税种各税收构成要素之间的融贯度，还要斟酌税收征收管理技术的支持度。可见难度不小，但更显价值之大。此外，在税法中避免过度膨胀非以财政目的，而以社会目的为其目的之规范亦可以降低税法之紊乱的程度。[①] 税收优惠即是典型。

受经济活动、经济波动、经济政策等方面的影响，税收优惠规范总要在一定程度上体现经济政策和社会政策的调整和变化，注定税收优惠规范的变易性。只是，当下中国将税收优惠规范的变易秉性发挥到极致，使得税收优惠规范过多、过泛、过滥，几乎覆盖了所有的部门税法。与此同时，随着税法的发展和完善，税收优惠的形式也越来越丰富。除了传统上惯为采用的减免税之外，立法机关和执法机关通常还采用缓缴税款、退税（包括出口退税、再投资退税、即征即退等）、税额抵扣、税收抵免、税收饶让、税收豁免、投资抵免、加速扣除与加速折旧、亏损结转、起征点与免征额、存货计价等形式创设税收优惠。其中，有的直接产生税收减免的效果，有的只是在一定程度上体现税收减免，还有的甚至需要借助于财政手续，才能达到减免税收、惠及纳税人的目的。特别值得一提的是，由于税收减免权目前被垄断在中央，地方为吸引投资、刺激经济发展，往往变相进行减免税。中央长期以来一直清理整顿的先征后返或财政奖励，很多就属于这种类型。庞大的优惠文件数量，种类繁多的优惠形式，照理足可以撑起一个完美的税收优惠法律体系。然而，数量和形式终究不是衡量体系理性的关键标准。纵有不可胜举的优惠文件和灵动应变的优惠形式，税收优惠规范仍深陷实质合理性和形式合理性之双重困境。[②]

客观上说，不管税收优惠规范如何变迁，也无论税收优惠形式怎样创新，它都不应破坏税法本体的安定性和可预测性。因此，税收优惠制度的基本结构同样应当具有相对的稳定性。在保持税收优惠规范相对稳定的前提下，通过解释适用的技术处理，以解决规范的稳定性与社会经济发展变易之间的矛盾，实现稳定性与变易性的对立统一，看似明智之举，但行政主导的税收优惠规范体系所产生的弊端，已积重难返。尤其是越权解释的普遍性，解释程序的封闭性、缺乏监督性等顽疾的存在，

---

① 参见黄茂荣《税法总论》（第一册增订三版），植根法学丛书编辑室2012年版，第598—600页。

② 参见熊伟《法治视野下清理规范税收优惠政策研究》，《中国法学》2014年第6期。

都使得诸多税收优惠规范性文件仓促出台，缺乏整体协调，不仅影响税收优惠规范立法的经济性，而且妨碍规范的统一性和合理性，进一步削减了税收优惠制度的内在逻辑和公平正义。因此，通过确立税收优惠条款的解释原则，力求突破现有税收优惠理论之围圄①固然可以尝试，但其无法跳出当下税收优惠规范生成所固化的路径障碍，也难以平衡税收优惠变易性和税法稳定性之间的冲突，困扰税收优惠规范体系生成与运行的诸多疑云其实只是税法规则丛林的冰山一角。问题的解决并不容易，但统一立法供给的简约税法思路值得探究。

从法的体系化目标上观测，任何部门法律都应当具有统一性，统一完备的法律体系是法治国家的题中应有之义。法律的统一性的根本保障在于立法。也即立法必须统一，国家应当保证法律的统一性和权威性，不能法出多门，互相矛盾。法的体系内部应当具有和谐的关系。②因为只有统一的体系化立法才有可能最大限度地保障法的确定性。"随着全球化的日益深入，各国经济发展对外界的依存度越来越高，各国政府纷纷采取措施来优化国内的投资环境以吸引海外投资，增强税收的确定性就是其中的重要举措之一。"③税收优惠作为以非财政目的为主的财税手段，内具变易性，决定了它生性变幻莫测，稍不加注意便有可能冲破牢笼，充斥以量能课税为结构性原则的主体税法规范系统。因此，规范税收优惠制度，建造统一完备的税收优惠法律体系，同样为税收优惠立法所追求。

作为税法体系中的一个子系统，构建税收优惠规范体系"主要是为了理顺法律各组成部分之间的关系，使其处于同一指导思想之下，消除价值判断上的矛盾。体系确立后，各种法律规范可以按照一定的原理分类排列，从外观上呈现一种透视的效果，这对于法律解释以及制定法的漏洞补充大有好处。一个完整科学的体系首先必须与上位阶的宪法价值及规范体系相符合，其次必须与其他相同位阶的规范体系相调和，最后还必须保证本身没有相互矛盾的现象"④。从应然角度看，税收优惠立法应确立从《宪法》到《税收

---

① 刘继虎：《税收优惠条款的解释原则——以我国〈企业所得税法〉相关条款的解释为例》，《政法论坛》2008年第5期。

② 参见马怀德主编《法律的实施与保障》，北京大学出版社2007年版，第114—115页。

③ 杨洪：《税收的不确定性及其法律应对》，《法商研究》2019年第2期。

④ 刘剑文、熊伟：《财政税收法》（第七版），法律出版社2017年版，第14页。

基本法》或《税收征收管理法》，再从各部门税法①到《税收优惠法》直至《税收优惠法实施细则》的五层②架构，形成各层级和谐有序的税收优惠法律体系（如图5-1所示）。

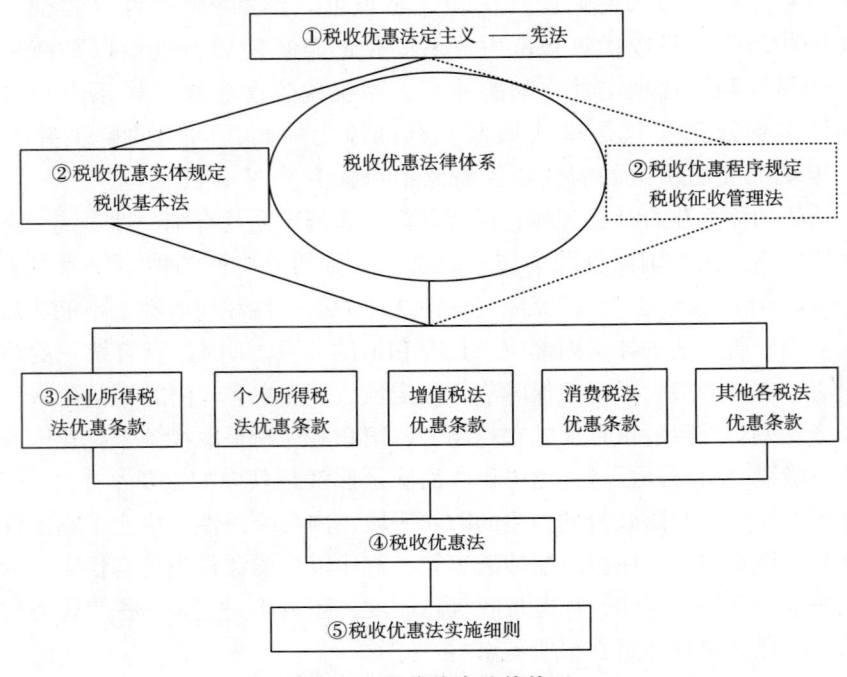

```
                    ①税收优惠法定主义 —— 宪法

    ②税收优惠实体规定                              ②税收优惠程序规定
        税收基本法           税收优惠法律体系           税收征收管理法

    ③企业所得税    个人所得税    增值税法    消费税法    其他各税法
      法优惠条款    法优惠条款   优惠条款    优惠条款    优惠条款

                        ④税收优惠法

                      ⑤税收优惠法实施细则
```

图5-1　税收优惠法律体系

需要提及的是，该体系应当是统一的、完备的，尽力避免上下级法律之

---

① 在税收优惠法律体系层面论及的各部门税法中的税收优惠条款，不仅包括部门税法，也包括该部门税法的实施条例或细则中的优惠条款。以《企业所得税法》为例，作为税收优惠法律体系中的企业所得税法优惠条款，既包括《企业所得税法》第四章第25—36条，也包括《企业所得税法实施条例》第四章第82—102条。但处于简写方便，统一称为部门税法中的税收优惠条款。

② 基于税收法定主义考虑，作为税收构成要件的特别措施，税收优惠理应由立法机关以法律的形式加以确定。因此，理想状态下，税收优惠的所有规定都应由立法机关制定。但因税收法定主义蕴含授权立法的空间，照此逻辑，在税收优惠法律体系中，还有部门规章和地方政府规章位阶的税收优惠规定之可能，因为全国人大可以授权国务院制定条例，国务院又可授权财政部执行实施细则，财政部还可授权税务总局解释。但必须看到这层层的转授权，已经逐步背离了税收法定主义的初衷。考虑到税收优惠的特性和独特定位，尤其是我国授权立法被滥用的事实，长远来看，在税收优惠领域还是应坚持相对严格的税收法定主义，杜绝、至少是减少规章层面的税收优惠规定，至于规章以下的规范性税收优惠文件应坚决杜绝。

间的矛盾和同一位阶的法律之间的冲突。在该体系中,"不同的法律部门负载不同的使命,也会有不同的追求,但所有的法律部门都涵摄在宪法之下,因而应该遵守宪法的一般价值观。其实,不同的部门法都是在努力践行宪法的一般判断价值为具体的判断价值,只是分工有差异"①。理想的税收优惠法律体系应分成五层,第一、二层级重点规定税收优惠宏观上的立法理念、立法原则等,第三、四、五层级重在落实第一、二层级的理念和原则,使抽象理念原则变为可操作的具体优惠法律制度,且应力图与税收优惠的客观现实、商业实践和政治制度相衔接,反映现存的社会、政治现实。② 相关内容安排简述如下:

第一层级,宪法作为位阶最高的法律,应落实税收优惠法定主义。在宪法优惠法定主义的判断上,各下位法不应出现冲突,但在具体的落实当中,可能会有不同的偏好和选择。这种不同的偏好与选择,可能带来不同的立场,也可能形成不同的视野,最终可能陷于利益博弈的泥潭。但在税法上,"法益衡量的结果,并非取其一,而排除其他;而经常是调和各方利益,达到公共利益与个人利益兼顾,征纳双方权利与义务统一及整体平衡。"③ 因为作为宏观调控的重要工具,税收优惠不能完全脱离公共利益理论的约束,也不能完全不顾相关主体的公共选择。因此,为实现统一完备的税收优惠法律体系,各税收优惠的部门法之间应相互尊重,但也要正视分歧的存在,并为此构建起可以协调的机制。

第二层级,《税收基本法》或《税收征收管理法》位于第二位阶,该位阶的税收优惠法律应着重于税收优惠目的、税收优惠要件、税收优惠范围、税收优惠的申请、管理等方面的内容。未来我国如果分立《税收基本法》或《税收征收管理法》,则《税收基本法》宜规定实体方面的税收优惠制度,而《税收征收管理法》更适合规定程序方面的税收优惠制度。如若宪法之下第二位阶仅有《税收征收管理法》,则只好将上述规定统摄在该法之中,但这绝非理想选择。当然该位阶还存在第三种可能,即将《税收征收管理法》改造成《税收基本法》,增加目前《税收征收管理法》中缺乏的一些实体规定,如果出现此种境况,则可大力借鉴《德国租税通则》的立法

---

① 杨小强、叶金育:《合同的税法考量》,山东人民出版社2007年版,第4—5页。
② Richard K. Gordon and Victor Thuronyi, Tax Legislative Process, In Victor Thuronyi (eds.), Tax Law Design and Drafting (volume 1), International Monetary Fund:1996.
③ 陈清秀:《现代税法原理与国际税法》,元照出版有限公司2010年版,第5页。

经验，设立税收优惠专章①。不管该位阶未来采取何种模式，该位阶都应设置税收优惠的程序性规定，因为在实践中，对作为宏观调控重要工具的税收优惠进行统一实体性立法本身就不是一件容易的事，法律能约束的只能是宏观调控权力的来源与宏观调控程序。为保证税收优惠的功能实现，必须更加强调其程序控制，比如引入税收优惠听证制度、公示制度和审计制度等，最终通过事前、事中与事后的程序制约来促进政府调控行为的经济理性。②

第三层级，该位阶由各部门税法中的税收优惠条款组成，承上启下。该层级法律必须让宪法层级的优惠法定主义和《税收基本法》或《税收征收管理法》中的税收优惠原则性规定落地，结合上两个层级的理念和原则，确立本部门税法中的优惠规定，部门税收优惠规定也只宜做概括性规定、重点设置特定的优惠事由。从税收构成要件上分析，税收优惠事由属于税收构成要件中的消极要件。消极要件在规范形式上通常以例外规定的形态存在，对积极要件的适用范围起修正或限制作用。消极要件可以视情形的需要针对各种积极要件规定。③从法律适用的逻辑顺序上，必须先满足税收积极要件后，然后借由优惠消极事由存在，达到少缴纳税款目的。因此，享受税收优惠相较于一般正常的纳税义务而言，前者为例外，后者为原则。这类"原则—例外"的立法技术，乃是通过在税收债务发生的构成要件中安置特定消极事由，对于纳税人、征税客体、归属、税基、税率做出例外规定。④在第三层级的法律中设置税收优惠"原则—例外"的概括性规定，从而顺利开启第四层级的税收优惠法律。

第四、五层级，在第一层级至第三层级宏观理念、中观规定的基础上，确立税收优惠的微观制度，该层级为税收优惠法律体系的核心部分，税收优惠的核心制度均应在此位阶中得到落实。具体由第四层级的《税收优惠法》和第五层级的《税收优惠法实施细则》组成。第四、五层级虽

---

① 《德国租税通则》第二章"租税债法"专设"第三节 受租税优惠之目的"，分别对税收优惠的一般目的、具体目的、税收优惠的要件、税收优惠的范围等进行详尽的规定。参见陈敏译《德国租税通则》，台湾地区"司法院"2013年版，第85—108页。

② 参见王霞《税收优惠法律制度研究——以法律的规范性及正当性为视角》，法律出版社2012年版，第79—88页。

③ 参见黄茂荣《税法总论》（第一册），植根法学丛书编辑室编辑2002年版，第285—286页。

④ 参见刘剑文等《〈企业所得税法〉实施问题研究——以北京为基础的实证分析》，北京大学出版社2010年版，第167页。

为税收优惠法律体系的最低位阶，但其在体系中具有至关重要的作用。尤其是在当下中国，税收优惠从立法到实践，一片乱象、亟待治理，《税收优惠法》及其《实施细则》的制定①，直接关系到税收优惠的规范化管理，影响着税收优惠统一立法的进程，也从根本上决定着税收优惠法律体系的根基能否建立。因此，值得精心布局、统筹安排，在统一立法的趋势和大视野中整体推进。

总体来说，图5-1中各个层级的税收优惠规范之间依循税收法定原则的要求渐次展开，彼此之间相互映照，逐层落地。从实体内容上看，这种配置思路较好地践行了税收法定原则，既可以科学分配和有效制约税收优惠中的国家税权运行，进而遏制既有税收优惠规范实践中的权力配置紊乱、越权、滥权等违法、违规用权行为，又可以敦促税收优惠待遇落到实处，不至于出现越位与错位现象，从而保障纳税人之间的税收优惠权的公平获取。从技术构造上看，这种配置思路不仅可以确保各层级税收优惠规范之间的衔接与融洽，进而形成和谐有序的税收优惠法律体系。而且可以提供税收优惠规范体系与外部各相关税法之间的融通，从而打通部门税法中税制要素之间的技术障碍。更为重要的是，倘若按此简约税收优惠规范，汇整既有的税收优惠规范系统，各方主体对税收优惠规范的认知将更为容易，相机权衡的成本将大为降低。自此，纳税人和一些用税主体不用挖空心思，动员各种资源以获取税收优惠待遇。决策机关也不必冒着违法、违规之风险，法外滥权赋予特定纳税人以税收优惠待遇。同样，征税主体亦不用过分担心"同等情形，不同处理"的执法疑难，更不用为此担负渎职滥权的执法风险。果真如此，何愁税收法治意识的生成与进阶！

三 统一立法中的简约技术

要想根治税收优惠领域业已存在的种种问题，对其进行统一立法、简约税制规则正当其时。但税收优惠事关国家区域发展、行业促进，更关乎国家税收利益与纳税人权益保护，还可能波及市场竞争秩序等，可谓牵一发而动全身，因此，对其立法必须谋定而后动，一方面要呼吁税收优惠统一立法，将其纳入法治化的轨道；另一方面也必须考虑税收优惠的当下实践，尤其是

---

① 《税收优惠法实施细则》重在对《税收优惠法》进行解释，使其更具可操作性。因此，其立法模式、立法技术等基本都由《税收优惠法》决定。处于此种考虑，下文仅对《税收优惠法》制定所涉及的重要问题进行论述，对《税收优惠法实施细则》所涉及的立法问题不做专门研究。

财税主管部门制定税收优惠政策的路径依赖，都注定税收优惠的统一立法绝非一日之功。针对现有的税收优惠规范，按照"统一税制、公平税负、促进公平竞争"的原则，分步推进、伺机立法应该是较为稳妥的方案，也符合简约税法规则的大体方向和总体要求。毕竟，简约已然繁杂的既有税收优惠规范，不能不做甄别、整体删除，也不能不问属性、匆忙简并，而需要认真思量各税收优惠规范的属性、类别、内容等实然情事。这些不仅考量着税收优惠规范的实体内容，而且考验着税收优惠规范的形式层构。而这两者最终又通过税收优惠规范的生成技术表征出来。从这个角度上说，税收优惠的统一立法，最为考验的还是税收优惠规范的简约技术。

（一）简约税法的技术借引

简约不是一种技术，但它离不开技术的支持。离开了技术的支撑，简约税法规则、统一立法无异于痴人说梦。这种规则简约与立法中的技术，关乎税收优惠规范的汇整，攸关统一立法的实现。但它又客观上受制于既有的税收优惠规范知识系统，更与整体立法技术的成熟度休戚相关。因为立法技术不但决定着法案的表达形式，而且影响甚至制约着立法政策的形成与制定。甚或可以说，立法技术水平是一个国家法制文明水平的重要标志与杠杆。立法机关或立法者既可以利用立法技术，在法中明确地表达国家的立法政策，避免对法所规定的内容产生各种不正确的理解，又可以利用立法技术进行规则汇编与法典编纂，在编纂过程中消除现行规则中的体系与制度缺陷，根据制定同一类法的经验和材料，制定内容统一的法典，本为立法技术价值所在。更为关键的是，立法技术永远与立法实践同步，它既是立法实践发展的结果，又为立法实践进一步提高与改善提供方法或指导。立法技术在进一步抽象化的同时，进一步实务化，是立法技术研究进一步发展的必然趋势。[①]

具体而言，立法技术主要包括三个方面的内容：法的形式结构技术、法的实质结构技术以及法的语言文字表达技术。法的规范性的形式结构应包括：法的名称；法的制定机关和通过、公布与施行的日期；目录；正文；附录。规范化的、完备的法的实质结构包括：立法目的（立法根据）、适用范围、法的原则、法律概念（术语）的解释、法律规则、解释机关、施行日期以及废止条款。法的语言文字的表达技术，则大体包括句子使用、字词使用、标点符号使用、语气语态使用以及其他诸如此类的问题的技术。比如，

[①] 参见吴大英、曹叠云《立法技术论纲》，《中国法学》1990年第4期。

法律文本风格应力求准确、简洁、严谨。再如，法律语句应当尽量使用短句、简单句，少用长句、复杂的句子。① 此外，亦有学者认为："立法技术上应采彰显民主和理性进而内涵公众参与、专家论证、风险评估和政府决定等步骤的程序调控模式。"②

凡此种种，都对立法提出了具体的要求和经验参照。问题是，这些内生于立"法"进程中的技术，能否为广义的税法规范简约行动所采纳？因为在简约税法规则的过程中，最为核心的可能还是规范性文件的汇整。最为汇整的主要对象规范性文件，并不在学界公认的"法"之范畴。即便如此，我们依然认为有必要以严格、先进的立法技术指导税法简约行动。一方面，"立法，从政治学角度看，属于政策形成过程，从法学角度看，属于法律制定过程和结果。法学家如果不关心动态立法过程，就可能沉溺于法规文字的表层，而政治学者如果不关注政策的立法表现，就可能在最后关键上功亏一篑"③。在规则制定过程和结果转化这一维度上，法与规范性文件并无本质区别，技术迁移并无在先障碍。另一方面，"从立法学或立法技术研究角度观察，从现实状况与实际需要考虑，法的渊源、法的形式或者法的表现形式可以作更为宽泛的理解，而不必固守某种并无牢固基础与充足理由的教条"④。更况且，亦如前文所述，多数规范性文件都已具备法源的核心要件。因此，在简约税法规则之中，借用立法技术并无不妥。相反，要想保证税法规则的简约质量和效率，理当大胆引用和借鉴成熟的立法技术。

作为税务行政主导的重灾区和典型场域，税收优惠规范向来以"政策"与"文件"示众。比如，《企业所得税法》设定了12条税收优惠规范，与之相配的《企业所得税法实施条例》中的税收优惠规范数量攀升至21条。但为了支撑两部法案中的33个税收优惠规范，财税主管部门及相关部门制定、发布了400多份企业所得税税收优惠文件。规范性文件实质上构成了统一立法和简约税法规则的基础，这不仅是绕不过去的规则原点，而且是极为重要的立法资源。简约税收优惠规范，对其统一立法都必须建基于这些规范性文件之上。借助这些基础素材，运用立法技术，分步清理和类型化整理规

---

① 参见汪全胜《立法技术评估的探讨》，《西南民族大学学报（人文社科版）》2009年第5期。
② 肖北庚：《行政决策法治化的范围与立法技术》，《河北法学》2013年第6期。
③ 吴大英、曹叠云：《立法技术论纲》，《中国法学》1990年第4期。
④ 陈大文、曹叠云：《法：立法技术操作层面——新的归纳与立法例若干分析》，《法学研究》1993年第6期。

范性文件，制定《税收优惠法》，以此为核心构建统一、完备的税收优惠法律体系，是为简约税收优惠规范的理想之路。

(二) 税收优惠文件的清理

当前，我国税收优惠文件数量十分庞大，涉及面也相当宽广，基本涵盖现行所有税种。作为一种租税特权，税收优惠以牺牲公平负担原则为代价，实现倾斜性减轻特定纳税者的税负。税收优惠不征收有税负能力的人应缴纳的租税，所以它具有"隐性补助金"或"隐性支出"的性质。虽说都是减轻租税措施，但从社会政策立场减轻中小企业和低收入者等的税收优惠措施是宪法上必要的措施。① 然而，诸多税收优惠文件无论是规则设计还是规范实施都不尽如人意，导致税收优惠目的缺位、优惠总量失控与支出随意以及利益衡量机制的缺失等诸多问题的出现。

要想顺利实现税收优惠的统一立法，首要的是要对已经颁布的税收优惠文件进行清理。中央将"清理规范税收优惠政策"写入《关于全面深改革若干重大问题的决定》（以下简称《决定》）实属罕见。《决定》出台后，时任财政部部长更是疾呼："当前，我国税收优惠政策严重影响了国家税制规范和市场公平竞争，必须下大力气清理整顿。"② 由此，一方面可以看出中央清理税收优惠的决心；但另一方面，直接将税收优惠解读为一种政策，又一次凸显了税收优惠制定的路径依赖，即极少从立法角度去思考税收优惠，取而代之的是一以贯之的政策考量，税法的宏观调控功能被无限放大。但从更为积极的角度看，未尝不可利用《决定》明确"税收优惠政策统一由专门税收法律法规规定"的契机，以税收优惠文件的清理为起点，将税收优惠纳入法治化范畴。对税收优惠文件进行清理，首先应解决好以下难题：

第一，谁负责组织、统筹文件清理工作；第二，谁具体负责清理任务，即清理权限如何分配；第三，清理的对象，即纳入清理的税收优惠文件范围；第四，清理的目标、方法与标准③；第五，清理结果的处理。此等难题

---

① 参见［日］北野弘久《税法学原论》（第四版），陈刚、杨建广等译，中国检察出版社2001年版，第109页。

② 参见韩洁、高立《消除机制体制弊端，建立现代财政制度——财政部部长楼继伟详解深化财税体制改革思路》（http://news.xinhuanet.com/fortune/2013-11/20/c_118226239.htm）。

③ 对于全国人大及常委会和国务院出台的税收优惠法律、法规，因数量极少、规定抽象，使得对其进行清理变得简单，其清理方法和标准无须专门论及，下文对清理方法和标准的论述重点针对的是财税部门颁发的税收优惠文件的清理，包括财政部、税务总局以及各地财税部门颁布的优惠文件的清理。

的破解可以参照近几年国务院、税务总局对部门规章、税收规范性文件清理方面的做法，稳步推进。① 简述如下：

其一，因税收优惠"政出多门"，对其进行清理牵扯多个部门的配合与协调，由全国人大常委会组织、统筹最为理想，若不能则最少也得由国务院出面组织税收优惠文件的清理。在全国人大常委会或国务院的领导下，根据税收优惠文件的制定部门分成相应清理小组，各小组逐步落实本部门的优惠文件清理工作。

其二，对税收优惠文件进行清理，从税收法定主义出发，最为理想的应该统一由立法机关行使清理权限，但基于多次提及的"政出多门"现实，注定奉行"谁制定、谁清理"更为可行。

其三，对于清理的对象，应重点围绕已经明显不适应经济社会发展要求的、与上位法的规定不一致的、税收优惠之间明显不协调等三类文件而展开。通过对这三类税收优惠文件的清理，查找出存在的明显不适应、不一致、不协调的突出问题，根据不同情况，区别轻重缓急，分类进行处理，为税收优惠统一立法奠定坚实的基础。

其四，考虑到税收优惠文件的庞杂，尤其是各地迥异的优惠规定，税收优惠文件的清理可以延续以往税收规范性文件清理的基本方法，即"先理后清"。各级财税部门首先查找确定需要清理的税收优惠文件的底数，在此基础上，理顺文件之间的相互关系，按照职责分工，确定各业务部门的清理范围，按照"谁起草、谁清理、谁负责"的工作原则进行清理。此外，为减轻后续立法的准备工作，清理文件应逐文逐条进行，按照"有效、简洁、规范"的原则要求，确保全部税收优惠文件及所有优惠条款的系统化和规范化。

其五，清理完成后，各清理小组应汇总各层级的清理成果，最终由全国人大常委会或国务院汇总。清理成果应及时向社会公开②，尤其应详细公布

---

① 可参见但不限于以下规定：《关于开展全国税务系统税收规范性文件清理工作有关问题的通知》（国税函〔2006〕872号）、《关于开展全国税务系统税收规范性文件清理工作的补充通知》（国税办发〔2006〕92号）、《关于做好规章清理工作有关问题的通知》（国办发〔2010〕28号）及《关于开展省税务机关税收规范性文件清理工作有关问题的通知》（国税函〔2011〕60号）。

② 至于是由全国人大常委会或国务院最终汇总后一并公开，还是各小组汇总后，甚至各省级清理单位清理完成后即行公开，应综合考虑。根据以往规范性文件清理的经验，较为可行的做法是由各清理小组负责单位汇总后统一公开，当然条件成熟的地区可以下放到省一级清理单位。

失效或废止的优惠文件及条款以及清理的详细说明,包括提出废止、宣布失效、提出修改的建议等,以更严格的公开要求敦促清理单位认真做好优惠文件的清理工作,不能简单地"一清了事"。

(三)税收优惠类型的整理

"当抽象——一般概念及其逻辑体系不足以掌握某生活现象或意义脉络的多样表现形态时,大家首先会想到的补助思考形式是'类型'。"[1]"在当下的法学研究中,'类型'方法的兴起是一个值得瞩目的现象。在一般方法论上,'类型'在具体化思考、法律发现及体系形成中的功能被充分关注。"[2] 税收优惠规定的类型化对于统一立法至关重要,其建立在税收优惠文件的清理之上,又为《税收优惠法》的制定提供极富价值的素材,类型化工作得当的话,甚至可以直接为未来《税收优惠法》所用。因为类型化的建构就是要避免落入此种进退两难的窘境。一方面,类型的具体化、演绎化的思考,是对抽象概念的进一步区分和瓦解,是对抽象概念提供实在的内容支撑。另一方面,类型化的努力,更是对个别现象的抽象和归纳,是在个别现象之间建立起整体性的意义联系和普遍性的观念。概而言之,类型化的思考既是对抽象概念的进一步演绎,同时还是对具体事实的进一步抽象。此种双向度的思考形式,使得类型不仅在思维上表现出综合化的特点,而且亦使类型成为一种介于"抽象概念与具体事实"之间的桥梁,成为抽象与具象、普遍与特殊之间的中点。[3] 通过对税收优惠的类型化建构,可以实现抽象的优惠理念、原则和具体的优惠事实之间的联动,最终构建起税收优惠理念、优惠类型、具体优惠事实的科层体系,优惠类型不只是整个体系中一个极为重要的实体元素,更是整个体系得以融通和成立的联结要素。税收优惠类型的此种枢纽地位,在其统一立法过程中,尤其值得重视。

对税收优惠规范进行类型化,其价值怎么强调都不可过分,但最为根本的还是如何对其进行类型化处理。类型化的关键在于标准的确立,标准既定,类型也相应明定。结合国际税收优惠的立法经验和我国税收优惠的实

---

[1] [德]卡尔·拉伦茨:《法学方法论》,陈爱娥译,商务印书馆 2003 年版,第 337 页。

[2] 杜宇:《刑法学上"类型观"的生成与展开:以构成要件理论的发展为脉络》,《复旦学报》(社会科学版)2010 年第 5 期。

[3] 杜宇:《再论刑法上之"类型化"思维——一种基于"方法论"的扩展性思考》,《法制与社会发展》2005 年第 6 期。

践，从税收优惠统一立法的远景窥测，至少有三种类型化标准[①]可供立法选择：其一，优惠功能标准；其二，税收构成要件标准；其三，优惠所涉行业、产业和区域标准。从税收优惠的功能上看，税收优惠主要有经济与社会两大功能。经济功能是税收优惠最为重要的功能，具体可序分为：①刺激、引导私人投资；②矫正经济外部性；③调整国家宏观调控手段使用的消极后果。社会功能是通过税收优惠规范，实现社会公平与正义的重要体现，其通常以如下手段来实现：①促进就业；②矫正分配；③鼓励公益。[②]

从税收构成要素上说，税收优惠规范均涉及5个核心要素，甚至还会辐射到其他辅助要素上，因此，对税收优惠的类型化又可以以此为标准，具体分为：①税收主体优惠；②税收客体优惠；③税收客体归属优惠；④课税标准优惠；⑤税率优惠；⑥其他优惠，主要包括纳税义务发生时间、税收征纳程序、环节等优惠。从税收优惠涉及的行业、产业和区域上看，至少可以细分为：①"三农"产业优惠；②能源交通业优惠；③金融行业优惠；④建筑及相关产业优惠；⑤高新技术产业优惠；⑥科教文卫体业优惠；⑦民政福利与社会保障优惠；⑧公共事业优惠；⑨进出口优惠；⑩区域优惠；⑪其他优惠等。

上述三种类型化标准的适用，会带来并不全然一致的类型化内容，对类型化工作和能力的要求差异较大，也深度影响着立法模式的选择和立法质量的高低。税收构成要件标准更适合在单一税种内部完成，而优惠功能标准和行业、产业与区域标准，既可在单一税种内部完成，又可突破单一税种，在整个现行税种层面进行类型化。尤其是行业、产业和区域标准，甚至更适合打破税种局限，进行部门税收优惠的深度整合，在各税种之间高度类型化。因为每一个行业都不只涉及单一税种，且各个税种犬牙交错、彼此依赖。

正是此种相互依赖、彼此支持的竞争与合作关系，使得跨税种类型化成为简化税制、统一立法的重要手段和工具。必须指明的是，三种类型化标准并不存在优劣之分、也不意味着彼此水火不容，相反，在具体的立法实践中，很多时候都是三种类型化标准交叉、融通使用的结果，典型如韩国

[①] 虽然税收优惠还可以优惠方式、优惠期限、优惠审批程序等多种标准进行类型化，但这些标准并不具有普适性，而且会带来具体类型归纳的烦琐，难以达到立法简洁性、清晰性的目标，基于此，本章不做深入、全面的探讨，仅就对统一立法有借鉴意义的类型化标准进行描述。

[②] 参见王霞《税收优惠法律制度研究——以法律的规范性及正当性为视角》，法律出版社2012年版，第12—14页。

《租税减免规制法》①。《租税减免规制法》正是充分利用了优惠功能标准、税收构成要件标准和行业、产业与区域标准,尤其是其高度整合、改良了税收构成要件标准和行业、产业与区域标准,大大提升了其税收优惠的立法水平,才使得韩国在税收优惠的立法实践中占据举足轻重的地位。至于我国应选择何种标准开展税收优惠的类型化工作,应结合税收优惠统一立法的规划和《税收优惠法》的定位来确定,同时也要考虑到"法律的制定和实施总是或者说必然地受到社会、经济、心理、历史、文化以及各种价值判断等各种因素的影响和制约"②。

(四)统一立法的有序展开:以《税收优惠法》的制定为核心

在法学上致力于税法体系的建立,使其纳入整体法律秩序之中,追求实现下述三个目标:(一)税捐体系作为规范的体系,必须符合较上位阶的宪法上价值秩序;(二)税捐体系作为规范的体系,必须与其他相同位阶的规范体系(民法,行政法)相调和;(三)一个税捐体系作为规范的体系,其本身必须没有互相矛盾。③ 因此,要想构建统一、完备的税收优惠法律体系,上述三个目标必须得到落实。毕竟,税收优惠统一立法,意在构建统一、和谐有序的税收优惠法律体系。而要实现这一宏伟蓝图,必须直面解决以下三大立法难题:其一,落实《宪法》及《税收基本法》或《税收征收管理法》中的税

---

① 20世纪两次石油危机等国际环境的变化严重影响大量资本投资的回报效应。因此,在1979年至1981年期间,韩国政府实施重化学工业的投资调整。在此期间,韩国政府制定并开始实施《租税减免规制法》。《租税减免规制法》总共五章,外加附则和附表,分别为:总则、直接国税、间接国税、地方税、补则及附则、附表。该法的主体部分是直接国税、间接国税和地方税三章。其中,核心是"直接国税"章,该章打破税种壁垒,采取绝对类型化方式,将租税特例归为18类,分别规制以下类型的租税特例:对利息所得等、对公共法人、对重要产业、对中小企业、对技术及人力开发、对输出等获得外汇事业、对国外事业、对国外投资、对外国航行事业、对资源开发事业、对防卫产业、对向地方迁移事业、对产业合理化、对捐赠等之所得计算、为改善财务结构、对转让所得等、对国际金融机构等、为促进投资。而"间接国税"章和"地方税"章又回归税种类型。具体来说,"间接国税"章分为附加价值税零税率之适用与免除、特别消费税之免除、印花税之免除、酒税之免除及关税之减轻;"地方税"章分为登录税之免除和取得税之免除。参见榆林市地方税务局《促进产业结构调整税收政策的国际借鉴研究》(http://www.ylsfzb.gov.cn/News_View.asp?NewsID=1905);李相穆等:《韩国租税减免制度解说》,陈清全、吴家兴译,"财政部"财税人员训练所1983年版,第439—499页。

② 孙同鹏:《经济立法问题研究——制度变迁与公共选择的视角》,中国人民大学出版社2004年版,第10页。

③ 参见陈清秀《税法总论》(修订九版),元照出版有限公司2016年版,第16—17页。

收优惠条款；其二，制定《税收优惠法》；其三，理顺各位阶的税收优惠规定，既包括不同位阶的税收优惠规定，也包括相同位阶的税收优惠规定，使其在宪法统领下，保持价值判断的统一性，彼此衔接、相互照应。

1. 《宪法》《税收基本法》或《税收征收管理法》中的税收优惠条款

优惠法定主义发端于《宪法》上的税收法定主义，我国《宪法》第五十六条既是对公民纳税义务的确认，也是对国家课税权的一种限制，其可以成为税收法定主义的最高法律依据。[①] 不过，从尽善尽美，消除分歧的角度看，如果有机会修改《宪法》，还是修改为好，改变目前从纳税义务的角度、转为从设定政府义务的角度拟定税收法定主义条款。只要税收法定主义条款在《宪法》上得到明确，则优惠法定主义的宪法位阶自然是顺理成章。相较于《宪法》，目前《税收征收管理法》及其实施细则对税收优惠的规定极其缺乏，与税收优惠相关的法律规定总共不到十条，且集中于税收法定原则的落实，纳税人的减免税权义和税务部门对减免税的管理[②]。由此可见，要完成税收优惠统一立法和体系化大业，第二位阶，即《税收基本法》或《税收征收管理法》仍应健全该位阶的税收优惠条款，尤其要落实税收优惠目的、税收优惠要件、税收优惠范围、税收优惠权力控制等核心制度。该位阶的税收优惠规定应同时具备如下功能：从单纯对纳税人优惠权利行使的单向管理，逐步过渡到对纳税人优惠权利行使与对相关部门优惠权力控制、监督的双向管理。

2. 《税收优惠法》的制定

《税收优惠法》的制定要格外关注立法模式选择、法律框架与内容及立法技术与标准等立法疑难。

首先，关于《税收优惠法》的立法模式选择。基于前述论及的我国税收优惠的立法实践和现有的立法能力，以日本《税收特别措施法》[③] 为参

---

① 参见刘剑文、熊伟《税法基础理论》，北京大学出版社 2004 年版，第 109 页。

② 参见《税收征收管理法》第三条、第八条、第三十三条、第八十四条；《税收征收管理法实施细则》第十八条、第三十二条、第三十三条、第四十三条、第一百条。

③ 日本早在 1946 年即颁布了《税收特别措施法》，2013 年最终修正。不过，该法规制的税收特别措施既包括以减轻税负承担力为内容的税收优惠措施，还包括以加大税负承担力为内容的税之重课措施，但税收优惠措施占据税收特别措施的绝对组成部分，为此，对税收特别措施的统一立法也基本反映了税收优惠统一立法的价值取向和立法抉择。该法更似各部门税法的税收优惠汇编，全法分八章和附则，分别是总则、所得税法的特例、法人税法的特例、遗产税法与地价税法的特例、登记许可税法的特例、消费税法等的特例、利息税等的比例特例、杂则、附则。具体至每一具体税法的特例，立法采用类型化的方法枚举，十分详尽。参见日本：《租税特别措置法》（最终改正：平成二五年六月一九日法律第五一号）的全部を改正する（http://law.e-gov.go.jp/htmldata/S32/S32HO026.html）。

照,在各部门税法内部清理的基础上,以优惠功能标准或税收构成要件标准对各部门税收优惠进行类型化,尔后汇总、制定《税收优惠法》,或许是当下较为务实的做法。当然,也不应放弃以行业、产业和区域标准,突破部门税法障碍,在更能动的整体税种层面进行类型化,制定更精练、更易理解的《税收优惠法》之追求。

其次,《税收优惠法》的框架与内容。《税收优惠法》的框架和内容与其立法模式的选择有直接的关联,但不管采取何种立法模式。都可以确立"总则—实体制度—程序制度—附则"的三大框架。"总则部分"重在规定《税收优惠法》的立法宗旨、特定术语的定义、税收优惠的限制性规定等内容。"实体制度部分"因立法模式选择不同而生差异:如若采取类似于日本《税收特别措施法》的立法例,则须将各部门税法中的具体税收优惠规定加以类型化,在此基础上,汇总类型化后的各部门税收优惠规定,作为《税收优惠法》的核心制度,最终确定的是以部门税法为主线条的立法框架;如果采取行业、产业和区域标准①,则须打破部门税法疆域,高度整合各部门税法中的关联税收优惠规定,最终呈现的是以行业、产业、区域为类型的税收优惠框架。"程序制度部分"重在落实《税收基本法》或《税收征收管理法》中的税收优惠管理规定。"附则部分"主要规定《税收优惠法》的法律效力,包括颁布与生效时间、适用对象、适用范围等。

最后,《税收优惠法》的立法技术与标准。复杂素为税法的流弊。立法者常以税收制度作为实现各种政治目的以及维护社会各群体利益的手段。正因如此,税收立法变得过分复杂,成为纳税人恪守其义务的严重阻碍,也严重阻碍了税收管理者有效及高效地实施税法。其实,好的立法就是能够执行和实施的立法。在检验新的立法时,可以使用多种规范化的检验标准。首先要考察的是法律的执行层面。为此目的,可运用以下具体标准:①社会接受

---

① 该标准还可以进一步衍生出交易形式、性质、行为类型等特殊标准,比较而言,以交易的形式、性质、行为类型等为标准更符合税法的运作规律、也更容易为征纳双方所接受,但此种标准无法摆脱交易形式的日新月异、瞬时变迁的困局,同时,基于行文主旨和篇幅考虑,对此种衍生性标准本章不做详尽考察。处于立法的简洁性和科学性考虑,可以将两者有机结合起来。比如,我国台湾地区的《企业并购法》就很好地体现了这一思路,该法第34条将收购财产或股份,而以有表决权之股份作为支付被并购公司之对价,并达全部对价百分之六十五以上,或进行合并、分割者所涉及的税收优惠高度整合,统摄在交易行为之下,规定"一、所书立之各项契据凭证一律免征印花税。二、取得不动产所有权者,免征契税。三、应纳之证券交易税一律免征。四、其移转货物或劳务,非属营业税之课征范围"。此种立法技术值得借鉴。

度；②法律规定的识别性，包括简洁性、清晰性和全面性；③法律规定的适用范围；④滥用和不适当使用的容易程度；⑤检查或核查的可能性；⑥处罚的可能性。① 简而言之，起草的《税收优惠法》应具有易懂性、有效性和整体性。②

3. 各位阶税收优惠规定的衔接与协调

通过前述优惠法律和优惠条款的制定，自《税收优惠法实施细则》至《宪法》层面5级税收优惠规定业已生成。但要实现税收优惠的统一立法和体系化，则还须对各位阶税收优惠规定进行梳理，理顺各自的定位，做到下位法与上位法的无缝衔接，同位阶法律完全协调一致，若有不符之处，则应提请立法机关及时修订。以税收优惠立法目的为例，各位阶的优惠法律都会直接或间接地规定本位阶的优惠目的，要实现统一立法和税收优惠法律体系化，则必须着眼于税收优惠目的的整体化认识，在各位阶法律之间进行税收优惠目的的体系化、协同化立法，最终建立起层次化和整体化的税收优惠目的体系：第一位阶，是税收公平与平等目的；第二位阶，是经济、社会与文化等公共利益目的；第三位阶，是各部门税法的具体优惠目的。第一位阶的目的发端于《宪法》层面的优惠法定主义，宜在《税收基本法》中规定；第二位阶的目的可以在《税收基本法》中规定，也可在各部门税法中规定；第三位阶的目的既可以在各部门税法中具体规定，也可在《税收优惠法》中进行类型化归纳。下位阶的优惠目的受制、统一于上位阶的优惠目的，当下位阶的优惠目的缺失时，理应接受上位阶的优惠目的的约束。自此，从上至下，形成科层化、整体化的优惠目的体系。

照此规划与设计，税收优惠规范的"政策"与"文件"治理顽疾将有望得到解决，规范生成与运行中的行政主导色彩也有望得到减损。纳税人面对税收优惠规范也不致要么怨声载道，要么手舞足蹈，呈现悲喜两重天的非理性思绪，陷入无法预知的规则暗箱之中。实事求是地说，对税收优惠进行统一立法未必能够真正解决税收优惠规范面临的实质疑难，即如何在量能课税原则、比例原则和稽征经济原则之间设计妥当的实体制度，寻得税法规范之财政目的与社会目的之间的衡平。不过，统一立法至少提供了一种简约税

---

① 参见［荷兰］马特海斯·阿灵克《税法的起草和实施：税务机关在税法制定过程中的作用》，陈延忠译，载《国际税收》2013年第6期。

② Victor Thuronyi, Drafting Tax Legislation, In Victor Thuronyi (eds.), Tax Law Design and Drafting (volume 1), International Monetary Fund：1996.

法规则的参照思路，它虽不足以实现税法规范的绝对简约化，但至少可以简化和部分走出已如一地鸡毛的税收优惠规则丛林。倘若能实现这一目标，税法的规范化和透明度便可期待，税收法治主体的法治意识生成便不再遥远。因为无论何方主体，不管面对何种税法情由，都期待一个规则透明、简便易行、通俗易懂的税法知识系统，这也是各方主体积极主动开展税收活动的根本准据。

第二节 税收法治与宣传税法

法治财税也好，简约税法也罢，其根本目的不在于取缔税法的规则之治，而在于寻求税法的社会可接受性。一个具备社会可接受性的税法制度体现的是税法价值、执行方式与大众认识、情理预设的相容程度，它是税收法治各方主体对税法制度的文本内容、核心价值、执行方式及其落实途径认可和遵从的前提。建基于此的遵从不是出于对制裁的恐惧，而是基于对税法价值合法化的认同以及由此形成的自发遵守，是税收法治意识形成后视遵守法律为道德自觉的内心确信，它不仅意味着税收法治主体各方与国家之间合作关系的形成，而且预示着税法制度所确立的行为模式将被税收法治各方主体真正的吸收，这才是税法实施至为理想的状态。[1] 但"良法善治"终究只是法治的理想和测度标准，更常见的是，纵然"良法"生成，"善治"也绝非必然结果。徒有"良法"，尚不足以"善治"，是为常识。因为"实现'良法善治'，通常需要具备法制健全、政府高度负责、政策公开透明、民众广泛参与等要素，需要公民自觉自愿的合作和对权威的自觉认同，否则至多只有善政，而不会有善治"[2]。具体至税收法治场合，则可能的关键在于：如何保障征税主体和用税主体能够依循"良法"而作业，怎样确保普通公众能够知晓、信任和运用已具社会可接受性的"良法"。

问题不一，方法不同，答案也会千差万别。但总体来说，前者可以通过"依法治税"而实现，后者可以借助"宣传税法"而达至。也许"依法治税"和"宣传税法"不是"良法"导向"善治"的最佳策略，但应该是契合中国税收法治建设实践的方略，也是法治财税和简约税法的必然延展。"尽管由于诸多因素，各国的具体税制不尽相同，但只要是现代国家，就都

---

[1] 参见靳文辉《税法的社会可接受性论纲》，《甘肃政法学院学报》2015年第6期。

[2] 刘剑文：《由管到治：新〈预算法〉的理念跃迁与制度革新》，《法商研究》2015年第1期。

会在税收法治方面强调公平、效率、秩序等基本价值，并会将其贯穿于税收法治体系的各个方面，从而影响税收的立法、执法、司法与守法等各个环节。从某种意义上说，税收法治体系是'形'，而税收法治理念则是'神'"①。因此，只要将这些"形神兼备"的"良法"传递至相应主体，税收法治意识生成便指日可待，税法之"善治"也为期不远。更为重要的是，长久以来"依法治税"和"宣传税法"都是我国税收法治推进的重要目标和手段，不仅有日积月累的经验体悟，而且有落地生根的思维惯性。

一 依法治税嵌入法治轨道

"在现代行政国家，随着公务范围的扩展与种类的增多，层级制的局限日益凸显。"② 税务行政亦莫不如此。"为限制政府的征税权而逐步在各国确立的税收法定主义不仅仅意味着税收的立法保留。税收普遍、平等的课征意味着人人都是纳税人，税法的遵从是国民生活中不可回避的重要事项。正因为如此，税法的首要功能是对税收征纳行为的规范与指引。"③ 这一规范与指引需求不只是针对纳税主体，更是指向征税主体。之于税收执法主体而言，依循行政法之法律优位原理执法自是应当。按照"法律优位要求，一切行政活动不得违反现行的法律，法律只能由法律变更、废止。在观念上，行政机关不得以改革创新、提升行政效能等为借口，突破法律的范围"④。具体至中国税收执法场域来说，依法治税成为行政法上法律优位的实施准据。亦如学者所言："依法治税是依法治国的重要组成部分，是依法治国在税收领域的具体体现。"⑤

早在1988年7月2日至12日，国家税务局在北京召开全国税务工作会议，就重点研究以法治税、深化税制改革、加强税收征管和税务干部队伍建设等问题，且明确提出要"以法治税"，要求加强税收执法，加强对税收违法行为的打击力度。它是今天依法治税的先声。1991年12月9日，国务院批转《国家税务局关于进一步推进依法治税，加强税收管理报告》。从此以后，"以法治税"的提法改为"依法治税"。《关于加强依法治税严格税收管

---

① 张守文：《税制变迁与税收法治现代化》，《中国社会科学》2015年第2期。
② 陈越峰：《关键信息基础设施保护的合作治理》，《法学研究》2018年第6期。
③ 汤洁茵：《形式与实质之争：税法视域的检讨》，《中国法学》2018年第2期。
④ 王贵松：《论行政法上的法律优位》，《法学评论》2019年第1期。
⑤ 肖厚雄主编：《依法治税》，中国税务出版社2014年版，第3页。

理权限的通知》（国发〔1998〕4 号）和《关于坚持依法治税严格减免税管理的通知》（国税发〔2008〕73 号）等文件的发布与实施，则印证了"依法治税"已实质上成为税收工作的灵魂，贯穿于税收工作的始终，是税收工作必须牢牢遵循的宗旨和目标。2001 年税务总局适时召开了全国税务系统依法治税工作会议，明确提出了推进依法治税的工作构想——"一个灵魂、四个机制、五个目标"。一个灵魂即把依法治税作为税收工作的灵魂贯穿始终，五个目标是指：税收法制基本完备，执法行为全面规范，执法监督严密有力，执法保障明显改善，队伍素质显著提高。而这些目标的实现则要依靠加强四个机制建设，即"健全规范的税收行政立法机制""科学、高效的税收征管机制""以执法责任制为核心的考核管理机制"和"严密的内部执法监督机制"。① 这一构想的提出，不仅未曾弱化和动摇"依法治税"的实践地位，反而强化和巩固了"依法治税"之于税收治理的中心位置。此种背景下，言谈"'依法治税'话语有逐渐消弭之势，而税收法治开始登入税法舞台并逐渐成为税法学话语的主角"② 或许还为时过早。

典型例证如，《关于全面推进依法治税的指导意见》（税总发〔2015〕32 号）明确全面推进依法治税"是一个系统工程"，是"税收治理领域一场广泛而深刻的革命"。为此，税务系统应"坚持中国特色社会主义法治理论和法治原则，落实税收法定，坚决维护税法权威，坚持征纳双方法律面前平等，依法维护国家税收利益，依法维护纳税人合法权益，依法发挥税收职能作用，以税收公平公正促进社会公平正义，为实现税收现代化提供有力法治保障"。以此为指导，税务系统要"从税收工作实际出发，严格依法行政，坚持依法决策、规范执行、严密监督共同推进，坚持法治化、规范化、信息化一体建设，以约束权力、保护权利为重点，抓住领导干部这个关键，创新体制机制，改进方式方法，最大限度便利纳税人、最大限度规范税务人，加强税法遵从和税收共治，推进税收法治化，促进税收现代化。"紧随其后，税务总局又制定、印发了《"十三五"时期税务系统全面推进依法治税工作规划》（税总发〔2016〕169 号），不仅进一步明确了"坚持税收法

---

① 参见金人庆《论依法治税》，《中央财经大学学报》2003 年第 3 期；李沧国家税务局：《税收与法的这些大事，开眼界了！》（http://www.qd-n-tax.gov.cn/qdgs_licang/ShuiShouDongTai/201712/t20171201_65681.htm）。

② 谭志哲：《当代中国税法理念转型研究——从"依法治税"到税收法治》，博士学位论文，西南政法大学，2012 年，第 194 页。

定""坚持征纳双方法律面前平等""坚持依法行政""坚持简政放权"和"坚持从税收工作实际出发"的基本原则,而且还特别明示了2020年基本建成法治、创新、廉洁和服务型税务机关的主要目标,并努力实现"税收职能依法全面履行""税收制度体系更加完备""税收行政行为更加规范""税收法治环境更加优化"。

"税总发〔2015〕32号"和"税总发〔2016〕169号"通过设定"依法治税"的指导思想、总体要求、基本原则、主要目标、实施路径等,实质上塑造和配置了各级税务机关的行为模式和行政任务,不仅使得"依法治税"成为税收工作的基础、灵魂和生命线,而且使其成为税务机关必须始终牢记的神圣职责。[①] 而为确保"税总发〔2015〕32号"和"税总发〔2016〕169号"中创设的"依法治税"工程得以顺利实施,税务总局又同步制定和发布了《"十三五"时期税务系统全面推进依法治税部分重点工作任务分解表》,既细化了36项具体的工作任务,又明确了各项任务的责任部门,还设定了各项任务实施的进度安排。未来相当一段时间内,各级税务机关的税务行政活动开展都源于"依法治税",又可归结为"依法治税"。

例证如,根据"税总发〔2016〕169号",《辽宁省地方税务系统贯彻落实国家税务总局"十三五"时期税务系统全面推进依法治税工作规划的实施方案》(以下简称"辽宁省方案")得以发布。而为了落实"税总发〔2016〕169号"和"辽宁省方案",辽阳市地税局在转发"税总发〔2016〕169号"和"辽宁省方案"的同时,又相机制定了《辽阳市地方税务系统贯彻落实国家税务总局"十三五"时期税务系统全面推进依法治税工作规划的实施方案》,从而确定了辽阳市地税系统"十三五"时期税务系统全面推进依法治税工作的总体思路、基本原则、主要目标、重点任务。[②] 自此,从税务总局到省级税务机关,再到设区的市级税务机关,直至基层税务机关,"依法治税"成为税务系统的中心话语,其在逐层序化的同时,也渐次形成了自身的实践性威严,从而成为税收治理场域中最为重要的工作指引和行为准则。

通览跨越近30年的"依法治税"文件与话语,可以发现"依法治税"言说的主体多为官方机关(人员),而且它在不同时期表述都不太相同:在

---

① 参见关礼《谈谈依法治税需要把握好的几个关系》,《中国税务》2015年第5期。
② 参见《市局认真贯彻落实"十三五"时期推进依法治税工作规划实施方案》(http://www.lnsds.gov.cn/art/2017/3/17/art_ 4021_ 124282.html)。

改革开放初期,"依法治税"与"改革""开放"等用语联系紧密;在提出"依法治国,建设社会主义法治国家"之后,"依法治税"与"依法治国""法治"等词联系紧密;而在确定落实"税收法定原则"之后,"依法治税"又与"税收法定"等话语联系紧密。"依法治税"的内涵与外延,语词表达等都不断变化,既说明了这一语词受制于国家政策影响,也说明了其缺乏自身独立的理论。这些都使得纵然是人皆共知的言说语词,"依法治税"的内涵、外延与目的等远未形成共识。①

比如,针对依法治税的内涵和外延,有学者认为:依法治税是依法征税与依法纳税的统一,协调完备的税收立法是依法治税的基础,规范有效的税收执法是依法治税的关键,治权是依法治税的核心,"依法征税,应收尽收,坚决不收'过头税'"是依法治税的实践原则。② 也有学者认为:在全社会确立税收法治的观念,增强纳税意识,这是依法治税的思想理论基础;建立和健全统一的税收法律、完备税收法律体系,这是依法治税的前提条件;提高纳税人的法律地位或主人翁地位,切实保护纳税人的权利,这是依法治税的根本问题;统一严格执行税法,提高依法行政水平,这是依法治税的中心环节;实行税管手段现代化与法制化相结合,提高征管质量和水平,这是依法治税的重要目标;动员全社会的力量,建立良好的税收法律环境,这是依法治税的社会基础。③ 还有学者认为:依法治税有三条检验标准:一是要符合法律、法规和各项政策要求,处理的程序和方式规范、透明,同时,税收权力的运行得到有效监督制约;二是要税收"应收尽收比率"高,"税款流失比率"低;三是要经得起纳税人和社会舆论的监督,经得起历史的检验。④

如果说学者对依法治税的内涵和外延更多只是语词表达不同的话,则学界对依法治税的核心和目标等的理解可谓是众说纷纭。比如,有学者认为:实现依法治税,需要经过税务机关和广大纳税人两方面的共同努力。但依法治税的核心和关键,却是处于矛盾主导地位的税务机关的依法行政。因此,依法治税至少应包括:职权法定、职权与职责统一、

---

① 参见张怡、谭志哲《我国近30年"依法治税"的理论言说——基于法律话语的分析》,《西南政法大学学报》2012年第3期。
② 参见金人庆《论依法治税》,《中央财经大学学报》2003年第3期。
③ 参见刘隆亨《论依法治税的目标、理论和途径》,《中国法学》2002年第1期。
④ 参见刘军《对增强基层税务部门依法治税能力的思考》,《税务研究》2005年第8期。

法律优先和依法办事。① 也有学者认为：依法治税是指"是指在依法治国的前提和条件下，通过税收法制建设，使征税主体依法征税，纳税主体依法纳税，从而达到税收法治的目的。"② 与之类似，亦有学者认为："依法治税的终极目标，就是要让税收法治成为信仰，成为征纳双方共同的内心认同。在此基础上，就可以消解纳税人的对抗情绪与税收焦虑，内在地提升其税法遵从，营造合作、互动的税收文化。"③

截然不同的是，有学者认为："依法治税是一个渐进的发展过程，其目的是谋求税收收入的增长和税收职能作用的充分发挥。"④ 也有学者认为："无论采用哪种治税理念，其最终目的仍然是保证税收的足额征收，保障国家职能的正常实现。基于这一理解，依法治税必然是以实现国家职能为目的。"⑤ 还有学者认为："依法治税是依法治国基本方略在税收工作中的体现和落实，是多年来税务系统工作经验的总结，也是税收工作要始终坚持的根本原则。依法治税落实到实际工作中，就是要始终坚持组织收入原则，做到依法征税，应收尽收，坚决不收'过头税'，坚决防止和制止越权减免税。按照税收法律、法规的规定，将纳税人应缴税款及时、足额地征收入库，不能有税不收，也不能无税乱收，只有这样，才能保证税收各项职能的正常发挥，才能促进税收工作的健康发展。"⑥

简单概括，学者的争点与分歧主要在于依法治税目的是税收法治，还是税收收入。不过，也有学者尝试调和这种纷争，挖掘两者间的内在联系。比如，有学者认为：税收法制建设是依法治税的核心内容和主要手段，依法治税的重点在于依法治权、依法治官，杜绝"人治"的权力异化，进而实现"征税主体依法征税、纳税主体依法纳税"的基本目标和"税收法治"的根本目标。⑦

尽管我们可以不断拓展依法治税的内涵和外延，适时调整依法治税的目

---

① 参见高炳立、吴西峰《依法治税论要》，《税务研究》1999年第2期。
② 周国良：《依法治税的现实差距与对策思考》，《兰州商学院学报》2004年第2期。
③ 刘剑文、陈立诚：《全面迈向依法治税新常态》，《中国税务报》2014年10月29日，第B01版。
④ 朱克强：《论依法治税与纳税遵从》，《理论界》2007年第8期。
⑤ 邓力平、胡巍：《依法治税和纳税服务——基于国家税收和公共税收的视角》，《当代财经》2010年第1期。
⑥ 郑文敏：《税收计划与依法治税的关系》，《税务研究》2005年第5期。
⑦ 参见宋润生、石雪峰《依法治税的内涵》，《税务研究》2003年第6期。

标和追求，将税收法定、平等理念等税收法治元素导入依法治税，进而凸显税收收入职能与税收法治之间的兼容并蓄。比如，有学者直言：依法治税与税收法治两者并无矛盾，两者之间具有紧密的关系。如果说依法治税是"手段"的话，则税收法治便是"目的"。倘若说依法治税是"过程"的话，则税收法治即是"状态"。① 但是，必须明示：依法治税的重点仍然在于"治理"，而"治理"不等同于"法治"。② 依法治税侧重于"治"，而税收法治偏向于"法"，两者确有关系，但绝非同一话语。比如，在治理语境下，各方主体，特别是纳税人只能是法的对立面，最终也就成为被"治"的对象。③ 而在法治语境下，纳税人是税收法治的重要主体，具有完全的主体性和自主性，而非被"治"的对象。除此之外，依法治税蕴含的税权集中理念也不可忽视。自 20 世纪 80 年代以来，"依法治税"话语一直为官方所把持，即便是晚近落实税收法定原则如火如荼，也仍未阻却依法治税思维的惯性运作。取而代之的是，"税总发〔2015〕32 号"和"税总发〔2016〕169 号"的相继出台，进一步巩固和强化了"依法治税"的话语威严。

受制于"依法治税"话语，我国的税收法律理念与税法制度在过去的时日之中，都不同程度地陷入迷失。如学者所言："依法治税"作为税法理念，带来了理论与实践两方面的困扰。在理论上，"依法治税"导致了税收法律的正当性危机、税法义务本位主义膨胀、税法功能的失调。在实践上，"依法治税"导致了税收立法，尤其是税收规范文件的膨胀、税收执法监督制度的缺失、税收司法制度的软化。简言之，"依法治税"只是停留在"法制"和"治理"层面，近 30 年来我国对"依法治税"的理解，就是要依照国家颁布的法律以及法律性文件把纳税行为以及征税行为纳入法制的轨道，要求纳税人依法纳税、履行纳税义务以及征税人依法征税、履行征税职责，最终完成中央财政任务、保证中央财政收入。因此，一种自上而下加以推行的"依法治税"思路在改革开放之初确有一定的进步性，但是与日益发展起来的"税收法治"话语却格格不入。税收法治所强调的税收法定主义、纳税人权利本位主义等，都很难在"依法治税"话语中找到属于自己的位置。要改变中国很长时间以来在"依法治税"语境之下的税法理念与制度

---

① 参见宋润生、石雪峰《依法治税的内涵》，《税务研究》2003 年第 6 期。
② 参见包子川、李初仕、陈光宇《纳税人意识与依法治税》，《税务研究》2003 年第 5 期。
③ 参见宋德安、邢西唯《论"依法治税"——从契约论角度看国家分配论之不足》，《人文杂志》1996 年第 1 期。

的迷失，就要在深入分析"依法治税"话语与实践、理论与制度的基础之上，建构出新的税法理念与制度。无疑，"税收法治"在话语、理论、理念创新与制度塑造等方面具有不可取代的地位。①

由此，即便短期内"依法治税"中心地位难以撼动，也有必要将法治的"良法善治"精髓嵌入其中。有学者已经敏锐地意识到这一点，故指出，我们需要有对"依法治税"更深层的理解：首先，需要考虑现行税法是否充分体现了宪政（法治）的理念和精神，特别是对公民财产权利是否构成了强有力的和平等的保护。其次，依法治税并不意味着只要税法被制定出来，并且立法机关批准生效，行政部门就可以征税。在实际的征税行为发生之前，来自立法机关的授权是必不可少的。授权不只是为政府征税提供合法性，也是约束政府征税的重要民主程序。最后，"依法征税"既是约束性的，又是授权性的，但主要是约束性的。人民（通过立法机关）授予政府征税的巨大权力，为了防止这一权力被滥用，立法机关必须对这一权力进行界定，并限制其行使（范围和方式）。② 毕竟，"任何一个征税人员都不是一个抽象的概念，一方面他作为国家的代理者，行使征税权；另一方面他作为具体的人，有个人的利益和价值取向。在税收活动中，存在着某些人在追求自身利益最大化时做出不利于他人或国家的行为。"③

假如能够按此改造"依法治税"，进而逐步影响税收治理环境，作为整体的税务行政定可转向法治轨道，朝"税收法治"方向迈进。利好的事例是，不仅"坚持税收法定""坚持征纳双方法律面前平等"等税收法治的重要原则已被列入"税总发〔2016〕169号"，成为"依法治税"的基本原则；而且，"以约束税务机关权力、保护纳税人权利为重点""最大限度规范税务人""最大限度便利纳税人"等税收法治的核心要义也被写入"税总发〔2016〕169号"，成为"依法治税"的工作思路。仍需警惕的是，形塑新时期"依法治税"纲领的依然只是"税总发〔2015〕32号"和"税总发〔2016〕169号"这一类税务总局下发的文件。虽然如上所述，一些税收法治的原则、要义也被列入文件之中，成为"依法治税"的关键要求，使其具有一定限度的法治元素，体现一定限量的法治色彩。但是，更多的规定依

---

① 参见谭志哲《当代中国税法理念转型研究——从"依法治税"到税收法治》，博士学位论文，西南政法大学，2012年。
② 参见王雍君《税收国家与"依法治税"》，《中国税务》2010年第2期。
③ 刘国庆：《从征税人的博弈分析看依法治税》，《税务研究》2004年第11期。

然是惯有的"治理"思维。

更为关键的是，作为新时期"依法治税"关键性指引的"税总发〔2015〕32号"和"税总发〔2016〕169号"，它们不只是单维度地局限于税务行政，而是力求税收治理的方方面面。比如，"税总发〔2015〕32号"第一部分"深刻认识全面推进依法治税的重要性和紧迫性"之"（一）立足大局，充分认识重大意义"明示："推动税法体系完备规范、税制体系成熟定型、服务体系优质便捷、征管体系科学严密、信息体系稳固强大、组织体系高效清廉……"这一规定显然将"依法治税"的使命和意义辐射至整个税收场域，远超于严格意义上的税务行政，也非狭义的"依法治税"所能为，而实质上接近了"税收法治"的涵摄范围。既然如此，就应该接受严格的税收法治审查，而事实未必如此。

比如，《"十三五"时期税务系统全面推进依法治税部分重点工作任务分解表》中"制定实施全国统一的税务行政处罚裁量权适用规则"等具体任务的部署，是否都在税务机关的权限范围之内，这些任务如何与法律层级的授权对接等，可能都需要站在税收法治的立场上整体审视。因为依法治税之下，法律仍然算不上是决定有关各方行为选择的主要动力，政府下达的税收收入任务，或者说是政府手中的行政权力发挥着重大而具体的作用。长此以往，政府及征税机关长期不断地僭越征纳双方的权责边界鸿沟，导致他们自己无法挺直腰杆对纳税人采取更加严格的法律手段。而纳税人借助政府与征税机关的榜样与暗示，当然也可以不断跨越法律边界追求额外的税收利益。诸如此类的治理乱象，全然背离了现代社会的税收共识：政府通过限制自身权力来换取纳税人自觉纳税的一种集体潜意识。正是这种共识，使得政府有了征税合法性，基于此合法性，政府可以建设完备的涉税信息监控渠道，严厉惩罚偷税逃税者。这种针对极少数违反税法者的"准暴力"征管行为由于得到了大多数纳税人的默认甚至支持，并不会引起动荡。相反，如果不对少数违法者实施足够力度的惩罚，反倒无法安抚众多依法纳税者。[①]

故长远来看，"依法治税"极有必要进阶至"税收法治"，成为税收工作灵魂、生命线和基本准则。只有从法治的角度加强顶层设计，构建科学合理的税法体系，而不是罔顾税收法定原则、税收公平原则和税收效率原则的要求，轻视税收立法、税收执法和税收司法等应有的系统性和协调性而单纯

---

① 参见武靖国《税收治理秩序变迁的逻辑——论依法治税与任务治税》，《财政研究》2016年第9期。

追求税收收入的获取,才不致导致国家税权运行失控、纳税人权利保障失当,从而严重危害经济社会的发展。①

二 法定用税以保用之于民

1992 年以来,"社会主义税收取之于民,用之于民"和"税收取之于民,用之于民,造福于民"作为税收宣传口号,已累积使用 19 次。"税收取之于民,用之于民"口号响彻中华大地,俨然成为名扬四海的经验法则和课税根由。只是"取之于民"的感悟极易获得,且非常容易形成社会的整体共识。与之相反,"用之于民"的群体共识不易形成,各方主体的经验体悟更是难言一致。因为在面临"取之于民"的课税际遇之时,我们的身边,不知手中支用的经费来自税收、花钱大手大脚的官员有之,不晓兜里的工资皆系税款、误将履行职能视作对百姓"恩赐"的干部有之,将税收工作划在自身职责之外而持旁观态度,甚至人为设置障碍的政府部门亦有之。如果纳税人看到自己缴纳的税款被用到不该用的地方去了,或者,在使用过程中"打水漂"了,又何谈"用之于民"。既然无法验证和保障税款的"用之于民",纳税人的纳税行为肯定会因此而扭曲。相应地,征税人的征税工作也肯定会因此而受阻。可见,用税人的用税理念和用税行为,不仅对纳税人的纳税理念和纳税行为,而且对征税主体的征税理念和征税行为,都有着重大影响。

故此,确有必要适时地将税收法治的重心拓展至用税领域,确保"纳税人→征税主体→用税主体"这一围绕税收而形成的"三位一体"之实质关系得到良性运行。即,纳税人既要依法履行好缴纳税收的义务,又要充分地运用好消费公共物品或服务;征税主体既要切实履行好加强征管、堵塞漏洞从而把该征的税尽可能如数征上来的义务,又要依法运用好征税权,保证执法的公正性和严肃性;用税主体既要有效地履行好生产或提供公共物品或服务的义务,又要依法运用好用税权、维护税法权威、保证税款如数及时到位。② 这也再次证明了从税收法定到财政法定的必要性,因为只有同时注重财政收入层面上的消极保护和财政支出层面上的积极保护,才能真正地尊重、保障、满足和促进纳税人权利,才能敦促、监督、规范和确保国家税权

---

① 参见张守文《税收法治当以"法定"为先》,《环球法律评论》2014 年第 1 期。
② 参见高培勇《理念与规则:关于依法治税的深层分析》,《中央财经大学学报》2002 年第 12 期。

的有序运行。况且,从根本上说,法律对财政权的配置和规范,最终还是为保护纳税人权利。而随着人权的内涵从消极权利扩张到积极权利,这种保护也不再仅仅是防止财政权力侵害财产权利,更体现在保障和促进财政给付的有效实现。①

将支出行为纳入法定轨道,原本即为财政法定主义的核心要义。按照财政法定主义的要求,无论是党的政策,还是政府的政策,都必须在法律的框架下运行才具有合法性。虽然政策对立法具有指导性,但也只有转变成立法之后才能起到规范作用。虽然政策在执行过程中具有灵活性,但这种灵活性也必须在法律允许的范围内才能体现。因此,我国的财政支出实践必须从政府主导性财政、政策主导性财政,转变为法律主导性财政。但这种"法定"和"法律主导"并不是要求对一切支出行为都制定专门的法律,而只是要求财政支出行为必须具有法律依据,必须得到法律的明确许可或立法机关的专门授权。只有在法律允许的范围内,政府才享有支出方面的自由裁量权。只有这样,才能杜绝支出活动中的随意性,提高用税主体的遵纪守法意识,更好地保护财政相对人的利益,促进市场经济的健康稳定发展。② 而在财政实践中,支出与收入都被同等纳入预算范畴,共同成为"预算法"的规制对象。

换言之,支出能否法定,很大程度上取决于预算的法律规制成效。表面上看,预算是一个由项目和数据组成的表格,是一个颇为复杂的技术问题,是一个让人乏味的会计问题。但实际上,预算是各方主体博弈下的公共资源的配置机制,它决定了政府行为的范围、方向和政策。预算过程充分体现了一国的政治博弈,所以,预算其实就是数字化的政治,预算的权力性与技术性如影随形。实际亦如此,现代国家中,预算不仅是"政府管理的工具",通过预算分配财源,安排政府的行为活动,实现调解宏观经济和社会稳定的目标,预算更应是"管理政府的工具",议会通过预算管理政府的财政收支,控制政府的"钱袋子",控制政府的范围和边界。因此,认真对待支出行为,确保"用之于民",就有必要认真对待预算。既要坚持预算的政治管理职能,更要注重预算管理政治的职能,彰显预算"管理政府的工具"的品质。预算不仅要保障正常的行政需要,而且要尊重法律的约束、人民的意

---

① 参见刘剑文《论财政法定原则———一种权力法治化的现代探索》,《法学家》2014 年第 4 期。
② 参见熊伟《财政法基本原则论纲》,《中国法学》2004 年第 4 期。

愿，由人民决定、受人民监督。①

正因如此，新《预算法》第四条规定："预算由预算收入和预算支出组成。政府的全部收入和支出都应当纳入预算。"第十三条规定："经人民代表大会批准的预算，非经法定程序，不得调整。各级政府、各部门、各单位的支出必须以经批准的预算为依据，未列入预算的不得支出。"基于此，有学者认为：预算法定与税收法定构成财政法定的两大支撑性原则，在我国近年来开展的财税法治改革中确立了其基本法律地位。② 特别是新《预算法》注重用预算约束政府行为而不是由政府任意支配预算，弱化了预算作为政策调节工具的色彩，使其回归控权的本质属性，这是开启预算规范治理的基本标志。但也不能不正视预算有效治理的制度供给还存在较大局限。比如，缺乏支出控制预算机制、绩效预算实施机制尚不完备、不能满足公私合作背景下的预算法治需求和尚未形成分权激励与约束并重的预算弹性机制。③

不过，也有学者认为：政治性与法律性是预算法的两种重要属性，实现预算法政治性和法律性的互动与平衡是预算法良性品质的保障。在这种双重维度下，通过对新《预算法》进行重点分析和解读，不难发现，新《预算法》不堪承受的政治性和自身的法律性不足。于前者而言，立法主体预算权力依然虚化、审计主体缺乏独立的预算监督权、司法部门预算编制（审批）权（财权）不独立和行政主体内部预算权力的配置不合理等问题并非实质上得到解决。于后者来说，预算听证程序、跨年度预算编制程序、预算案否决应急程序和预算拨款程序等的缺位，预算公开程序、预算法律责任与问责机制等都是悬而未决的既成事实。④ 还有学者认为：我国面临着预算善治异化、预算共治失衡与预算法治失范的困局，整个预算治理现代化转型的进程均陷入不同程度的困境之中。比如，新《预算法》中的过多授权性条款，使得政府主导预算的空间和概率仍然不小。与之相应，人大预算权虽得

---

① 参见熊伟《认真对待权力：公共预算的法律要义》，《政法论坛》2011年第5期。

② 参见陈治《财政法定实质化及其实现进路》，《西南政法大学学报》2017年第1期。

③ 参见陈治《国家治理转型中的预算制度变革——兼评新修订的〈中华人民共和国预算法〉》，《法制与社会发展》2015年第2期。

④ 该学者进一步指出：要使新《预算法》得到确实有效的实施，恐怕仍然需要处于系统内部的政治关系、财政体制以及法治基础的配套性完善，只有夯实我国新《预算法》实施所依赖的内部制度基础，我国预算法的政治性和法律性才能得到更好地彰显与表达。也就是说，国家预算治理能力的真正提升，除了受预算法自身形式理性自足的影响外，更重要的还在于政治体制改革和财政体制改革的深化。参见蒋悟真《中国预算法的政治性和法律性》，《法商研究》2015年第1期。

以增加并细化，但其主体根基依旧薄弱，人大预算审批权极有可能限于虚化状态。更为重要的是，公民预算主体地位的整体性忽视，致使意志表达的空间被极度压缩。[1]

这些制度供给上的不足，使得新《预算法》虽有进步，但距离现代预算仍有距离。纵然预算法定原则在新《预算法》中有所体现，但也难言新《预算法》就是预算法定的产物。一般来说，现代预算必须是经法定程序批准的、政府机关在一定时期的财政收支计划。它不仅仅是财政数据的记录、汇集、估算和汇报，而是一个计划。这个计划必须由行政首脑准备与提交；它必须是全面的、有清晰分类的、统一的、准确的、严密的、有时效的、有约束力的；它必须经代议机构批准与授权后方可实施，并公之于众。现代预算制度不仅体现在预算法治的技术层面，更体现在预算法治的理念层面——预算法定原则。现今国家对政府财政预算支出权力的限制皆源于此。[2] 只是现代预算所内含的预算法定，不仅包含预算形式法定，同样也包括预算实质法定。一般而言，预算形式法定主要包含以下几层意思：一是预算的形成及运作过程受到法律约束，即预算的要素法定、预算的程序法定、预算的责任法定；二是预算必须提交立法机关审议，一经通过就具有法律效力，成为各级政府及其部门在财政年度内安排各项支出的依据；三是对于已通过的政府预算，未经法定程序，任何主体都无权擅自改变；四是在特殊情况下，需要增加支出或变更既定支出的用途，必须得到立法机关的批准。如果说预算民主强调的是预算权配置上的分权制衡，则预算形式法定就是体现分权结果的制度安排。因为它看重的是支出预算本身的效力，即支出必须且只能在预算规定范围内进行。

比如，支出金额、支出目的、支出期间、支出优先性顺序等都须按照预算规定执行。再如，事后如要增加支出总额，也必须经一定程序重新编制预算调整案并提交立法机关审批。凡此种种都使得预算被赋予和寄托了控权的功能期待。问题是，伴随着公共政策观念的变迁，尤其是财政干预主义政策的盛行，税收、预算皆成为实现某种经济社会功能的工具，其固有的控权特性日益被削弱，预算形式法定失灵的现象频繁出现。比如，预算编制机制对外部支出需求的控制作用有限、年度周期控制机制难以达预期目标、预算调

---

[1] 参见胡明《预算治理现代化转型的困境及其破解之道》，《法商研究》2016年第6期。

[2] 参见徐阳光《预算国家：财政法治的理想——源自美国的经验与启示》，《环球法律评论》2009年第3期。

整审批机制不具实质意义、公债控制机制被规避、赤字控制机制重心偏离。预算实质法定恰以"弹性空间的赋予"和"控制重心的转移"为核心理念和关键配置，克服预算形式法定而致的预算失灵现象。前者表现在允许一定范围内的预算科目流转、经费继续使用，允许预算执行中债务或赤字增加，允许优先满足应急性支出的需求，从而在支出金额、支出目的、支出期间、支出优先性的顺序等具有一定弹性空间，以协调预算与现实的矛盾。后者表现在不仅要审查预算科目内部的安排，而且注重预算决策与外部因素的关联；不仅要求预算执行者的支出行为获得初始授权，更要求确保事后的运作过程具有可持续的正当基础。可以说，预算实质法定是向执行者让渡了一定自由，但是却由此产生了一种更有效的控制。①

客观上看，预算从形式法定转向与实质法定的融合，也是现代预算的现实诉求。因为"伴随着资源稀缺性与支出扩张之间矛盾的不断加剧，如何维系财政可持续发展成为各国普遍关注的话题"②。加上，经济发展并非在任何时期皆是平均相同地进行，而是有波动以及循环。所以，预算作为财政政策之工具得保障总体经济均衡发展，避免过度的景气波动。③ 诚如学者所言：预算是资源分配计划书，关系着有限资源能否合理配置、能否有效运用。政府各类政事支出所占预算的比率，代表当时国家对各该政事重视的程度，必须视国家不同的发展阶段妥适分配资源，并利用预算以加速经济发展，实现整体经济循环之财政平衡。④ 不过，平衡的财政在实践中似乎越来越难实现，这可能与意识形态有关，也可能受到政治环境的影响，甚至还存在财政支出过度扩张的政治偏差。比如，只要经济持续增长、人民生活水平

---

① 总体来说，预算实质法定的意义在于，一是使预算的适用范围随着事前授权的扩大而相应扩大，有利于遏制执行者的预算外支出行为，从而更能强化预算的效力；二是使预算执行中的变化更加多元，并且具有实质控制的效果，从而实现立法者与执行者预算权的平衡配置；三是使预算与现实之间建立双向互动的关联，既能保持预算对现实的开放性，也能缓冲乃至抵制现实对预算的压力，从而建立预算支出的新型法律规制秩序。参见陈治《迈向实质意义的预算法定》，《政法论坛》2014年第2期；陈治：《国家治理转型中的预算制度变革——兼评新修订的〈中华人民共和国预算法〉》，《法制与社会发展》2015年第2期；陈治：《财政法定实质化及其实现进路》，《西南政法大学学报》2017年第1期。

② 陈治：《财政可持续视野下预算控制机制的失效与应对》，《法商研究》2017年第3期。

③ 参见萧文生《国家·经济监督·财政秩序》，元照出版有限公司2012年版，第323—324页。

④ 参见张启楷《抢救国库：你应该知道政府怎么用钱》，INK印刻出版有限公司2002年版，第41页。

不断提高，公众对于未来的经济与社会发展保持良好信心，合理限度内的财政赤字是可以接受的，也不会产生太大的财政风险。而每当财政赤字趋于恶化，政治过程的参与者均会竞相提出各种法律措施来削减财政赤字、使之恢复预算平衡，以表现其对财政赤字的关注和负责的态度。然而，财政赤字的出现并不完全取决于财政政策决策者的主观意志，削减财政赤字也并不像政治人物所设想的那样，可以任意决定，而总是受制于预算编制或执行当的客观经济社会情势。因此，如果过分强调财政收支的绝对平衡，反而可能成为阻碍经济与社会稳定发展的力量。毕竟，对一国而言，经济总体平衡是最重要的。[1]

基于预算实质法定理念，"现代预算法实施的核心问题，是使公民的社会公共需求得到最优化满足。"[2] 这也是税收"用之于民"的内在诉求。以此为目标，的确可以环绕预算，做各种制度调适。比如，可以加大预算参与力度，使预算运行过程向传统公共权力主体之外的社会力量开放，形成预算决策参与、预算执行参与和预算问责参与等立体化参与进路，以促使有不同偏好和诉求的主体对预算事务施加影响，确保预算的科学与规范。因为就本质而言，预算是作为受托人的国家通过对公共信托财产的分配利用，最大限度实现信托人利益的基本方式。这就决定了预算运行过程不应由受托人封闭操作，而应保持开放，吸纳预算参与。[3] 再如，可以逐次规范预算调整，实现"预算收支平衡"向"预算执行变更"的升级，避免随意或频繁出现的预算调整，亦期待达到规范意义的预算调整，进而协调预算执行刚性和调整弹性间的内在矛盾。[4] 还如，可以"适时嵌入绩效预算制度，通过预算权在政府、权力机关和社会公众之间的优化配置，以绩效评价为核心的专门性制度建设和相关制度的及时跟进，为持续推进绩效预算改革提供有力的法律保障"[5]。

不同的制度调适，有不同的环境要求，变革的阻力和难度也不一，产生的效果自然也就不同。不过，从现代预算的核心追求上看，培育预算权体系中的人民主体意识甚为关键，这也吻合预算的演变径路。如学者所云："在

---

[1] 参见叶姗《法律促进预算平衡之基本原理研究》，《现代法学》2010年第5期。
[2] 蒋悟真：《中国预算法实施的现实路径》，《中国社会科学》2014年第9期。
[3] 参见陈治《地方预算参与的法治进路》，《法学研究》2017年第5期。
[4] 参见胡明《我国预算调整的规范构成及其运行模式》，《法学》2014年第11期。
[5] 孟庆瑜：《绩效预算法律问题研究》，《现代法学》2013年第1期。

迈向现代预算也即公共预算、法治预算的进程中,我国对预算目的的认知已由片面强调实现国家职能、保障公权力行使逐步转变为满足公共需求、促进民众权利的实现。正因为这种基本理念的转变,预算权力格局不能再由公权力主体尤其是行政公权主体所统领。如何更好地彰显人民在预算过程中的主体地位,如何在预算过程中切实体现和贯彻人民的利益与意愿,已成为我国预算权体系变革的方向。"[1] 策应变革,确保公众预算知情权能够切实地从"纸面上的权利"转化为"行动中的权利"是基础,更是关键。因为现代预算事业的发端源头是公众知情权,发展动力也是公众知情权。[2] 假若公众连政府"用"之"何处",为何"用"之"该处",各处"用"了"多少"等都不甚明了,何谈认同"用之于民"之说。此类问题的圆满作答,仰赖于完备的预算公开制度和规范的监督机制之精致配合。

于预算公开而言,有学者认为:预算公开是各种预算权主体在动态博弈过程中通过不断达成妥协以实现利益平衡的产物,只有将各种预算权主体的权责进行清晰、明确、科学地设置与定位,才能保障预算权之间实现有效的制约和监督,促使预算公开目标的真正实现。因此,实现预算公开的关键或实质在于预算权的规范化,即预算权配置及其监督模式实现合理化。[3] 在这其中,又以立法机关的预算审批权最为棘手,也最为重要。预算审批权是一项独立于立法权、行政权和司法权的国家权力,其行使的法律后果在于确立年度性财政收支的规范性依据,旨在实现以权力制衡政府财政资金用度。然而,在当前新《预算法》的框架下,预算审批权仅是形式上的存在,实质化的预算审批权仍未能实现。由此而致的结果便是,政府主导财政的管理模式依然难以撼动。此种模式之下,政府财政收支只会以政府编制的预算为依据,而所谓预算的约束力也不过只是政府的自我约束。久而久之,政府财政

---

[1] 朱大旗:《现代预算权体系中的人民主体地位》,《现代法学》2015年第3期。

[2] 参见李建人《公众预算知情权及其约束制度》,《法学》2015年第9期。

[3] 该学者还认为:现代政府预算公开行为的外在表现形式:在静态层面,主要表现为一系列数字与表格,例如对一般预算、政府性基金预算、国有资本经营预算以及社会保障基金预算信息的公布等;在动态层面,则包括社会主体对公共预算全过程的监督与管理,例如预算编制阶段公众的预算参与行为、预算审批阶段代议机关举行的听证行为以及预算执行阶段公众的预算监督行为等。无论在静态还是在动态层面,预算公开行为皆存在多重利益的博弈与对抗,体现出各种预算权力(利)主体之间的相互制衡与监督。要保障公共财政的健康发展和公共预算目标的实现,关键在于对政府预算行为进行有效控制。否则,仅靠政府自我约束,将不可避免地出现权力滥用与行为异化。参见蒋悟真《预算公开法治化:实质、困境及其出路》,《中国法学》2013年第5期。

执行权力的滥用所引发的财政乱象自如"野火烧不尽，春风吹又生"，无法得到根本解决。这些财政乱象不能从根本上被消除，预算的价值与功能自然也就无法真正得到实现。解决这些如野草般的财政乱象，需要多种制度齐抓共管。但最为有效的措施还在于，以预算审批权为核心，带动预算审批制度的升级改造，进而促进预算公开的全面实现。尽管由于预算审批权之于国家权力体系中的核心地位，短期内解决并不容易，但这应该是值得尝试和坚持的方向。因此，可以预见的是，预算审批权制度的确立必然是新《预算法》完善进程中最具争议，也最难以在短期内解决的问题。①

之于预算监督来说，从预算的不同角度和过程切入，导出的监督方式和监督策略皆有不同，由此而致的监督效果多半也是判若鸿沟。比如，有学者认为：在推动审查监督权实质行使、深化人民代表大会机关专题询问和渐进加强政府首长问责的宪制基础上，人民代表大会作为权力机关对作为行政机关的政府全口径预决算进行审查监督，既因应了宪法层面上公平正义的需求，又契合了技术层面上效率规则的必要，具有充分的正当性和妥适的合理性。果真如此，善莫大焉。毕竟，人民代表大会制度是中国的根本政治制度和政权组织形式，由其进行全口径决算监督，既是财政民主的集中展现，也是预算法治的最佳通道。② 只是鉴于当下的权力配置结构与运行实况，能否通过人民代表大会的权力回归，实现财政民主和预算法治，确实需要多一些耐心和谋略。与之不同，还有学者认为：在整体预算流程中，立法机关虽握有预算审议权，但对于行政机关是否确定执行法定预算，则有赖于审计机关对行政机关提出的决算加以审核并提出报告后，才能加以决定。此项财政监督权限的行使，不仅与民主政治的发展息息相关，而且系为公共利益，亦即人民的利益而生。因此，审计制度的健全与否，不但影响国家财政发展，人民亦首当其冲。尤其是随着公共支出不断持续地增加，审计机关的财政监督功能更显重要。③ 归根究底，审计制度孕育于审计权。作为一项独立于传统立法权、行政权、司法权之外的新型国家权力，审计权不仅保留了传统"制约财政权"的"制权"功能，而且生长出自身特殊的功能实现机制——信息披露，即具体的审计结果向人民及其代议机构——立法机关，也即权力

---

① 参见汤洁茵《论预算审批权的规范与运作——基于法治建构的考量》，《清华法学》2014年第5期。

② 参见王桦宇《论人大预决算审查监督权的实质回归》，《法学评论》2017年第2期。

③ 参见萧文生《国家·经济监督·财政秩序》，元照出版有限公司2012年版，第389页。

机关披露。它反映人民对国家权力的监督与制约，体现的是人民主权的理念。鉴于此，现阶段最为迫切的任务是通过修改"审计法"等法律法规，提高国家审计在人员上、经济上的独立性与审计结果强制性公开的法律保障程度，以保证国家审计权运行的有效性。①

或因如此，方有学者认为："公共财政支出的决策权虽然已经有预算法的约束，但是在具体的执行与监督程序中仍然有立法的必要性；另外，一般来说，预算中仅能体现财政支出的盖然性目的，对于具体的财政支出范围和财政支出规模等仍存在很大的自由裁量空间，需要对财政支出法定化，限制这个自由裁量空间。"② 不能不正视的是，预算作用的发挥与一国权力架构息息相关，它既可能成为"政府管理的工具"，也可堪当"管理政府的工具"。新《预算法》侧重于相对微观的程序控制，着重于政府的预算管理，对如何发挥人民代表大会的审批权制约政府，并没有给予足够的重视，其技术性超过政治性，难以承担制约权力的全部重任。预算最终能否实现支出法定，让公众相信"取之于民"的私人财产，最终也会"用之于民"，除了新《预算法》作用外，更取决于执政党的智慧、胆识和勇气，取决于公民社会的发展和成熟程度，取决于各种政治力量的合作意识及妥协精神。当后面这些因素暂时无法提供确切的导引时，针对支出控制进行针对性的制度完善或建构或为务实之举。③ 支出控制作为一项基本的预算原则早在 20 世纪初各国建立公共预算法律制度时便已经确立并被严格遵循，但现实的发展却一直不断地冲击支出控制的传统原则。特别是 20 世纪 60 年代以后，各国财政支出大幅增长，随即产生了预算赤字、政府债务、财政风险、税负压力等问题，对社会整体经济的持续发展产生了消极影响。而重塑政府所要求的又是既不能放弃公共服务责任，同时又必须考虑现实的财政约束。此种背景下，为确保公民的社会公共需求得到最优化满足，不少国家都针对支出控制进行程度不一的改革。比如，建立新增支出的收入补偿机制，确保收支的动态平衡；建立预算成本审查机制，对所有影响预算的行动（包括法律法规和公共政策）进行成本审查；建立财务报告机制，主要用于控制那些容易游离

---

① 参见胡贵安《国家审计权法律配置的模式选择》，中国时代经济出版社 2012 年版，第 197—199 页。

② 白小平、代枚训：《财政支出法定原则及其法律体系之完善》，《南京航空航天大学学报》（社会科学版）2017 年第 1 期。

③ 参见熊伟《认真对待权力：公共预算的法律要义》，《政法论坛》2011 年第 5 期。

于预算管理之外的支出；等等。[1]

其实，不管是围绕预算权而做的系统改革，还是聚焦支出控制等进行的制度微调，都旨在规范政府等用税主体的支出行为，确保其朝着有利于人民利益的方向支配。毕竟，"善治"的"最终目的是实现人民生活幸福、社会和谐有序、国家长治久安"[2]。基于此，税之用途与支出亦有必要定期向纳税人告知，让纳税人真切感知"税收取之于民，用之于民，造福于民"。唯有如此，纳税人才不致天然疏远，甚或厌恶税法规则，将其视为敛财之工具，也才有可能主动纳税，并利用税法规则谋划经济事宜。同样，征税人员才有可能秉公执法，进而寻求征纳利益的衡平和税收正义的实现。因为每个具体的征税人员都无法抹去自身同时肩负的纳税人角色，其同样也是另一个场域中的纳税义务之履行者。假如各方主体均能在税收法治场域中积极作为，利用税法规则合法谋取自身利益，主体尊严、自律定能生成，而彼此之间的相互承认自然也就瓜熟蒂落了。若真如此，决策者需要考虑的只是优化和持续产生这种维护合理信任的税法知识。尤其"在高复复杂的现代社会中，信任的维护更需要法律的帮助，法律也应当加强对合理信任的保护"[3]。

三 税法宣传聚焦目标需求

随着社会由前现代到现代的转换，社会越来越复杂，此时需要更多的信任来简化复杂。同时，分工的细化，知识的专门化，使得人们更得相互信赖，对他人行为的准确预测，成为个人生活有序展开的关键。此外，现代社会中，人们更多地生活在陌生人中间，道德约束机制被淡化，社会对系统的信任也越发重要，故信任的维系更得仰赖法律。可见，信赖在许多情况下，已是不可避免的选择了。毫无夸张地说，现代社会中，信赖已成为重要的秩序形成与维持的媒介。合理信赖的保护，是法秩序的必然要求，一个合理信赖得不到保护的社会，将是一个动荡的社会、一个处于持续断裂状态的社会。唯有对合理的信赖给予充分保护，社会成员才可能建立稳定的行为预期，社会秩序才可以建立。因为人们必须依赖他人的知识才能正常生活，由

---

[1] 参见陈治《国家治理转型中的预算制度变革——兼评新修订的〈中华人民共和国预算法〉》，《法制与社会发展》2015 年第 2 期。

[2] 王利明：《法治：良法与善治》，北京大学出版社 2015 年版，第 14 页。

[3] 叶金强：《信赖原理的私法结构》，元照出版有限公司 2006 年版，第 88 页。

于必须并且只能依靠,法律就得将其规制成可以依靠的状态。①

止步如此,还远远不够。因为信赖的前提在于人们至少得知晓和判断这些支持信任系统运转的法律规则,虽然多数人们未必能够,也不需要完全掌握这些规则的具体含义,但社会至少应该提供人们了解这些规则的渠道和方法。也因如此,任何社会除开组织法律规则的生产,保障法律规则的实施以外,都会格外重视法律规则的宣传。"普法"即是典型。普法是我国政府为了普及法律知识和培育法治观念开展的专项活动,1986年正式启动,至今已持续实施超过30年。虽然彰显出诸多困顿,但是也取得了不俗的成绩。比如,国家已初步建立起"过程——结果"的双重控制机制,在坚持国家普法系统正常运转的同时,不断扩大社会普法系统的宣传度和影响力。②

稍晚于"普法"工作,立足于勃兴税收法治意识,建构和谐征纳关系,也更为专业的"全国税收宣传月活动"于1992年正式拉开大幕。自此之后,一年一度的全国税收宣传月,已经成为全国税务系统,乃至于全社会影响较大的"宣传品牌",并逐渐被社会各界广泛接受和认可。现在越来越多的公众关注税法,关注税收宣传。③ 总体来看,历经二十余年持续的税收宣传,成效显著。比如,纳税人获取税法知识的意愿更强烈,征税人员规范稽征的趋向更明显,社会各界参与税收法治建设的情绪更高涨。如学者所言:审视过往税收宣传月的成效,可以看出,税收,已经从少人问津的状态变成了老百姓最为关注的一个焦点,已经成为人们现实生活中不可或缺的重要组成部分。关注税收就是关注民生的理念深入人心,整个社会的纳税法治意识显著增强,和谐的征纳关系和优良的税收环境逐渐形成,依法征税、诚信纳税的思想影响着建设发展和谐社会的未来方向。④ 但是,随之产生的问题也不少。

比如,税收宣传的实用性较差。长期以来,税收宣传中"形式重于内容",过分强调"守法",而对税法规则本身宣传得较少。与之关联,税收宣传的针对性也远未理想。既有的税收宣传绝大多数偏向于高位阶税法,尤

---

① 参见叶金强《信赖原理的私法结构》,元照出版有限公司2006年版,第88—89页。
② 参见赵天宝《中国普法三十年(1986—2016)的困顿与超越》,《环球法律评论》2017年第4期。
③ 参见梁译丹《我国二十载税收宣传的历程回顾与改进建议》,《西部财会》2012年第4期。
④ 参见王平《十五年铸就税收宣传路——税收宣传月活动开展十五年回顾》,《中国税务》2006年第4期。

其是新出台税法的宣传，较少涉及聚焦具体业务的低层次税法规范和文件，致使受众难以从中获取有用的税法规则以指导实际工作。再如，税收宣传的时间性较差。尽管税收宣传月每年都搞得红红火火，但就像夏天里的一场雨，下得再大，雨过天晴之后很快就蒸发了，留在人们记忆里的只是几句口号，效果如何可想而知。还如，税收宣传的主动性较差。税收宣传实践中，不少税务工作人员将纳税服务片面地理解为帮助纳税人解决困难，从而人为地把税收宣传与纳税服务割裂开来，导致纳税服务往往出现在问题发生之后，给人一种雨后送伞的感觉，而非主动宣传税法知识。①

普法也好，税收宣传也罢，其核心目的无外乎是提升法治意识，助力法治建设。比如，有学者认为：1986年至2000年，普法的目的是法律秩序的塑造，相应策略是国家管理从政治调控向依法治理转变。2001年至今，普法的目的是法治观念的提升，相应策略是促进受众从认知期望向规范期望转变。然而，由于系统的复杂性和偶在性，导致普法者与受众、普法与立法、普法与守法等系统中涌现诸多悖论。因此，普法既要持续进行，亦须不断完善，尤其是要实现普法系统与作为其环境的其他系统的协调一致。普法系统不仅无法脱离其所处的环境，而且要受到系统内部各种因素的相互"激扰"和外部环境中的政治系统、经济系统以及民众信仰系统等其他系统的错综复杂的"干涉"。欲实现普法的"稳定的回应模式"，普法系统就必须与作为其环境的其他系统形成结构耦合，其中最重要的就是要促进普法者期望系统与受众期望系统的运行耦合乃至结构耦合，从而取得普法实效。② 这既可以成为普法的优化策略，也可以作为税收宣传的改进方向。

（一）超越纳税主体的宣传

税收关涉各方主体利益，连接千家万户。税收活动的轨迹体现在纳税主体的税收缴纳过程中，也投射在征税主体的税收征管进程中，还映射在用税主体的税款使用历程中，所以，税收活动是纳税主体、征税主体和用税主体合力作用的结果。税收法治绝不只是纳税人遵纪守法即可实现，它同样仰仗于征税主体的秉公执法和用税主体的谨慎用权。换言之，税收法治是纳税主体、征税主体和用税主体三位一体、共同造就的法治景象，离开其中任何一方主体的深度参与皆不完备，也无从达至。这一结论，从税收征用实践亦

---

① 参见杨钧宇《我国税收宣传存在的问题及改进对策》，《北方经济》2012年第6期。
② 参见赵天宝《中国普法三十年（1986—2016）的困顿与超越》，《环球法律评论》2017年第4期。

可导出。从征税口径看，我国宏观税负已接近发达国家平均水平，财政收入一路攀升。而从用税角度看，由于柔性的预算案和不合理的公共支出结构等多重因素，税款的利用效率极其低。其结果便是，一方面政府的税收收入急剧增长；另一方面基本公共服务和公共产品却大面积短缺，城乡和区域财富分布严重失衡，社会发展的稳定性和持续性备受挑战。为此，必须将征税权和用税权结合起来统一起来，不仅要关注收入端，更要关注支出端，通过规范化控制，倒逼征税部门和用税部门提升法治意识。

具体到税权运行，当下中国既存在西方"自由法治国"重"自由"轻"平等"的严重现象，又存在西方"社会国"时期财政方面的现实危机与困境，可以说"社会断裂"的所有问题和矛盾一同汇集于当代中国社会。解决如此复杂的难题，对税权运行进行控制实属必要。因为与西方社会背景、追求目标、价值取向和文化传统等诸多差异，使得中国必须创设一条税权控制的特色之路，即一条税权规范化的中国道路。较为务实的路径是，通过动态的驾驭，而非静态上的限制与羁束，从而实现税权运行的民主化、合理化、制度化、公开化和法治化。具体而言，为了税权行使的规范化，实现税权控制的有效性，改变我国目前税权运行的失序现状，可以考虑将事前的立法控制、事中的程序控制和事后的司法控制同时展开，征税权的控制和用税权的约束齐抓共管，从而形成一个能动的税权控制网络。①

结合上述思路，针对当前税收法治现状，税权控制的规范化可以采取以下具体思路：①提升人民代表大会的税收立法权，真正践行税收领域中的立法主导，而非行政主导，进而实现税收立法权、执法权和司法权的有效制衡。② ②强化公共预算监督。通过建立和完善公共预算的原则、分项审批和预算听证、预算调整、公民的预算参与和预算违法责任追究等制度，实现预算编制、批准、实施等环节的程序化、法定化和刚性化，强化预算对税权运行的监督制约。③推进财政支出公开。针对财政公开理念的权力主导性、公开内容的非实质性及公开机制的非体系性等不足，明确财政支出公开中的权

---

① 参见刘丽《税权的宪法控制》，法律出版社 2006 年版，第 158—162 页。
② 当前税收法治实践中，税收立法权并没有成为税收法治的起点和前提，税收司法权也没有成为税收法治的有效保障力量，充斥现实的是税收执法权的强势和扩张，阻碍、甚至架空了税收立法权和税收司法权，更别谈对税收执法权的掣肘。运用何种举措恢复、强化税收立法权和税收司法权的应有活动空间，削弱税收执法权的强势地位和权力，规范其执法行为，使三者之间形成相互规范、相互制衡的关系，是为税权控制亟待解决的难题。

利本位理念、加强财政支出公开的机制建设,最终实现财政形式公开与实质公开的统一。①④构建议会型审计监督体制。在议会型审计监督模式下,最高审计机关隶属于最高权力机关,地方审计部门根据授权独立行使审计权,只须对权力机关负责并报告。必须清醒的是,这些措施只是税权控制方略中的几个备选项而已,具体实施时还可以有更多的选择。但不管采用何种方略,都离不开税权约束下的法治意识生成,都替代不了征税法治意识和用税法治意识的内在作用。因为只有内在的意识觉醒,才可能真正实现税权规范和控制的事半功倍。只是征税法治意识也好,用税法治意识也罢,绝非一朝一夕所能提升。在这其中,有效的宣传可以起到加速作用。

  遗憾的是,"重纳税,轻征税,基本不谈用税"成为既有税收宣传活动的主基调,纳税人成为仅有的被宣传对象,历次税收宣传活动几乎与征税主体和用税主体无直接关联。多数时候在税收宣传场合,征税主体只是以税收宣传活动的举办方、策划者和组织者的身份登场,极少成为被宣传的对象。用税主体就更是如此,几乎与税收宣传活动绝缘。此种导向下,绝大多数税收宣传活动直接瞄准纳税人,极少将征税主体和用税主体作为宣传受众,也鲜见围绕征税和用税之法律知识展开税收宣传。此种基调的根源在于税务总局及相关部门是在进行"税收宣传",而非"税法宣传"。精心设计和策划的主题和标语口号无一例外地折射出浓郁的税收情怀,恰恰忽略了走向法治进程中极为重要的税法情结。一字之差,内涵却天壤之别。税收宣传重要的立论便是税收三性,尤其是无偿性;而税法宣传将征纳双方拖至契约时代,更凸显双方地方、权利和义务等之平等。税法宣传显然更适应税收法治的时代要求。

  况且,税收法治意识不只是纳税法治意识的代名词,而且是纳税法治意识、征税法治意识和用税法治意识的浑然天成,它的生成和进阶皆有赖于三者的交互共进。不可否认,税收宣传活动的确应该竭力提升社会整体的纳税法治意识,因为它确实有助于征税法治意识和用税法治意识的相继攀升,有助于国家税款的顺利实现。但是,征税法治意识和用税法治意识直接对接征税权和用税权,与纳税人权利位居税收法律权义系统的两端,倘若只是一味宣扬纳税主体一端的权义,尤其是纳税义务,而任由国家税权一端权义,特别是征用权力驰骋,不仅有悖于权义内应的制衡机制,而且容易增长纳税主

---

① 参见肖国平《政府用税权控制论》,博士学位论文,中南大学,2012年,第45—55页。

体的失衡心理。况且，国家税权运行有其天然扩张的特性，出于规范运行考虑，既有必要使其受到谦抑理念约束，也有必要将其置于外部监督下运行。基于上述考虑，税收宣传不仅不宜绕道征税和用税，而且应该将其置于与纳税同等宣传位置。为此，相关部门有必要考虑在形式上将"全国税收宣传月"改为"全国税法宣传月"，以此架构多元化的宣传系统。但更重要的是，在实质上重构宣传对象和理念，凸显税法宣传中的"纳税、征税和用税三位一体"，将纳税人、征税主体和用税主体全部吸纳至宣传体系，使其共同成为被宣传对象。

宣传理念上，需要认真评估"纳税是每个公民应尽的义务""纳税光荣"等类似标语口号的法治意识建构价值，理应更加突出以契约（平等）的法治理念对宣传的指导作用。具体到纳税法治意识宣传上，"税收取之于民"是很容易看得见和被放大的，但并没有解释纳税的合法性和合理性，可以用浅显易懂的语言让纳税人明白税收不只具有无偿性，将税收是公共产品的价格等理念灌输给纳税人，让纳税人知道纳税是公共产品交换的一部分，是政府为他们提供公共产品而支付的价格，在源头上消释纳税人的疑惑，变被动纳税为主动纳税。征税法治意识和用税法治意识宣传上，可以考虑针对征税主体及征税人员进行税收债法、契约、现代公共管理等方面知识的宣传，让他们深刻理解其征税权的来源和谨慎行使的必要性，让纳税服务理念成为征税机关及征税人员的一种标志和品格；用税层面，"用之于民，造福于民"难以让纳税人个体深刻领悟，可以考虑加大税收支出等知识在用税主体及用税人员内部的宣传，使其明示提供公共产品或服务才是其存在的依据。

真能如此的话，通过增补征税和用税的知识宣传，则一方面可以增强征税主体和用税主体的法治意识；另一方面可以增进纳税、征税和用税三方之间的知识融通。此外，还可以实现纳税主体、征税主体和用税主体之间的社会心理平衡，促进彼此之间的谅解与合作。三者合力宣传，纳税法治意识、征税法治意识和用税法治意识方可合力共进，直至整体税收法治意识的生成和进位。

（二）以需求为中心的宣传

从纳税、征税与用税三位一体机制出发，决策机关进行税法宣传时就不宜囫囵吞枣、一刀切地为不同的宣传受众供给同样的税法宣传知识，而宜根据各方主体的真实需求提供税法宣传产品。因为毫无针对性的知识宣传，不仅不利于各方主体的印象形成，相反，极有可能恶化主体对宣传理念和知识的印象，进而阻却税收法治意识的生成和进化。追根溯源，印象形成的重要基础是社会资讯的量与分歧，而且社会资讯必须在有意义的完整性中被理解。人类是资讯处理者，并且根据特定的知觉过程组织印象。而这些印象最终又会成为社会行为的基础，直接决定着主体行为的基调。[①] 故，税法宣传应遵循主体的印象形成规律，以各方需求为中心，进行类别化宣传。类别化的税法宣传至少要区分以下层次：

其一，纳税、征税与用税的区分宣传。也即，根据纳税、征税和用税所涉猎的知识，所对应的工作性质，主体所肩负的使命，主体违规、违法的可能性以及由此而致的法律责任程度等因素，综合权衡、精心设计契合纳税主体、征税主体和用税主体真实需求的税法宣传产品。

其二，在纳税、征税和用税区分的基础上，进行纳税主体、征税主体和用税主体的细致界分宣传。也即，根据不同纳税人的需求，依据不同征税主体及不同岗位工作人员的需求和不同用税主体及不同用税人员的需求，设计具体到每一类型，甚至每一具体个体的税法宣传产品。

必须承认，类别化的税法宣传思路虽契合了各方主体的内在需求，但也同步增加了税法宣传的难度。比如，征税主体和用税主体的知识需求度差异明显，征税主体及其工作人员的核心任务是税收征收管理，因而格外渴求税款的计量知识，更为偏好税收征收管理的程序知识，尤其青睐税收执法风险防范与规范等方面的知识。而用税主体及其工作人员的核心使命在于用好税款，因而更为偏好预算执行、预算调整、决算等知识，格外关注用税安全以及违规、违法用税而致的法律责任追究等知识。更进一步，不同岗位的征税人员和用税人员对宣传知识的需求也不一样。比如，税务机关的办公室、综合科、人事教育科、机关党委等与税收征收管理联系相对较弱，对专业性知识需求自然有所降低。征收管理科、税政科、政策法规科、稽查局等与税收征收管理直接相关，自然对专业性知识需求更高。而风险监控科、计划财务科、纳税服务科等介于两者之间，知识需求度一般也在两者之间。

主体需求不一，税法宣传理当有所不同。然而，二十余年以来，税收宣传活动基本都由税务机关所主导，不仅征税主体和用税主体被排除在税收宣传活动门外，而且针对纳税主体的税收宣传也是全国一盘棋，既未充分考量各地经济发展水平、纳税主体的自然属性、业务规模、核心业务形态等；又

[①] 参见安·韦伯《社会心理学》，赵居莲译，桂冠图书股份有限公司1998年版，第82—83页。

未斟酌具体纳税人的知识架构、年龄性别、生活习俗等差异性，正所谓"橘生淮南则为橘，生于淮北则为枳"。发端于京城的全国税收宣传行动方案是否真的普适于中华大地？值得认真评估。虽然税务总局多次要求各地结合实际情况开展各具特色的宣传活动，而且粗略来看，地方也确实如此执行。例证便是，多年来，各地税务系统对税收宣传月活动在思想上充分重视，在行动上积极落实，且从满足纳税人多样化、个性化的需求出发，利用多种形式扩展宣传范围，突出地方特色增强宣传效果，唱出了高亢嘹亮的税收宣传好声音。比如，河北国税"借助志愿者活动壮大税收宣传力量"，安徽国税"利用新媒体开展'微宣传'"，湖北国税"'十强百佳'打造诚信纳税宣传品牌"，湖南国税"做实宣传、让纳税人畅享改革红利"及广西地税"'三亮三评三创'，激活纳税服务一池春水"等。①

只是深究这些地方开展的税收宣传活动，不难发现，不仅各地税收宣传活动的主题、标语口号、内容和形式等与全国税收宣传月实施方案高度雷同，而且整体的税收宣传色彩远多于宣传受众的税法知识"需求"的满足，使得各地开展的税收宣传活动看似异彩纷呈，实则多是全国税收宣传活动方案的翻版，具有高度相似性和同质化。比如，多数税务部门在开展宣传活动时，只是片面地对宣传什么、如何宣传比较重视，而极少顾及纳税人的实际需求，较少了解纳税人到底想要获得哪方面的知识。结果便是，注重宣传形式的翻新，屡屡凸显和宣扬税收宣传标语口号，重点宣传公民应如何依法纳税和各种处罚措施等期望宣传的知识，而较少关注纳税人的感受和体验以及税收宣传的实际效果，自然也就难以满足宣传受众日益多样化的知识需求。② 此种境况出现的可能的原因有二，一是税务总局设定的税收宣传月方案足够详尽和丰富，以致弹性和空间都极为匮乏，地方的创造性执行动力不足。二是税务总局对地方的创造性执行税收宣传的要求不高，宣传不力的追责机制远未建立和完善。

事实上，同质化的地方税收宣传，确有税务总局给予的宣传弹性空间不足的问题，也可能有宣传考核机制不力的原因，但更为现实的症结可能还在于宣传受众的"需求"信息不对称。在全国税收宣传月活动方案之下，创造性地编制迎合地方不同纳税人真实需求的执行性宣传方案实为不易。例

---

① 参见温彩霞《唱出税收宣传好声音——各地税务机关开展税收宣传活动侧记》，《中国税务》2014年第4期。

② 参见李静、何婷、蒋伟《对当前我国税收宣传问题的研究》，《金融经济》2010年第12期。

如，公司、合伙企业、独资企业、个体工商户等纳税主体对税法知识的需求显然不一，企事业单位与自然人的知识需求也有差异，大型企业、中型企业、小微企业，民营企业与国有企业等实体对税法知识的需求度和需求量也可能有所不同。但正因不易，方显价值。理想的税法宣传活动本应贴近宣传受众，想其之所想，急其之所急。宣传受众千差万别，知识结构也参差不齐，所以，税法宣传理当根据不同行业、不同主体、不同人群、不同区域宣传受众的实际需求来开展。

为此，可以考虑对不同宣传受众的税法需求进行深入调查。通过调查，了解服务和宣传的重点，然后有针对性地展开宣传工作。① 这种采用社会调查方式获取纳税人"需求"信息的实践虽然并不常见，但也时有出现。譬如，江苏省、南京市国家税务局曾经联合开展的第五届百姓税收意识调查活动，以调查问卷形式为主，回收有效调查问卷6597份。问卷共设计了18个问题，以多项选择的形式进行，涵盖了税收工作的方方面面。在"您最希望了解的税收知识是什么"的调查中，选择"税收政策"的比例达到了78.35%。② 如果有更多的税法宣传组织部门采用类似的手段和方法获取宣传受众的"需求信息"，并据以策划和组织税法宣传活动，其效果和满意度自会大为提高。否则，税法宣传就真可能沦为一场年复一年的同质狂欢和"纳税"宣誓了。纵然不谈征税宣传和用税宣传，历经二十余年的积淀以后，纳税宣传也有必要转向"需求为中心"的宣传路径了。

亦如学者所言：税收宣传的对象是社会公众，不同的个体由于其行业、所处的环境及自身素质等情况各不一样，法治意识高低有别，对税收知识的认识、理解、掌握程度及需求也各不相同。税收宣传不能简单地、无选择地照本宣科，要针对公众的不同需求和水平，提供个性化的宣传内容和宣传方式。因此，税务机关应该建立税收宣传对象分类机制，对宣传对象进行细分，使税收宣传在普遍化的基础上兼顾个性化。建立税收宣传对象分类体系，其特点是以社会公众的特点和需求为主导，及时为公众提供个性化、交互式的税收宣传，提升税收宣传的效果，改善公众的满意度。③ 因为就其功能与需求而言，纳税人最需要的还是个性化宣传，因为普适性宣传、办税服

---

① 参见李静、何婷、蒋伟《对当前我国税收宣传问题的研究》，《金融经济》2010年第12期。

② 参见王华《税法宣传是提高纳税人遵从度的重要途径》，《扬州大学税务学院学报》2010年第3期。

③ 参见黄娇兰《论我国税收宣传体系的构建》，硕士学位论文，暨南大学，2007年，第41页。

务厅的政策性服务等,终究只是税法宣传的一个侧影、一抹亮色,也只能解决一般共性问题,纳税人更期盼具有针对性和个性化的深度辅导。[①] 客观上说,并非宣传部门未能意识到税法宣传中"需求为中心"的价值和重要性,而是确实难以精准测度和掌握到天差地别的各色宣传受众的税法知识"需求"。其实,应对如此纷繁复杂的知识需求,最好的办法莫过于:导入合作理念、合作思维,开启合作式税法宣传模式。以一次地方税法宣传为例,经过五步,一次高质量的税法宣传便可完成(如表5-1所示),而宣传部门做的最多的也就是"协调",而这应该是宣传部门的强项。

表 5-1　　　　　　　　"以需求为中心"的税法宣传

步骤	宣传机关任务与工作	合作单位职责
第一步	引入一家赞助机构	赞助宣传活动,尤其是赞助问卷调查;即如实进行问卷调查者进行适当的奖励,以获取真实信息
第二步	与当地高校或科研机构合作	设计符合当地宣传受众现况的科学问卷
第三步	与报社等媒体、中介机构、银行、商场等合作	分发问卷,并负责收回问卷(当然被调查者也可直接将问卷送至宣传部门,以获取奖励)
第四部	与当地高校或科研机构合作	对收回的有效问卷进行分析,撰写、提交本年度当地纳税人需求报告等关键资料;并与宣传部门商讨、策划宣传方案
第五步	与当地高校合作	联合学生进行不同形式的税法宣传活动

深度合作以解决税法宣传疑难,不是一个空想的乌托邦,而是域外税收治理的常规做法。比如,美国联邦税务局多次采取以下合作措施:①巧妙合作,为纳税人提供专业服务。比如,与商会、企业协会合作,利用商会的联络渠道,为纳税人提供税法知识与帮助;与企业协会合作开发光盘,免费赠送给纳税人;与律师协会、会计师协会合作,为纳税人提供税法教育;与高校合作,建立税收诊所,直接为纳税人提供服务。②全面合作,为纳税人提供宣传服务。在美国,税务局与复印中心合作,尤其是与大型连锁复印中心合作,派发免费的税务表格;与银行、邮局和图书馆合作,利用其设备派发税务宣传品和税务表格;与当地报社或杂货店合作,送达税务资料;与公司建立网络联系,将税务表格和宣传品传输给公司雇员。③真诚合作,与问题企业携手解决难题。如纳税人服务中心与问题企业可以有选择地定点进行沟通合作,共同分析解决税法难题,据此,建立有效的问题解决体系和快速授

---

① 参见杨克文、刘威威《纳税意识与税法宣传同成长》,《中国税务》2011年第4期。

权体制,在一次性接触中解决问题。与此同时,税务局每月要在各地举行"问题解决日"活动,以便更快地解决企业所遇到的诸多困惑和难题。① 借鉴域外做法,聚集各方优势,协力共治,"需求为中心"的税法宣传系统定可生成。

(三) 因应信息时代的宣传

伴随信息技术的飞速发展,人类接收知识的渠道和途径日渐丰富。但无论技术进阶至何种阶段,也不管新技术对生活带来多大变革,多元并存的知识传播方式应该是亘古不变的真谛,也是人类需求多元化和选择多样化的必然结果。更为重要的是,需求和选择也可能会随着时间的流逝而相继改变。这种改变不只是发生在不同人群之中,甚至可能会发生在同一个个体之上。因为同一个人,在不同年龄段对知识获取方式和手段的偏好也未必一致。比如,年轻时可能偏好于网络信息媒体的知识传播,更习惯通过新媒体获取知识,而步入老年时,则可能更乐于接受纸媒体的知识信息,而减弱对新媒体知识的依赖。因此,为不同知识"需求"的宣传受众,嵌入不同的宣传内容,配置多元化而非单一化的宣传形式就显得额外重要。一定程度上说,这也是宣传受众不同"需求"的必然要求。相较于宣传内容,既往税收宣传的手段与形式可谓先进。

例如,各级税务机关一直力求发挥办税服务厅的宣传功能,通过"12366"纳税服务热线、纳税咨询服务窗口、语音电话、电子触摸屏、税法宣传小册子等,大力开展面向纳税人的税法宣传活动。再如,步入21世纪以后,不少税务机关更加注重综合利用互联网、手机短信、E-mail、微博、微信等新兴载体深入开展税收宣传,满足不同层次的纳税人的需求。与此同时,税务机关不仅未曾放弃电视、报刊、图书等传统媒体的宣传作用,而且将其优势进一步释放。比如,税务总局办公厅曾与中央电视台经济频道联合制作16集电视系列专题片《马斌说税》,在中央电视台经济频道和各省(区、市)电视台播放;与中国税务杂志社、中国税务报社联合举办税法Flash动漫大赛、税收公益广告创意大赛、税收宣传短信大赛、"税收宣传理论与实践"征文比赛等。②

---

① 参见叶美萍、叶金育、徐双泉《美国纳税服务的经验与启示》,《税收经济研究》2012年第1期。

② 参见王华《税法宣传是提高纳税人遵从度的重要途径》,《扬州大学税务学院学报》2010年第3期。

实际上，因应新技术的发展，充分利用各种技术手段和媒介的优势，综合运用多种手段和形式开展税法宣传，也是国际税法宣传的共同选择。比如，有学者认为：国外善于统筹运用多种媒介，多渠道、多样化地开展税法宣传：①资料宣传。即在每年报税季发放税法宣传资料，免费提供给纳税人，常见的宣传资料为税法宣传手册、税法知识光盘和视频等。②电话咨询宣传。税法宣传成熟的国家几乎都有免费咨询电话为纳税人提供服务和指导。③传统媒体宣传。即利用报刊、电台、电视台等传统媒体进行税法宣传。④新兴媒体宣传。即借助网络、手机等新兴媒体，拓宽税法宣传范围、提高税法宣传整体水准。⑤培训辅导。许多国家会在新政策出台后，以研讨会的形式向宣传受众介绍有关税法信息和提供帮助。⑥集中宣传。比如，法国自1995年开始，推行"税收宣传周"制度，规定每年3月中旬利用1周时间开展全国税收宣传活动。活动期间，举办方经常会邀请国家领导人发表电视讲话、举办展览、散发税收知识小册子等。⑦学校设立税务课程。一些国家非常重视税法宣传与教育的结合。比如，美国有针对中学生的"理解税收"教学计划。[①] 也有学者综合世界各国的税法宣传实践，认为税法宣传中最为重要和常见的宣传方式的类别包括：出版物、媒体、电话联系、通信、个人联系以及其他方式（如表5-2所示）。

表5-2　　　　　　　　税法宣传方式的类别及项目[②]

类型		项目
Ⅰ	出版物	（1）纳税指南（说明）；（2）小册子和公报；（3）报纸税务增刊；（4）新闻报道提醒；（5）技术出版物；（6）为视觉困难者提供的录像带
Ⅱ	媒体	（7）电台、电视税收节目、广告；（8）报纸杂志；（9）互联网；（10）新闻发布会会
Ⅲ	电话联系	（11）电话帮助；（12）税务信息电话服务
Ⅳ	通信	（13）有责任的解答；（14）无责任的解答
Ⅴ	个人联系	（15）个人接触
Ⅵ	其他方式	（16）志愿者计划；（17）教育计划；（18）税收宣传月；（19）对初入商界者的培训；（20）请纳税人参加研讨会；（21）征询纳税人对表格的意见

总而言之，宣传受众的价值观、知识构成、所处环境等决定了单一的税法宣传手段和形式无法满足多样化的税法知识需求。为此，可以考虑建立以

---

① 参见于魏华《国外税收宣传的特点及启示》，《新闻传播》2015年第10期。
② 参见黄娇兰《论我国税收宣传体系的构建》，硕士学位论文，暨南大学，2007年。

互联网为中心，电视、广播、报刊、手机信息、微博、微信等媒介为一体的多元化宣传系统，以便税法宣传得到更为广泛的辐射。宣传者所做的便是根据税法宣传的内容来确定更适合的形式。在所有的宣传形式中，新技术、新媒介的运用尤值关注，这不仅是因为这类宣传形式便捷高效，而且因为这类技术与媒介在年轻人中的普及度颇高，而年轻人始终是税法宣传的重要对象。一旦税法在年轻人心中生根发芽，社会整体的税收法治意识便可加速生成和进位。或因此，新技术与媒介在晚近几年的税法宣传实践中被广为使用。比如，安徽国税充分利用移动互联网等新媒体信息量大、传播速度快、覆盖面广、便于公众接收等特点，组织开展"微"系列税收宣传，受到了社会的广泛关注。纳税人只需通过智能手机等移动设备扫描税收宣传二维码即可链接到国税门户网站，实现了征纳双方在时间、空间和媒介上的三维互动。①

第三节 权利进位与亲近税法

如同任何制度性原则一样，税收法定原则的产生与内涵也具有强烈的"时代性格"，它不仅因应于时代的政治需要而生，而且配合时代的政治态势决定其内涵。因此，一旦政治背景因素发生根本性的变迁，势必引发人们对税收法定原则相关基本问题的重新思考。这是必然也是必要的，法律制度固然不宜"随政治的笛音起舞"，降自己为政治的奴婢，百般配合政治需要而随意更改，但它也绝对无法全然独立于其政治与社会环境影响之外，尤其是政治嗅觉敏锐的税法制度，更是不能漠视现实，视自己为超然于政治实际

---

① 具体而言，"微"系列税收宣传包括"微提醒""微窍门""微推送""微讲堂""微解答"五个方面内容。"微提醒"，即利用二维码技术，通过税务门户网站等载体，定期发布涉税温馨提醒，告知纳税人征期截止日、各涉税业务办理所需资料等。"微窍门"，即利用二维码电子存储技术，制作税收宣传二维码，印制在税收宣传资料上，并张贴在出租车、公交车中。纳税人只需通过智能手机等移动设备即可链接门户网站，了解鉴定发票真伪技术等税收知识。"微推送"，即利用二维码技术，通过税务门户网站等载体，实时发布税收政策的最新变化和最新通知公告等，便于纳税人第一时间掌握和了解。"微讲堂"，即将"税官讲堂"视频资料、最新税收政策以及纳税人咨询较为集中的税收热点、焦点问题解答等，在税务门户网站上供纳税人浏览、学习。"微解答"，即通过税务门户网站，在线咨询解答纳税人提出的各类涉税问题。此外，安徽国税还积极运用税务微博、税务微信等方式进行宣传活动，使税收宣传工作更多地打上信息化的烙印。参见温彩霞《唱出税收宣传好声音——各地税务机关开展税收宣传活动侧记》，《中国税务》2014年第4期。

之"自我目的"的存在。20世纪以来，国家的任务急速扩张到各种积极的社会形成、经济规制、文化扶持以及环境保护等新的领域上面。明显地，这种国家任务的扩张势必导致大量的规范需求。① 税收作为一种重要的政策工具，是国家落实各种任务的重要选项。因应于急速扩张的国家任务，税收对法律规范的需求也空前加剧。然而，法律规范的生成有其自身的程序和规律，严苛机械的形式法定原则显然难以应对这种日渐增长的税法规范需求，因而一种部颁税法规则为主导的税法规范生产机制应运而生。

只是，部颁税法规则主导，甚至取代税法规范的生产，固然有助于快速弥补规则真空，从而应对国家任务快速扩张所需要的税制规则。但是，这种偏离形式法定主义的规则生成机制，不仅"使得文件治国在相当长时间内起着无可替代的作用"②，而且使得财产权被侵害的风险和不确定性加大。长期如此，法治财税和税收法治自难顺利实现，纳税人也更难亲近税法。因此，确有必要加快形式法定主义的落地，但相当一段时间内更为重要的可能还在于敦促税收法定精髓在部颁税法规则中的体现，使税收法定原则实现从绝对主义到相对主义的转变，因为落实税收法定原则，不仅仅是个立法问题，还是一个实践问题。以此观测，传统的绝对税收法定原则并不能完全地适应现代经济社会的需要。③ 更深层次的因由在于，"税收法定原则的实质是以法律对国家征税权力的限制。它是通过代表广大公民意愿的立法者的税收立法活动，一方面限制了国家统治者对税收立法权的擅断与滥用，另一方面又以法律的形式否认了政府对税收立法权的占有和对税收征收权的滥用，从而保障了税收法律能够真正保护广大公民的财产所有权"④。实现这一点，则既要保障纳税人主义的法治贯彻，又要推进权利进行中的激励制度建设，还要关注纳税人权利保护的国际动向，拓展纳税人权利保护的径路，实现多元共进。

一 纳税人主义的法治贯彻——以税法解释立场为说明

讨论税法问题时，事先理清基本概念内涵，是研究的在先前提。怎样从

---

① 参见许宗力《法与国家权力（一）》，元照出版有限公司2006年版，第126—127页。
② 张学博：《文件治国的历史观察：1982—2017》，《学术界》2017年第9期。
③ 参见张学博《税收法定原则新论：从绝对主义到相对主义》，《上海财经大学学报》2016年第4期。
④ 王鸿貌：《税收法定原则之再研究》，《法学评论》2004年第3期。

实践的认识而不是西方经典理论的预期出发①，建立符合中国实际的税法概念甚为关键，然而，这个基础性工作在我国税法研究中并没有全部完成。中国税法总是跳跃式发展，新型交易形态时刻准备挑衅税法的有效回应。社会经济的快速变迁，总是等不及我们潜心梳理概念，深入研究其精神内涵，进行本土化改造，就不得不用新的制度，或者干脆"拿来主义"，以此评价系争概念涵盖的新经济生活。② 在税收立法、税法实施和税法解释中，"国库主义"和"纳税人主义"就属于一时不易澄清的系争概念。看似耳熟能详的税法俗语，究竟作何理解时常给人"仁者见仁，智者见智"之惑。现有研究文献对"纳税人主义"干脆避而不谈，对"国库主义"也只是避重就轻、就事论事。严格意义上说，"国库主义"和"纳税人主义"并非一个严谨的学术概念，本部分也不打算用知识考古学的态度和方法去寻求和推演两者的概念基础。概念归根结底是为研究服务的，任何思维都是从最简单、抽象和空洞的概念开始，在此基础上，经过研究的累积，逐步清晰其内涵和外延，前进到比较具体和丰富的概念。③

（一）国库主义与纳税人主义

为铺陈后续研究的基础，更为避免鱼目混珠，本部分用"国库主义"指涉，在税收立法、税法实施和税法解释中，立法机关、施法机关和解释机关自觉、不自觉地将国库收入作为优先事项予以考虑，为了国库收入，较少或根本不考虑纳税人利益。"纳税人主义"则恰恰相反，遇有利益争执时，纳税人利益往往为立法机关、施法机关和解释机关所优先考虑。比如，当产生多种解释结果时，"国库主义"秉持国库利益优先的税法解释，而"纳税人主义"则选择对纳税人有利的税法解释。"国库主义"和"纳税人主义"的分隔，植根于国家权力与纳税人权利的深层博弈，折射出税法在财政收入功能与纳税人权利保护理念之间的艰难抉择。这种抉择不仅考量着税收立法，进而影响税收立法的结果，而且考验着税法实施，从而左右税法实施结果的走向，但之于当下中国的税收法治而言，影响最大的应该还是税法解释中的利益取向和立场选择。因为多数部颁税法规则都是税法解释的结果，而

---

① 参见［美］黄宗智《认识中国——走向从实践出发的社会科学》，《中国社会科学》2005年第1期。

② 杨小强：《税收筹划——以中国内地与港澳税法为中心》，北京大学出版社2008年版，第1页。

③ 参见［美］梯利、［美］伍德《西方哲学史》（增补修订版），葛力译，商务印书馆1995年版，第410页。

这些解释结果又通过部颁税法规则最终演化为行动中的税法规则，指引各方主体参与各类税收法治行动。从这个意义上说，探究税法解释的纳税人主义立场不仅有助于解释结果的可接受度，而且有助于纳税人亲近税法，进而提升纳税法治意识。

当然，在税法解释实践中，很多情境下不太可能为了一方利益而对另一方完全弃之不顾。事实上，在确定了要求予以保护的利益是什么以后，所有利益不能全部得到保护也不能彻底地得到保护，因为许多利益是交错的、或多或少有冲突的。如何衡量这些利益就成为摆在我们面前的一个问题，它们对立法者来说是根本问题，也是法院在选择推理起点、在解释和标准的运用中经常要面对的问题。① "我们坚信，法律是一个过程，具有连续性和可变性；我们所持的相对主义立场不承认任何绝对的东西。"② 国库主义与纳税人主义的分类，也是税法解释立场的一种相对区分。它们在实际运用时的关键在于分寸的把握，既不能为了国库主义而迁就现实，又不能为了纳税人主义而过分超前，造成税法解释的虚置和空转。换句话说，将税法解释立场区分为国库主义与纳税人主义也只是"相对合理主义"③。

追根溯源，"税法规范的是纳税人与国家的关系，从纳税人的角度看，纳税人是税法中最根本的主体，税法强调了纳税人'依法'且仅'依法'纳税，不得超越法律要求纳税人纳税。同时税法又为'国家得以具备提供公共服务的能力'，通过税收筹集资源得以实现'国家得以具备提供公共服务的能力'提供了有效的法律保障④"。在税法规范中，纳税人权益和国库收入的关系非同寻常。离开国库收入，纳税人权益保护便是一句空话。为了权益不受侵犯，纳税人付出成本可以接受。如学者所言：为了实现所谓的正

---

① 参见［美］罗斯科·庞德《法理学》（第三卷），廖德宇译，法律出版社 2007 年版，第 246—247 页。

② ［美］格兰特·吉尔莫：《契约的死亡》，曹士兵、姚建宗、吴巍译，中国法制出版社 2005 年版，第 130 页。

③ 由龙宗智教授开启的"相对合理主义"对税法解释立场的界分富有极大的启迪，值得深思。相关论述参见但不限于下列文献：龙宗智《论司法改革中的相对合理主义》，《中国社会科学》1999 年第 2 期；翁晓斌《追求司法改革理想目标的现实思路——评龙宗智先生的"相对合理主义"》，《法学》2001 年第 2 期；龙宗智《"相对合理主义"及其局限性》，《现代法学》2002 年第 4 期；龙宗智《转型期的法治与司法政策》，《法商研究》2007 年第 2 期；龙宗智《观察、分析法治实践的学术立场和方法》，《法学研究》2011 年第 6 期。

④ 刘庆国：《纳税人权利保护理论与实务》，中国检察出版社 2009 年版，第 48 页。

义，政府愿意投入多少，而政府的财政又来自每个公民的纳税。所以归根到底在于我们每个公民又愿意支付多少税来实现这些正义。① 换言之，"国家的收入是每个公民所付出的自己财产的一部分，以确保他所余财产的安全或快乐地享用这些财产"②。亦如威廉·汤普逊所言，不论一个社会拥有的知识或财富的绝对量是多是少，构成这个社会幸福的并不是它们的丰富与否，而是它们的正当使用和分配。③ 国家筹措收入的根本目的就在于保障纳税人权益，正所谓"取之于民，用之于民"。"如果政府不认真地对待权利，那么它也不能够认真地对待法律。"④ 所以，不管是国库主义，还是纳税人主义，均各有其存在的现实价值和法理基石，两者共存于税法解释领域，彼此驰援、相互竞争，又相互抵牾，一起成为税法解释时的典型立场。

（二）纳税人主义的解释共识

根本而言，国库主义与纳税人主义分歧于利益。利益与权利休戚相关，从终极意义上可以说，各种群体的公共机关，特别是国家公共机关，乃主要是为了对所管属范围内的各个人、各群体相互间的利益分配关系，进行权衡、协调和裁判而设立、而存在的，其基本职能和活动任务乃在于此。这种活动可以简称为权（衡）利（益）。而经过权衡被界定为各主体应得之利益，亦称为权利——即经"权"后确认之"利"。⑤ 但"权利这种东西，并不是说拥有就拥有，并不是谁给予就真拥有，而是交换来的。因而，权利是有限的，是一种稀缺的资源"⑥。法治社会中，权利交换与配置依赖于法律。"关于权利的一般概念，依据通说，必须具备意思要素和利益要素。"⑦ 无论将权利看作"应当被法律保护的利益"，还是"被现行法律所保护的利益"，权利与利益的界限都在于是否与法律规则有关这一点上。随着实在法学的兴

---

① 参见王勇《法理图志（Images of Jurisprudence）之六：简约法律的力量》，《人大研究》2008年第5期。

② [法] 孟德斯鸠：《论法的精神》（上册），张雁深译，商务印书馆1987年版，第213页。

③ 参见 [英] 威廉·汤普逊《最能促进人类幸福的财富分配原理的研究》，何慕李译，商务印书馆2009年版，第19页。

④ [美] 罗纳德·德沃金：《认真对待权利》，信春鹰、吴玉章译，上海三联书店2008年版，第273页。

⑤ 参见漆多俊《论权力》，《法学研究》2001年第1期。

⑥ 陈舜：《权利及其维护——一种交易成本观点》，中国政法大学出版社1999年版，第5—6页。

⑦ [日] 铃木义男等：《行政法学方法论之变迁》，陈汝德等译，中国政法大学出版社2004年版，第97页。

起,权利作为"法定利益"的观点已经占据权利研究的主流,但总体说来,利益的范围大于权利。权利衍生于利益,是法律规定了的一部分利益。据此,可以将利益界分为"权利(法定化的利益)""合理却尚未法定化的利益"以及"不合理利益"。在利益的这几个部分中,法律应该对"不合理利益"进行控制,对"权利"加以保护,对处于中间地带的"合理却尚未法定化的利益"既不能绝对保护,也不能绝对控制,而应通过设置一些相应的机制进行平衡。[1]

纳税人主义正是在此维度上与纳税人权利相界分,在税法解释中秉持纳税人主义,肯定要以纳税人权利保护为中心,但也绝不能简单地将纳税人主义与纳税人权利保护等同视之。除开纳税人权利以外,纳税人主义尚须关注税法解释中与纳税人密切关联的"合理却尚未法定化的利益"以及"不合理利益",比如纳税人诚实而致的节税利益等,税法解释就应尽量恪守对纳税人有利的原则。作为法定化的利益,国库利益和纳税人权益均为税法所保护,在税法解释中理应受到尊重。基于利益与权利间的藕断丝连关系,税法解释中呈现的立场选择取向与规律,多半与征纳双方权力(权利),尤其是纳税人权利进程有关。"作为一种关乎国计民生的敏感神经,税收的决策与社会经济相联系而呈现许多辩证关系。不同的取舍,决定着不同态势的社会局面。"[2] 而"一个国家和经济社会发展的最终目的,是保障、发展公民权利和人权,增进社会福祉,实现人民的幸福安康"[3]。社会创立税收的终极目的显然也是增进全社会和每个纳税人的利益,它也应该成为一切税收治理规范得以产生的条件,以及评价一切税收治理体系优劣的终极标准。[4]

在此意义上看,要想透视税法解释立场的选择趋势,就必须正视位居利益核心的权利,尤其是纳税人权利的发展趋势。而纳税人权利从古代到现代的历史发展道路,给予我们最显著、最重要的启示,即是纳税人权利并不是一个孤立的存在物,它是一个与政治、经济、社会、文化和法律紧密相关的

---

[1] 参见王霞《税收优惠法律制度研究:以法律的规范性及正当性为视角》,法律出版社 2012 年版,第 59—61 页。

[2] 参见李胜良《税收脉络》,经济科学出版社 2004 年版,第 56 页。

[3] 袁曙宏、杨伟东:《我国法治建设三十年回顾与前瞻——关于中国法治历程、作用和发展趋势的思考》,《中国法学》2009 年第 1 期。

[4] 参见姚轩鸽《税道苍黄:中国税收治理系统误差现场报告》(中),西北大学出版社 2009 年版,第 332 页。

问题。一国政治、经济、社会、文化和法律相互作用、彼此交融,个中虽有诸多变数、偶然,甚至反复,但基本因素和总体异质性会造就判然有别的文明传统。纳税人权利在中西方发展的差异,税收的民主权利最早在西方诞生而非中国,正是影响着进而决定着不同文明走向的这些因素综合作用的结果。[①] 犹如"法治离不开具体的人,而具体的人又无法与传统切割,因此任何国家的法治都不可能离开这个国家的传统与文化"[②]一般,因各国政治、经济、法律和文化传统的不同,纳税人权利保护及其进程也自然呈现出千差万别的样态。不过,纳税人权利问题的同质性,又使得各国在纳税人权利保护中仍有一些共同的特点和趋势可寻。[③]

例如,纳税人权利保护的基础学理,最初基本都是源自围绕人性尊严议题的宪法原则,主要是基于对传统税法理论更强调财政收入的有效实现,凸显税务机关的行政功能和征收效率的反思。近20年来,这一情况有所改观,世界税法呈现更加迈向文明化和人权化,特别注重纳税人权利保护基础上的利益衡平原则的贯彻及和谐征纳关系的培育的发展趋势。[④] "与征税机关的活动相对而言,纳税人权利时刻发生在征税权的对立面上。征税机关的活动是一个相对连续的过程,相应地,纳税人的权利发生也是具有过程性的。"[⑤] 从税收概念的演进[⑥]也可看出,公权力逐渐减弱,纳税人权利在曲折反复中呈愈加重视之趋势,已成世界共识。[⑦] 与纳税人权利演进同步,在税法解释中坚持或体现纳税人主义的解释立场由来已久、渐成风尚。要验证这一点并

[①] 西方是相对于东方而作的地理上的区分。但是,古代东方和西方由于地理环境、经济结构、宗教信仰和文化背景的差异,形成了不同的文明传统。这种文明传统突出表现在政治、经济、法律和文化方面的差异之上,以致西方和东方的区分早已不再是一个单纯的地理概念,更多的是蕴藏深刻制度差异的政治经济概念。详细论述参见丁一《纳税人权利研究》,中国社会科学出版社2013年版,第44—45、104页。

[②] 李拥军:《中国法治主体性的文化向度》,《中国法学》2018年第5期。

[③] 参见丁一《纳税人权利保护之一般分析》,《兴国学报》2004年第3期。

[④] 参见刘剑文、王桦宇《两岸税法比较研究》,元照出版有限公司2014年版,第55—56页。

[⑤] 辛国仁:《纳税人权利及其保护研究》,吉林大学出版社2008年版,第23页。

[⑥] 税收自产生以来,其概念在不同的历史阶段和不同的国家被赋予了不同的含义,一个非常明显的演进轨迹就是在税收概念中公权力色彩渐渐减弱,纳税人权利的比重不断加大,到宪政国家阶段,纳税人权利达到了前所未有的重视程度。详细论述参见黎江虹:《中国纳税人权利研究》,中国检察出版社2010年版,第19—28页。

[⑦] 参见王建平《纳税人权利及其保障研究》,中国税务出版社2010年版,第3—4页。

第五章 税收法治意识的生成方略　　355

不容易，因为各个国家或地区有不同的解释体系和文本传统，此种差异加剧了探究税法解释立场的难度，按照不同国家所处的法系线索发现税法解释背后的立场或许是一种值得尝试的思路。

以不同法系下的法院为例，普通法国家的法院倾向于密切关注事实，在法律推理上拥有更大的自由权。大陆法系国家的法院则更倾向于聚焦有效规则的具体适用和更为严格的法律推理。虽然税法解释的风格受法律解释一般方法的影响，但税法自身也有一些特别要考虑的情形。① 解释立场便属于税法需要特别考虑的情形。在大陆法系国家中，法国的税法解释立场颇为鲜明。在法国传统中，严格解释税法是一般性规则。这是法国宪法规定合法性原则的结果。解释者不能故意超出字面的含义解释一个清晰的法律文本。任何关于这些法律含义的疑问都应作有利于纳税人的解释。② 类似的解释立场也出现在比利时，在 Cour de Cassation 的判决③中，法院认为在税法解释时纳税人可以选择较轻的纳税方法。普通法系则以英国为典型，英国税法解释主要源于 IRC v. Duke of Westminster 一案。在该案中，法院阐明：每个人只要有能力，就有权以适当的行为策划业务以减少税负。如果他成功地实现了减少税负的目的，无论他采用的方法在税务局和其他纳税人看来多么令人厌烦，都不能强迫他多付税额。④ 英国的此种解释立场，辐射至大多数普通法系国家或地区，使得普通法系国家或地区呈现出与大陆法系国家或地区几乎一致的纳税人主义之解释立场面貌。例如，加拿大明确规定：在税法解释中如果遇有税法条文含义不清或有两种或两种以上的理解时，应当对该条文作出有利于纳税人的解释。⑤

---

① Victor Thuronyi, ed. Tax Law Design and Drafting (volume 1), Chapter 2 (Legal Framework for Taxation), International Monetary Fund, 1996, p. 20.

② 1 Demante, Principes de l'enregistrement No. 9 (1897) (ed. trans.), From Victor Thuronyi, ed. Tax Law Design and Drafting (volume 1), Chapter 2 (Legal Framework for Taxation), International Monetary Fund, 1996, p. 21.

③ Judgment of June 26, 1961, Cour de cassation, 1961 Pasicrisie Belge [Pas. Bel] I 1082. From Victor Thuronyi, ed. Tax Law Design and Drafting (volume 1), Chapter 2 (Legal Framework for Taxation), International Monetary Fund, 1996, p. 22.

④ Commissioners of Inland Revenue v. Duke of Westminster, 1936 App. Cas. 1, 19, 19T. C. 490.

⑤ Hogg, Magee and Li, Principles of Canadian Income Tax Law (2003), chapters 1 and 19. 转引自李金艳《非居民股权转让所得税收问题与税收法定主义和税法解释原则》，《涉外税务》2005 年第 5 期。

税法解释实践中,自 20 世纪中上叶以来,诸多国家或地区或直接或间接地确立了纳税人主义的解释立场。尤其是步入 21 世纪,税法所规范对象的经济活动越来越复杂,并且税收负担占国民经济中的比重与日俱增。的确,不能再单纯地以确保国家的财政收入为出发点加以税法规制,而有必要反省在整个国民经济体系中,税收的意义及其任务,观察被课税的纳税个人及企业的立场,以促进国民经济的发展和安定。[①] 通贯古今中外,没有出现过因增税而促进经济繁荣的国度或地区,也找不出一个因减税而导致政府"贫穷"的实例。税法的制定,应当将创造财富的生产经营领域中的纳税人的税负水平,维持到不至于影响纳税人的竞争力和产品、技术更新换代的水平上。居民生活领域的税负,不宜影响"老百姓"日常过日子,还应保留随经济发展而逐步提高生活质量的空间。[②] 税法解释也应从中提炼经验,获得启示,不能只是盲目地跟在税法后面亦步亦趋,毫无主见。况且,纳税人主义在税法解释中的深切落实,既可以倒逼税收立法,也可以约束税收执法,还可以影响税收司法,甚至可以提升税法遵从度。简单地说,纳税人主义获得共识,既是税收法治演进的必然结果,又会倒逼税收法治建设,更会缩短和拉近纳税人与税法之间的距离,激起纳税人亲近税法的兴趣,进而提升纳税法治意识,带动整体税收法治意识的勃兴。

二 权利进位中的制度激励

纳税人认同、亲近、遵从、信守税法固然与税法的强制特性有关,但若仅此而已,纳税人的权利意识尚难以生成,当然也就更别提整体纳税法治意识的提振了。毕竟,明知是"高压"的税法规范,而依然积极、主动以利用和遵守,并不是正常人的理性选择。因此,成熟的决策机关多半都会考虑竭力软化税法的强制色彩,增加更多的诱导性规范。如何软化强制色彩,怎样增加诱导规范,方法多样,效果也有不同。目前较为有效的方法是,在扩大纳税人权利类型和内容,增加权利的保障性规范之同时,创设多维度的税法激励性规范,诱导纳税人亲近税法,真切激变权利的实质性进位。相较而言,无论是纳税人权利的扩围,还是权利的保障性规范建设,都得到了不同程度的立法回应,也引起了学界的深切关注。而税法激励性规范,不论是立法实践,还是学理探究,都远未同步增进。至于税法激励性规范与纳税人权

---

① 参见孙健波《税法解释研究:以利益平衡为中心》,法律出版社 2007 年版,第 22 页。
② 参见李炜光《李炜光说财税》,河北大学出版社 2010 年版,第 249—250 页。

利进位,以及与税收法治意识之间的内在机制等深层话题,更是"无人问津"。然而,正是这些税收法治意识孕育中的深层议题,实质上因应于法治理念的变革诉求。亦如学者所言:"法律激励功能与法治发展的状态,具有密切的关联性。在民生法治视野下,法律激励功能必须根据法治实践的客观需要完成自身的'理论更新',以适应民生法治的'人本之维'与'正义之维'。"①

(一)权利进位中的激励诉求

法治理念的变革诉求孕育了权利进位中的激励元素,催化了权利建造中激励功能的制度需求。应对这种诉求,"法律激励的研究需要包容奖励与惩罚的双面研究,并摆脱技术化的樊篱,实现理念化的提升,以励治法治观替换惩治法治观。因此,对于法律激励进行研究的最终目的并不是解决科学立法的技术手段,而是更新我们对法治的基本理念。"② 而事实上,当代中国法律激励理论植根于中国的法治实践中,不仅在理论的实践应用层面上已经表现出"赏"与"罚"两个维度,而且在具体制度设计策略方面表现出以"权利和义务"为核心的机制运行模式。是故,倘若将法律激励理解为一种有关于"赏"的法律策略,则既不符合激励理论的完整表述和本体内涵,也容易使人们对法律激励理论产生片面的解释趋向③,进而使得以其理念为基础的激励规范极有可能沦为空洞的宣示性条款和彻底的法治口号。而"不管是何种意义上的法治'口号',都是各级人民政府、行业部门花费大量的人力物力财力做出来的,至于是不是'面子工程'、其实质内涵有多少、与真正的'法治'又有多少契合,很少被人重视,也很少受到质疑和反思"④。

有学者通过考察我国法律激励文本和激励模式实践,间接验证了上述观点。该学者认为:我国的法律无论是在法律文本方面还是在激励模式方面,都为我国激励法的理论和制度创新提供一定的基础。但也存有诸多不足之处。比如,在法律激励文本方面,属于宏观倡导性激励的规定比较多,内容空洞化现象严重,缺乏具体明确的激励方式等。再如,在法律激励模式方

---

① 付子堂、崔燕:《民生法治视野下的法律激励功能探析》,《法学论坛》2012年第6期。
② 丰霏:《从立法技术到治理理念——中国语境下法律激励理论的转向》,《法商研究》2015年第3期。
③ 参见丰霏《当代中国法律激励的实践样态》,《法制与社会发展》2015年第5期。
④ 姚建宗、侯学宾:《中国"法治大跃进"批判》,《法律科学》2016年第4期。

面，虽然目前已经存在宏观的倡导性激励，权利、义务、责任分配方面的激励，成本、收益配置方面的激励以及资格、待遇、荣誉方面的激励等较为具体的激励类型，但是这些激励模式的激励侧重点各异、部门法差异明显，实施条件也有所不同。[①]

鉴于这些问题，有学者认为：法律激励理论和激励规范设置必须完成两个转向，即多元化转向和动态化转向。之于多元化转向而言，以公平激励为核心，综合运用法律规范的期望激励、目标激励、强化激励以及信息激励，最终形成以公平激励为核心的协作性激励方式，此种转向有助于实现法治的"正义之维"。之于动态转向而言，法律激励本有三重境界，即能动激励、互动激励和自我激励。从能动激励经由互动激励再到自我激励，实际上就是一个法律激励功能递进动态化与递进理想化的层进关系。这种关系同时也是一个民生法治"人本之维"递进体现的层次关系。[②]

与之相似，也有学者认为：法律激励的理想形态在于对行为主体自我激励的激励功能。这一理想形态不仅是激励理论的发展目标，也是法律激励的客观要求和理论归宿。而这一最终理想形态的实现则依赖于法律规范的能动激励与互动激励的有效实践。三种理想形态相互支撑，构成了法律规范激励功能的理想图景。这一图景为法律规范激励的机制设计提供了精神动力、方向指引、理论指导与评价标准。[③] 伴随法律激励理论和激励规范设置基准的多元化和动态化转向，主体精神尊严和自律便可逐步得以实现，进而为主体自我意识的渐次增强提供基础。而主体自我意识的崛起，最终又会促成主体之间的相互承认，从而实现主体间税收法治意识的质变。

(二) 税法规范中的激励基准

税法作为重度"侵权法"，嵌入激励理念、设置激励规范、创设激励机制更为重要，因为通过从理念到规范，再到机制的多层次、多维度的激励导引，纳税人与税法的距离将会更近，也更有动力和兴趣利用税法规划、精算

---

① 参见胡元聪《我国法律激励的类型化分析》，《法商研究》2013年第4期。
② 参见付子堂、崔燕《民生法治视野下的法律激励功能探析》，《法学论坛》2012年第6期。
③ 根据该学者观点，"能动激励"指的是，激励者在把握被激励者心理行为的条件下，通过设置一定的诱因（激励因素），借助一定的激励方法，诱导被激励者在一定的范围内发挥行为的自主性。互动激励指的激励主体和激励客体之间的双向激励、相互激励，它不仅存在激励主体与激励客体之间的互动关系，同时存在着激励客体之间的互动关系。而自我激励则是指在法律制度中当激励主体与激励客体在互动过程中发挥能动激励时，所必然反映并要求的行为人的自我激励。参见丰霏《法律激励的理想形态》，《法制与社会发展》2011年第1期。

自己的经济生活，从而可以顺利实现自己文本上的权利。反之，不但无法实现自己的权利，还有可能招致处罚。就效果而言，不同的法律激励模式有不同的功效，也会有不同的机制诉求，还会有不同的环境要求。唯有相互联系，互相辅助，组合配置方可实现激励价值的最大化。

譬如，有学者认为：面临权利模式与义务模式时，应当尽量选择权利模式，因为较之义务模式，它有两方面益处：一是，可以给行为主体以选择的自由，充分体现能动激励、自我激励的要求；二是，可以促成行为主体与法治机关之间的互动，充分体现互动激励的要求。但是，仅仅考虑这一点显然是不够的，因为法律规范之中除了对权利、义务的规定之外，还存有大量的以奖励模式为代表的肯定性法律后果规范和以惩罚模式为代表的否定性法律后果规范，规范取向不同，适宜的应用空间与运行机制也不同。例如，植根于奖励模式的规范更宜根据人性相容原则而设计，并在此前提下建立有效的认定程序，注重物质奖励与精神奖励的结合和奖励过程的说理。除此之外，物质奖励也应当满足激励相容原则。与之相同的是，生长于惩罚模式的规范也强调有效的认定程序和惩罚过程中的说理。但与之不同的是，惩罚模式设计与运行中更多需要综合权衡激励兼容原则、功利主义原则、人性相容原则和惩罚与保护相协调原则。①

各种激励规范之中，奖励性规范和惩罚性规范对纳税人的影响最大，因为它们直接关切行为主体的切身利益。从经济学的角度看，奖励实际上就是增加其收益，减少其成本。例如，通过设立专项资金、成立基金会、进行经费补助、增加财政经费投入等进行激励；通过提供优惠贷款、融资便利、资金担保进行激励。相反，惩罚实际上就是增加相关主体的成本，减少其收益。典型如，以法律责任表征出来的否定性法律后果。② 从奖励和惩罚的交互机理上看，两者原本相伴相生，不应顾此失彼。因为奖励性规范会诱导行为主体在履行义务与否时，优先权衡履行后的激励回报，所以多数时候奖励性规范的运用可以抑制违法行为。而单纯的惩罚性规范虽然从心理上更易增添违法者的犯意，但通过否定性后果的嵌入也会敦促行为主体理性选择。

从这个意义上看，法律规范中的奖励因子作为一种制度实现的有效机制，固然可以起到减损，甚至预防行为主体不履行义务，甚至违法的作用，但法律规范中的惩罚因子也可以起到同样的功效。只不过两者的配置思路和

---

① 参见丰霏《法律治理中的激励模式》，《法制与社会发展》2012年第2期。
② 参见胡元聪《我国法律激励的类型化分析》，《法商研究》2013年第4期。

运行路径等不一样而已。因此，科学的立法绝不可能一概选择奖励性规范，而排除惩罚性规范，反之亦然。在此基础上，立法者不仅会根据不同情形选择奖励性规范或惩罚性规范，而且大都会注意两者之间的平衡，从而柔化税法规范的强制色彩，实现税法规范"人本之维"。遗憾的是，现行税法中，虽然也有通过增加收益、减少成本进行激励的奖励性制度设计。比如，税额计量中的税额返还、加计扣除、税额抵免、优惠税率等税收优惠措施。但是，无论是奖励制度的具体类型，还是奖励的幅度，乃至于奖励的条件等都与完善的、严苛的、多样化的惩罚性规范和手段相去甚远。这一点可由《税收征收管理法》建造的全方位的法律责任系统所验证。

不过，肯认奖励性规范与惩罚性规范的内在机制，并不意味着两者就绝对等量齐观，毕竟两者原本就有不同的使命和追求。只是从税收法治意识的培育角度而言，因为奖励性规范更多从正面激发行为主体主动守法，所以在多数时候和场合中都可能更为有效而已。但是，这绝不意味着惩罚性规范在税收法治意识的生成与进位中就一无是处，因为惩罚性规范可以从反面敦促行为主体被动守法。所以，基于税收法治意识处考虑，立法机关、施法机关和解释机关均应用一种平衡的理念去准确地选择奖励机制和惩罚机制，尽力摆脱盲目、任意的机制选择，在奖励性规范和惩罚性规范之间寻求一种动态的平衡，并尽力维持这种平衡。这种动态平衡论同样适用于其他相向的激励模式。比如，税法实践中，权利规范虽为各类行为主体，尤其是为多数纳税人所偏好，但它同样仰赖于义务规范的底层支持。正因如此，权利规范与义务规范既有形影不离的外在表象，又有相克相生的内在机制。立法者所要做的便是，寻求两者的平衡点，以实现彼此之间的和平共处，协力共进。

（三）法治意识中的激励设施

当下税收法治实践中，征税主体和用税主体强势地位依然突出，故短期内无须引入特别的奖励机制。"无声"的中国纳税人虽然地位有所提升，但在未来可预见的时间内估计都无法实现与征税主体和用税主体"平起平坐"，故有必要考虑嵌入特别的奖励机制，以诱导纳税人追求税法、主动享受税法所致的效应，从而激起纳税人的税收参与法治意识，提升纳税人的税收监督法治意识，最终实现税收法治意识的整体勃兴，毕竟"法律治理的最高境界是实现非强制性的法律激励"[①]。要想实现这一目标，一方面可以

---

① 丰霏：《法律治理中的激励模式》，《法制与社会发展》2012年第2期。

考虑进一步完善纳税人权利性规范为主的核心激励机制系统，另一方面可以考虑建立以纳税信用制度引领、以自我纠错制度为中心的辅助激励机制体系。

1. 权利性规范的完善

未来可以考虑对纳税人权利进行整体化、体系化立法，形成纳税人权利保障制度体系。据此，立法者首先有必要完善"宪法"上的税收条款，在宪法中明确规定纳税人的合法权利依法予以保护，从而确立纳税人权利在宪法层面的应有地位。以此为基础，还须逐步完善纳税人权利保障的税收法律体系，重点是制定统领税收法律体系的"税收基本法"和"纳税人权利保护法"。除此之外，亦有必要加快与纳税人权利保护相关的法律制定和修订。①

比如，在"预算法"中更直接、更全面地彰显财政预算中的知情权和监督权等，并配置相应的制度规范。更进一步，为保障"用之于民"的真切落实，监督权应该有更为丰富的内涵，而不应停留在《总局09年1号公告》"税收监督权"的解释文义处。② 同时，为呼应"监督权"内涵扩容，不仅财政转移支付立法、社会保障立法等有必要加快推进，而且可以考虑规范和拓展政府财政信息公开的制度设计，从而深度与监督权相互驰援。

如此建造的话，全方位、立体化的纳税人权利规范体系大体可以形成，即以"宪法"为核心构建纳税人宪法性权利，以"税收基本法"规范纳税人的实体性权利，以"税收程序法"明确纳税人的程序性权利，以分税种立法补缺纳税人的补充性权利体系。这意味着纳税人权利不只是局限于税收的征纳阶段，还必须扩展到税收立法和税款使用阶段。为此，一些缺失的权利有必要再造，比如诚实推定权、参与权等。同样，一些内容狭隘的权利有必要扩容。例如，监督权、知情权等。③

2. 纳税信用制度建设

虽《纳税信用管理办法（试行）》（国家税务总局公告2014年第40号）

---

① 比如，在新修订的预算法中应当加入纳税人对财政预算的知情权和监督权。财政转移支付法、社会保障法等相关法律也应当加快制定。此外，特别应当重视的是政府信息公开法的制定。

② 《关于纳税人权利与义务的公告》（国家税务总局公告2009年第1号）将"三、税收监督权"解释为："您对我们违反税收法律、行政法规的行为，如税务人员索贿受贿、徇私舞弊、玩忽职守，不征或者少征应征税款，滥用职权多征税款或者故意刁难等，可以进行检举和控告。同时，您对其他纳税人的税收违法行为也有权进行检举。"

③ 朱为群、许建标：《论纳税人权利扩展及其在我国的实现》，《现代财经》2009年第11期。

取代《纳税信用等级评定管理试行办法》（国税发〔2003〕92号），成为现行税法对纳税人守法激励力度最大、范围最广、激励措施最集中的法律规范。但立法目的滞后、评级机构中立性不够、评级范围较窄、评级等级和激励措施、力度不匹配等诸多先前即存在的问题依然未能完全解决。①

比如，《纳税信用管理办法（试行）》第三条直接将法案定格为"企业纳税人"，而将扣缴义务人、自然人，个体工商户和其他类型纳税人排除在外，分别赋权税务总局和省税务机关另行规定。此举不仅割裂了企业纳税人和非企业纳税人之间的信用互动，而且人为造成不同形态，而非不同信用的纳税人之间的差异化管理。

更为重要的是，尽管《纳税信用管理办法（试行）》第二十八条明示"税务机关按照守信激励，失信惩戒的原则，对不同信用级别的纳税人实施分类服务和管理。"但相关制度设施并未真正做到这一点。典型如，激励待遇总体偏低，惩戒措施相较严苛，激励与惩戒平衡度有所欠缺②，而且激励和惩戒措施所依赖的信用评级评定标准和扣分方式等都有再行评估之必要。③ 从激励与失信惩戒本源处观测，它实质上是一种正面奖励为主的激励机制，以期增加诚实纳税人的经济和社会收益。只是同时辅之以经济手段和道德谴责，惩罚在纳税活动中有严重失信行为的纳税人。因此，一方面，信用等级高的纳税人一般既可以从税务机关获得优质的服务，又可以享受公开宣传、评优、评选等待遇，还可以要求税务机关主动及时落实国家税收优惠政策等。另一方面，对于已成事实的失信行为，大都会遭受较宽范围、较长时间、较为严厉的惩罚措施。比如，降低信用等级，加强征收管理，加大稽查和监督力度，并限制其升格信用等级。再如，公开失信纳税人信息，供公众随时查询，接受全社会的监督。还如，将失信惩戒机制与社会信用挂钩，进行全方位的失信惩戒，等等。④

---

① 参见梁俊娇、葛淑芸《论构建我国的纳税信用体系》，《中央财经大学学报》2006年第2期。
② 参见《纳税信用管理办法（试行）》第二十九条至第三十二条。
③ 《纳税信用管理办法（试行）》一改《纳税信用等级评定管理试行办法》中的信用等级评定办法，只是设定A级的排除情形和D级的判定情形，并未明确具体等级的评价标准，而是根据《纳税信用评价指标和评价方式（试行）》（国家税务总局公告2014年第48号）设定的"扣分标准"进行扣分处理。这种简单的扣分方式并未充分估量日渐庞杂的税法规定和纳税人的主观意志等多重因素，比如，因计算失误或意外疏忽等非故意原因导致逃漏税，且已经主动补税。此外，有扣分是否有必要设置加分事项，毕竟信用等级管理原本就应凸显激励功能。
④ 参见范瑗瑗《我国纳税信用等级制度设计》，《当代财经》2002年第10期。

据此，意欲通过纳税信用管理带动辅助激励机制运行，则不仅要坚持以奖励性规范为主而设计信用管理制度，而且要寻求信用等级与相应税法待遇的最佳匹配度。与之关联，不仅可以考虑将税务局开展纳税信用评价①逐步过渡、移交至信用中介机构评定②；而且有必要在立法目的条款中更为鲜明地凸显纳税信用管理中的激励功能和理念，而非目前这种义务属性和惩戒色彩更浓的书写方式。

3. 自我纠错制度建设

针对纳税人未缴或者少缴税款，现行《税收征收管理法》第五十二条区分为税务机关的责任和纳税人③的责任分别设置不同的法律后果，对因纳税人自身因素而致的未缴或者少缴税款又区分为故意和过失，并有所处分。上述针对的都是税务机关发现之前纳税人一直处于未缴或少缴税款状态，倘若纳税人确实发生过未缴少缴，也未被税务机关发现，但纳税人又补交了全部税款④，此类情况如何处理？此问题已关涉自我纠错的核心设施建设，有必要特别考虑。

毕竟，《税收征收管理法》第五十二条的立法用意不在惩罚纳税人，而在于敦促纳税人履行应尽的税法义务，缴纳税款。既然未缴、少缴税款的纳税人事后补缴了全部税款，此种情况税法应该鼓励，但如果直接将上述情况视为合法行为，不作任何惩罚也无税法依据。为激励愿意主动坦白的纳税人主动补缴税款，未来《税收征收管理法》修订时，第五十二条可以考虑增

---

① 参见《纳税信用管理办法（试行）》第七条。

② 从国际经验看，政府部门并不过多地介入具体的信用管理过程，对信用管理强调利用市场机制，充分发挥信用中介的作用。发挥中介机构在纳税信用评定中的重要作用是一种趋势，将纳税人信用等级评定交由社会中介机构，既能减轻税务机关的评定工作负担、降低管理成本，又可保证评定的中立性，最大化评定的公平、公正和公开。为此，可以考虑将纳税信用等级评定工作交由信用中介机构，税务机关对纳税人的信用管理主要是对信用中介机构的资质审核、认定、监督，并确认其评定结果的真实性和客观性，在确认的信用评定报告的基础上对纳税人进行信用等级区分管理。参见陈新《纳税信用体系研究》，人民出版社2008年版，第238页。

③ 《税收征收管理法》第五十二条并非单指纳税人未缴、少缴税款的情形，其规定同样适用于扣缴义务人未缴、少缴税款的情形，基于文章主旨，对扣缴义务人不做涉猎，但本段的诸多观点和论述同样适用于扣缴义务人，下文不再注释说明。

④ 笔者近几年在江西、广东等多所税务局调研发现，在税务征管实践中，存在大量经税务约谈后纳税人主动申报补缴税款，税务局课以滞纳金，甚至有些滞纳金都未缴纳，再未有其他任何处罚的现象。此种处理办法并无税法依据，既影响了税法的权威性，又在某种程度上助长了纳税人逃避税款的气焰，大大阻却了税收法治意识的生成。

加对此类情形的处理办法,即确立纳税人自我纠错制度,从而形成激励面向的未尽税款义务责任体系,激活纳税法治意识的提升(如图5-2所示)。为更好地实现自我纠错制度与原生制度的衔接,较为可行的思路是在《税收征收管理法》中确立纳税人自我纠错制度的原则性规定,具体实施办法交由《税收征收管理法实施细则》处置或者直接赋权税务总局另行制定。

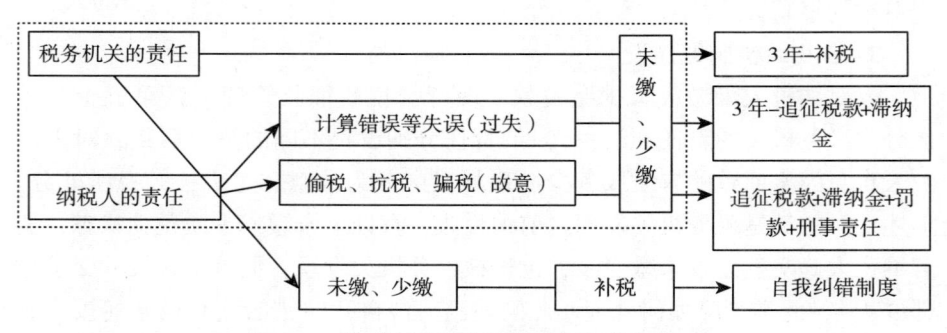

图 5-2 激励主导的未尽税款义务责任体系

具体实施办法需要妥善解决以下争点问题:其一,立法理念。自我纠错制度理当本着激励为主,惩罚为辅原则而公平设置。比如,自我纠错的纳税人的税收待遇就应该低于诚信纳税人,但又要高于未主动纠错的纳税人。其二,激励待遇设置。应根据自我纠错的方式设置差别化的激励待遇,自愿主动补税的可以考虑设置免予处罚(刑罚和罚款)的待遇;被动补税,如经税务约谈后补税的,则可考虑给予免予刑事处罚并减轻罚款的待遇。其三,适用范围。原则上自我纠错制度涉及所有税种的未缴、少缴和所有纳税人,但对于正在进行涉税犯罪调查或进入诉讼程序或已被税务机关发现等纳税人进行补税的不应被视为自我纠错。其四,征管部门和实施期间。为降低征管成本,顺利对接税收征管实际,接受纳税人自我纠错的部门更宜确定为其所属的税源管理部门。同时,为防止纳税人滥用自我纠错制度以达到延期纳税等非正当目的,自我纠错制度有必要考虑设置一定的期间。不过,期间的设置既要鼓励纳税人主动补税,又不应削弱纳税申报等正常税收征收管理制度的功效。

三 守护权利的第三条道路:从自治组织到权利保护官

"有权利必有救济"既是一项古老的法原则,又是权利规范得以实施的根本保证。故而,改进和守护纳税人权利的通常思路和建议是,完善纳税人权利规范体系,提升税务行政复议的中立性、以实现复议审理的公平与效率，取消税务行政复议前置、畅通和健全税收司法保障机制，还纳税人以完整的税收法律救济权等。如有学者基于《深化国税、地税征管体制改革方案》中提出的"加强涉税案件审判队伍专业化建设，由相对固定的审判人员、合议庭审理涉税案件"任务，认为：一方面，可以从"建立'举报诉讼'特别程序""开放税务司法""科学配置举证责任"和"消除税务机关工作人员的抵触心理"等方面"加强税务诉权保障"；另一方面，可以从"提高税务案件审级，确保税法实施与裁判统一""分两步走，设立税务法院"和"加快税务审判队伍专业化建设"等方面"加强税务审判权保障"。① 只是任何权利救济制度的设置都需要与该国或地区特定的时空、社会环境、救济传统与公民偏好等相融合，普适性的权利救济制度或许并不存在。认清这一点，对于理解中国的纳税人权利保护制度建设尤为重要。

（一）"第三条道路"的价值

有学者认为：虽然中国税收征收管理系统过去二十余年来整体上成功地汲取了财政收入，但纳税人可能大多处在"半守法"的状态。他们很多时候并不是按照法律要求纳税，而是依据地方税务征管人员的要求纳税；甚至很多在其他行政管理领域一向表现守法的主体（比如大型公司和来自高度守法地区的外商投资公司）也是如此。在这种大的征管环境下，即使发生纠纷，双方往往也不会选择通过法院适用法律的方式解决争议。如此即意味着假若落入对中国税收司法环境刻板印象的窠臼，我们就可能忽视一些需要社会科学全面解释的现象。比如从整体来看，税法守法模式就可能是一个比税务诉讼模式重要得多的话题。②

如果税务诉讼模式不是一个最为核心的话题，那么寄希望于通过税务诉讼革新以撬动纳税人权利保护，进而带动税收法治意识的勃兴，就未必是抉择者的最佳路径选择，最起码就不是唯一的、必须立即变革的决策选项了。这或许一定程度上可以解答缘何近几年各种不同版本的《〈税收征收管理法〉修订稿》均未对现行《税收征收管理法》第八十八条提出颠覆性修改的原因。毕竟，任何权利救济机制都有利弊，正所谓"尺有所短，寸有所长"。况且，无论是哪一种权利救济机制，它的运行和功效发挥都仰赖于配套法律规范的驰援。而法律规范原本就不是万能的纠纷解决器具，甚至很多

---

① 参见刘剑文《如何推进我国税收司法的发展》，载微信公众号："财税法学研究会"，2018年1月5日。

② 参见崔威《中国税务行政诉讼实证研究》，《清华法学》2015年第3期。

时候法律规范自身便是矛盾之物。

如学者在业主维权调查实践中发现:"法律在业主维权运动中具有两重属性,它既是'维权的武器'又是'维权的瓶颈'。一方面,作为一种知识,法律将物权概念植入业主们的认知之中,并提供'如何保护物权'的方法;作为一种有约束力的规则,法律给予了业主一定的请求权,为其维权提供了法定的申诉渠道;作为一种话语资源,法律起到了'既认同又约束'的作用,成为维权业主构造维权话语的基础。总之,作为武器的法律,激励业主利用制度化的申诉机制维权,并提供相应的保护。另一方面,由于'依法申诉途径的不畅'和'业主矛盾的社会地位',法律又成为业主维权的瓶颈。"①

基于此种考虑,纳税人权利保护就不宜只聚焦于税务行政复议与税务行政诉讼变革这一层级,而有必要拓展思路,扩大纳税人权利的保障链条,拓宽纳税人权利保护的路径选择,以满足不同纳税人的诉求。本部分将这一思路称之为"守护权利的第三条道路",以区别于税务行政复议与税务行政诉讼这两种典型权利保护的传统径路。三条道路同步推进,作为纳税人整体的纳税法治意识方可加速进位,进而带动征税法治意识和用税法治意识的协同发展,最终实现税收法治意识的整体进步。

(二) 民间道路:纳税人自治组织

"第三条道路"并非固定不变,它的开辟和路径扩容与一国或地区的税收法治环境有关,尤其与一国或地区的纳税人权利保障立法的进程有关,又最终作用与反作用与适时的税收法治意识。它可以由民间力量或官民二者力量,通过组建纳税人维权组织的方式以实现守护权利的效果。据学者调查,"我国纳税人维权组织主要有以下几种形式:纳税人维权中心、纳税人之家、纳税人学校、纳税人俱乐部、纳税人协会"②。典型如,1997 年 6 月 18 日,全国首家省级纳税人维权组织——内蒙古自治区纳税人协会在呼和浩特市成立。2004 年 4 月,全国第一个独立于税务机关之外的纳税人权利保护组织——北京市大兴地税纳税人维权服务中心成立。2009 年 3 月 18 日,镇江成立全国首家纳税人权益维护协会。特别是自 2009 年初,江苏省地税局下发《关于做好纳税人权益保护工作的指导意见》以来,"纳税人之家"遍

---

① 刘子曦:《激励与扩展:B 市业主维权运动中的法律与社会关系》,《社会学研究》2010 年第 5 期。

② 王晓春、宋燕:《纳税人维权组织发展状况调查》,《中国税务》2011 年第 12 期。

布各地区、各行业、各个党政机关事业单位、社会团体、各类企业，很多个体工商户和自然人也积极参与其中。无论是纳税人协会，还是纳税人维权服务中心，也不管是纳税人权益维护协会，还是纳税人之家，其根本的目的都是相同的，即努力营造一个纳税人与税务部门共同的"家"。①

客观上说，目前中国出现的这些纳税人维权性组织多数都还难以称之为真正意义上的纳税人自治组织，因为它们大都由税务机关主导，或者至少由税务机关直接推动，甚至有些还直接架构在税务机关某个部门之下。比如，南漳县国税局2011年成立的纳税人维权中心便由国税局主导，以国税局、工商联合会、个体私营协会、律师事务所和行业协会5个机构为依托。② 再如，厦门市国税局成立的纳税人权益保障中心，其中心办公室便直接设在厦门市国税局纳税服务处。诸如此类的维权组织设计，短期确实有助于维护纳税人合法权益，但也存有自身无法克服的障碍和局限。例如，纳税人维权的自发动力不足，对税务机关的依附明显，缺乏独立第三方，尤其是专业性税务中介的参与，维权的偏向度和公正性还有待验证。③ 这些问题直接透射在纳税人维权组织的职责定位之中。譬如，镇江市纳税人权益维护协会成立之时，便将其主要职责定位为：开展税收政策法规宣传辅导，引导纳税人依法诚信纳税，增强维权意识，提供法律援助；收集纳税人对税收执法、税收管理、纳税服务以及税务行风等方面的意见和建议，及时反馈税务机关进行整改；参与定期定额评议、纳税评估约谈、稽查案件审理以及税务听证、复议和诉讼前的调解等税收执法活动，参与协调化解征纳争议争端；向税务机关提供涉税信息，以便加强税源监控管理；参与制定对税务行政执法和行风廉政建设的社会性评议方法；开展税收政策法规实施效应的调研活动；参与纳税信誉等级评定，促进税收信用体系建设。④

从中不难看出，纳税人权益维护协会对税务机关的依附性。这种依附性的存在，使得税务机关更多时候只是站在自身立场上考虑纳税人维权问题，

---

① 参见王迎春、高宏丽《维权服务有了"家"——江苏省地税系统"纳税人之家"建设工作侧记》，《中国税务》2010年第4期。

② 参见叶锋、姜传武《纳税人维权好帮手》，《中国税务》2012年第6期。

③ 参见浙江省注册税务师管理中心《建立以注册税务师为主体的纳税人维权组织的思考》，《注册税务师》2014年第6期。

④ 参见刘嘉怡《和谐征纳 维权先行——2009·中国·镇江纳税人权益保护理论与实践高层论坛综述》，《中国税务》2009年第11期。

提供的维权服务也多带有强烈的税收征收管理目的。也因如此,有税局官员指出:"今后维权协会的工作可从以下几个方面开展:第一,使维权工作常态化、规范化、制度化,不断提升税务系统在全社会的影响力。第二,进一步加强国地税合作,开展联合维权。第三,经过若干年的努力,把'准第三方'的'准'字去掉,让维权协会成为真正的第三方组织。维权协会是一个很好的、可以复制的平台,我希望这种形式可以得到推广。"① 从准第三方的纳税人维权组织走向独立的第三方纳税人自治组织,也是纳税人权利保护的内在要求。唯有如此,才能真正践行纳税人主义立场,代表纳税人利益。亦如德国纳税人协会设定之目的:使政府能够节约、有效地使用税款;税收的额度限制在必要的范围内;税收的立法和政策必须顾及到纳税人的承受能力;税法必须简洁明了,使纳税人便于理解;国家的财政开支必须符合国家的经济能力和状况,必须符合国家承担的市场经济的原则和义务。而德国纳税人协会之所以能够做到这一点,就在于德国纳税人协会是中立的,独立于各党派之外,自觉地履行其职责。②

伴随着税收法治的进步,纳税人对权利保护的诉求必定愈加强烈。因此,参考域外纳税人权益保护的成功经验和典型做法,结合我国部分地区的纳税人维权组织建设实践与经验以及消费者权利保护协会等维权组织的运营实践与经验,逐步推进独立的第三方纳税人自治组织建设,壮实"守护权利的第三条道路",不失为明智之举。毕竟,不管税收法治如何进阶,与代表国家行使征税权的征税机关相比,纳税人显然处于弱势地位,设置纳税人自治组织有助于调适这种先天失衡的主体地位,进而真正实现主体尊严与自律,为相互承认奠定基础。其实,随同纳税人维权组织的风起云涌和纳税服务的日渐深入,成立纳税人协会的呼声在我国从未停止过。如全国政协委员蓝逢2014年"两会"期间,曾开门见山呼吁成立中国纳税人协会,认为:"在国家高度重视依法治国和加快政府职能转变的大背景下,加快纳税人社会组织建设,切实保护纳税人合法权益,是社会进步和发展的一个重要标志,在社会主义制度建设中能发挥重要作用,因此,应研究成立中国纳税人协会等更多社会组织。"③ 果真成立纳税人自治组织的话,名称之类倒是其

---

① 温彩霞、岳倩:《铁肩担道义 维权暖人心——江苏省镇江市地方税收纳税人权益维护协会工作侧记》,《中国税务》2015年第7期。

② 参见孙培山《德国现行税制、税务机构、税务咨询和纳税人协会》,《中国税务》1996年第8期。

③ 张剀、何乐:《建议成立中国纳税人协会》,《中国税务报》2014年3月10日,第B06版。

次，最需深究和厘定的是，如何建构纳税人自治组织体系，怎样设定纳税人自治组织的职能定位。

之于纳税人自治组织体系而言，基于纳税人自治组织的中立性和统一性，可以考虑在全国成立纳税人协会总会，作为各地纳税人协会的最高领导机构，拥有最高的章程制定权、监督权、指导权、决定权等，从而为各地协会工作的开展提供了基本准则和行为规范；各地在总会的指导下成立分会，具体履行章程规定的职责和任务，并及时与总会进行交流、沟通；分会之下依据各地的实际成立相应的专门委员会和内设机构，分门别类地承担相应的维权、沟通、咨询、监督等职能。[1] 对于纳税人自治组织的职能定位而言，澳大利亚和德国的纳税人协会的厘定值得关注。

澳大利亚纳税人协会会员大部分是税收工作从业者，由于会员分别拥有自己众多的客户，所以协会的涵盖面十分宽泛，具有广泛的代表性。基于此种特性，纳税人协会主要定位于：向会员提供服务项目，使之具有吸引力；参与税法制定、修改的研究讨论；定期向国家有关部门提供税法修改意见和税收政策建议。[2] 与之不同，德国纳税人协会将其宗旨设定为：认真搞好税务研究，完全代表纳税人的利益，无私地帮助纳税人充分了解税收和税法，履行纳税义务，监督国家机关在财税方面的政策、法规、行为。为此，纳税人协会按其工作内容组成了收入法、税务总则改革、财政、税务改革（每年具体税种税目的修改案）、议员收入改革、政党经费改革等专业委员会，非常严格、认真地研究税法、财政预算，发表意见和建议，并将有关研究报告无偿提供给政府、图书馆

---

[1] 具体来说，纳税人协会总会的主要职责可以考虑设置为：①制定协会章程和细则；②指导和监督各分会按章程行事；③代表广大纳税人与中央政府及具体执法部门协调、处理重大关系；④按照章程规定，定期召开会员代表大会，选举管理委员会，审查预算及经费使用情况。总会之下，各地方分会具体承担协会章程规定的职责，年末向总会写出年度工作报告。与此同时，可以考虑增设下列专门委员会：①税制改革咨询委员会，代表纳税人向政府提出有关税制改革的建设性意见，并从纳税人角度向政府和财税部门反馈税制运行情况；②税收政策咨询委员会，向纳税人提供国家税收政策出台、变化、调整等方面信息，使纳税人按照税收政策灵活地运筹生产经营活动，提高相对经济效益；③政府预算执行情况审查委员会，代表纳税人定期审查预算编制是否合理，收支结构是否科学可行，资金运用过程中是否存在损失浪费问题，以监督纳税人缴纳税金的使用情况，提高预算资金使用的经济效益和社会效益；④经济纠纷协调委员会，帮助纳税人协调处理与有关方面的各种利益纠纷案件，保护纳税人的正当权益。参见杨荣学《关于在我国成立纳税人协会的建议》，《税务》1996年第10期；黄建：《论我国纳税人协会治理功能的完善——国外经验与中国对策》，《税务与经济》2013年第3期。

[2] 参见王建平《澳大利亚纳税人协会——纳税人的喉舌》，《中国税务》2007年第6期。

和有关机构。① 参考澳大利亚和德国纳税人协会的职能定位，意欲建构纳税人自治组织，则须提高其功能定位，不宜停留在税收征纳而致的税企纠纷解决，而应更多参与至税收立法、税法实施和税法解释活动。此外，对于用税主体的税款使用，纳税人自治组织也有必要深度参与监督。

（三）官方道路：纳税人权利保护官

相较于纳税人自治组织，纳税人权利保护官是近30年来各国或地区开辟出来的"守护权利的第三条道路"典范。纳税人权利保护官制度源于1979年美国的"纳税人监察官"，起初的主要职责是协助纳税人处理与税务机关之间的争议。1996年美国《纳税人权利法案》正式将"纳税人监察官"更名为"纳税人权利保护官"，其不再仅仅是"协调""协助""监督""建议"，而是能行使一定的公权力，实际保护纳税人。一般来说，纳税人权利保护官是由国家任命或依法设立，代表纳税人向税务机关以及立法机关寻求正义，落实税收法定主义，援助税收稽征程序中居于弱势地位的纳税人，确保其不因税务机关滥用权力而遭受不法侵害的独立机关。而关于该机构的设置、职权及运行等法律规范的总和，便是纳税人权利保护官制度。纳税人权利保护官制度在一些国家已经实施多年，不仅有效地保护了纳税人权益，而且具有提升税收征管效率、协助民众遵守税法、稳定国家税源的功效。② 虽然不少国家和地区都相继建立了纳税人权利保护官制度，但各自对纳税人权利保护官的性质定位、组织结构、权责设置、官员资格与任免等规定都不尽相同。

以纳税人权利保护官的组织结构为例，加拿大的纳税人权利保护官设置于国会之下，独立行使职权。③ 与之不同，"1999年，韩国国税厅在各税务

---

① 参见孙培山《德国现行税制、税务机构、税务咨询和纳税人协会》，《中国税务》1996年第8期。

② 参见许多奇《落实税收法定原则的有效路径——建立我国纳税人权利保护官制度》，《法学论坛》2014年第4期。

③ 加拿大《纳税人权利法案》第四条规定："（1）本院于此宣布成立纳税人权利保护署，其首长为纳税人权利代言官。（2）纳税人权利保护署之权责行使独立于英女皇。"第五条规定："（1）纳税人权利代言官为纳税人权利保护署首长，属国会指定之官员。（2）纳税人权利代言官之人选，在众议院议决之后，由院会领袖指派。（3）纳税人权利代言官应由委员会以超过三分之二以上票数同意后方得向众议院提名。（4）纳税人权利代言官之任期为七年。（5）纳税人权利代言官得因参众两院共同决议而移除其职务。（6）纳税人权利代言官执行业务之财务费用由部长向院会领袖建议核定。（7）为第（6）项之建议时，部长应考虑委员会之意见，并应获得众议院之同意。" Taxpayers' Bill of Rights of Canada，参见潘英芳《纳税人权利保障之建构与评析——从司法保障到立法保障》，翰芦图书出版有限公司2009年版，第62、267—268页。

署设立纳税人权利保护官，2005 年在地方国税厅设立了该岗位。2009 年，国会通过的《国税基本法》明确了纳税人权利保护官制度，韩国国税厅本厅相应设立了全国纳税人权利保护官，负责直接管理地方国税厅和基层税务署的保护官。为了确保纳税人权利保护官切实履行保护纳税人权益的职责，韩国国税厅还设立了纳税人权利保护委员会。该委员会由国税厅以外的人员组成，其成员往往具有法律、会计、税务等知识背景及租税审判等工作经历，其负责人经独立于国税厅的人事革新部门选拔，并经当地政府行政首长批准。当纳税人权利保护官不履行职责时，纳税人权利保护委员会可启动监督程序"[1]。我国台湾地区 2017 年 12 月 28 日开始实施的"纳税者权利保护法"第二十条采取了与韩国类似的做法，由税捐稽征机关以任务编组方式指定专人为纳税者权利保护官。[2]

值得一提的是，2017 年 6 月 7 日，江苏省常州地方税务局发布了《关于印发〈江苏省常州地方税务局纳税人保护官制度（试行）〉的通知》（常地税发〔2017〕47 号），开启了中国纳税人权利保护官的试点先河。"常地税发〔2017〕47 号"的做法总体可以归入韩国和我国台湾地区一类，即在税务机关内部设置纳税人权利保护官[3]，由税务机关选聘纳税人权利保护官[4]。

---

[1] 车文勤：《韩国纳税人权利保护官制度及启示》，《税收经济研究》2016 年第 6 期。

[2] 台湾地区"纳税者权利保护法"第二十条（纳税者权利保护官）规定："税捐稽征机关应主动提供纳税者妥适必要之协助，并以任务编组方式指定专人为纳税者权利保护官，办理下列事项：一、协助纳税者进行税捐争议之沟通与协调。二、受理纳税者之申诉或陈情，并提出改善建议。三、于纳税者依法寻求救济时，提供必要之咨询与协助。四、每年提出纳税者权利保护之工作成果报告。前项所定之纳税者权利保护官于办理纳税者权利保护事项，得为必要之调查。税捐稽征机关应将纳税者权利保护官之姓名及联络方式报财政部备查，并于网站公告之；人员有所变动时，亦同。第一项办理情形，财政部得随时派员抽查之，并列入年度稽征业务考核项目。"

[3] 根据《关于印发〈江苏省常州地方税务局纳税人保护官制度（试行）〉的通知》（常地税发〔2017〕47 号）"一、组织机构"的规定：常州市地方税务局设立纳税人保护官联络办公室。其中，办公室设立联络办公室主任一名，由市局分管局长兼任，总体负责纳税人保护官联络办公室全面工作；设纳税人保护官 4 名，由社会专家担任；设秘书一名，由纳税服务局相关人员担任，负责日常联络协调。

[4] 典型例证是，2017 年 8 月 1 日，江苏省常州地方税务局面向社会发布《"纳税人保护官"招聘启事》，公告纳税人保护官主要职责、招聘条件、报名时间、报名方式、录用流程。其中，录用流程提及"根据报名情况以适当方式择优录用，签订聘用协议，聘期一年一聘"。参见江苏省常州地方税务局《"纳税人保护官"招聘启事》（http://www.dscz.gov.cn/art/2017/8/3/art_ 34296_ 853665. html）。

客观上说，实行纳税人权利保护官制度既可以因应于新时代的要求，又可以照应于国家"放管服"改革的需求，还可以起到优化税收营商环境的作用。因为纳税人权利保护官一般都以公正超然的第三人立场，通过参与纳税争议的沟通与协调；监督税务机关税收执法与服务的过程与环节，提出改善税务制度及程序的合法、合理的意见和建议；研拟纳税人权益保护的政策，提出改进纳税人权益保护的建议等，有望实现以下制度价值：其一，可以及时化解征纳纠纷。纳税人权利保护官制度属于诉讼外纠纷解决机制，它通过及时介入争议化解征纳纠纷，使征纳双方规避诉讼等法律风险。其二，可以有效监督执法行为。纳税人权利保护官在接受纳税人申诉陈情、处理及调查纠纷过程中，能够发现税务行政执法中存在的问题，继而提出值得改进的建议，促使税务机关提高行政执行水平，降低执法风险。其三，可以切实提升税务行政质量。纳税人权利保护官可全程参与涉税听证会、听辩会案件的听证与听辩过程，为重大涉税违法案件定性建言献策，对涉税政策出台开展研讨，充分发挥其税务智囊团的作用，有效促进税务行政质量的提升。①

故此，未来可以考虑在纳税人自治组织之外，引入纳税人权利保护官制度，开辟官方层面的"第三条道路"，以节约税收司法资源，弥补税务行政复议与税务行政诉讼的不足。即便条件不甚成熟，也可以借鉴"常地税发〔2017〕47号"先行先试的做法，累积经验，逐步推广。倘若未来我国果真引进纳税人权利保护官制度，则以下问题值得深度思考。

1. 纳税人权利保护官的性质与组织架构

纵览纳税人权利保护官的域外立法，大都将纳税人权利保护官设置为"政府某机构中的一个部门，作为一个可以行使公权力的官方组织，而不是民间团体或协会。"② 不过，即便做出了相同的性质定位，也不意味着各国或地区会设置全然一致的内部组织架构。比如，加拿大纳税人权利保护官设置于国会之下，而美国、韩国、我国台湾地区则总体是将纳税人权利保护官设置在税务机关内部。

较为特殊的是，"常地税发〔2017〕47号"一方面在税务机关内部设立纳税人保护官联络办公室，另一方面却又在常州市纳税人权益保护中心下设秘书处、"纳税人保护官"处、顾问处3个常设部门，并由常州市工商联

---

① 参见汪明清、王志宇、沈文达《常州在全国率先推出"纳税人保护官"制度》（http://www.js.xinhuanet.com/2017-11/13/c_1121948855.htm）。

② 戴芳：《发达国家纳税人权利保护官制度及其借鉴》，《涉外税务》2012年第7期。

主席担任负责人，监督管理"纳税人保护官"的各项工作。① 此种组织结构设置，使得常州"纳税人保护官"既有官方组织的色彩，又有民间组织的元素。不过，无论纳税人权利保护官设置在何处，立法大都强调和凸显职权的独立行使，并将其作为制度设计的重要基准。追根溯源，如何定位纳税人权利保护官，怎样建构起内部组织架构，堪为纳税人权利保护官的顶层设计。它不仅关乎纳税人权利保护官的任免资格与权义配置，而且关系纳税人权利保护官的工作职责、工作方式和工作程序等制度设计。

鉴于域外经验和我国实际，较为便捷可行的方式是在税务机关内部设置纳税人权利保护官，将其作为一个独立的机构开展作业。不过，作为远景规划，亦可效仿加拿大的做法，将纳税人权利保护官设置为垂直领导的组织架构，即中央一级隶属于国务院，并在县级以上行政建制中各设置一个独立的纳税人权利保护官组织，各级纳税人权利保护官之间垂直管理，直至中央层级的纳税人权利保护官。如此设置更易彰显纳税人权利保护官的独立性与公正性，更易实现对纳税人权利的真正保护。②

2. 纳税人权利保护官的制度设计

纳税人权利保护官不仅是一个具体称谓，更是一个组织机构。既为机构，意欲顺利运转，则须建章立制。各种制度之中，纳税人权利保护官的任免与选任、工作职责、工作程序、权义配置等制度设计是核心。简述如下：

①纳税人权利保护官的任免与选任。各国或地区对纳税人权利保护官的遴选都十分严格，一般都会重点考察候选人的专业素养、工作经验和道德水平等任免指标。比如，我国台湾地区"纳税者权利保护法施行细则"第八条规定：税捐稽征机关办理"纳税者权利保护法"第二十条所定纳税者权利保护事项，应审酌辖区特性、税目及稽征实务等情形，设置纳税者权利保护官一人或数人，指派具税务、会计或法律专业之适当层级人员担任之③。

---

① 参见汪明清、王志宇、沈文达《常州在全国率先推出"纳税人保护官"制度》（http：//www.js.xinhuanet.com/2017-11/13/c_1121948855.htm）。

② 参见戴芳《发达国家纳税人权利保护官制度及其借鉴》，《涉外税务》2012 年第 7 期。

③ 为进一步明确纳税者权利保护官资格，我国台湾地区"纳税者权利保护官资格及选任要点"第四条规定："纳保官资格如下：（一）'财政部'各地区'国税局'及地方税稽征机关：具有税务、会计或法律专业且从事税务工作十年以上，成绩优良之现任荐任八职等以上人员专任或兼任；三人以上者，应至少一人曾从事税务行政救济工作或具法律专业。（二）关务机关：具有关务、会计或法律专业且从事关务工作十年以上，成绩优良之现任荐任九职等以上人员专任或兼任；曾担任分估或查价职务五年以上者，应至少一人；指定三人以上者，应至少一人曾从事关务行政救济工

纳税者权利保护官应每年向财政部提出工作成果报告。

②纳税人权利保护官的工作职责。工作职责设定了纳税人权利保护官的作业范围和活动空间，堪称纳税人权利保护官的基石性制度。虽然域外立法对其界定不一①，但大都聚焦于"协助纳税人解决税务纠纷""接受纳税人的法律法规咨询""对税务机关的违法不当处分提出撤销、变更或改善之建议，乃至依据法律赋予的职权，要求税务机关停止侵害"和"针对维权过程中发现的问题，提出完善税收立法的建议"等职责。② 比如，美国纳税人

作或具法律专业。前项所称成绩优良，指该人员最近五年年终考绩至少三年考列甲等。第一项所称法律专业，指具以下条件之一者：（一）经公务人员高等考试或各类公务人员特种考试法制、法务相关类科及格。（二）公立或经立案之私立大学、独立学院法律学系、法律研究所毕业或经专门职业及技术人员高等考试律师考试及格。"除此之外，第五条设置了排外规定，即："有下列情形之一者，不得指定为纳保官；其经指定者，当然解任：（一）最近五年年终考绩有一年以上考列丙等以下。（二）最近五年曾受惩处、惩戒或刑事处分。"第六条规定："有下列情形之一者，'税捐稽征机关'首长得指定熟悉税务或关务法令之资深人员调派专任或兼任纳保官，不受第四点第一项第一款及第二款前段成绩优良及第一款后段或第二款中、后段具一定条件人数规定之限制：（一）因区域、员额配置致无符合第四点所定资格人员。（二）符合第四点所定资格人员，健康或家庭因素显不适任，且无其他符合资格人员。"

① 比如，我国台湾地区纳税者权利保护官的权责相对较小。"纳税者权利保护官办理纳税者权利保护事项作业要点"第四条规定："纳保官职权如下：（一）协助纳税者进行税捐争议之沟通与协调。（二）受理纳税者之申诉或陈情，并提出改善建议。（三）于纳税者依法寻求救济时，提供必要之咨询与协助。（四）每年提出纳税者权利保护之工作成果报告。主任纳保官负责纳保官办理权利保护事项之监督及审核。"与之相比，常州市纳税人权利保护官的权责相对较大。"常地税发〔2017〕47号"之"二、工作职责与方式"明确纳税人保护官的工作职责主要有：1. 以公正超然的第三人立场，协助常州范围内的纳税人与税务机关进行纳税争议的沟通与协调，在纳税人与税务机关之间发挥桥梁与纽带作用，创造和谐的征纳环境。2. 对纳税争议的个案进行核实，对税务机关个案处理的实体和程序存在的问题，向税务机关提出纠正和改善的意见和建议。3. 接受纳税人和社会各界对税务机关不公平课税、违法课税，以及执法和服务过程中侵害纳税人权益方面的投诉，对投诉事项进行相关的调查与研究，提请税务机关及时做出处理。4. 参与监督税务机关税收执法与服务的过程与环节，代表纳税人向税务机关提出改善税务制度及程序的合法、合理的意见和建议。5. 收集纳税人和社会各界对税务机关工作的意见和建议，定期向税务机关反馈。6. 研拟常州地区纳税人权益保护的政策，提出改进纳税人权益保护的建议，协助税务机关开展常州区域纳税人权益保护的教育、宣传、指导工作。7. 接受税务机关的委托，作为聘请的专家代表参与以下事项：（1）行政复议案件的审理；（2）对税收政策、税收不确定概念等疑难问题的研讨；（3）本区域税收重大政策出台的讨论；（4）作为听证会、听辩会的主持人或参与人；（5）协助税务机关，协调纳税人的投诉与举报；（6）协助税务机关，协调个案的涉税争议处理；（7）其他需要参加的事项。

② 参见许多奇：《落实税收法定原则的有效路径——建立我国纳税人权利保护官制度》，《法学论坛》2014年第4期。

权利保护官依法独立、公平地执行纳税人权利保护服务,并请求协助纳税人保守秘密,职责在于协助纳税人与联邦税务局沟通争议,主要透过:(一)个别纳税人的请求,进行纳税人协助令的审理与核发程序;(二)向适当的主管机关,为全体纳税人,提出行政与立法上改革建议。① 这些共识性职责,值得借鉴。

③纳税人权利保护官的工作程序。一般而言,程序性设计大都服务于相应的实体权责。故实体权责不同,工作程序有别。纵然如此,纳税人权利保护官的核心程序仍可大致归纳为:权利保护事项申请、纳税人权利保护官处理、处理结果汇整与报备。在这其中,权利保护事项申请书或言词申请纪录要求,权利保护事项的管辖、受理、审理、处理结果运用、报备等,纳税人权利保护官的调查权限,回避等制度都需要精心设计。②

④纳税人权利保护官的权义配置。相较于域外纳税人权利保护官较为零散的权义配置立法模式,"常地税发〔2017〕47号"对纳税人权利保护官的权利与义务规定极为详尽,可为未来立法所参照。③

3. 纳税人权利保护官的立法模式

纳税人权利保护官制度要想落地,必须依法而设。不同国家或地区,有不同的立法例。总体来说,主要有专门立法模式和嵌入式立法模式。前者即将纳税人权利保护官规定在专门的"纳税人权利法案"之中,采用此种立法的国家和地区居多,典型如美国、加拿大和我国台湾地区。后者即将纳税

---

① 参见葛克昌《纳税者权利保护法析论》,元照出版有限公司2018年版,第307页。

② 纳税人权利保护官的具体工作程序制度设计可参见台湾地区"纳税者权利保护官办理纳税者权利保护事项作业要点"。

③ 根据"常地税发〔2017〕47号"之"三、纳税人保护官的权利和义务"规定,纳税人权利保护官主要享有如下六类权利,即:纳税人保护官受理、协调纳税人提出的纳税争议或不公平课税事件,依本规定独立执行职务,税务机关与承办人员应配合其工作;在协调处理纳税争议过程中,在纳税人保护官联络办公室的协助下,接触争议双方当事人,了解相关情况;在协调处理纳税争议过程中,在纳税人保护官联络办公室的协助下,可以查阅税务机关有关争议案件的材料;在协调处理纳税争议过程中,对于未明的事实,可以提请税务机关进行相关的调查;获得履职所需的相关便利;获得相应的工作报酬。与之相匹,纳税人权利保护官需履行四类义务,即:在协调处理纳税争议过程中,须秉承公正超然的第三人立场,坚持以事实为根据,以法律为准绳的原则,切实依法维护纳税人的合法权益;按规定参加纳税人保护官联络办公室组织的有关会议,无故不得缺席;及时处理争议涉税案件并提出专业性建议;对工作中所接触、了解到的有关的业务秘密、个人隐私,负有保密的责任。

人权利保护官置于"税收基本法"之中，典型如韩国。不同的立法例，制度设计详略有别。纵然采取同一立法例的国家或地区，具体的制度设计也有差异。

比如，采用专门立法模式的加拿大，其《纳税人权利法案》第四条至第十一条，逐一就纳税人权利保护官的组织结构、任免、权责功能、费用与公课、活动报告、权义等进行了详细规定。而我国台湾地区则大有不同。其"纳税者权利保护法"仅设一个条文，即第二十条，对纳税人权利保护官的权责事项、调查、信息公开与考核等进行了概括性规定。与之配套，"纳税者权利保护法施行细则"第八条对指派的纳税人权利保护官的专业要求、工作成果报告等进一步重申和细化。但这两个条文依然较为抽象，缺乏具体的操作要领。最终，为纳税人权利保护官的运营提供直接指引的是"纳税者权利保护官办理纳税者权利保护事项作业要点"和"纳税者权利保护官资格及选任要点"，两份"要点"文件明晰了纳税人权利保护官的核心制度，支撑了"纳税者权利保护法施行"第二十条和"纳税者权利保护法施行细则"第八条确立的纳税人权利保护官制度，确保其能够付诸实施。

与之皆有不同的是江苏省常州市的纳税人保护官试点规定，纳税人权利保护官的组织机构、工作职责与方式、权利与义务、工作的一般程序以及其他需要明确的事项均一体设置于"常地税发〔2017〕47号"之中，堪称是真正意义上的纳税人权利保护官专门性"立法"。鉴于我国税收立法体制和税收法律既有体系，难度与阻力最小的立法模式是借助《税收征收管理法》修订之机，在新《税收征收管理法》中植入纳税人权利保护官制度，且宜做概括性规定。具体操作指引可借鉴我国台湾地区"纳税人权利保护法"的立法模式，交由下位法或配套性文件处置。不过，此种立法模式需要特别考虑纳税人权利保护官与现有税收征收管理程序的衔接。比如，纳税人权利保护官的调查与税收征管中的调查，纳税人权利保护官对权利保护事项的处理结果与税务行政复议和税务行政诉讼之间的衔接等。

总之，纳税人权利保护官作为"纳税人权利保护法"的灵魂，须认真思量而不应盲目推进。亦如学者所言：纳税人权利保护官建置之初，应以"落实宪法生存权、工作权、财产权及其他相关基本权利之保障，确保纳税者权利，实现课税公平及贯彻正当法律程序"[①]为宗旨。毕竟，纳税人权利

[①] 参见我国台湾地区"纳税者权利保护法"第一条。

保护官有国际上共同理解，宜与国际接轨，至少应与其靠拢，故纳税人权利保护官之比较法研究，宜予以加强。但做到这一点并不容易。即便如新近实施的台湾地区"纳税者权利保护法"中的纳税人权利保护官之建制，也只不过是妥协后的立法产物，为过渡时期不得已措施，诸多制度尚须日后进行全面检讨。比如，有必要赋予纳税人权利保护官如下法定职权：对不法处分的撤销权、停止执行权（尤其针对限制出境等）、不法调查的制止权等。再如，纳税人权利保护官的选任，同样需要更为慎重，应坚持由具有律师、兼晓法学的会计师资格，或资深法制人员担任。尤其应参照行政执行官由检察官、法官借调，特别是建制之初，对子法与制度设立，宜由富有声誉之司法官借调，以立长久规模与公信。简言之，纳税人权利保护关之独立性，须细心规划，纳税人权利保护官功能之能够发挥，始能纾解诉源，让纳税人诚心诚意尽协力义务，税收负担公平之社会法治过秩序是从此建立。[①]

---

① 参见葛克昌《纳税者权利保护法析论》，元照出版有限公司 2018 年版，第 323—324 页。

后　记

　　"6"在中国传统文化中是一个极为特殊的数字,向来被誉为和谐、顺心的吉兆。之于我而言,"6"更是有着重要的人生意义和航向启思。2006年我正式参加第一份工作;工作后的第一个6年,辞职前往武汉大学法学院与社会学系相继攻读法学博士学位,从事社会学博士后研究工作;工作后的第二个6年,历经大半年的痛苦挣扎和深度迷茫,最终决定离开武汉大学,前往中南民族大学法学院任教。本书见证了这一历程,也应该是本人迄今为止思考跨度最长的一个话题。呈现大家眼前的《税收法治意识生成论》源于本人的博士后研究工作报告,萌发于浔阳江畔,初成于剑南山下,修改于珞珈山麓,定稿于南湖之滨。

　　2006年4月,一次偶然的机会,平生第一次与"税收宣传月"实现零距离接触,真切感悟到税收宣传台前幕后的点滴故事。此后,遂产生了追寻税收宣传之于税收法治中国建设的作用和价值等思考。故而,借助网络调查数据,草就小文《税法意识现状评估与培育:以网络调查为分析样本》。由于大量借鉴网络调查数据,并无挖掘背后的深层法理与税理,这篇11836字的小文最终在"E盘"一个十分不起眼的角落里沉寂近6年。期间,尽管偶有点击和更新,但也只是为授课贡献一些实证数据而已,沦为偶尔孤芳自赏的码字游戏罢了。

　　6年之后,转机初现。2012年6月,税务总局办公厅联合中国税务杂志社、中国税务报社共同主办"税收宣传理论与实践"征文活动。小文从此开启不可预知的未来,也借机从寂静的"E盘"走向"桌面",成为自己当时聚焦和琢磨的一个关键性问题。基于征文活动的专业性、权威性和竞争性,小文难逃"手术"之厄运,直至被升级改造为《理解中国的税收宣传——税收法治意识的解构与重构》。调查数据、主题定位依旧,行文架构、思路设计却犹如脱胎换骨。幸运的是,该文获得此次征文活动一等奖。文章是幸运的,也是苦情的。只要坚持,小文也会有春天。获奖文稿先后辗转于数个刊物邮箱或投稿系统，要么石沉大海，要么早早夭折，要么沦为永久僵尸。

《人大法律评论》的出现，终使论文有面见天日之机缘。虽惨遭三度颠覆性修改，已然不再是原初小文之庐山面目，甚至论文标题也再次被调整为《理解中国的税收法治意识——基于税收宣传的实证考察》，但立足调查数据和规范实证之初心始终未变。这也是本人十余年来，一直意欲尝试和突破的一大思路航向和方法径路。一篇小文的"命途多舛"与"哀愁欢乐"，虽未给自己带来显著性进步，但苦苦折腾和挖空心思的思维锻造与意念拓展，确实也延展了自己的思路空间和观测视角。感谢"税收宣传理论与实践"征文单位，感谢《人大法律评论》编辑部给予的"光荣与梦想""探索与超越""痛苦与欢乐"。

也许一切都已结束，也许都还只是开始。登山如此，人生如此，论文又何尝不是如此。博士后研究期间，尽管与合作导师周长城老师就诸多议题有过交流，但周老师思虑再三还是建议我继续耕耘"税收法治意识"，以其作为博士后研究工作报告的论题，认真评估当下中国的税收法治意识，探寻税收法治意识的内在机制，进而寻求进步的空间和策略。此为博士后研究工作报告论题的前世今生、来龙去脉。

照理说，历经十余年思考，对这一论题应该驾轻就熟。然周老师轻描淡写提出的"多用一些社会学思维""多用一些社会科学视角""立意更高一些""视角更宽一些""方法更多元一些"等方向性导引词，当时听起来觉得不过只是一些学术必备的常识而已。当飞跃台北，停驻于东吴大学外双溪畔，开启论题的写作时方才顿悟到常识性指导或许才是真正的大师级指导。伴随写作的推进，周老师的宏观论道，愈加凸显价值。遗憾的是，这些看似常识的标准，俨然成为困扰自己的"罪魁祸首"。有过努力，仍无法企及周老师设定的基准和要求。借助拙作的出版，由衷感谢周老师对博士后研究工作报告的建议；感谢周老师对本人学术规划和职业发展的指点。

特别感谢的是博士生导师熊伟老师。2015年6月，博士毕业后，熊老师力荐让已不再年轻的我入职武汉大学经济法教研室，成为教研室的一员。过去三年来，熊老师提供诸多机会与优质平台，使得我有幸成为中国法学会财税法学研究会理事、湖北省法学会财税法学研究会副秘书长、《税法解释与判例评注》副主编，这些都为自己的发展创造了良好的外部氛围。熊老师和师母傅老师给予的物质帮助，提供了重要的后方驰援。无以回报，唯有努力。本书初稿撰写过程中，时常有质疑和怀疑，无助与无奈之感，中山大学法学院杨小强老师不经意的几次微信点拨，让我释然不少。感谢杨老师关键时候的"拨乱反正"，也感谢杨老师自我硕士入门至今的深度关心与持续教诲。

同样需要感谢的是武汉大学经济法教研室的冯果老师、宁立志老师、卞祥平老师、张荣芳老师、喻术红老师、孙晋老师、李安安老师和南玉梅老师，因为有您们的无私帮助，才使我得以幸运地步入经济法教研室的大门。尤其当我决定离开武汉大学时，您们给予的宽容和理解、支持与点拨，永远铭记。感谢经济法教研室的班小辉老师、周围老师、袁康老师和知识产权法教研室的王德夫老师，我们前后步入武汉大学法学院，同在武汉大学社会学系从事博士后研究工作，可谓是难兄难弟。一路走来，虽不见得时常有零距离交流的机会，但您们的支持和帮助铭记于心。

感谢东吴大学法学院财税法研究中心主任陈清秀老师。陈老师是我访学期间的指导导师。近距离倾听一学期陈老师税法硕士班的"税法专题"课程，感悟颇深，必会有益于自己未来的教学设计与实践。更值感谢的是，陈老师对学问与学术、人生与追求等的教诲，为自己的学术、人生之路提供了重要的参考基准和反思样本。每每倾听，都会产生内心悸动，以求改进之道。格外要感谢陈老师日理万机之余，依然驾车陪我们前往阳明山、猫空等风景名胜观光畅谈。2019年4月17日至22日，陈老师应邀前来中南民族大学法学院连开五场讲座，涵摄"法律文化漫谈""税法的法律融合理论""诉讼权保障""行政罚与刑罚的区分""国际税收协定之解释适用"，无论是陈老师讲座现场的体系化知识传授，还是讲座间歇期的别样人生与学术导引，都犹如香醇美酒，回味无穷。令人感动的是，陈老师此次武汉之行依然记得本书初稿写作时的点滴故事，这也间接加速了本书的出版。

感谢东吴大学法学院财税法研究中心葛克昌老师的学术指导和生活帮助，特别是葛老师对人性尊严、纳税人权利保护、税法结构性原则等议题的阐释，让我思路顿开。感谢台湾地区"司法院"前大法官黄茂荣老师在2017年12月18日于东吴大学举办的"第八届税务实务问题研讨会"上对本人评论的认可和点拨、鼓励与指导，解答了我长达十年的一些学术困惑，增添了一些坚持学术的勇气和信心。一并感谢东吴大学法学院洪院长以及其他学院领导和教师在访学期间给予的帮助和支持。访学期间，台湾大学蔡茂寅老师、台湾师范大学陈新民老师、台北大学陈爱娥老师等宝岛名师的真知灼见，都为本书撰写、学研规划、人生追求等提供了诸多智力指引，一并感谢！

后　记

　　本书初稿生产于台北剑南山麓的东吴大学外双溪校区。在此期间，厦门大学法学院李刚老师，福建师范大学法学院陈斯彬老师，华侨大学法学院钟付和老师，南通大学管理学院王菁老师，北京大学法学院耿颖博士相聚于此，都或直接或间接地驰援了本书的知识生产，感激不尽。尤其是堪为人兄的钟付和老师，曾经的半年时间里我们相聚同一屋檐下，钟兄为我提供和分享了诸多人生经验和宝贵指引，更帮我担负了一些日常杂务。留下的是剑南山下东桂学庐103的美丽记忆，期待的是未来的相聚。访学期间，短暂邂逅西北政法大学经济法学院席晓娟老师，分享科研与教学的心路历程，感悟颇深。早已知晓、却抵达东吴大学时方以见面的黄卫博士，葛克昌老师东吴大学"租税法总论"课堂上结识的辅仁大学施奕博士，历经近一学期的相知相熟，也是难得的缘分。人到中年，老友新朋异地相聚，缘分难得。感谢相伴。

　　感谢时任江苏省常州市地方税务局局长钱俊文博士、办公室汪明清主任提供的常州市地方税务局税收宣传方案、纳税人权利保护官等一手资料；感谢时任杭州市国家税务局周子韬提供的浙江省部分地区税收宣传方案；感谢时任眉山市地方税务局稽查局局长薛娟、时任武汉市东西湖区地方税务局科长孙薇给予的一手材料支持。感谢中南民族大学法学院顾德瑞老师、西南政法大学经济法学院张成松老师、厦门大学法学院博士生褚睿刚、武汉大学法学院博士生冯铁拴、邹新凯在本书写作过程中给予的文献传递、文稿校对等帮助。感谢上海证券交易所谢贵春博士提供的文稿排版与编辑技术支持，中山大学法学院郑伊老师提供的语言技术支持。感谢《税法解释与判例评注》编辑部胡邵峰、王宗涛、贺燕、王婷婷、欧阳天健等的支持和理解，付出与帮助。诸多稿件编辑过程中碰撞出的思维火花有益于本书的整体推进，真心感谢。也期待我们更为精致的配合，共同见证中国税收法治的成长和进步。

　　感恩吾妻苏娟，访学期间，独自一人边工作边照看犬子锐恒。个中艰辛，难以体会。多少个狂风暴雨、凄冷黑夜，唯有母子相依为命。这种生活在过去的6年当中，无数次上演。谢谢吾妻的全心付出和莫大牺牲。感谢犬子锐恒，自2010年8月29日出生至今，我几乎有一半的时间出门在外，你却依然挂念家父，始终聪明灵动。感谢姐姐、姐夫们对年迈父亲的照顾，感谢妹妹和妹夫对岳父、岳母的照护。长久离家，心有余而力不足。家永远是前进的动力和港湾，也是为之奋斗的源泉。努力营造更为温馨、更值眷恋的家，是生之幸运，也是生之使命。

　　感谢中南民族大学法学院前后两任领导的赏识和帮助，感谢中南民族大学财税法研究中心团队的协助和支持,感谢中南民族大学法学院给予的出版经费资助,感谢中国社会科学出版社任明编辑的辛苦付出和精准指导。

  三年内,两度撰写长篇幅论文(报告)。客观上说,真心不易。虽竭力追求质量,且时刻牢记"良心写作",但终因能力和时间所累,本书必定存有诸多不足。缺憾已然生成,只求日后竭力避免。每每想起十余年所谓的科研生涯,有过苦恼,有过欢悦,有过执着,有过徘徊,但从未有过今日之困惑和迷茫。困惑如何在社会科学通识、法学普适理念与税法独特规则中寻得知识的整合,迷茫怎样在法理、税理、情理与技术中寻求知识的融合,纠结何以在宏观论道、中观论理与微观论点中寻找方法的平衡。但愿这些都只是昙花一现,期待时间能够解决这些困顿,祈祷明天会更好。

  日复一日,太阳照常升起。珞珈山如此!剑南山如此!南湖亦如此!

剑南山下·东桂学庐

2018 年 1 月 18 日初稿

珞珈山麓·珞涵屯

2018 年 11 月 12 日次稿

南湖之畔·北书院

2019 年 5 月 8 日终稿